本书蒙

福建省社科研究基地武夷学院朱子学研究中心资助出版

朱熹自然观
与当代生态道德建设研究

陈 文 著

厦门大学出版社 国家一级出版社
XIAMEN UNIVERSITY PRESS 全国百佳图书出版单位

图书在版编目（CIP）数据

朱熹自然观与当代生态道德建设研究／陈文著. --
厦门：厦门大学出版社，2023.8
ISBN 978-7-5615-9120-8

Ⅰ.①朱… Ⅱ.①陈… Ⅲ.①朱熹(1130－1200)-
自然哲学-研究②朱熹(1130－1200)-生态伦理学-研究
Ⅳ.①B244.7②N02③B82-058

中国版本图书馆CIP数据核字(2023)第184189号

出 版 人　郑文礼
责任编辑　林　灿　薛鹏志
美术编辑　李嘉彬
技术编辑　朱　楷

出版发行　厦门大学出版社
社　　址　厦门市软件园二期望海路 39 号
邮政编码　361008
总　　机　0592-2181111　0592-2181406(传真)
营销中心　0592-2184458　0592-2181365
网　　址　http://www.xmupress.com
邮　　箱　xmup@xmupress.com
印　　刷　厦门市金凯龙包装科技有限公司

开本　720 mm×1 000 mm　1/16
印张　18
插页　2
字数　305 千字
版次　2023 年 8 月第 1 版
印次　2023 年 8 月第 1 次印刷
定价　88.00 元

本书如有印装质量问题请直接寄承印厂调换

厦门大学出版社
微信二维码

厦门大学出版社
微博二维码

目　录

上　篇
格自然之物：朱熹的自然观

中　篇
从自然观到生态伦理:朱熹生态伦理思想阐释

下 篇
启示与借鉴:当代生态道德建设的理论与实践探索

绪 论

第一节 研究的缘起与意义

一、研究的缘起

20 世纪四五十年代以来,世界范围内频频发生的生态灾难给人类的生存和发展敲响了警钟,日益严峻的生态问题成为影响人类可持续发展的突出问题。随着美国生物学家卡逊的科普读物《寂静的春天》的出版,生态问题开始走进公众视野,公众的环境危机和环境保护意识开始觉醒。直面生态威胁,越来越多的有识之士开始认识到,所有这些灾难性问题都是源于人类长期以来对自然的漠视和为所欲为。人类必须重新审视人与自然的关系,寻求一种能够合理解决人与自然关系的恰当途径。正是在这一时代背景下,21 世纪以来,学界掀起了一股研究生态伦理问题的热潮,试图把道德调控的范围从人与人的关系扩展到人与自然的关系上,以此调整人类针对自然和生态环境所从事的各项实践活动,改变对自然的态度,强调尊重自然生命,化解人与自然之间的矛盾,减少人与自然之间的紧张状态,促进人与自然和谐发展。

生态伦理是建立在一定的自然观基础上,用以调节人与自然生态之间关系的德性和规范。生态伦理的发展伴随着自然观的发展而发展,因而,自然观成为研究人与自然关系的理论基础和生态道德建设的重要内容。关于自然的概念,可以从广义和狭义两方面来认识。广义的自然,泛指由一切自然物组成的整体,它"是在集合的意义上自然物的总和或聚集,与'宇宙''自然界''世界'同义。或以自然为'自然界''世界''宇宙'"①。因此,它是包含人类社会在内的整个客观世界及物质宇宙。狭义的自然,就是与人类社会相对应的物质世界,是人们通常所称的大自然,分为有机界和无机界,即生命系统和非生命系统。自然观就是人们对自然的总的看法和根本观点,根据《中国大百科全书·哲学卷》释义:"自然观指的是对于自然界总的认识,大体包括人们关于自然界的本原、演化规律、结构以及人与自然的关系等方面的根本看法。自然观是人们对整个世界认识的基础,因而任何一种系统的哲学必然包含与之相适应的系统的自然观。"②自然观是伴随着自然科学的发展和科学哲学的研究而形成与发展起来的,任何时代的自然观,都与其特定的历史文化背景相联系,特别是与其所处的时代,人类与自然相联系的实践水平和技术的发展水平相联系,与自然科学的发展紧密相连。同时,一定的自然观又会反过来影响自然科学的发展。

从一定意义上来说,人类在人与自然关系上的认识和态度,反映了这一时期社会的文明程度,是人类思想史的重要组成部分。"综观现代以前西方对人与自然关系认识的发展,大致经历了以下几个主要的认识过程:宇宙论自然观、神学自然观、机械论自然观和有机体说自然观。"③它们基本上表现为"人类中心主义",人与自然主客两分,认为"人是大自然中唯一具有内在价值的存在物,环境道德的唯一相关因素是人的利益,因此,人只对人类负有直接的道德义务,人对大自然的义务只是对人的一种间接义务"④。在人与自然关系上,认为人是自然的主人,是自然的立法者,人类要在不断改造自然的过程中满足自己的需要。就如康德在这个问题上的理解:"理智(先天)的法则不是理智从自然界得来的,而是理智给自然界规定的。"⑤这种将人与自然主客二分的思维模式,显然已经不能适应当代生态文明发展的需要。随着环境危机的日益加剧,一些有识之士开始从道德层面思考人与自

① 陈其荣.自然哲学[M].上海:复旦大学出版社,2004:38.

② 中国大百科全书编辑委员会.中国大百科全书:哲学卷[M].北京:中国大百科全书出版社,1987:1258.

③ 林亚西,郝长江.西方自然思想和生态伦理学[J].求索,2001(1):71-75.

④ 何怀宏,主编.生态伦理:精神资源与哲学基础[M].保定:河北大学出版社,2002:337.

⑤ 全增嘏,主编.西方哲学史:下册[M].上海:上海人民出版社,1985:70.

然的关系,认识到解决环境危机要从人类的自然观、发展观的变革开始。无论是古典人类中心主义还是现代人类中心主义,其核心思想都是将人与自然分离、对立,都认为伦理或道德的原则或义务只适用于人类,在人与自然的伦理关系中,人是目的,自然是用来为人服务的。因此,实现"人类中心主义"的祛魅,消除"人类中心主义"的缺陷,重新认识人在宇宙自然中的位置,在人与自然的关系上建立起一种新的哲学观,发展出适合当今全球状况的新的自然观,以适应 21 世纪全球可持续发展的需求和人类自身长远生存,这应该是现代生态哲学的使命和义务。20 世纪 60 年代末以来,世界范围内开始了现代生态伦理学的建构过程,在理论上和实践上探寻新的生态世界观,将道德关怀的对象拓展到自然界,以期建立起更加合理的生态系统观念与生态秩序,一些西方生态哲学家、伦理学家在探究生态危机产生的历史及文化根源过程中,出现了一种向"东方生态智慧回归"的倾向,比如海德格尔的《拯救地球》、格罗伊的《东西方理解中的自然》、莱德菲尔德的《塞莱斯廷预言》等,在他们的著作中都可看到中国传统的自然哲学思想和生态伦理思想越来越受到肯定和重视。英国著名科学史学家李约瑟就曾指出:"古代中国人在整个自然界寻求秩序和谐,并将此视为一切人类关系的理想。对中国人来说自然并不是某种应该永远被意志和暴力征服的具有敌意和邪恶的东西,而更像是一切生命体中最伟大的物体,应该了解它的统治原理,从而使生物能与它和谐共处。如果你愿意的话,可把它称为有机的自然主义。"[①]因此,中国古代传统的自然观可以成为发展新的生态智慧的重要资源和参照,中国传统自然观中丰富的生态意涵,值得我们重新审视和合理借鉴,它是建构现代生态哲学的重要精神资源。

中国古代的思想家常以"天""地""万物"等来代表自然和自然界各种事物,因此,对"天""地""万物"的认识就是中国古代的自然观,它包括对自然的本原、自然的演化、自然的结构、人与自然的关系等种种认识。可以说,中国古代的自然观就是以对天地自然的探讨为出发点,围绕着天地、万物及天人关系而展开,目的是达到对天人关系的理解。

朱熹是"致广大,尽精微,综罗百代"的哲学家、思想家,他一生著书 209卷,编纂图书 210 卷,注释 38 卷,校勘 72 卷,代表作有《四书章句集注》《近思录》《诗集传》《楚辞集注》《仪礼经传通解》《易学启蒙》《周易本义》《四书或

① 潘吉星,主编.李约瑟文集[M].沈阳:辽宁科学技术出版社,1986:338-339.

问》《伊洛渊源录》等,在经学、佛学、诗文、天文学、史学、训诂考据等很多方面都造诣颇高,"他集理学之大成,将北宋以来的新思想新学说发展成一个崭新的儒学体系"①,取得了重大的学术成就。不仅如此,朱熹还是格自然之物的实践者,十分关注对自然界事物的探索。他不仅重视科学,而且还身体力行地积极研究科学。这就为其后从"格物致知"到"科学"的发展开辟了道路。朱熹的著作中对自然的描述和解释的内容很多,他的哲学思想中包含了对天地万物、天人关系的思考和认识,形成其独特的自然观,而自然观又是其本体论、心性论和认识论的重要理论基础。

朱熹自然观的形成,离不开宋代自然科学技术和自然哲学发展的时代条件,它是在两宋蓬勃发展的自然科学和理学发展的基础上,对客观世界的本原及其矛盾运动的规律进一步探求的结果,是其哲学思想不可忽视的重要组成部分,体现了朱熹及那一时代思想家们对自然的认识水平。朱熹自然观继承和发展了传统儒家自然观,综合、吸收和发展了"北宋五子"的自然哲学思想,并批判、借鉴和融合吸收了佛家和道家思想。因而,研究和阐释朱熹自然观,挖掘朱熹自然观中深邃丰厚的生态伦理思想,构建一个人与自然能够和谐相处的中国特色的生态道德规范,理应成为生态伦理学工作者的共识和旨趣。

二、研究的意义

系统化地研究朱熹自然观,发掘其自然观中蕴含的生态伦理思想,对我们重新认识和理解中国古代自然观形成、发展和演进的脉络及规律,在理论上为构建当代生态伦理,形成人与自然的和谐发展新理念,在实践上对推动生态道德规范的构建,解决日益严重的生态危机问题提供有价值的借鉴和启示。

其一,探究朱熹的自然观,阐释其自然观中内蕴的生态伦理思想,有助于人们重新审视和确立人与自然的关系,对重构具有中国特色的当代生态伦理学具有重要的启迪意义。朱熹自然观拓展了人们的理论视野,提供了宝贵的参考资料和价值资源,为当下人们认识自然,把握自然之理,建立一种爱物惜物、善待万物、保护生灵、尊重自然规律的人与自然平等的道德观,

---

①　金永植.朱熹的自然哲学[M].潘文国,译.上海:华东师范大学出版社,2003:1.

提供理论的借鉴和参考,同时也使传统道德经过改造创新而转化为一种与现实社会可持续发展相应的道德观,为今后人与自然的和谐发展提供一种范式和参照。

其二,深入探讨朱熹自然观和生态伦理思想的精华,不仅能够为西方现代生态伦理学面临的理论困境提供一种有益的价值思路,而且对促进当代社会的生态文明建设和道德文明水平的提高,保护生态环境具有重要的指导意义和现实价值。西方近代的自然哲学是在"牛顿模式"和笛卡尔二元论基础上发展起来的,以认识世界和改造世界为职责,在价值取向上呈现"主客二分",其理论实质就是强调人与自然二分,人是自然的主人,人对自然的征服和改造。康德的"人为自然立法"或"自然向人生成",[①]可以说是这一理论的经典表述。朱熹自然观的价值取向可纠正西方文化中"主客二分"人与自然的对立。人只有超越小我之局限,才能成就大我之境界,复归于天道本体,才能实现生命的终极价值与永恒。朱熹思想中关于"天人合一""万物一体""理一分殊""节用爱物""取之有度""参赞化育"等生态环境观,所包含的独特生态智慧对解决当代面临的一些严峻生态环境问题具有重要的价值意义和智慧之思。

其三,朱熹集儒学之大成,其理学思想蕴含着丰富的自然哲学思想。探究其自然观的深刻内蕴,挖掘其生态伦理意义,并对其进行现代阐释和转化,有利于当代中国生态伦理学的发展,对于丰富生态伦理学体系,具有重要的学术研究价值。朱熹以自然为关注对象,包含了对宇宙、生命、人类与自然界关系的探究和追问,阐发了对天人关系的深刻关注,体现了他关注自然、尊重生命的伦理倾向。他的自然哲学思想中,蕴含着丰富深刻的生态伦理智慧,不仅把整个自然界综合成一个有机体,而且在更高层次上把社会伦理道德与自然界融为一体。当今世界,文明的发展与环境保护、生态建设息息相关,中国古代传统生态资源博大精深,朱熹自然观中蕴藏着深层的生态智慧,契合了当代生态文明和生态道德建设的要求。尽管古代中国尚未有生态道德这样明确的表述,但不可否认的是,朱熹自然观中蕴含着朴素的生态理念,它是当代生态道德思想建立的理论来源。本书力图呈现出朱熹理学思想中所包含的生态面向和生态哲学特质,挖掘那些具有现代意义的,并适应时代发展要求的思想元素,以拓展当代生态道德建设的思想资源。

---

　① 　康德.纯粹理性批判[M].韦卓民,译.武汉:华中师范大学出版社,1991:15.

第二节　研究内容和研究方法

一、研究的思路和内容

朱熹作为理学集大成者,在理学历史上享有崇高的声誉。但在近现代以来朱熹理学思想的研究中,关于其自然观和生态伦理思想的研究是相对薄弱的环节。本书的思路主要有三方面:一是通过对朱熹自然哲学思想进行概念性梳理,总结和归纳其自然观的基本思想;二是以朱熹自然观为切入点,研究其蕴含的生态伦理思想,系统解读朱熹生态伦理思想的主要内容和其对当代生态道德建设的价值意义;三是从生态视角出发,将当代生态道德建设与朱熹自然观、生态伦理思想联系起来加以研究。本书力求在全社会构建起人与自然和谐相处的生态道德观念,并对当代中国生态道德建设的途径加以探讨,通过加强生态审美使人们自觉地将生态道德意识转化为生态道德行为。

具体而言,本书内容主要包括绪论、上篇、中篇、下篇四个部分:

绪论部分主要是概述本书的研究背景、目的及意义,梳理现有研究文献,了解已有研究的整体概貌以及研究存在的缺陷、不足和理论空白,说明本书研究的主要内容及重要观点、突出特色和主要建树以及学术价值、应用价值。

上篇是本书研究的重点,立足朱熹自然观展开全面系统的分析和阐释,厘清朱熹自然观的基本内涵和内在逻辑,对朱熹自然观思想进行全面梳理和系统归纳。首先,结合宋代科技和自然哲学的发展,研究朱熹自然观形成的时代条件和理论渊源,探明宋代自然科学的发展与朱熹自然观形成的关系、朱熹以前儒学家的自然哲学思想对朱熹自然观形成的影响,探究朱熹是如何吸收儒家传统自然观以及"北宋五子"的自然哲学思想,逐步加以继承、批判、综合与发展,并与当时先进的自然科学知识相结合,形成自己独特的自然观;其次,联系朱熹与佛家道家的关系,分析朱熹的自然观是如何实现对佛家和道家思想的批判、借鉴和融合吸收;再次,从朱熹"格物致知"论出发,阐释朱熹"格物致知"论的自然科学意蕴,总结朱熹自然科学思想的主要内容,归纳概括朱熹自然观的基本含义;最后,阐明朱熹自然科学思想和自然观对后世的影响以及对今时的启迪。

本篇共分五章。第一章阐述宋代自然科学发展的成就及其对朱熹自然观形成的现实影响,通过文献梳理,说明宋代自然科学发展的主要成就和基本特点,考察宋代自然科学的发展给哲学的发展带来重大的影响,并成为朱熹自然观形成的时代条件;第二章着重介绍朱熹自然观形成的理论渊源,即朱熹自然观在形成和发展的过程中,吸收和融合了中国古代科技中的自然哲学思想,继承和发展了先秦、汉代传统儒家自然观中许多有价值的思想观点,并发挥和改造了北宋五子(周敦颐、张载、邵雍、程颢、程颐)自然哲学思想;第三章主要阐释朱熹对佛、道自然观的批判与融合,说明朱熹自然观与佛、道思想深刻的渊源关系,考察朱熹的自然观是如何汲取佛、道两家思想的合理因素而有所超越,实现对儒、道、佛思想的融合和创新;第四章阐释朱熹"格物致知"论的自然科学意蕴,说明朱熹是如何在"格物致知"的框架中对自然界事物进行深入的研究,从而表明朱熹的"格物致知"论是理解其从事自然科学研究及其自然观思想的一个重要窗口;第五章主要从宇宙论、天文学、地学以及"格物致知"的科学研究方法等方面总结朱熹的自然科学思想及其对后世的影响,并从宇宙观、生命观、天人观三方面总结归纳朱熹自然观的主要内容,剖析其自然观是如何体现出对天、地、人的本质探索和现实关注,进而说明朱熹的自然观所体现的对于自然的关注,对于生命的理解,不仅继承和弘扬了传统儒家自然观思想,而且在生态危机日益严重的今天亦有重要的价值和意义。

中篇主要研究朱熹生态伦理思想,认真审视朱熹自然观的生态意蕴,考察其生态伦理思想形成的历史条件、理论来源、主要内容和当代价值。本篇共分三章。第六章考察朱熹生态伦理思想产生的社会历史条件,从朱熹所处时代的社会政治、经济、思维结构的环境,审视其生态伦理的价值和意义;第七章梳理朱熹生态伦理思想的理论来源,说明朱熹生态伦理思想吸收、继承和发展了先秦两汉传统儒家生态伦理精神,整合了北宋五子生态伦理思想,批判地汲取了道家、佛教生态伦理思想,是在融合发展前代思想家的生态伦理思想精华的基础上形成的一种独具特色的生态伦理思想;第八章深入阐释朱熹生态伦理思想的基本内容,从总体上归纳概括了朱熹生态伦理思想的核心观点,并分别阐发了"理一分殊"的生态特质、"格物致知"的生态实践进路、"存理灭欲"的生态伦理价值。

下篇主要探讨朱熹自然观和生态伦理思想对我国当代生态道德建设的启示和借鉴。从中国优秀传统生态文化资源创造性转化和创新性发展要求出发,立足我国当前生态环境现状和生态文明建设要求,阐释了朱熹生态伦理思想的当代意义,提出朱熹生态伦理思想与我国当代生态道德建设的融合思路,探究了具有中国特色的生态文明建设新理念,与新时代我国社会道德体系相协调的生态道德教育理论系统和实践路径,从而为思想政治教育提供新的系统观点和操作模式。本篇共三章。第九章从生态道德建设的理论内涵着手,着重阐述我国当代生态道德建设的现状;第十章讨论了朱熹生态伦理思想的当代意义,并从"万物一理"的生态整体观、"仁是心之德,爱之理"的生态感情和"致中和"的生态理性以及生态实践层面等三个方面,阐明朱熹生态伦理思想与当代生态道德建设融合的重要内容;第十一章从优化生态道德教育系统、深化生态道德建设的约束机制、强化生态道德践行等三个方面探讨了当代生态道德建设的实践路径与具体方法。

总的说来,本成果的研究认为,朱熹自然观是朱熹关于天地、万物及天人关系的总的看法和根本观点,反映了朱熹对自然的认识水平,是朱熹理学思想体系的重要组成部分。朱熹自然观可以概括为宇宙观、生命观和天人观三个部分,"天地万物一理"是其自然观的理论基础,"格物致知"是其自然观的重要方法论,"天人合一"是其自然观的价值旨规;从自然观的角度理解,朱熹的自然哲学也是生态哲学,其自然观中内蕴着与现代生态学相一致的生态伦理思想。朱熹生态伦理的核心观点包括:"天地万物一理"的生态精神境界,"天地生物之心"的生态基本原则,"仁民爱物"的生态伦理观和"中和"的生态和谐观。其根本精神是与自然界及其万物之间建立内在的价值关系,在人的主体性上提倡"内外合一""物我合一""天人合一"。在当代社会挖掘探讨其生态伦理思想精髓,对于正确处理人与自然之间的关系、克服生态危机具有重要的意义和价值借鉴。结合我国当前生态环境现状和生态道德发展水平,本书提出了构建当代生态道德建设的主要内容和实践路径,即优化生态道德教育系统,深化生态道德约束机制建设,强化生态道德的践行,从而推动公民具有普遍的生态文明理念,推动全社会形成人与自然是生命共同体、人与自然和谐的生态道德观。

二、研究方法和创新

本书所采用的研究方法,主要是:

第一,文献研究法。立足原著,反复研读包括朱熹的著述在内的历代理学家文集和儒、道、佛典籍的经典阐述,力求如实地阐明朱熹哲学的思想、命题和范畴。

第二,纵向考察与横向比较相结合的方法。纵向上,坚持历史与逻辑相统一的原则,通过考察朱熹自然观和生态伦理思想产生的社会历史条件、理论渊源和主观因素,分析朱熹自然观和生态伦理思想产生的历史必然性;横向上,采用比较分析法,考察朱熹自然观和生态伦理思想对佛、道思想的批判、借鉴和融合吸收,说明朱熹自然观和生态伦理思想是儒、释、道融合发展的产物。

第三,归纳分析的研究方法。通过考察朱熹的宇宙结构论、天文学、地学、自然科学研究方法等自然科学思想,将其自然哲学思想归纳为自然观,并依据自然观内在的逻辑联系将之划分为"宇宙观"、"生命观"和"天人观"三个方面,并在此基础上,归纳阐释朱熹生态伦理思想的核心观念。

在研究方法上,坚持马克思主义唯物史观,既多方面揭示,又重点突出;既纵向考察,又横向比较;既注重个体思想的把握,又有整体上的思想贯通。做到古今有机联系,将研究对象始终置于当代生态文明和生态道德建设的大背景之中,做到古为今用,从朱熹自然观的生态意蕴中,吸取当代生态道德建设的资源和动力。

本书的创新之处在于将朱熹自然观、朱熹生态伦理思想与当代生态道德建设作为一个整体,三者有机结合,立足当代生态文明建设的现实要求,力图实现朱熹生态伦理思想的现代转化,提出构建当代生态道德建设的方法和路径建议。在研究内容上突破了以往研究朱熹自然哲学思想或朱熹生态伦理思想的单一性、局限性,比较完整、全面地展示朱熹自然观的基本内涵和内在逻辑,系统解读了朱熹生态伦理思想的主要内容和对当代生态道德建设的价值意义,为当代生态道德建设提供新的系统观点和操作模式。

第三节　目前国内外相关研究综述

本书研究的基本思路如下:首先,通过对朱熹自然哲学思想进行概念性梳理,总结和归纳其自然观的基本思想;其次,以朱熹自然观为切入点,研究其蕴含的生态伦理思想;最后,从生态视角出发,将当代生态道德建设与朱熹自然观、生态伦理思想联系起来加以研究。研究中需要了解和把握的两个重要概念是:朱熹的自然观和朱熹的生态伦理思想。为此,在研究过程中,反复研读、认真梳理了学术界现有的研究成果,了解已有研究的整体概貌,以及研究存在的不足。

一、关于朱熹自然观的研究

关于朱熹自然思想研究情况,包括朱熹自然哲学思想和自然科学思想研究的成果,主要可以从以下几方面概括:

(一)在中国哲学史和思想史中关于朱熹自然观或自然思想的研究

明末清初的黄宗羲认为朱熹对天文地理等方面的研究上皆有涉及,他在《宋元学案》中指出,朱熹"博览群书,自经史著述而外,凡夫诸子、佛老、天文,地理之学,无不涉猎而讲究也"[①]。张立文先生的《宋明理学研究》从朱子学的哲学逻辑结构方面,分析了朱熹哲学"理"—"气"—"物"—"理"的逻辑结构,指出朱熹哲学逻辑结构的最高范畴是"理",又曰"道""太极""天理","理"派生万物的一个重要中间环节是"气",又曰"阴阳",由于"气"的运转变化,而构成千差万别、丰富多彩的世界、万物,认为这就是朱熹的宇宙生成论和宇宙之理;探讨了朱熹"格物致知"论,总结了朱熹哲学中"理一分殊"的自然哲学意义,对朱熹的自然观提出了自己的看法,认为朱熹"对理气关系的解释,可谓尽精微,各个层面和问题都已涉及,在当时达到了最高水

---

① 黄宗羲,原著,全祖望,补修.宋元学案:卷四十八[M].陈金生,梁运华,点校.北京:中华书局,1986:1505.

平"①。冯友兰先生所著《中国哲学史》阐述了朱熹哲学思想,其内容涉及宇宙论,从理气关系对朱熹的宇宙论形上学系统进行了阐释。他解释了朱熹哲学的基本概念、范畴的内涵及其相互关系。冯友兰认为,朱子哲学的核心部分和基础部分是宇宙论,对朱熹的宇宙事物的具体形成过程进行了分析,涉及了朱熹自然观的宇宙观方面。② 其后,冯友兰在其著作《新理学》中对朱熹自然观进行了继承和发展,理气仍然是其新理学体系的主要范畴,冯友兰坚持朱熹哲学思想的基本观点,在讨论理和具体事物的关系时,秉持的是朱熹"理在事先"和"理在事上"的观点,认为气仍然是万物生成的物质基础。但是,在理、太极和万物关系的认识上,冯友兰对朱熹哲学的观点并不完全认同,他认为朱熹所说"'人人有一太极,物物有一太极'是一种神秘主义说法"③。台湾学者罗光在其著作《中国哲学思想史》中,阐述了朱熹宇宙论的特点,认为"中国儒家的宇宙论,由易经开始,讲论宇宙万物的起源,由宇宙源起讲物体的本质成素。理学家周敦颐根据易经的思想造成了太极图,由太极而阴阳,由阴阳而五行。程颢程颐又加入'理',以气中有理,万物同一理。朱熹结合理学家周张二程的思想,成为一种有系统的宇宙论"④。罗光高度评价了朱熹的宇宙论。他还对朱熹天地起源观进行了析论,认为"朱熹的天地起源论,和天文学的星云说和瓦斯说,有点相似"⑤,并说:"朱熹的天地起源说,虽和自然科学相似,也可以说是当时中国自然科学的学说,但却是哲学的宇宙源起论;因为阴阳五行,属于哲学的思想,为物质构成的因素。"⑥此外,在《中国哲学思想史》中,罗光还对朱熹的自然化生论进行了阐述,并对朱熹"理"和"太极"的思想、"气"的思想、动静之理的思想、生生之理为仁的思想进行了阐释。特别值得一提的是,罗光还关注了朱子学与生命哲学的关系,认为朱熹思想是理学生命哲学的代表。陈来先生的《中国近世思想史研究》从"生态面向"角度考察了宋明儒学的仁说,认为"宋明理学的生态世界观,是一种'有机的一体的生态观'"⑦,"宋明儒学把自然的'生'与

① 张立文.宋明理学研究[M].北京:人民出版社.2002:368.
② 冯友兰.中国哲学史:下[M].上海:华东师范大学出版社,2011:197-202.
③ 冯友兰.新理学[M].北京:生活·读书·新知三联书店,2007:27.
④ 罗光.中国哲学思想史·宋代篇:下册[M].台北:台湾学生书局,1984:606.
⑤ 罗光.中国哲学思想史·宋代篇:下册[M].台北:台湾学生书局,1984:608.
⑥ 罗光.中国哲学思想史·宋代篇:下册[M].台北:台湾学生书局,1984:609.
⑦ 陈来.中国近世思想史研究[M].北京:商务印书馆,2003:49.

道德的'仁'等同齐观,使'生'不仅具有宇宙论的意义,也被视为人类道德的根源"①。他认为宋明理学家重视自然的生命意义,并将之看成是宇宙的本质和道德的根源,这种认识是非常值得关注的。宋明儒家自然观的特征就是强调人与万物一体,人和万物是一个有机的共同体,这个共同体是把人包括在其中的自然共同体,"它主张人应当对自然万物抱有道德的义务感"②。陈来先生的这一阐述,尽管没有直接阐明朱熹的自然观,但其对宋明新儒家自然观的考察,无疑对我们认识和理解朱熹自然观是大有帮助的。

（二）在各种以中国古代科技史为专题的通史类著作中关于朱熹自然思想的论述

英国著名科学史家李约瑟所撰《中国科学技术史》称朱熹是"一位深入观察各种自然现象的人"③,认为朱熹理学是一种有机的自然主义,"代表着中国哲学思想发展的最高峰"④。乐爱国教授在其著作《宋代的儒学与科学》中,专门论及朱熹的格自然之物思想及科学研究,认为朱熹继承和发扬了二程"穷物理"的思想,强调格自然之物,深入地研究自然、科学,在把理学发展到极致的同时,在科学上也取得了一定的成就。⑤ 乐爱国教授在其另一本著作《中国传统文化与科技》中提出,就认识过程而言,朱熹的"格物致知"研究具体的自然之物,就包括研究自然科学,就是通过研究自然之物去把握自然之理。李烈炎、王光在其著作《中国古代科学思想史要》中对朱熹哲学进行了全方位考察,认为朱熹理学是中国古代哲学中一个最具自然哲学倾向的思想体系。另外,科学史家席泽宗先生的《中国科学技术史·科学思想卷》对朱熹自然哲学思想有过论述,在其《朱熹的天体演化思想》这篇文章中,他肯定了朱熹的天体演化学说,认为这一思想"较前人有很大进步",他还认为朱熹是一个关心自然科学的唯心主义哲学家,朱熹"关于高山和化石成因的论述和关于天地起源的论述,都有独到之处"⑥。此外,李申先生的《中国古代哲学与自然科学》对朱熹自然观也有所涉及。

① 陈来.中国近世思想史研究[M].北京:商务印书馆,2003:41.

② 陈来.中国近世思想史研究[M].北京:商务印书馆,2003:49.

③ 潘吉星,主编.李约瑟文集[M].沈阳:辽宁科学出版社,1986:521.

④ 李约瑟.四海之内:东方和西方的对话[M].劳陇,译.北京:生活·读书·新知三联书店,1987:7.

⑤ 乐爱国.宋代的儒学与科学[M].北京:中国科学技术出版社,2007:82.

⑥ 席泽宗.中国科学思想史的线索[J].中国科技史料,1982(2):6-14.

(三)在朱熹哲学思想研究的专著中关于朱熹自然观或自然哲学思想的论述

钱穆先生的《朱子新学案》从思想史的角度对朱熹学术的各个方面作了梳理,书中论太极、论阴阳、论理气等章节,是朱熹自然观研究的重要参考。钱穆先生说:"朱子言格物,不得谓其是一自然科学家,然朱子于自然科学方面亦有贡献。以朱子观察力之敏锐,与其想象力之活泼,其于自然科学界之发现,在人类科学史上,亦有其遥遥领先,超出诸人者。"[①]陈荣捷先生的《朱子新探索》在"太极浑沦""朱子言天""理生气也"等章节阐释了朱熹理学的重要哲学范畴,概括了朱熹的宇宙生成论,对了解朱熹自然观具有重要的意义。张立文先生的《朱熹思想研究》系统阐述了朱熹哲学的逻辑结构,对朱熹哲学的"理""太极""道""气""阴阳"等范畴及其相互之间转化进行了深入的阐释,总结了朱熹的宇宙之理,概括了朱熹"理一分殊"思想的自然哲学意义,对研究朱熹自然观具有重要价值;同时,张立文先生在其著作《朱熹评传》中还考察了朱熹关于宇宙、天文、气象等自然学说,认为朱熹的"宇宙论是'理'借助于'气'化生天地万物的重要方面"[②],指出朱熹哲学是"本体论和宇宙论的结合"[③],从宇宙本体的形而上学高度指明了人的道德存在、伦理特性和价值尊严。陈来先生的《朱子哲学研究》对朱熹的"理气论"和"格物致知"论进行了详细阐释,在理气先后、理气动静、理一分殊、理气同异、格物与致知、格物与穷理等方面涉及了朱熹自然哲学思想。高令印、高秀华所著《朱子学通论》探讨了朱熹自然科学的研究和主要成果,认为在朱熹的理学思想体系中,包含有丰富的自然科学内容,具有明显的自然科学特征。该书指出对客观自然界的认识,是朱子学"格物致知"论中的主要内容,在一理与万殊的关系上,采用由分析到综合的方法,这是近代自然科学的方法,具有许多自然科学的见解。乐爱国先生的《朱子格物致知论研究》认为,朱熹对于自然界事物的研究是在其格物致知的框架中进行的,其研究自然界事物的目的在于穷形而上之理,并且身体力行对自然界事物作了长期的科学研究,并取得了一定的科学成就。范寿康先生在《朱子及其哲学》中从本体论和现象观两方面来阐述朱熹的自然哲学,解释朱熹"理一分殊"的宇宙观。

①　钱穆.朱子学提纲[M].北京:生活·读书·新知三联书店,2002:206.
②　张立文.朱熹评传:上[M].南京:南京大学出版社,2011:120.
③　张立文.朱熹评传:上[M].南京:南京大学出版社,2011:120.

蔡方鹿先生在《朱熹与中国文化》中认为朱熹的自然科学思想包括宇宙观、天文观和气象论。

（四）关于朱熹自然哲学或自然科学的研究著述

目前学术界在朱熹自然哲学或自然科学思想方面研究专著尚不多见，国内主要有：徐刚先生的《朱熹自然哲学思想论稿》，是大陆第一部关于朱熹自然哲学研究的专著，他从朱熹自然哲学思想的历史渊源、理论来源、自然哲学思想的主要内容等方面阐释了朱熹自然哲学思想，并分析了"太极"范畴和"理一分殊"命题中的环境伦理思想，对于探究朱熹的自然哲学思想具有比较大的启发意义。乐爱国先生在其《走进大自然的宋代大儒——朱熹的自然研究》中，把朱熹的自然研究当作一项认识自然的活动来考察，系统研究了朱熹自然研究的成果，全面阐述朱熹的科学思想，充分肯定朱熹科学思想对于后世科技发展的重要作用，对于我们认识朱熹自然思想、朱熹理学与科学的关系具有启发意义。学者王霞对朱熹自然观进行了深入研究，其著作《朱熹自然观研究》以自然观为视角，联系朱熹自然观形成的现实因素和理论渊源，探析自然观的基本内容及理论内涵，从朱熹对于宇宙的认知、对于生命的看法和对于天人关系的观点等三个方面阐述了朱熹的自然观。

国外对于朱熹自然思想的研究主要有：日本著名的科学史家山田庆儿先生所著《朱子の自然学》，对朱熹在自然，特别是天文和气象等方面的知识与成就给予了全面的论述和评价，并且称朱熹是"一位被遗忘的自然学家"。韩国首尔大学的金永植先生所著的《朱熹的自然哲学》，通过翔实具体的史料，系统地论述了朱熹的自然哲学，总结了朱熹自然哲学的基本概念和朱熹思想中的自然知识，深入地探讨了朱熹对于古代科学的研究，阐述了自然知识在朱熹整个思想学识中的意义和作用，认为朱熹对于自然的认知是独特而正确的，肯定朱熹在科技知识方面达到了相当高的水平。另外，德国学者莱布尼茨的《致德蒙先生的信：论中国哲学》和英国科学技术史专家李约瑟所著的《中国科学技术史》，对于朱熹的自然哲学成就都进行了充分的肯定。

此外，在中国知网以朱熹自然观、自然哲学、自然思想为关键词进行检索，搜索到相关论文 62 篇，代表性论文主要有：乐爱国先生的《朱熹自然科学思想概述》，认为朱熹讲的"理"，是天下万物之理，所谓"格物"，是要"即凡天下之物"，因而也包括了格自然之物，把握自然界事物之理。[①] 张立文先

---

① 乐爱国.朱熹自然科学思想概述[J].洛阳师范学院学报,2013(3):14.

生在《朱熹哲学与自然科学》中认为,朱熹对宇宙、天文、气象等自然学说都有贡献,他从宇宙论、天文论、气象论三个方面概括了朱熹的自然科学研究,肯定了朱熹丰富的自然科学思想,以及他对自然科学提出的精辟的见解和具有实地调查观测的科学精神。① 蒙培元先生的《朱熹哲学生态观》认为朱熹对"理"有多种解释,而其核心是自然之生理,从人与自然关系的立场讨论人与自然的关系问题,强调实现仁的自觉,以爱心对待万物的精神。② 秦静良先生在《朱熹"格物致知"论的自然哲学意蕴发微——兼论以马克思主义的科学态度对待朱子》一文中认为朱子格致论的自然哲学意蕴,有助于传承中华优秀文化传统,肯定了朱熹哲学对于自然的关注。③ 学者李涛的《朱熹的理学自然观研究》提出,以朱熹为代表的宋明理学不是从认识论的角度来理解天道,而是从主体论、价值论的角度来理解天道,自然是内在于人的一种存在,具有内在价值,并不否认天道的实在性,但强调天道和人道在本质上是同一的,即强调天道和人道的共生、共在性。④ 孔令宏先生的《朱熹的科学思想与道家、道教》,从朱熹的科学思想与道家、道教的关系上,考察了朱熹在宇宙演化与宇宙结构、生命科学与医学、气象科学等领域与道家、道教的渊源关系。⑤ 学者袁名泽在《朱子自然哲学的审视与纠偏》一文中提出:"朱熹自然哲学思想中的理本论、理气关系说、本体论、认识论及科学精神,对朱熹和他之后的中国古代哲学产生了深刻的影响。"⑥学者赖功欧的《朱熹哲学的自然主义思想基础》中认为,有机自然主义是朱熹哲学的典型特征,朱熹在自然主义基础上构筑了天道自然观体系。⑦ 其另一篇文章《朱子之"理"的天道自然观基础及其理气二元结构》认为,朱熹通过"气化流行"这一关键范畴,成功地将天道自然观转换为天理自然观,其思维取向是道体

①　张立文.朱熹哲学与自然科学[J].孔子研究,1988(3):49-60.

②　蒙培元.朱熹哲学生态观:上[J].泉州师范学院学报,2003(3):15-22.

③　秦静良.朱熹"格物致知"论的自然哲学意蕴发微——兼论以马克思主义的科学态度对待朱子[J].河南师范大学学报(哲学社会科学版),2010(4):6-10.

④　李涛.朱熹的理学自然观研究[J].陕西师范大学学报(哲学社会科学版),2013(5):139-143.

⑤　孔令宏.朱熹的科学思想与道家、道教[J].自然辩证法通讯,2002(2):62-67.

⑥　袁名泽.朱子自然哲学的审视与纠偏[J].重庆大学学报(社会科学版),2011(2):130-135.

⑦　赖功欧.朱熹哲学的自然主义思想基础[J].江西教育学院学报(社会科学版),1995(5):26-30.

（理）自然而成化。朱子的"天理"观，显示了从天道自然到理所当然的人文道德之价值维度。①

二、关于朱熹生态伦理思想的研究

随着环境问题的日益突出，学者们开始关注朱熹自然哲学中的生态伦理思想。在中国知网中，以朱熹生态思想和朱熹生态伦理思想为关键词进行检索，搜索到 65 篇相关论文。其中代表性的文章主要有：蒙培元先生在其《朱熹哲学生态观》一文中指出，朱熹仁学思想及其蕴含的生态伦理思想是在理的理论架构下展开的，理最重要的就是自然之理和生生之理，自然之理就是天理，是自然界的秩序法则。② 徐刚先生指出，朱熹的"太极机体主义自然观思想，'理一分殊'哲学论题的环境伦理内涵，'明天理，灭人欲'等人与自然协调发展的一系列观点，对我们今天建立一种尊重自然规律、人与自然平等的新道德观有着积极的意义"③。黎昕先生在《朱熹的生态智慧与现代意义》中认为，朱熹的思想理论体系蕴藏着极其丰富而深刻的生态思想，对人与自然的关系以及整个人类的生命形态有相当透彻的了解；在环境问题日益突出和环境意识日益提高的今天，重视朱熹关于人与自然关系的论述，挖掘朱熹思想的精华，对培育深层的生态学智慧，解决生态危机具有重要意义。④ 乐爱国先生的《朱熹对〈孟子〉"仁民而爱物"的诠释——一种以人与自然和谐为中心的生态观》一文，从朱熹对《孟子》"仁民而爱物"的诠释中观察其生态伦理思想，指出朱熹把"爱物"与对自然物的合理开发和利用结合起来，认为应当尊重自然，并根据不同自然物的特性，使万物各得其所，这其实提出了一种以人与自然和谐为中心的生态观。⑤ 黎昕先生在《朱熹的生态智慧与现代意义》中从本体论、价值论、义务论与方法论上，对朱熹

---

① 赖功欧.朱子之"理"的天道自然观基础及其理气二元结构[J].上饶师范学院学报，2010(2):1-6.

② 蒙培元.朱熹哲学生态观:上[J].泉州师范学院学报，2003(3):15-22.

③ 徐刚.朱熹环境伦理思想简论[J].自然辩证法研究，1999(6):44-48.

④ 黎昕.朱熹的生态智慧与现代意义[C]//武夷山朱熹研究中心，编.朱子学与21世纪国际学术研讨会论文集.西安:三秦出版社，2001:11.

⑤ 乐爱国.朱熹对《孟子》"仁民而爱物"的诠释——一种以人与自然和谐为中心的生态观[J].中国地质大学学报(社会科学版)，2012(2):65-69＋139.

的生态伦理思想进行了阐述,认为朱熹生态伦理思想论证了人与自然界的统一,人之性与物之性相通,实现生物多样性的统一是人类应尽的义务。解决人与自然关系的方法为"执两用"或"致中和"。① 苏敏研究员在其《从朱熹"仁"说中阐发的生态伦理思想》②、《从朱熹之"理"说中阐发的生态伦理思想》③和《朱熹生态伦理思想探析》④三篇文章中,从朱熹"仁"说、"理"说的角度阐发其生态伦理的相关思想,她认为作为社会生活中道德主体的人类同样对自然和谐具有道德责任,人类应该对生态伦理乃至和谐社会的实现承担自己的责任。周旺东教授在其《朱熹生态伦理思想及其当代价值解读》的文章中从"天人合一""仁爱万物""顺应自然""节用爱物"四个方面对朱熹的生态伦理思想进行了简要概述,指出朱熹生态伦理思想在我国落实科学发展观,建设环境友好型社会中的意义。⑤ 李涛的《爱物何以可能——朱熹的生态伦理观探析》一文认为,朱熹在本体论上以"生生之仁"确立了人、物的平等意识,而在现实生活世界里,万物所自有的客观等级秩序以及人所面临的不同道德情景,人又会以"差等之爱"的情感方式表现出来。他认为朱熹用"理一分殊"来化解"普爱"与"差爱"的冲突,以"推己于物"和"用之有时,取之有节"的方式展现人对万物的仁爱之情。⑥ 姚进生先生在《朱熹生态伦理思想及其对构建当代生态文明的启示》中指出,朱熹生态伦理思想的内容主要有两个方面:第一是确立了"天地万物一理"的生态哲学,并提出了以"事亲之道以事天地""视万物如己之侪辈"的生态道德观;第二是提出了生态价值观和"中和"的生态辩证思维,认为朱熹生态伦理思想对于今天构建当代生态文化具有重要的启迪意义。⑦ 李杰、欧阳辉纯在《从"天理"自然到伦理世界——论朱熹自然观的伦理内蕴与价值审视》一文中认为,朱熹从主体论、价值论的视角理解自然,把自然作为内在于人的一种存在来体认,

① 黎昕.朱熹的生态智慧与现代意义[C]//武夷山朱熹研究中心,编.朱子学与21世纪国际学术研讨会论文集.西安:三秦出版社,2001:11.

② 苏敏.从朱熹"仁"说中阐发的生态伦理思想[J].上饶师范学院学报,2007(1):37-41.

③ 苏敏.从朱熹之"理"说中阐发的生态伦理思想[J].朱子学刊,2005(0):92-101.

④ 苏敏.朱熹生态伦理思想探析[J].江西社会科学,2007(10):79-82.

⑤ 周旺东.朱熹生态伦理思想及其当代价值解读[J].湖南社会科学,2013(4):34-36.

⑥ 李涛.爱物何以可能——朱熹的生态伦理观探析[J].伦理学研究,2016(1):86-90.

⑦ 姚进生.朱熹生态伦理思想及其对构建当代生态文明的启示[J].福建论坛(人文社会科学),2013(11):76-80.

朱熹天理自然观充满着强烈的道德意识,从伦理内蕴、价值审视和道德哲学三个方面进行了阐释和理解,提出在功利盛行的当下,深刻理解朱熹天人合一道德理念,对人们心灵的安顿、优秀传统道德的继承和创新都具有积极意义。[①]

　　关于朱熹生态伦理思想研究的专著,目前可见的是乐爱国先生 2020 年出版的《赞辅天地:朱熹生态伦理简论》一书,该书从朱熹宇宙观出发,阐述了人与自然平等思想、人对自然之物合理开发利用的生态原则、人与天地万物的相处之道以及自然之道在于人之心的生态伦理思想,这应该是迄今为止第一部专门阐述朱熹生态伦理思想的著作。乐爱国先生的另一部著作《走进大自然的宋代大儒——朱熹的自然观研究》中,对朱熹自然研究的生态价值也进行了考察,指出朱熹《中庸章句》认为人与物有着共同的“天命之性”,体现出具有现代价值的以人与自然和谐为中心的生态观。[②] 台湾学者曾春海在其著作《朱熹哲学论丛》中,追溯“理一分殊”说的理源、含义及其在朱熹易学的核心意义,说明当今环境危机的现象与深层原因是人类中心主义,提出要将朱熹易学“理一分殊”说置于环保哲学的架构和脉络下,成为环境保护的借鉴及未来努力的方向。[③] 另外,罗顺元所著《中国传统生态思想史略》一书,有专门章节阐述朱熹的生态思想,认为朱熹的生态思想是对先前儒家思想的继承和发扬,朱熹将其融会贯通、创造发展,达到了一个新历史高度。在一些研究环境伦理、生态伦理思想史、生态哲学的专著中也有不少内容涉及朱熹生态伦理思想的内容。如陈谷嘉先生的《宋代理学伦理思想研究》、赵载光先生的《天人合一的文化智慧——中国传统生态文化与哲学》、张立文先生的《宋明理学研究》、蒙培元先生的《人与自然——中国哲学生态观》、何怀宏先生主编的《生态伦理——精神资源与哲学基础》、牟钟鉴先生的《儒学价值的新探索》等,这些著作和论文都在一定程度上对宋代儒学或者朱熹思想体系中所蕴含的生态伦理智慧进行了探究,但最终还是没有更为系统的对有关宋代儒家或者朱熹生态伦理思想研究的著作出现。

　　国外一些学者在对中国传统生态文化的研究和论述中,涉及与朱熹生

---

　　① 李杰,欧阳辉纯.从“天理”自然到伦理世界——论朱熹自然观的伦理内蕴与价值审视[J].云南大学学报(社会科学版),2020(6):56-63.

　　② 乐爱国.走进大自然的宋代大儒:朱熹的自然研究[M].深圳:海天出版社,2014:147.

　　③ 曾春海.朱熹哲学论丛[M].台北:文津出版社有限公司,2001:193-208.

态伦理思想相关问题的论述不多。主要有日本学者汤浅幸孙的《中国倫理思想の研究》，运用西洋生态哲学的理论来研究朱熹生态伦理思想，认为朱熹生态伦理道德属于"存心伦理"，其生态伦理实践属于"责任伦理"。日本学者山根三芳的《朱子伦理思想研究》是系统考察朱子伦理学的专著，从"道德意志""善恶""天""共生的伦理"等几个方面探讨了朱熹生态伦理思想。

三、小结

总的来看，朱熹理学思想在目前的中国哲学史、思想史研究领域已成为一门显学，论著众多，成果斐然。但从整体上看，学者们的研究大都集中在探讨朱熹理学思想的基本命题、范畴，注重理学义理阐释。相对而言，对朱熹自然哲学和生态伦理思想的研究较为冷清。

近年来，学界对于朱熹的自然哲学思想已经有所关注，对于朱熹自然哲学的相关范畴和观点亦有论及和研究，但学者们的研究主要集中在：一是阐释朱熹自然哲学的基本范畴和概念，阐述朱熹自然科学研究与其理学思想的关系；二是总结研究朱熹自然研究取得的成果，肯定朱熹在宇宙、天文、气象等自然研究方面的丰富知识，认为朱熹不仅是集大成的理学家，也是中国古代有相当成就的自然科学家。而将其系统化并归纳为自然观方面的研究少见，仍可进一步深入探讨。从学界已有的研究成果来看，对朱熹自然观方面做深入系统研究的较少，尤其是在传统儒学发展的基础上，全面梳理和系统化归纳朱熹自然思想，厘清朱熹自然观的基本内涵和内在逻辑，比较分析朱熹自然思想与佛家、道家的关系，厘清佛、道思想对朱熹的影响，从生态伦理层面细致深入地研究朱熹自然观仍显不足。

国内外学者对于朱熹生态伦理思想体系的研究还比较分散，还没有形成系统、严谨的逻辑体系。虽然研究生态哲学的相关图书已有不少，但对朱熹生态伦理思想进行相关、系统的研究不多，专著的数量极少。然而，理论界越来越关注生态道德的重要性，对两宋儒学的生态伦理思想的探究也已形成了一个较为清晰的轮廓，这些也为本书的研究打下了良好的理论基础。

同时，从学界已有的研究成果来看，基本还是将朱熹自然哲学思想和朱熹生态伦理思想作为单个研究对象单独研究，而把二者结合在一起，从自然观的角度研究朱熹生态伦理思想，并与当代生态道德建设相结合的研究成果很少。本书以此为契机，以朱熹的自然观和生态伦理思想为研究对象，全面、系统地梳理和归纳朱熹的自然观和生态伦理思想的基本内涵和主要内容,并将研究对象始终置于当代生态文明和生态道德建设的大背景之中,厘清朱熹自然观、朱熹生态伦理思想与当代生态道德建设三者之间的内在逻辑和必然联系,古为今用,从朱熹自然观的生态意蕴中,吸取当代生态道德建设的资源和动力。研究既立足前人,又有所突破,具有一定的理论价值和学术价值。

上 篇
格自然之物:朱熹的自然观

朱熹(1130—1200年),字元晦、仲晦,号晦庵,别号紫阳、考亭等。朱熹是中国历史上著名的哲学家、思想家,是继孔子之后的大儒之一。钱穆先生指出:"在中国历史上,前古有孔子,近古有朱子,此两人,皆在中国学术思想史及中国文化史上发出莫大声光,留下莫大影响。旷观全史,恐无第三人堪与伦比。"①朱熹综罗百代,集宋代理学之大成,其学识广博,研究涉及面广,著作量大,"于经学、史学、文学、乐律、佛学、道学以至自然科学,都有涉及或有著述"②。《宋元学案》称朱熹"博及群书,自经史著述而外,凡夫诸子、佛老、天文、地理之学,无不涉猎而讲究也"③。因此,朱熹著述中关于自然的研究占了很大部分,他在科学技术方面的知识在当时也达到了相当高的水平。

朱熹在幼年时期即对天发生了兴趣,"开始追寻'天体是如何,外面是何物'的宇宙课题"④。他继承和发扬了二程"穷物理"的思想,在其建立的"格物致知"论中强调格自然界事物,而且亲身体验和投入对自然界事物的研究,在天文学、地学以及自然科学研究方法上,都取得了较为重要的科学成就。钱穆先生说道:"朱子言格物,不得不谓其是一自然科学家,然朱子于自然科学方面亦有贡献。以朱子观察力之敏锐,与其想象力之活跃,其于自然

---

① 钱穆.朱子学提纲[M].北京:生活·读书·新知三联书店,2002:1.

② 张立文.朱熹思想研究[M].北京:中国社会科学出版社,1981:3.

③ 黄宗羲,原著,全祖望,补修.宋元学案:卷四十八[M].陈金生,梁运华,点校.北京:中华书局,1986:1505.

④ 陈来.朱子哲学研究[M].上海:华东师范大学出版社,2000:1.

科学界之发现,在人类科学史上,亦有其遥遥领先,超出诸人者。"[1]"就自然科学之发明史言,朱子所创获,尚有远在西方科学家之前,而与之不谋而合者。故朱子之论格物,不仅是一套理想,实亦是朱子平日亲所从事的一番真实之自白。"[2]在对自然科学的探索中,包含了他对于自然、宇宙和天人关系的哲学思考,形成了独特的自然观。自然观是朱熹哲学的重要组成部分,自然世界为朱熹的道德论提供了现象基础,其理学与自然研究密切相关,并对后世科技的发展产生过非常重要的作用。因此,全面发掘、分析和研究朱熹的自然观,对我们理解朱熹自然观的产生在儒学发展史上的必要性,及其自身思想发展的必然性,反思和解决当今世界面临的种种人与自然的问题,认识自然,与自然和谐相处,具有重要的借鉴和启示。

本篇研究的基本思路和结构是:首先,结合宋代科技和自然哲学的发展,研究朱熹自然观形成的时代条件和理论渊源,探明宋代自然科学的发展与朱熹自然观形成的关系、朱熹以前儒学家的自然哲学思想对朱熹自然观形成的影响,探究朱熹是如何吸收儒家传统自然观以及"北宋五子"的自然哲学思想,逐步加以继承、批判、综合与发展,并与当时先进的自然科学知识相结合,形成自己独特的自然观;其次,联系朱熹与佛家、道家的关系,分析朱熹的自然观是如何实现对于佛家和道家思想的批判、借鉴和融合吸收;再次,从朱熹"格物致知"论出发,研究阐释朱熹"格自然之物"思想和朱熹自然科学研究,总结朱熹自然科学思想的主要内容和自然观的基本含义;最后,阐明朱熹自然观对于后世的影响以及对于今时的启迪。

---

① 钱穆.朱子学提纲[M].北京:生活·读书·新知三联书店,2002:209.
② 钱穆.朱子学提纲[M].北京:生活·读书·新知三联书店,2002:134.

第一章　宋代自然科学发展及其对
朱熹自然观的现实影响

第一节　宋代自然科学发展的主要成就

宋代是我国古代科学技术发展的高峰时期和黄金时段。这一时期人才辈出,硕果累累。英国著名科学技术史学家李约瑟博士,对宋代科技发展取得的重大成就进行了高度评价,在他的《中国科学技术史》著作中指出:"宋代文化和科学达到了前所未有的高峰,可称之为成熟时期。深奥的散文代替了抒情诗,哲学的探讨和科学的描述代替了宗教信仰。在技术史上宋代把唐代所设想的许多东西都变成了现实。"[①]他还说,"中国的科技发展到宋朝已是巅峰状态,在许多方面实际上已经超过了 18 世纪中叶工业革命前的英国或欧洲的水平"[②],并认为,"谈到 11 世纪,我们犹如来到最伟大的时期"[③],这一时期的许多科技发明都处于世界前列,推动了世界历史的发展进程。李约瑟认为宋代是"伟大的代数学家的时代……中国的代数学在宋代达到最高峰"[④],被誉为中国古代科学巨人的沈括就出现在这一时期,沈括的《梦溪笔谈》总结了我国古代多方面的辉煌成就,涵盖了数学、物理、化学、地质、气象、生物、医药、冶炼、铸造等众多方面,在中国古代科技发展史

---

① 李约瑟.中国科学技术史:第 1 卷[M].北京:科学出版社,1990:138.
② 李约瑟.中国科学技术史:第 1 卷[M].北京:科学出版社,1990:138.
③ 李约瑟.中国科学技术史:第 1 卷[M].北京:科学出版社,1990:138.
④ 李约瑟.中国科学技术史:第 1 卷[M].北京:科学出版社,1990:142.

上具有里程碑式的地位。

宋代综合国力强大,表现在政治、经济、文化、教育、科举、学术等方方面面。宋代的政治体制在中国古代是相对开明和民主的,在中央集权的君主专制统治下,实行皇帝和士大夫共治天下的制度,皇权受到一定程度的限制;经济发达,"宋代开创了古代中国商品经济发展的新时代,形成了'中心城市—市镇集市—边境贸易—海外市场'的通达商业网络"①,工场手工业经济发展迅猛,对资本主义生产关系的萌芽起到极大的促进作用;宋代重视教育,确立了"兴文化""以文化成天下"的基本国策,学校教育发达,书院文化已成规模,读书求学已成社会普遍风尚;在发达的教育体制下,宋代学术环境宽松,学术氛围浓厚,宋代儒学进入大发展时期,规模宏大、学派林立、大师辈出,产生了程朱理学,张载气学,陆九渊心学,陈亮、叶适实学等不同的学派,各学派之间既相互争论,又相互学习,形成了中国历史上继春秋战国之后第二次"百家争鸣"的盛况,儒学进入新的发展阶段,对宋代科技文化的发展起到积极的推动作用;尊重知识分子,崇尚文治,科举制度走向成熟,建立"寒门入仕"人才选拔和任用机制,成为国家开科取士的手段,解决了"门阀托大"、官僚世袭的弊端,宋代开始进入士大夫时代。这一时期也是中国传统文化发展的鼎盛时期,除了理学的大发展,传统文化在史学、文学、艺术等方面都取得了突出的成就,形成了百花齐放的文化繁荣发展局面。强大的综合国力奠定了宋代科技发展的基础,宋代取得了"以'三大发明'为主导的农业农说、军事武器、雕版印刷、冶金矿采、船舶制造、建筑建材,实用机械、名窑制瓷、数学方法、物理应用、天文历法、测绘地理、海航行测、医药诊治、水利灌溉、城市建设、纺织染整、化学化工、对外交流等方面科技发展的伟大成就"②。

研究宋代自然科学发展的目的,主要是阐明宋代自然科学的发展是朱熹自然观产生的历史条件之一,因此,有必要对宋代自然科学成就做一个简要概述。

在农业农说方面,表现为土地改良、品种选育、园艺植物栽培繁殖、动植物谱录、林业发展、养殖繁育、农副产品加工、酿酒技术、制糖技术、农机农具改良发明等方面取得极大发展;农说理论得到突破,陈旉《农书》、王祯《农

---

① 邵庆国,主编.宋代科技成就[M].郑州:河南科技出版社,2014:10.
② 邵庆国,主编.宋代科技成就[M].郑州:河南科技出版社,2014:10.

书》,以及《耕织图》、《蚕书》、《农桑辑要》等表明中国古代农业生产技术发展取得了相当高的成就。

火药、指南针、活字印刷术是宋代的三大发明,对推动世界文明的发展起到极其重要的作用。火药与兵器制造得到改进,指南针与航海业得到长足的进步,船舶制造取得明显进步,活字印刷术与印刷行业快速发展。马克思曾经高度评价作为宋代科技重要成就的三大发明:"火药、指南针、印刷术这是预告资产阶级到来的三大发明。火药把骑士阶级炸得粉碎,指南针打开了世界市场,并建立了殖民地,而印刷术则变成了新教育的工具和科学复兴的手段,变成对精神发展创造必要前提的强大杠杆。"[①]

天文学高速发展。开展了恒星观测活动;对天文仪器进行了改良;沈括发明了新仪象法,改制了浑仪、浮漏和景表三种天文仪器,写成了《熙宁晷漏》,他还以二十四节气为基础,编制"十二气历"历法,这是以太阳运动为计算依据的阳历;苏颂创制了"水运仪象台";郭守敬发明了简仪,他还和王恂等人吸收历代历法精华,编制了《授时历》。

数学上取得辉煌成就。出现了秦九韶、李冶、杨辉、朱世杰等四大数学家,秦九韶的《数书九章》、李冶的《测圆海镜》、杨辉的《详解九章算法》和朱世杰的《四元玉鉴》在中国古代以筹算为主要计算工具的传统数学的发展过程中是一个登峰造极的新阶段,其成就远远地超过了同时代的欧洲。

地学和地质学发展迅速。宋代地图绘制水平世界领先,取得了非常突出的成就,先后重修天下图经与诸道图经,地图绘制更加频繁且精细。宋代地理研究的主要科技成就如:乐史编纂的《太平寰宇记》,为宋代早期的全国总志,它比较科学、全面地反映了整个王朝州县的建置沿革、地理环境和社会历史风貌,是我国古代地理总志编纂史上继往开来的巨著;杜绾编著的《云林石谱》,该书的科学价值,突出地表现在它对矿物、岩石的性状描述上,是我国古代载石最完整、内容最丰富的第一部论石专著;黄裳绘制的《地理图》,绘有江河海岸、山脉山势,其画法与现代地图上的自然描景法相似,描绘生动、准确。

医学得到进步。医学流派形成,医学体系分科精细,专研精深。代表性的医药著作有唐慎微的《经史证类备急本草》,收录药物1700多种,同时还产生了以刘完素、张从正、李杲、朱震亨为代表的四大医学学派。宋代在医

---

①　马克思恩格斯全集:第47卷[M].北京:人民出版社,1979:427.

学上值得一提的是,法医学得到迅速发展,宋慈撰写了我国第一部法医学的系统著作《洗冤录》;解剖学、针灸与外科学也得到发展,王惟一的《铜人腧穴针灸图经》制作出了最早的针灸铜人,陈自明的《外科精要》对发展外科实践与外科医疗思想上意义重大。

建筑技术获得重大进步。城市格局和面貌发生很大变化,北宋都城开封成为 10—12 世纪世界上最大的城市,南宋都城临安人口众多、文化繁荣、商业发达,城市建筑形式多样。李诚编撰的《营造法式》,总结了建筑技术规范,标志宋代建筑技术向标准化发展,表明建筑工程更加完善。此外,砖塔技术、建桥技术在宋代都已日臻成熟和完善。

瓷器和冶金技术不断创新。制瓷技术纯熟,瓷器结构更加精巧合理,色彩绚丽;金属矿的开采冶炼能力与技术不断发展,使得冶炼质量提高,产量增加。

纺织技术得到提升。这一时期纺织业兴盛,纺织机具不断革新,提高了生产效率,纺织技术和纺织工艺技艺的进步,又使得织物品种增加,精美华丽。

综上所述,宋代的自然科学技术的发展已达到同时代世界的顶峰,正如有学者指出:"相对宋代科技已达到了世界的顶峰之时,欧洲科技才慢慢苏醒。"①而自然科学技术的高度发展又促使以朱熹为代表的哲学家们,进一步去探究世界的本原和宇宙的奥秘,为他们"究天人之际"提供了理论上的可能和科学上的新视角。

第二节 宋代自然科学发展的特点

如前所述,宋代自然科学在社会经济全面发展的促进下,有了长足的进步,取得了巨大成就,不仅是我国古代科学技术史上发展的顶峰,而且在当时世界范围内也居于领先水平,对世界经济文化发展产生深远的影响。宋代自然科学的发展主要呈现以下几个特点:

首先,对自然界的观察更加细致深入,自然科学的基础理论有了进一步

---

① 吴国盛.科学的历程[M].北京:北京大学出版社,2002:237.

发展。天文学在宋代有了新发展,开展了大规模的天体观测,包括对恒星、北极星、新星和超新星的观测,并取得了重大成就,为其后天文学理论问题的研究提供了宝贵的资料。北宋杰出的科学家沈括在对大地的观察方面取得了突出成就,他对地形地貌进行了深入观察,对古生物化石和矿藏进行了深入研究,对不同种类的动植物进行了观察和记录,记载了动植物的分布情况以及对人类生产生活的意义和影响。沈括对自然进行的细致观察和研究以及对自然规律的认识,都详细记载在《梦溪笔谈》这部著作中。《梦溪笔谈》翔实地记录了宋代劳动人民在科学技术方面的创造和贡献,记载了沈括自己的研究成果,体现了中国古代尤其是北宋时期科学技术的发展水平和辉煌成就。同时也说明,宋代的科学家们对自然观察之细致,已经大大超过前人了。

其次,对自然界加工利用的能力和水平有了超越前人的发展,生产技术全面提高。宋代生产技术和生产规模的发展,无论在哪个领域都较前代有了更大的发展,对人类经济文化发展有重大影响的"四大发明",其中三项是在宋代完成的。

最后,在自然科学的研究方法上,直接观察法、实地调查法和理论分析法紧密结合,使研究的结论更加科学,更加符合实际。

第三节　宋代自然科学发展对朱熹
自然观形成的影响

时代是思想之母,任何一个时代哲学的出现都离不开由此产生的物质条件和思想条件。自然科学的发展,对于中国哲学的发展具有深远影响,自然科学和当时的政治、经济、文化一起,构成了哲学赖以产生和发展的基础。朱熹生活的宋代是中国科技昌明、文化繁盛的时代,科学技术的发展,推动和深化了人们对于天体运动规律、宇宙构造、物质结构以及物质之间的联系形式等问题的认识。朱熹关于宇宙、天文、气象等自然学说,就是在两宋发达的自然科学技术发展的条件下产生和发展起来的。

宋代科学技术的发展和生产工具的进步,使宋代生产力水平达到中国封建社会发展的顶峰。伴随着农业和手工业的快速发展,城市商品经济得到进一步发展,宋代社会发展呈现一片繁荣的景象。随着经济的发展,政治、文化、思想等领域也必然随之发生变化。在这种时代背景下,两宋时期的哲学家们对宇宙的结构、万物的本源、生命的发育有了更多探究的热忱。诚如席泽宗先生指出的:"被胡适称为'中国文艺复兴时期'的宋代,也是中国传统科学走向近代化的第一次尝试。这时,完全、彻底抛开了天道、地道、人道这些陈旧的概念,而以'理'来诠释世界。"①

在宋代科学技术发展的背景下,宋代哲学家们普遍对自然、对科学感兴趣,都有比较丰富的自然科学知识,对自然都有过深入的研究。比如周敦颐探究宇宙起源;张载对天文学、医学做过研究;二程"明于庶务",广泛地研究自然,对自然界进行细致观察;邵雍对天文历法多有研究;沈括既是哲学家,也是自然科学家,他的哲学思想就是建立在自然科学研究的基础上,其唯物主义自然观和自然科学研究紧密联系在一起。

朱熹重视自然知识、重视科学,他对自然、对科学进行了深入的研究,胡适指出:"从某些方面来说,朱子本人便是一位科学家。"②张立文先生也指出:"朱熹对宇宙、天文、气象等自然学说都有贡献。"③《朱子语类》中就包含了朱熹研究自然、研究科学所获得的不少知识,他对研究自然所获得的自然知识,也成为他授徒讲学中的重要的教学内容。他在教学中,"不仅教授经学、哲学、文学、史学、乐律、佛学、道学等知识,而且有宇宙学、天文学、地理学、气象学、动物学、植物学、医药学等自然科学知识"④,客观上起到了推广和传播自然科学知识的作用。

同时,朱熹对宋代著名科学家沈括推崇备至,沈括在自然科学和哲学上的成就对朱熹影响至深。沈括是北宋政治家、科学家,《宋史》称沈括"博学善文,天文、方志、律历、音乐、医药、卜算,无所不通,皆有所论著"⑤。沈括晚年集一生研究和见闻,著成《梦溪笔谈》,其科学研究成果和自然哲学思想主要体现在这部百科全书式的巨著中。《梦溪笔谈》是一部有关历史、文艺、科学等各种知识的笔记类体裁著作,记载了相关科技人物及其重要科技成就发明,是中国科技史上一份珍贵史料;它是沈括一生科研成就的集萃,汇

---

① 席泽宗.科学史十论[M].上海:复旦大学出版社,2003:111.

② 胡适.胡适全集:第18卷[M].合肥:安徽教育出版社,2003:443.

③ 张立文.朱熹哲学与自然科学[J].孔子研究,1988(3):49-60.

④ 张立文.朱熹哲学与自然科学[J].孔子研究,1988(3):49-60.

⑤ 脱脱,等.宋史:第三十册[M].北京:中华书局,1977:1065.

集了他在天文学、数学、物理学、化学、地学、水利、动植物和医药学上的突出贡献，充分反映了北宋时期自然科学取得的辉煌成就，体现了沈括朴素唯物论的自然哲学与辩证法思想，对朱熹影响深远。朱熹对其中的自然科学部分进行了大量研究，特别是有关天文学领域，如对日月形状、日食和月食、潮汐生成、地质变迁等自然现象进行了深入研究，这成为朱熹获得科学知识的一个重要途径，也是其获得科学方法的主要来源。沈括科学研究中求真求实的精神对朱熹影响极大，朱熹除了吸收沈括自然科学研究的资料和成果外，还应用了沈括科学研究的方法，重视实验实证，常常进行实地调查观测，力求从事物运动变化的本质联系和必然趋势中求得事物的规律，这种"求实"精神在朱熹的科学研究中得到充分体现，也体现在他的"格物致知"论和理学自然观中。

从总体上看，宋代自然科学的发展给哲学的发展带来重大的影响，自然科学发展的水平会影响哲学的发展水平。在朱熹哲学的逻辑结构中，"理"是最高范畴，是世界万物的本原。因此，在对自然知识研究的方式上，朱熹主要还是运用形上学的概念来解释现有的自然知识，建立了以"理"为本原的自然观。然而，朱熹"理本论"哲学思想深受自然科学的影响，包含有浓重的"气化论"成分，他坚持从自然界本身来说明自然界，"理"的现实基础之一是对于自然界的认识，由此形成其独具特色的自然观。故研究朱熹自然观对全面理解朱熹理学思想，特别是对理解朱熹生态伦理思想具有重要的意义。

第二章　朱熹自然观的理论渊源

　　哲学与科学紧密相连,研究中国古代哲学必定要关注中国古代科技中的哲学思想。朱熹自然观在产生与形成过程中,受到当时社会发展和科技进步等时代因素的影响,吸收和融合了中国古代科技中的自然哲学思想,继承和发展了先秦、汉代传统儒家自然观中许多有价值的思想观点,并发挥和改造了北宋五子(周敦颐、张载、邵雍、程颢、程颐)自然哲学思想。

第一节　中国古代科技中的自然哲学思想

　　哲学与科学密不可分,研究中国古代哲学必定要关注中国古代科技中的哲学思想。朱熹自然观在产生和形成过程中,吸收和融合了中国古代科技中内含的丰富的自然哲学思想,这成为其自然观形成的重要理论基础。中国古代科学家、科学著作众多,不少科学家在科技上成就巨大,在哲学思想上也有独特的见解。本部分主要探讨《黄帝内经》的自然哲学思想、张衡的自然哲学思想和沈括的自然哲学思想对朱熹自然观的影响。

一、《黄帝内经》自然哲学思想的影响

　　《黄帝内经》是中国最早的医学典籍,也是中医学的理论基础,分《灵枢》《素问》两部分。中医理论所涉及的宇宙观、生命观、人体观和种种思想根源、理论基础以及病因病理与临床治疗等问题,都必须溯源到《黄帝内经》。它是古代中华民族祖先在医学方面的智慧和经验总结,蕴含了丰富的哲学思想,"天人合一"思想是其自然哲学思想的精髓。朱熹对《黄帝内经》多有

研究,他吸收和继承了《黄帝内经》的"天人合一"思想。

《黄帝内经》把"天人合一"思想运用到中医学理论体系中,从"人天同构"、"人天同律"和"人参天地"等方面展现了它的自然哲学思想。从人天同构上看,《黄帝内经》认为人与天在质上是一致的,《素问》曰:"言天者求之本,言地者求之位,言人者求之气交。帝曰:何谓气交?岐伯曰:上下之位,气交之中,人之居也。"[①]此意为天地人三者都是由气构成的,即所谓天气、地气、人气,"天枢之上,天气主之;天枢之下,地气主之;气交之分,人气从之,万物由之"[②]。包括人在内的天地万物都是由气这个最基本物质构成的。因此,"人以天地之气生"[③],"天地合气,命之曰人"[④]。并且,人的生命活动的物质基础也是气。《黄帝内经》认为人与天在结构上也是一致的,自然界及其事物都是由阴阳两个方面构成的,自然界有阴阳,人体之中也有阴阳,阴阳是天地万物的两种属性。如《素问》也说:"人生有形,不离阴阳。"[⑤]又如《灵枢》中说:"人有阴阳,何为阴人,何为阳人?"[⑥]"天为阳,地为阴,日为阳,月为阴,其合之于人奈何?岐伯曰:腰以上为天,腰以下为地,故天为阳,地为阴。"[⑦]说明天和人一样,都有阴阳两面。《黄帝内经》还将中国传统哲学的"五行"学说引入医学领域。中国传统哲学的"五行"学说认为,自然界万事万物是由"金、木、水、火、土"五个方面构成的,《黄帝内经》认为:"天地之间,六合之内,不离于五,人亦应之。"[⑧]"天有四时五行,以生长收藏,以生寒暑燥湿风。人有五藏化五气,以生喜怒悲忧恐。"[⑨]这说明人体的构成与天的构成在"五行"方面是一致的。同时,在具体结构上,人与天也是一致的。"人之合于天道也,内有五脏,以应五音、五色、五时、五味、五位也;外有六腑,以应六律,六律建阴阳诸经而合之十二月、十二辰、十二节、十二经水、

① 郭霭春,主编.黄帝内经素问校注[M].北京:人民卫生出版社,1992:865-866.

② 郭霭春,主编.黄帝内经素问校注[M].北京:人民卫生出版社,1992:866.

③ 郭霭春,主编.黄帝内经素问校注[M].北京:人民卫生出版社,1992:353.

④ 郭霭春,主编.黄帝内经素问校注[M].北京:人民卫生出版社,1992:356.

⑤ 郭霭春,主编.黄帝内经素问校注[M].北京:人民卫生出版社,1992:359.

⑥ 灵枢经校释:下册[M].河北医学院,校释.北京:人民卫生出版社,1982:286.

⑦ 灵枢经校释:下册[M].河北医学院,校释.北京:人民卫生出版社,1982:1.

⑧ 灵枢经校释:下册[M].河北医学院,校释.北京:人民卫生出版社,1982:198.

⑨ 灵枢经校释:下册[M].河北医学院,校释.北京:人民卫生出版社,1982:200.

十二时,十二经脉者,此五脏六腑之所以应天道也。"①人体的形态结构在自然界中都可以找到一一对应的东西,人与自然是一致的,自然是一个大宇宙,人体就是一个小宇宙。

朱熹吸收了《黄帝内经》关于"人天同构"这一看法,他用理气解释"人物"产生,认为人是自然的产物。在《晦庵先生朱文公文集》中他指出:"天地之间,有理有气。理也者,形而上之道也,生物之本也。气也者,形而下之器也,生物之具也。是以人物之生,必禀此理然后有性,必禀此气然后有形。"②在自然的阴阳属性方面,朱熹也认为阴阳是天地万物变化的基本规律,他认可《黄帝内经》所言"阴阳者,天地之道也,万物之纲纪,变化之父母,生杀之本始"③,从人体来说,"人生有形,不离阴阳"④,"天地之化,包括无外,运行无穷,然其所以为实,不越乎阴阳两端而已"⑤,通过阴阳的交互作用来说明万物生灭是一个由气到形、由形到气的生化过程。

《黄帝内经》主张人天同律,也即人与自然有共同遵守的规律。《素问》反复提到:"善言天者,必有验于人。"⑥人置身于天地之中,和天地有共同的规律。"天地之大纪,人神之通应也。"⑦《黄帝内经》从阴阳对立统一及相互运动方面来说明人与天在阴阳方面的同律性。《素问》中说道:"夫言人之阴阳,则外为阴,内为阳;言人身之阴阳,则背为阳,腹为阴;言人身之脏腑中阴阳,则脏者为阴,腑者为阳,肝心脾肺肾五脏皆为阴,胆、胃、大肠、小肠、膀胱、三焦六腑皆为阳。"⑧说明人体本身就是一个阴阳对立的统一体,生命就处在这样一种协调的对立统一体中。《黄帝内经》认为阴阳的对立是相对的,二者互为依存,相互统一,并可以相互转化。阴中有阳,阳中有阴。"阴在内,阳之守也;阳在外,阴之使也。"⑨阴阳对立统一、相互依存表明,人和

---

① 灵枢经校释:下册[M].河北医学院,校释.北京:人民卫生出版社,1982:281.

② 朱熹.答黄道夫[M]//朱杰人,等编.晦庵先生朱文公文集:卷五十八.上海:上海古籍出版社,合肥:安徽教育出版社,2010:2755.

③ 郭霭春,主编.黄帝内经素问校注[M].北京:人民卫生出版社,1992:356.

④ 郭霭春,主编.黄帝内经素问校注[M].北京:人民卫生出版社,1992:356.

⑤ 朱熹.金华潘公文集序[M]//朱杰人,等编.晦庵先生朱文公文集:卷七十六.上海:上海古籍出版社,合肥:安徽教育出版社,2010:3665.

⑥ 郭霭春,主编.黄帝内经素问校注[M].北京:人民卫生出版社,1992:502.

⑦ 郭霭春,主编.黄帝内经素问校注[M].北京:人民卫生出版社,1992:1047.

⑧ 郭霭春,主编.黄帝内经素问校注[M].北京:人民卫生出版社,1992:62.

⑨ 郭霭春,主编.黄帝内经素问校注[M].北京:人民卫生出版社,1992:91-92.

自然一样只有保持一种阴阳平衡与协调,才能获得身心和谐。自然界中阴阳消长相对的动态平衡是万物正常发生和发展的条件;人体只有保持阴阳平衡,才能维持正常的生理活动,否则,就会导致疾病。"阴胜则阳病,阳盛则阴病。阳盛则热,阴盛则寒。"[①]正是阴阳平衡遭到破坏的结果,严重的还会导致"阴阳离决,精气乃绝"[②],而使生命活动造成严重后果。阴阳对立统一同时还处在永恒运动之中,自然界一年四季的运动,人体阴阳之气一日之中的盛衰转化,也都表现出了这一规律。运动是无限的,人与自然界均处于永恒运动之中。自然界的变化会影响到人体,人与天在运动节律上具有一致性,"天地温和,则经水安静;天寒地冻,则经水凝泣;天暑地热,则经水沸溢;卒风暴起,则经水波涌而陇起。夫邪之入于脉也,寒则血凝泣,暑则气淖泽,虚邪因而入客,亦如经水之得风也,经之动脉,其至也亦时陇起"[③]。这说明在气候变化的时候,人体中的气血会随着自然界阴阳运动而上下变化,人体的气血与自然界运行的节律是一致的。

　　朱熹继承了《黄帝内经》关于天人一律的说法,认为:"天即人,人即天,人之始生,得于天地,既生此人,则天又在人矣。凡语言动作视听,皆天地;只今说话,天便在这里。"[④]《黄帝内经》中的天是自然之天,就是自然界,朱熹发展了这一看法,指出"事物之理,莫非自然"[⑤]。他以"理"和"自然"来解释天,说明"天"不仅是自然界,自然规律也应当包括其内,人与自然有共同的规律。《黄帝内经》关于阴阳对立统一、永恒运动变化的认识具有古代朴素辩证法思想,把病症看作一个不断变化的过程,用动静关系来分析各种疾病及其症候。朱熹肯定了《黄帝内经》中关于病症变化的观点,并从哲学的普遍意义上进行解释。关于动静关系,朱熹认为"动静二字,相为相待,不能相无,乃天理之自然,非人力所能为也"[⑥],说明动静之间是互相依存、互为前提的统一体。

　①　郭霭春,主编.黄帝内经素问校注[M].北京:人民卫生出版社,1992:78.

　②　郭霭春,主编.黄帝内经素问校注[M].北京:人民卫生出版社,1992:52.

　③　郭霭春,主编.黄帝内经素问校注[M].北京:人民卫生出版社,1992:379.

　④　朱熹,撰,黎靖德,编.朱子语类:卷十七[M].武汉:崇文书局,2018:290.

　⑤　朱熹.孟子集注·离娄章句下[M]//四书章句集注.金良年,今译.上海:上海古籍出版社,2006:366.

　⑥　朱熹.答胡方仲[M]//朱杰人,等编.晦庵先生朱文公文集:卷四十二.上海:上海古籍出版社,合肥:安徽教育出版社,2010:1905.

《黄帝内经》中还多次提到了"人与天地相参"①,"参"有顺应、受影响之意。"天地之间,六合之内,其气九州九窍、五脏、十二节,皆通乎天气。"②人生活在自然界中,无时无刻不受自然的影响,顺应自然,遵循自然规律,日常生活以至于疾病治疗都要顺应自然变化的规律,"顺天之时,而病可与期。顺者为工,逆者为粗"③。《黄帝内经》还从气候、四时、节气和日期、时辰、天体、地理环境、饮食五味等方面进行了论述,阐明自然界的变化对人体生命活动的密切影响。"人与天参"反映了《黄帝内经》"天人合一"自然哲学的基本思想,人是自然界的一部分,始终不能离开自然。自然界是人类从事生产生活活动的环境和场所,自然的变化对人类的影响是强有力的。人类应该认识自然规律,主动参与自然的变化,从而更好地生活在自然中。朱熹非常认可"人与天参"的观点,他提出"人是天地中最灵之物"④,通过"裁成天地之道,辅相天地之宜",实现"赞天地之化育",达到"与天地参"。他强调了人的主观能动性,人既要尊重自然,顺应自然,又要主动作为,给予天地自然以辅助,促进人与自然的有机发展。

二、张衡宇宙论思想的影响

张衡是东汉时期杰出的天文学家,其在哲学史上也有一定的地位。根据史料记载,张衡精通天文历算,"善机巧,尤致思于天文、阴阳、历算"(《后汉书·张衡传》)。他是观测天文的"浑天仪"和测定地震的"地动仪"的发明者,而"浑天仪"是世界上最早利用水力转动的浑象。他第一次科学地解释了月食产生的原因。因天文学上的成就,张衡被称为"数术穷天地,制作侔造化"。《浑天仪》和《灵宪》是其主要的代表作,其中《浑天仪》主要是对浑天仪作了说明,而《灵宪》主要阐述宇宙天地的起源与日月星辰的生成和运动,是一部总结当时的天文知识的天文著作,在对天文知识的阐述中包含了他的哲学观点。其自然哲学思想主要体现在他的宇宙论中。

张衡《灵宪》中系统阐述了他的宇宙论,关于世界的起源,《灵宪》开篇说

---

① 灵枢经校释:下册[M].河北医学院,校释.北京:人民卫生出版社,1982:425-426.
② 郭霭春,主编.黄帝内经素问校注[M].北京:人民卫生出版社,1992:35.
③ 郭霭春,主编.黄帝内经素问校注[M].北京:人民卫生出版社,1992:368.
④ 朱熹,撰,黎靖德,编.朱子语类:卷一百一十[M].武汉:崇文书局,2018:2054.

道："太素之前,幽清玄静,寂寞冥默,不可为象。厥中惟虚,厥外惟无。如是者永久焉,斯谓溟涬,盖乃道之根也。道根既建,自无生有,大素始萌:萌而未兆,并气同色,浑沌不分。故《道志》之言云:'有物浑成,先天地生。'其气体固未可得而形,其迟速固未可得而纪也。如是者又永久焉,斯谓庞鸿,盖乃道之干也。道干既育,有物成体,于是元气剖判,刚柔始分,清浊异位,天成于外,地定于内。天体于阳,故圆以动:地体于阴,故平以静。动以行施,静以合化,埋郁构精,时育庶类。斯谓太元,盖乃道之实也。"在这里,张衡把宇宙生成分成三个阶段:溟涬(道根)、庞鸿(道干)、太元(道实)。张衡关于宇宙天地起源的理论具有道家的思想特点,他认为太素以前,宇宙幽清玄静、寂寞冥默、一片空虚,除"灵"以外,什么也没有,这种状态存在了很长时间,是宇宙生成的第一阶段,是无的阶段;第二个阶段叫庞鸿,有物成体,是有的阶段;第三个阶段称为太元,元气表现为刚柔、清轻、重浊三种形式,并由此产生天地,生成自然万物,所以"太元"是自然界的原始,是"道之实"[①]。由此可见,张衡认为,世界的本原是"元气","元气剖判"便形成天地。张衡所谓的"道"就是自然,张衡在《灵宪》中指出,天地间万物是"情性万殊,旁通感博,自然相生"。也就是说,情性上千差万别的事物都是彼此联系,相互作用,相生相成的。这一关于宇宙起源的理论是中国古代宇宙发展论的主旋律,为儒道两家共同接受。朱熹的宇宙生成论可以概括为"气化论",他认为万物的根源是理,是太极,但是太极之理并不能直接生成宇宙万物,理和物之间需要一个物质性根源,这就是气。"气是生物之具",是化生宇宙万物的根源。可见,朱熹的宇宙生成"气化论"是受到张衡宇宙起源理论的影响的。

　　在宇宙结构的认识上,中国古代主要有"盖天说""浑天说""平天说""宣夜说"。"盖天说"又叫"天圆地方说",认为天是圆形的,像一把撑开的大伞,地像四方的棋盘,圆形的天覆盖在四方的大地上,日月星辰如爬虫在天空过往。"盖天说"具有直观性和猜测性,是人类对于天体认识的低级阶段,由于受到生产力发展水平的制约和人类实践能力与手段的限制,人们在观测天体上主要从自己的生活环境出发,通过想象来感受宇宙的结构。"平天说"是东汉初年王充提出来的关于宇宙结构的认识。王充认为,由于天和地是两个无限大的平面,因而在天和地两个无限大的平面当中的空间也是无限

---

　　① 张衡.灵宪[M/OL].https://www.zhonghuadiancang.com/tianwendili/12791/25354
9.html.

的,日月星辰在天上团团转。天和地是两个相互平行的平面,二者之间的距离处处相同。"宣夜说"则认为天是一个无边无际的、没有固定形质的、充满着气体的空间,日月星辰都在气体中飘浮。

"浑天说"构想了天的形状是圆的,大地的形状是球形的,而日月星辰在转动中会转入地下。这一理论的形成经历了一个过程,张衡是集大成者。张衡主张"浑天说",他通过观察认为"浑天说"比较符合实际。他发展了浑天说,提出了"球形大地"的概念,从天文学的角度阐述了宇宙的无限性,创立了我国古代宇宙结构的基本模式。张衡认为"浑天如鸡子,天体圆如弹丸,地如鸡中黄,孤居于内,天大而地小。天表里有水,天之包地,犹壳之裹黄。天地各乘气而立,载水而浮。周天三百六十五度又四分之一;又中分之,则一百八十二度八分度之五复地上,一百八十二度八分度之五绕地下。故二十八宿,半见半隐。其两端谓之南北极。……两极相去一百八十二度半强。天转如毂之运也,周旋无端,其形浑浑,故曰浑天也"[①]。这段话可以说是"浑天说"思想的核心,指出了"天体圆如弹丸",不是半球,而是一个整球;"地如鸡中黄",不是方形,而是球形;"天转如毂之运也",并且可以"绕地下",所以二十八宿是"半见半隐"的。不仅如此,张衡还制作了水运浑象来表示浑天体系的正确性。张衡以为这一"浑天如鸡子,地如鸡中黄"的天体结构,"有象可效,形可度",是人们可以用象与数来把握的领域。他在《灵宪》和《浑天仪》中所说的种种天象和数据,反映了汉代天文学的水平。他还说:"天如鸡子,地如中黄,孤居于天内,天大而地小。天表里有水,天地各乘气而立,载水而浮……天转如车毂之运也,周旋无端,其形浑浑,故曰浑天。"[②]上天包裹大地,天可以转到地下去,这是对宇宙结构认识的一个重大突破,朱熹在宇宙结构的看法上,基本上是赞同浑天说的,他认为天地之间充满了气,"气之流行,充塞宇宙",天地的结构就是"天以气而依地之形,地以形而附天之气"[③],天与地的关系是天包地,地在天中。这个认识就是根据张衡浑天说中"浑天如鸡子,地如鸡中黄"而来的。

张衡的《浑天说》认为天地是有限的,天体之间、天地之间的距离是可以度量的,世界在时间上是有开始的。但是,他又认为在有限的天地之外还有

① 陈敦和,主编.物理学发现之旅[M].上海:上海科学技术文献出版社,2019:12.

② 魏征等,撰.隋书·南史[M].呼和浩特:内蒙古人民出版社,1998:117.

③ 朱熹,撰,黎靖德,编.朱子语类:卷一[M].武汉:崇文书局,2018:5.

一个无限的宇宙。在《灵宪》中，张衡说道："过此而往者，未之或知也。未之或知者，宇宙之谓也。宇之表无极，宙之端无穷。"①这段话指出了宇宙空间是无穷无尽、无始无终的，我们所能够观测到的仅是极为有限的部分。对此，冯友兰在《中国哲学史新编》中认为，张衡的宇宙就是"一个无限的空间和无限的时间交织在一起的无限的物质世界"②。

三、沈括自然哲学思想的影响

沈括是中国古代杰出的科学家和政治家，李约瑟盛赞他是"中国科学史上最奇特的人物"③，笔记体文献《梦溪笔谈》是其主要代表作，这部重要著作，既汇集了沈括一生的科学成就，同时也鲜明地体现了他的科学思想和唯物主义哲学观点，被誉为我国科学史上的坐标和里程碑。④

张立文先生认为沈括的哲学思想有四个特点："一是提出了作为客观规律的'理'的概念，与二程哲学相对立；二是按照世界本来的面目解释世界，而不给以任何虚构或附加；三是认为自然界的发展变化是'得之自然，非意所配'；四是反对'前知'，主张'事非前定'。"⑤祖慧在《沈括评传》中说："沈括的科学思想具有以元气、阴阳、五行学说为基础的朴素唯物论与辩证法倾向，富于考察与试验相结合的实践性，既注重继承传统，又勇于怀疑，开拓创新，并始终贯穿着'技巧器械'当有益于国计民生的务实思想。"⑥

沈括在研究天象、历法、地质、化学、医学等方面的问题时，常常运用阴阳、五行、元气和《易》数学说来解释自然现象和"物理"。关于沈括唯物论的自然哲学思想，以下主要从气一元论、五行说、阴阳说等三个方面进行概述。

关于气一元论思想。在"理气"之辩上，沈括主张"气一元论"，认为"天

---

① 张衡.灵宪［M/OL］. https://www.zhonghuadiancang.com/tianwendili/12791/253549.html.

② 冯友兰.中国哲学史新编［M］.北京：人民出版社，2007：280.

③ 李约瑟.中国科学技术史：第一卷［M］.北京：科学出版社，1990：136.

④ 李约瑟.中国科学技术史：第一卷［M］.北京：科学出版社，1990：140.

⑤ 乐爱国，度永.近30年来中国古代自然哲学与科技哲学研究［J］.洛阳师范学院学报，2010（6）：37-47.

⑥ 祖慧.沈括评传［M］.南京：南京大学出版社，2004：278.

地之气,贯穿于金、石、土、木,曾无留碍"①。气凝成金石土木等形体,而弥
漫于天地间的气又可以贯穿于这些形体而无留碍。"日月之形如丸,日、月
气也,有形而无质,故相值而无碍。"②他主张"气一元"论,认为自然界中的
万事万物都是由"气"凝聚而成,认为"天理"皆以木、火、土、金、水为序,也就
是说种种形体都是由"气"聚集而成的。"气"弥漫于天地之间,贯穿于金、
石、土、木、水等万物中,"曾无留碍"③。在谈及"气"与"理"的关系时,沈括
认为:"大凡物理有常有变。运气所主者,常也;异夫所主者,皆变也。常则
如本气,变则无所不至而各有所占。故其候有从、逆、淫、郁、胜、复、太过,不
足之变,其发皆不同。"④也就是说,气是自然万物的本源、主宰,它处在不停
的运动状态,正是由于阴、阳二气的交互作用、消长产生了四季的更替和万
物的变化。而万物的发展变化有一定规律即"理",万物变化之"理"是依存
于"气"的。沈括把具体事物的规律称为"物理",把"理"看成事物的客观规
律,他称之为"自然之理"。同时,沈括批评了邵雍先验论的象数之学,主张
象数之理"得之自然"。他说:"九、七、八、六之数,阳顺、阴逆之理,皆有所从
来,得之自然,非意之所配也。"⑤就是说,《易》以九为"老阳"、七为"少阳"、八
为"少阴"、六为"老阴",这些数和象以及"阳顺、阴逆"之理,都是从自然过程中
概括出来的,并非由人主观随意配合成的。"大凡物有定形,形有真数。"⑥

沈括认为事物的正常变化和异常变化都是有规律的,各种变化的表现
也是不同的,都要取决事物本身的"理"(规律)。他将事物变化的规律分为
"物理"和"至理"两类:"物理"是一般性的常识或普通的道理,"至理"是十分
重要的客观规律,沈括把它称为"微",这种规律往往隐藏在事物的背后,人
们认识它有一定的难度。这说明沈括已经意识到人的认识有历史的局限,
客观世界是无限的,随着人们对自然认识能力的提高,人们就可以深入了解
和把握客观规律。他把事物运动变化规律总结为不可名状的"道",指出:
"道不可相,古人以谓强名之。物之所由而非所止者,道也。止则非道。"⑦

① 沈括.梦溪笔谈:卷二十六:药议[M].上海:上海书店出版社,2003:222.
② 沈括.梦溪笔谈:卷七:象数一[M].上海:上海书店出版社,2003:60.
③ 沈括.梦溪笔谈:卷二十六:药议[M].上海:上海书店出版社,2003:222.
④ 沈括.梦溪笔谈:卷七:象数一[M].上海:上海书店出版社,2003:62.
⑤ 沈括.梦溪笔谈:卷七:象数一[M].上海:上海书店出版社,2003:64.
⑥ 沈括.梦溪笔谈:卷七:象数一[M].上海:上海书店出版社,2003:59.
⑦ 沈括.长兴集:卷十一[M]//四库全书:集部:别集类.钦定四库全书本:93.

也就是说,道是万物生成、发展、变化的根本缘由、根本规律,世间万物都处于无限的运动之中。"止则非道",静止、凝固不变就不是道。这种运动和变化的思想构成沈括科学思想的核心,"微阳始升,至于敛陈而毕,岁物随之盛衰,变化无一息之停"①。万物都是处在永恒的变化之中,"无一息之停"。他强调运动变化是不以人的意志为转移的,"物之变化,固不可测"②。沈括认为客观世界是不断变化的,遇到问题应"不胶一法,乃为通术"③。他认为,事物是不断变化发展的,人们遇到的问题也是多种多样的,解决问题的办法不能千篇一律,要用辩证的思想来看待问题,灵活把握和运用事物的一般性规律,而不应拘泥于前人,视前人的结论为"定法",以刻板的经验一成不变地对待它,教条式地理解千变方化的世界。

关于沈括的"五行说"。沈括从中国传统"五行"说的自然哲学观出发,从一年分十二个月着眼,将"五行"分属十二个月,他说:"五行之时谓之五辰者,春、夏、秋、冬各主一时,以四时分属五行,则春、夏、秋、冬虽属木、火、金、水,而建辰、建未、建成、建丑之月。各有十八日属土,故不可以时言,须当以月言。月谓之十二辰,则五行之时谓之五辰也。"④根据沈括对五行学说的理解与阐释可以看出,他肯定世界万物是不断运动、不断变化着的。沈括将传统的阴阳五行与自然观察紧密结合来解释物质相生相克的变化关系。他用五行相生相克的关系来解释四季的变化:"所谓气始于东方者,四时始于木,右行传于火,火传于土,土传于金,金传于水。"⑤

关于阴阳说。在对五行学说的理解与阐释的基础上,沈括又进一步指出:"凡气始于东方而右行……阴阳相错而生变化。"⑥也就是本于气的五行运动变化,又受到阴阳两种力量的支配。阴阳学说最早源自《周易》:"一阴一阳之谓道。"⑦其意指天地之间存在着阴、阳两种相反的原动力,阴、阳相互作用,交替行进,进而推动了世间万物的变化与发展。沈括继承阴阳学说

① 沈括.长兴集:卷十一[M]//四库全书:集部:别集类.钦定四库全书本:88.
② 沈括.梦溪笔谈:校正卷二十五:杂志二[M].上海:上海书店出版社,2003:207.
③ 沈括.梦溪笔谈:卷十八:技艺[M].上海:上海书店出版社,2003:153.
④ 沈括.梦溪笔谈:补笔谈卷二:象数[M].上海:上海书店出版社,2003:250.
⑤ 沈括.梦溪笔谈:校正卷五:乐律一[M].上海:上海书店出版社,2003:31.
⑥ 沈括.梦溪笔谈:卷五:乐律一[M].上海:上海书店出版社,2003:31.
⑦ 朱熹,注.周易本义[M].上海:上海古籍出版社,1987:58.

中的朴素唯物论成分。他认为:"阴阳消长,万物生杀变化之节,皆主于气而已。"①即阴阳相错,互为消长,世间万物兴亡、盛衰之变都取决于元气。

沈括在科学上和思想上的成就,受到后世学者的极大关注,在朱熹自然研究的过程中,沈括的自然研究成果和科学哲学思想对其也有很大影响。朱熹自己就说道:"唯近世沈括之说,乃为得之。"②胡道静指出:"在《笔谈》成书以后的整个北宋到南宋时期,朱子是最最重视沈括著作的科学价值的唯一学者,他是宋代学者中最熟悉《笔谈》内容并能对其科学观点有所阐发的一人,正因为他自己也是一位对于自然现象非常关切而留意考察和研索的科学家之故。"③

沈括把"理"看成事物的客观规律,"理"具有普遍性,不可随意更改。"此天地至理,人不能以毫厘损益其间。"④而在朱熹那里,"理"是最高范畴,是万物之理,具有主宰者和万物本原之特性,是自然界和社会的主宰。朱熹和沈括对于"理"的解释具有一致性,都把它看成自然界具体事物的规律。当然,朱熹的"理"是一个有多层次规定性的范畴,其含义比沈括的"理"丰富得多。另外,沈括在《梦溪笔谈》中还区分了"理"和"至理","理"是具有普遍性的事物的一般道理,"至理"则是"理"的特殊性,普遍的"理"隐藏在特殊的"至理"之中。朱熹"理一分殊"思想,是其"格物致知"论的重要内容,其中包含了对沈括"理"和"至理"思想的吸收和发展。他从"理一分殊"的角度,运用理性的方法分析、认识事物的特点和特殊规律。

朱熹在自然研究过程中,特别是对地学、天体现象、潮汐现象的观察和研究中,常常引用沈括之说,在其注释经典时,也常常引用《梦溪笔谈》来证明。朱熹在《梦溪笔谈》方面所用的功夫,也可以算是其格物之学的一个方面、一个部分。沈括在肯定理依存于气、象数得之自然的唯物主义前提下,根据前人的经验和自己的亲身实践,形成了一套行之有效的科学研究方法。他重视实际观察和实验,获得第一手数据和资料;在掌握丰富资料和数据的基础上,进行比类、求故,概括出一般原理;运用矛盾分析方法来把握变化法

---

① 沈括.梦溪笔谈:补笔谈卷二[M].上海:上海书店出版社,2003:248.

② 朱熹.楚辞集注:卷三[M].上海:上海古籍出版社,2001:50.

③ 胡道静.朱子对沈括科学学说的钻研与发展[C]//福建省闽学研究会.朱熹与中国文化:武夷山朱熹研究中心成立大会论文集.武夷山,1988:51-57.

④ 沈括.梦溪笔谈:补笔谈卷一[M].上海:上海书店出版社,2003:233.

则,灵活运用法则指导实践。这些研究方法给朱熹的自然研究以很大的启发,朱熹也主张调查研究,"即物而穷其理",通过归纳和演绎的方法发掘客观事物的内在联系。

第二节　传统儒家的自然观

中国古代哲学起源于古人对宇宙、自然的思索,对自然界及其与人类关系的总的看法和观点就是传统儒家的自然观。传统儒家认为,自然界的演化及其各种现象的发生都有其自身的规律,这个规律就是所谓的"法"和"道"。依照天人之间的关系,人类社会的"法"或"道"要依据自然界的"法"或"道"来制定。总体上看,传统儒家自然观主张遵循天道,达到人与自然的和谐。儒家传统自然观为朱熹的自然观的产生和形成提供了思想基础,成为朱熹自然观的重要理论来源。

一、先秦儒家的自然观

张岱年先生说:"人生论之开端的问题,是天人关系的问题。天人关系论之开端的问题,是人在宇宙间之位置的问题。"[1]天人关系一直是中国哲学研究的核心问题。中国古代哲学是从天人关系的讨论开始,围绕天人关系的讨论而发展、成熟的。先秦儒家的自然观就是围绕着对天人关系的认识而展开的。

(一)"天人合一"的自然观

"天人合一"思想就是把自然作为一个整体的生态系统,人类是这个大生态系统的一部分,人与自然共同构成一个生命的共同体,共生并存协调发展。研究天人关系首先要搞清楚的是"天"是什么?关于"天"的解释,冯友兰先生认为,在中国文字中天有五义,即物质之天、主宰之天、运命之天、自然之天、义理之天。[2] 从自然观的角度看,我们所理解的天就是自然之天。

---

① 张岱年.中国哲学大纲[M].北京:中华书局,2017:272.

② 冯友兰.中国哲学史:上册[M].北京:中国人民大学出版社,1987:217.

先秦儒家对"天"的诠释很多,但很多时候是将"天"作为一种自然现象,或者作为人格化的自然至高的神祇。最具代表性的是荀子,他明确地提出天是自然存在,宇宙的生成是世间万物自身运动的结果。荀子说:"列星随旋,日月递炤,四时代御,阴阳大化,风雨博施,万物各得其和以生,各得其养以成,不见其事而见其功,夫是之谓神;皆知其所以成,莫知其无形,夫是之谓天。"①孟子在讲到"天"时,也常指"自然之天",孟子说:"天油然作云,沛然下雨,则苗浡然兴之矣。"②孔子虽然没有从概念上提出并回答"天是什么"的问题,没有明确提出过"天人合一",但他的思想中却包含着这一命题,有自己的理解和体认。他说:"天何言哉,四时行焉,万物生焉,天何言哉!"③意思就是四时运行,寒暑交替,万物生长是自然而然的。孔子肯定了天是包括万物生发、四时运行的自然界,自然界的功能包括了运行和生长,自然界是充满生命和生意的自然界,是一个生命的整体。蒙培元先生指出,孔子所说的天"其主要意义已不是指主宰人类命运的神,而是指自然界生长发育的过程","天即自然界的功能就是运行和生长"。④ 在对天人关系的理解上,孟子说:"天之生物也,使之一本。"⑤也就是天地之间的万事万物其本源都是一样的,万物与天之间是相互联系相互连通的一体关系,所以"夫君子所过者化,所存者神,上下与天地同流"⑥。孟子还从人是万物的一部分,人也具有万物共有的特性出发,指出"是故诚者,天之道也;思诚者,人之道也"⑦。人要努力去体会天道之"诚",达到天人相参,物我为一,"万物皆备于我"。"万物皆备于我。反身而诚,乐莫大焉。"⑧从而使人与自然息息相通,融为一体。进而达到《中庸》所言,"万物并育而不相害,道并行而不相悖","致中和,天地位焉,万物育焉"。

可见,以孔子为代表的先秦儒家,不是把天、地、人孤立起来考虑,而是把三者联系起来,将整个自然界作为一个有机的生命整体来看待。追求"天

---

①　荀子·天论[M].方勇,李波,译注.北京:中华书局,2015:265.

②　李志敏,主编.四书五经:卷一:孟子·梁惠王上[M].北京:京华出版社,2003:137.

③　李志敏,主编.四书五经:卷一:论语·阳货[M].北京:京华出版社,2003:119.

④　蒙培元.人与自然:中国哲学生态观[M].北京:人民出版社,2004:94.

⑤　李志敏,主编.四书五经:卷一:孟子·滕文公上[M].北京:京华出版社,2003:166.

⑥　李志敏,主编.四书五经:卷二:孟子·尽心上[M].北京:京华出版社,2003:224.

⑦　李志敏,主编.四书五经:卷二:孟子·离娄上[M].北京:京华出版社,2003:179.

⑧　李志敏,主编.四书五经:卷二:孟子·尽心上[M].北京:京华出版社,2003:221.

人合一"是儒家自然观的最高境界。

(二)"仁民而爱物"的自然观

孔子思想的核心是"仁","仁者爱人","爱"是一种普遍的道德情感,他主张"泛爱众而亲仁"①,爱不止于爱人,还要爱惜自然界一切生命,尽管孔子还没有提出"爱物",但他的"泛爱"思想包含了"爱物"的内容。《论语·述而第七》记录说:"子钓而不纲,弋不射宿。"孔子捕鱼用钓竿而不用网,用带生丝的箭射鸟却不射杀巢宿的鸟。这里体现了孔子对自然界生命珍惜爱护的态度。自然为人类提供了赖以存在和发展的物质资源,不用密网捕鱼,不射巢中之鸟,既体现了孔子倡导的仁爱精神,也是人类爱护自然,保持生态平衡的方法和手段。孔子认为天道生生,他提倡仁爱万物,主张对自然资源的开发利用要取用有节,反对无节制的滥用。"刳胎杀夭,则麒麟不至郊;竭泽涸渔,则蛟龙不合阴阳;覆巢毁卵,则凤凰不翔。"②他形象地指出剖腹取胎杀死幼兽就会令麒麟不再来到郊野;竭泽而渔的捕鱼方式会令蛟龙无法调和阴阳;倾覆鸟巢损毁鸟蛋的做法,则无法吸引凤凰前来栖息。可见,孔子对滥杀动物的行为深恶痛绝,他视这种行为为"不义",并且深刻认识到这样的行为会破坏生态环境,导致自然生态系统的失衡。所以,孔子明确提出了"节用而爱人,使民以时"③的主张。孟子在孔子"仁爱"思想的基础上,进一步提出"君子之于物也,爱之而弗仁;于民也,仁之而弗亲。亲亲而仁民,仁民而爱物"④的思想。亲亲、仁民、爱物,爱虽有差等,但它是根据仁的对象的不同表现出具体的差别,属于人的自然性,是合理的。孟子把仁民与爱物联系起来,对于处理人与外在自然的关系却有着积极的影响。孟子的"人皆有不忍人之心",得以"爱物"。那么如何做到"爱物"?孟子对此有过详尽的阐释:"不违农时,谷不可胜食也;数罟不入洿池,鱼鳖不可胜食也;斧斤以时入山林,材木不可胜用也……是使民养生丧死无憾也。"⑤"五亩之宅,树之以桑,匹妇蚕之,则老者足以衣帛矣。五母鸡,二母彘,无失其时,老者足以无失肉矣。百亩之田,匹夫耕之,八口之家足以无饥矣。"⑥"牛山之木尝

---

① 李志敏,主编.四书五经:卷一:论语·学而第一[M].北京:京华出版社,2003:26.

② 聂献轩,编著.孔子言论经外集[M].合肥:黄山书社,2004:227.

③ 李志敏,主编.四书五经:卷一:论语·学而第一[M].北京:京华出版社,2003:26.

④ 李志敏,主编.四书五经:卷二:孟子·尽心上[M].北京:京华出版社,2003:236.

⑤ 李志敏,主编.四书五经:卷一:孟子·梁惠王上[M].北京:京华出版社,2003:134.

⑥ 李志敏,主编.四书五经:卷一:孟子·梁惠王上[M].北京:京华出版社,2003:135.

美矣,以其郊于大国也,斧斤伐之,可以为美乎?是其日夜之所息,雨露之所润,非无萌蘖之生焉,牛羊又从而牧之,是以若彼濯濯也。人见其濯濯也,以为未尝有材焉,此岂山之性也哉?"①这些论述真切地表达了孟子理想的生态社会思想,体现出其深邃的自然观和社会道德责任,从中也可以看出孟子的"爱物"是以维护人类自身生存、繁衍和发展为目的的。荀子从其"制天命而用之"的自然观出发,提出了"圣王之制"的生态资源爱护观,体现了"制用"和"爱护"相结合的辩证法思想。他指出:"圣王之制也,草木荣华滋硕之时,则斧斤不入山林,不夭其生,不绝其长也;鼋、鼍、鱼、鳖、鳅、鳝孕别之时,罔罟、毒药不入泽,不夭其生,不绝其长也;春耕、夏耘、秋收、冬藏,四者不失时,故五谷不绝,而百姓有余食也;洿池渊沼川泽,谨其时禁,故鱼鳖优多,而百姓有余用也;斩伐养长不失其时,故山林不童,而百姓有余材也。圣王之用也。"②这段话反映荀子对自然之物的态度,表明荀子已经意识到爱护自然资源的极端重要性。从根本上说,荀子和孟子一样,重视自然界的"时",主张人类在自然的活动要依时而作,依时而禁,从而进一步诠释了先秦儒家"仁民而爱物"的自然观。

(三)人与自然和谐相处的自然观

先秦儒家认为,人与自然的和谐是生命的最高境界。孔子"乐山乐水"的伦理情怀就深刻地反映了人与自然和谐相处并从中得到无限乐趣的境界。孔子说:"知者乐水,仁者乐山。"③在孔子看来,仁者不仅"爱人",而且热爱大自然,山水是自然界的象征,是一切生命的源泉与栖息地,对山水的热爱充分体现了仁者的情怀和生命依托。以山水为乐体现了人与自然和谐,是天人合一的最高体验。因为只有心中充满对自然的仁爱之情,才会具有"乐山乐水"的情怀和意趣,才能爱护和珍惜山山水水,并从山水中感悟生命的意义。《论语》中关于"吾与点也"的论述,也是对孔子这种追求人与自然和谐的生命境界的体现。《论语》记载,孔子与学生谈人生志向和理想,曾点说:"莫春者,春服既成,冠者五六人,童子六七人,浴乎沂,风乎舞雩,咏而归。"④孔子心向往之,并由衷赞叹说:"吾与点也!"⑤孟子也认为人们能从自

---

① 李志敏,主编.四书五经:卷二:孟子·告子上[M].北京:京华出版社,2003:208.

② 荀子[M].方勇,李波,译注.北京:中华书局,2015:114.

③ 李志敏,主编.四书五经:卷一:论语·雍也[M].北京:京华出版社,2003:54.

④ 李志敏,主编.四书五经:卷一:论语·先进[M].北京:京华出版社,2003:83.

⑤ 李志敏,主编.四书五经:卷一:论语·先进[M].北京:京华出版社,2003:83.

然界中获得美的感受,从而怡悦人的性情,陶冶人的情操。梁惠王站在池塘边,"顾鸿雁麋鹿",问孟子:"贤者亦乐此乎?"孟子肯定地回答:"贤者而后乐此,不贤者虽有此,不乐也。"他肯定自然界的美是客观存在的,只有真正的贤者才可能享受其中的欢乐,孟子这一思想与孔子极为相似。

《中庸》言:"仲尼祖述尧舜,宪章文武,上律天时,下袭水土。辟如天地之无不持载,无不覆帱。辟如四时之错行,如日月代明。万物并育而不相害,道并行而不相悖。小德川流,大德敦化。此天地之所以为大也。"①《中庸》这段话意思是说,孔子继承尧、舜,效法文王、武王,上遵循天时,下符合地理。犹如天地那样没有什么不能承载、没有什么不能涵盖,犹如四季交替运行、日月更迭辉耀。万物共同繁育、竞相生长,但是彼此之间并不妨害;日月运行、四时更替,各行其道,各有各的规律,相互不冲突。这是大自然的法则,是天地所以伟大的地方,是人与自然和谐的根本。"万物并育"其中包含人类在内,由于"万物"是天地"无不持载,无不覆帱"的对象,人类作为"万物"中的一分子,不能将自身排除于天地自然之外。所谓人类与"万物并育而不相害",指的就是人类社会的发生发展之道与天地自然生成演化之道"并行而不相悖",唯其如此就是人与自然的和谐,朱熹对此注解说:"此言天地之道。"②

(四)先秦儒家自然观对朱熹的影响

先秦儒家对自然的认知和对万物的态度对朱熹自然观的形成产生了极大的影响。朱熹总体上认可先秦儒家认为天人本质相同、人与自然和谐共存的看法,并将天与其最高哲学范畴"理"联系在一起,提出:"天,即理也……逆'理',则获罪于天矣……言但当顺'理'。"③"天者,'理'而已矣……自然合理,故曰乐天。不敢违理,故曰畏天。"④因此,合"理"就是顺天,逆"理"就会获罪于天。这是对孟子"顺天者存,逆天者亡"⑤思想的继承和发展。在先秦儒家那里,孟子的思想比较多地涉及天人关系的讨论,可以说是先秦儒家将"天人合一"自然观念进行系统阐发的第一人。孟子的天人思想对朱熹影响很大,朱熹自然观在《孟子集注》中也有很大程度上的体现。

①　朱熹.四书章句集注[M].金良年,今译.上海:上海古籍出版社,2006:46.
②　朱熹.四书章句集注[M].金良年,今译.上海:上海古籍出版社,2006:47.
③　朱熹.四书章句集注[M].金良年,今译.上海:上海古籍出版社,2006:81.
④　朱熹.四书章句集注[M].金良年,今译.上海:上海古籍出版社,2006:280.
⑤　李志敏,主编.四书五经:卷一:孟子·离娄上[M].北京:京华出版社,2003:175.

一方面,朱熹发挥了孟子的天道观,将天与"理"、"天命"与"义理"联系起来,并将"理""气"两个基本要素作为自然的本质,"以气言者,厚薄清浊之禀不同也","以理言者,天道流行,付而在人,则为仁义礼智之性",①理是恒动的,气是变化的,是自然万物之造化,理始终在主宰着这种气的变化过程。朱熹十分推崇孟子"数罟不入洿池,鱼鳖不可胜食也;斧斤以时入山林,林木不可胜用也"的自然哲学精神,在自然与人的关系上,提出要"遏人欲而存天理","天理人欲,同行异情","纵欲而私于一己者,众人之所以灭其天也",用天理人欲的关系来阐释孟子的天道观,这一观点具有鲜明的自然观色彩。朱熹赞同孟子"万物皆备于我"的观点,认为"此章言万物之理具于吾身,体之而实,则道在我而乐有余;行之以恕,则私不容而仁可得"②。朱熹认为万物能与我融为一体的原因是因为万物之"理"都已内在地具于"吾身"之中,而人遵循并践行此理,就可以实现天地之仁,朱熹的这一注释充分体现了先秦儒家在人与自然万物的关系上,视二者为具有相同本质的生命整体,认为人与自然应共生共存的观点,同时他还提出达到人与自然和谐的根本途径就是"仁"。

传统儒家经典蕴含着丰富的自然哲学思想,给朱熹自然观以深刻的影响。朱熹毕生都在诠释以《四书》为代表的儒家经典,他集40多年时间深沉思考、苦心斟酌写成了《四书集注》。在《四书集注》中,朱熹以"天理"论为中心,围绕着"人性"论和"格物致知"论,结合其"伦理观"、"政治观"和"教育观",构建了一个完整的理学思想体系。从自然观的角度看,这部庞大的思想体系中,也蕴藏着朱熹丰富而深刻的自然观。朱熹竭力推崇《大学》《中庸》,并对之进行了继承和发挥。从自然哲学的角度来说,《中庸》开宗明义的三句话"天命之谓性,率性之谓道,修道之谓教",从自然哲学角度看,是孟子与荀子的天人合一的自然哲学观点的承接,极大地启发了朱熹对其自然哲学体系的构造。朱熹围绕"天理""理一分殊""天理流行"等重大的哲学命题对《中庸》进行了创造性的阐释;并通过对"格物""致知""即物穷理""豁然贯通"问题的新诠释,展开了关于《大学》思想的发挥和创造。可以说,先秦儒家思想为朱熹自然观的产生和形成提供了思想来源和理论基础。

---

① 朱熹.四书章句集注[M].金良年,今译.上海:上海古籍出版社,2006:440.
② 朱熹.四书章句集注[M].金良年,今译.上海:上海古籍出版社,2006:440.

二、以董仲舒为代表的汉代儒家自然观

董仲舒是汉代最著名的经学家、哲学家,《汉书》称其"为儒者宗"[①],他向汉武帝提出"罢黜百家,独尊儒术"的建议,对中国文化的发展影响深远。

西汉时期儒学发生了重要转折,显著标志就是董仲舒把当时社会上普遍流行的阴阳、四时、五行等"自然主义"思想与儒家"人本主义"精神结合起来,将自然、人事、伦常、政制等范畴,统一安置于天人哲学的大系统中,"以阴阳五行(天)与王道政治(人)互相一致而彼此影响即'天人感应'作为立论轴心"[②],构成了以"天人合一""天人感应"为主要特征的神学化自然观。

(一)以"天"为本

董仲舒"天人感应"思想的核心内容是以"天"为本,在以"天"为本的理论基础上,董仲舒构筑起其"天人感应"的理论体系,其全部哲学思想也因此得以展开。董仲舒对于天的认识有多种意思,包括了自然之天、神灵之天和道德之天,冯友兰先生说过:"董仲舒所谓之天,有时系指物质之天,即与地相反之天有时系指有智力有意志之自然。有智力有意志一名辞,似乎有自相矛盾之处,然董仲舒所说之天,实有智力有意志,而却非有人格之上帝,故此谓之为自然也。"[③]因此,董仲舒的天在多数情况下以自然之天的形式存在。如董仲舒说:"仁之美者在于天。天,仁也。天覆育万物,既化而生之,有(又)养而成之,事功无已,终而复始。凡举归之以奉人。察于天之意,无穷极之仁也。人之受命于天也,取仁于天而仁也。……天常以爱利为意,以养长为事:春、秋、冬、夏,皆其用也。"[④]又说:"天虽不言,其欲赡足之意可见也。古之圣人,见天意之厚于人也,故南面而君天下,必以兼利之。"[⑤]董仲舒在这里所谓的"天",就是春、夏、秋、冬等自然现象的运行。就其为自然现

---

① 汉书:卷二十七:五行志第七[M].长沙:岳麓书社,1993:598.

② 李泽厚.中国古代思想史论[M].天津:天津社会科学院出版社,2003:136.

③ 冯友兰.中国哲学史:下册[M].上海:华东师范大学出版社,2003:11.

④ 董仲舒.王道通三[M]//春秋繁露.张世亮,钟肇鹏,周桂钿,译注.北京:中华书局,2012:421.

⑤ 董仲舒.诸侯[M]//春秋繁露.张世亮,钟肇鹏,周桂钿,译注.北京:中华书局,2012:392.

象的运行说,这样的天是自然之天。董仲舒认为:"天者,群物之祖也。"①
"无天而生,未之有也。天者,万物之祖,万物非天不生。"②"天地者,万物之
本,先祖之所出也。广大无极,其德昭明,历年众多,永永无疆。天出至明,
众知类也,其伏无不熠也地出至晦,星日为明不敢暗,君臣、父子、夫妇之道
取之此。"③由此可知,董仲舒将天地作为广义的万物共同之本,人类先祖的
来源,"天"贯穿于自然界和人类社会,成为人和万物共同的本原,天道是人
道的最高和最后的根据。自然之天,是"天"最为古老、最为原始的含义,它
指的是自然界和宇宙间的一切生命有机体。从自然之义上看,董仲舒的
"天"继承了这一传统,他通过宇宙生成模式来展现自然之天的特征和含义。
在董仲舒看来,"天有十端,十端而止已。天为一端,地为一端,阴为一端,阳
为一端,火为一端,金为一端,木为一端,水为一端,土为一端,人为一端,凡
十端而毕,天之数也"④。而所谓"天"即指宇宙自然之天。"天之常道,相反
之物也,不得两起,故谓之一。一而不二者,天之行也。阴与阳,相反之物
也,故或出或入,或右或左。春俱南,秋俱北,夏交于前,冬交于后,并行而不
同路,交会而各代理;此其文与!天之道,有一出一入,一休一伏,其度一
也。"⑤他对天做了具体阐释,认为天或者说自然,在阴阳两种互为相反的气
体的矛盾运动下,会产生两种互为相反的自然现象,发生互为相反的变化,
天地、阴阳、五行是宇宙演化的基本元素,它们共同构成了自然物质性的存
在。阴阳二气运动、变化以生万物,"天地之气,合而为一,分为阴阳,判为四
时,列为五行"⑥,阴阳运行,产生四季变化,"春出阳而入阴,秋出阴而入阳,

---

① 汉书:卷五十六:董仲舒传第二十六[M].北京:中华书局,1962:2515.

② 董仲舒.顺命[M]//春秋繁露.张世亮,钟肇鹏,周桂钿,译注.北京:中华书局,2012:
557.

③ 董仲舒.观德[M]//春秋繁露.张世亮,钟肇鹏,周桂钿,译注.北京:中华书局,2012:
341.

④ 董仲舒.官制象天[M]//春秋繁露.张世亮,钟肇鹏,周桂钿,译注.北京:中华书局,
2012:263.

⑤ 董仲舒.天道无二[M]//春秋繁露.张世亮,钟肇鹏,周桂钿,译注.北京:中华书局,
2012:454.

⑥ 董仲舒.五行相生[M]//春秋繁露.张世亮,钟肇鹏,周桂钿,译注.北京:中华书局,
2012:487.

夏右阳而左阴,冬右阴而左阳"①,"天之道,终而复始"②。

董仲舒利用阴阳变化,来说明四时交替,又利用了五行之间存在的相生("木生火,火生土,土生金,金生水,水生木,此其父子也"③)和相胜("金胜木,水胜火,木胜土,火胜金,土胜水"④)的关系,形成了五行与四时、四方等事物的搭配和组合,以此阐发他的自然之天是如何构成并演化生成宇宙万物的。基于天的自然之义,董仲舒继承了儒家传统思想中"仁民爱物"的观念,发展并提升了先秦"天人合一"思想,通过论证"天人相副",说明天人同类相感,进而构建起他的"天人感应"神学化自然观。

(二)"天人相副"

董仲舒对"天"赋予诸多含义,使"天"最终成为主宰一切事物的至上神,并拥有与人相同的道德情感,其目的是确立"天"作为创生宇宙万物,同时还是自然与人事存在的最高依据的宇宙本体地位。因此,董仲舒进行了天人同类、同类相感的论证,这是天人感应思想建立的理论基础。

天的自然属性是宇宙万物产生的基础,人如何具有天的属性?董仲舒认为天是宇宙本体,创生人类,"为生不能为人,为人者天也。人之人本于天,天亦人之曾祖父也"⑤,"人生于天而体天之节"⑥。因此,"人副天数",也就是说在人和"天"之间存在着相互一致的数量关系。为此,董仲舒详尽全面地描述了天人之间的同类特征。从形体结构上看,"人之形体,化天数而成"⑦,"求天数之微,莫若于人。人之身有四肢,节相持而形体立矣。天有

---

① 董仲舒.阴阳出入上下[M]//春秋繁露.张世亮,钟肇鹏,周桂钿,译注.北京:中华书局,2012:449.

② 董仲舒.阴阳终始[M]//春秋繁露.张世亮,钟肇鹏,周桂钿,译注.北京:中华书局,2012:440.

③ 董仲舒.五行之义[M]//春秋繁露.张世亮,钟肇鹏,周桂钿,译注.北京:中华书局,2012:405.

④ 董仲舒.五行相胜[M]//春秋繁露.张世亮,钟肇鹏,周桂钿,译注.北京:中华书局,2012:495.

⑤ 董仲舒.为人者天[M]//春秋繁露.张世亮,钟肇鹏,周桂钿,译注.北京:中华书局,2012:398.

⑥ 董仲舒.官制象天[M]//春秋繁露.张世亮,钟肇鹏,周桂钿,译注.北京:中华书局,2012:263.

⑦ 董仲舒.人副天数[M]//春秋繁露.张世亮,钟肇鹏,周桂钿,译注.北京:中华书局,2012:473.

四时,每一时有三月数终矣;"①。"天以终岁之数,成人之身,故小节三百六十六,副日数也;大节十二分,副月数也;内有五脏,副五行数也;外有四肢,副四时数也。"②就是说,人的身体各个部分的数字和"天"的各个部分的数字是相符的,人是"天"的副本。在官制、官职上,董仲舒说,"官有四选,每一选有三人,三四十二,十二臣相参而事治行矣。以此见天之数,人之形,官之制,相参相得也"③,同时详尽描述了人与天之间的"副数"同类,以此说明政治领域中官吏制度可与天数相应。除此之外,他还把人的血气、德行、好恶、喜怒、受命等情感意志因素与天相连,说明"人之血气,化天志而仁;人之德行,化天理而义;人之好恶,化天之暖清;人之喜怒,化天之寒暑;人之受命,化天之四时"④。以此表明人在情感意志等方面也是上类于天的结果,天人在各方面都有相同或相似的地方。"天乃有喜怒哀乐之行,人亦有春秋冬夏之气者,合类之谓也"⑤,"天亦有喜怒之气,哀乐之心,与人相副。以类合之,天人一也"⑥。董仲舒还认为不仅人的喜怒哀乐这样的一般道德情感与"天""相副",而且儒家最高的道德"仁"也是来源于"天",与"天""相副"的。他提出:"仁之美者在于天。天,仁也……人之受命于天也,取仁于天而仁也。"⑦由上分析可知,董仲舒论证"人副天数"是为了说明"天人同类""天人一也",而其最终目的在于证明"天人感应"。

(三)"天人感应"

由于"人副天数",人是天的"副本",因而"天人同类",同类相感相应,由

---

① 董仲舒.官制象天[M]//春秋繁露.张世亮,钟肇鹏,周桂钿,译注.北京:中华书局,2012:263.

② 董仲舒.人副天数[M]//春秋繁露.张世亮,钟肇鹏,周桂钿,译注.北京:中华书局,2012:474.

③ 董仲舒.官制象天[M]//春秋繁露.张世亮,钟肇鹏,周桂钿,译注.北京:中华书局,2012:263.

④ 董仲舒.为人者天[M]//春秋繁露.张世亮,钟肇鹏,周桂钿,译注.北京:中华书局,2012:398..

⑤ 董仲舒.天辨在人[M]//春秋繁露.张世亮,钟肇鹏,周桂钿,译注.北京:中华书局,2012:433.

⑥ 董仲舒.阴阳义[M]//春秋繁露.张世亮,钟肇鹏,周桂钿,译注.北京:中华书局,2012:445.

⑦ 董仲舒.王道通三[M]//春秋繁露.张世亮,钟肇鹏,周桂钿,译注.北京:中华书局,2012:421.

此推出"天人感应"的神学自然观。

董仲舒的"天人感应"思想包括两个方面,即类感和类推。所谓类感就是同类相感相应,类推就是同类相推。董仲舒认为,物物相感,天人相应的根据就在于同类相感相动,他说道:"今平地注水,去燥就湿均薪施火,去湿就燥。百物去其所与异,而从其所与同,故气同则会,声比则应,其验皦然也。试调琴瑟而错之,鼓其宫则他宫应之,鼓其商而他商应之,五音比而自鸣,非有神,其数然也。美事召美类,恶事召恶类,类之相应而起也。如马鸣则马应之,牛鸣则牛应之。"①气同则会,声比则应,这不是什么神灵的作用,而是天人同类、同类相动产生的结果。而董仲舒所说的类推,则是以天人同类的共同属性为出发点,依据某一类中的某一事物所具有的某种属性,来类推出同类中的其他事物具有这种相同的属性,例如,"天乃有喜怒哀乐之行,人亦有春秋冬夏之气者,合类之谓也"②,"天亦有喜怒之气,哀乐之心,与人相副。以类合之,天人一也"③。天之春夏秋冬四时和人之喜怒哀乐之气,尽管在表现形态上不同,但是从本质上说它们是可以互换的。相较而言,董仲舒更为重视同类的相感相应,即类感,并将其发挥到极致。他认为"天"人之间都有阴阳、五行,因此,"天"人之间的感应是通过阴阳之"气"来进行的,"天"的阴阳变化会对人体产生同类感应。同样,在社会实践中,人类社会的治乱兴衰也会影响"天道"的运行,反之亦然。因此,他认为:"刑罚不中,则生邪气;邪气积于下,怨恶畜于上。上下不和,则阴阳缪戾而妖孽生矣。"④意思是社会混乱就会导致邪气,邪气传感于"天","天"会发生感应,降下灾异。"灾异说"是董仲舒"天人感应"思想的重要内容,他把灾异谴告与人事活动特别是君主的行为联系起来,认为天命灾异和政治人事之间有某种必然的联系,并做了详尽的分析。董仲舒说:"天地之物有不常之变者,谓之异,小者谓之灾。灾常先至,而异乃随之。灾者,天之谴也;异者,天之威也。

---

① 董仲舒.同类相动[M]//春秋繁露.张世亮,钟肇鹏,周桂钿,译注.北京:中华书局,2012:480.

② 董仲舒.天辨在人[M]//春秋繁露.张世亮,钟肇鹏,周桂钿,译注.北京:中华书局,2012:433.

③ 董仲舒.阴阳义[M]//春秋繁露.张世亮,钟肇鹏,周桂钿,译注.北京:中华书局,2012:445.

④ 汉书:卷五十六:董仲舒传第二十六[M].长沙:岳麓书社,1993:1094.

谴之而不知,乃畏之以威,《诗》云:'畏天之威。'殆此谓也。"①他将天地的异变分成小灾和大异,小灾天谴,大异天威。紧接着他又分析道,"凡灾异之本,尽生于国家之失。国家之失乃始萌芽,而天出灾害以谴告之。谴告之而不知变,乃见怪异以惊骇之。惊骇之尚不知畏恐,其殃咎乃至"②,认为灾异的产生是由君主治理国家之失而导致天的"谴告"。同样道理,他认为如果人间施行德政,治理有序,"天"就会降下祥瑞之兆。由此他说"天道各以其类动"③,"美事召美类,恶事召恶类,类之相应而起也"④,"美恶皆有从来,以为命,莫知其处所"⑤。

董仲舒的"天人感应"论是一个"天"人相互感应的循环系统,是在总结先秦儒家关于天人关系认识的基础上形成的神学化自然观。"从根本上说,董仲舒天人学说的本义是借'天'言'人',他所讲的'天人感应'是一种被人格意志化的自然与人之间的感应关系。"⑥

(四)朱熹继承并发展了董仲舒的"天人感应"论

朱熹没有明确使用过"天人感应"这个词,但是他在描述一些自然现象之间、人与人之间、人与自然之间关系的时候,可以看出他赞成并借用"天人感应"的观点。朱熹在阐释《论语》"德不孤"是"同声相应,同气相求"⑦时,用的就是感应的观点,他还说:"吉人为善便自有吉人相伴,凶德者亦有凶人

① 董仲舒.必仁且智[M]//春秋繁露.张世亮,钟肇鹏,周桂钿,译注.北京:中华书局,2012:325.

② 董仲舒.必仁且智[M]//春秋繁露.张世亮,钟肇鹏,周桂钿,译注.北京:中华书局,2012:325.

③ 董仲舒.三代改制质文[M]//春秋繁露.张世亮,钟肇鹏,周桂钿,译注.北京:中华书局,2012:259.

④ 董仲舒.同类相动[M]//春秋繁露.张世亮,钟肇鹏,周桂钿,译注.北京:中华书局,2012:480.

⑤ 董仲舒.同类相动[M]//春秋繁露.张世亮,钟肇鹏,周桂钿,译注.北京:中华书局,2012:480.

⑥ 刘晗.董仲舒"天人感应"说的"人学"特质与历史定位[J].南都学坛(人文社科版),2006(5):6-8.

⑦ 朱熹,撰,黎靖德,编.朱子语类:卷二十七[M].武汉:崇文书局,2018:532.

同之。"①"祭祀之礼,以类而感,以类而应。"②这些语句表达的都是同一个意思。朱熹也认为人的行为可以影响自然界的进程,人君不轨之行可以影响神灵,导致自然灾害发生,他说:"如人主积累愆咎、感召不祥,致有日月薄蚀、山崩川竭、水旱灾荒之变。"③因此,"王者修德行政……能使阳盛足以胜阴,阴衰不能侵阳……所以当食而不食也"。朱熹在这里表达的意思与董仲舒灾异谴告的天人相感思想具有一致性,但相比于董仲舒重视同类相感,朱熹更多地论及感应的另一种形式,同类相推。也就是发生在同一事物之间,以固定顺序不断重复出现、持久交替的事物。比如朱熹把日出月没、寒来暑往看作互相感应的结果,他说:"如日往则感得那月来,月往则感得那日来;寒往则感得那暑来,暑往则感得那寒来。一感一应,一往一来,其理无穷。感应之理是如此。"④朱熹认为这种感应持续不断,周而复始,没有终结。他将"理"的概念引入感应中,认为"屈则感伸,伸则感屈,自然之理也"⑤。并且世上万事万物均被看作感应,"凡在天地间,无非感应之理,造化与人事皆是"⑥,"此感应之理无乎不在"⑦。由此可见,朱熹继承了董仲舒"天人感应"理论,并将"感应"与"理"联系在一起,使感应具有宇宙本体地位,这是对"天人感应"思想的发展。

董学研究专家周桂钿先生说:"我将董仲舒与孔子、朱熹并列为中国历史上对全社会影响最大的三大思想家。孔子是儒学创始人,董仲舒是经学大师、汉代新儒学的代表,朱熹是理学大师、宋代新儒学的代表……孔子的影响是无与伦比的,朱熹的《四书集注》是科举考试的必读书,而董仲舒承前启后,起了关键的作用。"⑧董仲舒与朱熹处于不同时代,他们根据各自所处时代的需要,对儒家思想进行了重新阐释和改造,前者建构起了汉代新儒学,后者在重新诠释儒家经典的过程中,集宋代理学之大成,完成了中国哲

① 朱熹,撰,黎靖德,编.朱子语类:卷二十七[M].武汉:崇文书局,2018:532.
② 黄宗羲,原著,全祖望,补修.宋元学案:卷四十九[M].陈金生,梁运华,点校.北京:中华书局,1986:1557.
③ 朱熹,撰,黎靖德,编.朱子语类:卷六十二[M].武汉:崇文书局,2018:1127.
④ 朱熹,撰,黎靖德,编.朱子语类:卷七十二[M].武汉:崇文书局,2018:1367.
⑤ 朱熹,撰,黎靖德,编.朱子语类:卷七十二[M].武汉:崇文书局,2018:1367.
⑥ 朱熹,撰,黎靖德,编.朱子语类:卷七十二[M].武汉:崇文书局,2018:1368.
⑦ 朱熹,撰,黎靖德,编.朱子语类:卷七十二[M].武汉:崇文书局,2018:1368.
⑧ 周桂钿.董学探微[M].北京:北京师范大学出版社,2008:5.

学史上极其重要的一次儒学创新。他们在探求"儒家伦理"的本源时所阐发的"天人感应"神学自然观和以"天理"论为中心的理学自然观有着相似和贯通之处。

在董仲舒的哲学中,"天"是最高的哲学范畴,他"吸收了当时比较流行的阴阳五行说等观念,主要是以类合、以数偶为基本方法论"①,把儒家思想中的伦理、治国原则抬高到天的位置,使自然之天具有神灵之天、宗教之天的意味,并赋予天以儒家伦理的色彩,最终使皇权限制在儒家之天的权威之下。董仲舒采用了"天人感应"的理论形式,一方面限制了帝王的私欲,另一方面又树立帝王的权威。他把自然界的灾异和祥瑞与人事活动特别是君王的政治行为联系在一起,赋予自然之天以宗教化、神秘化色彩,使"天人感应"论成为一种"天上之法",呈现出神学化自然观特征。董仲舒的"天人感应"说是以春秋公羊说为基础,融合儒家伦理和阴阳五行学说而成。而朱熹的"天理"论也是在重新诠释儒家经典的过程中提出来的。隋唐时期,佛道盛行,"天"被奉为人格意义的"神",汉代儒学"天人感应"说无法回应佛道在本体论上的挑战,儒学日益衰微。儒学家们面临着重建儒家的人生价值理想,重新阐释先秦儒家"天人合一"的理论内涵的难题,朱熹"以儒学为母体,吸纳佛教的思辨结构,利用道教的宇宙生成图式"②,"援佛家的心、性本体论及道家的道本体论入儒,进而建构起系统的、完整的以'天理论'为核心的理本论思想体系"③。在朱熹的哲学体系中,"理"或"天理"是最高哲学范畴,"天理"论是其重要的哲学理论。对于"理"或"天理"的阐释,《朱子语类》指出,"合天地万物而言,只是一个'理'"④,"有此理,便有天地。若无此理,便无天地,无人,无物。都无该载了"⑤,"未有天地之先,毕竟是先有此理"⑥,"太极,只是一个理字。太极,只是天地万物之理"等,类似的说法在朱熹的著作中被反复提及。在朱熹的思想体系中,"理"是天地万物的本源,它与太极同义,是天地万物的秩序和规律。

董仲舒的"天人感应"论是适应当时政治大一统的需要,赋予"自然之

① 李宗桂.论董仲舒的天人思想及其文化史意义[J].天津社会科学,1990(5):41-47.
② 李宗桂.思想家与文化传统[J].哲学研究,1993(8):39-47.
③ 蔡方鹿.经学理论化的意义[M].河北学刊,2009(1):43-48.
④ 朱熹,撰,黎靖德,编.朱子语类:卷一[M].武汉:崇文书局,2018:2.
⑤ 朱熹,撰,黎靖德,编.朱子语类:卷一[M].武汉:崇文书局,2018:1.
⑥ 朱熹,撰,黎靖德,编.朱子语类:卷一[M].武汉:崇文书局,2018:2.

天"以"授命之天"的意义,朱熹则用其"天理"论,将董仲舒的"天"置换成"天理",并使"天理"具有与"太极"本体等同的地位,从而使至高权威性的"天"演化成具有本体论意义的"天理",实现儒家伦理与天理等同。从这个意义上说,董仲舒的"天人感应"论与朱熹"天理"论之间确有贯通之处。

第三节　"北宋五子"的自然哲学思想

北宋五子(周敦颐、邵雍、张载、程颢、程颐)是宋代理学的创始人,他们均对自然有过深入的研究,在他们的理论体系中,自然观往往是作为整个理论的基础,他们的自然哲学思想是朱熹自然观的直接理论来源,对朱熹自然观的形成具有重要的影响。

一、周敦颐自然观对朱熹的影响

周敦颐是宋代理学的奠基者,在宋明理学的形成过程中占有重要而特殊的位置,在朱熹的《伊洛渊源录》中,周敦颐被列为理学开创者的"北宋五子"之首。周敦颐的代表作主要是《太极图说》和《通书》,《太极图说》以《易传》为基础,以《老》解《易》,通过宇宙气化论来阐释自然的演化过程。《通书》则将《易传》和《中庸》相结合,阐释了作为人道本体的"诚"和作为宇宙本体的"太极"之间的关系,展现的是儒家人文宇宙观的本来意义。

《太极图说》概括了周敦颐的宇宙生成论、万物化生论和人性论。他在对《太极图》进行诠释时说:"无极而太极。太极动而生阳,动极而静;静而生阴,静极复动。一动一静,互为其根。分阴分阳,两仪立焉。阳变阴合而生水、火、木、金、土。五气顺布,四时生焉。五行,一阴阳也;阴阳,一太极也;太极本无极也。五行之生也,各一其性。无极之真,二五之精,妙合而凝,乾道成男,坤道成女,二气交感,化生万物,万物生生而变化无穷焉。"[①]可以看出的是,周敦颐通过诠释《周易》"易有太极,是生两仪,两仪生四象,四象生

---

①　周敦颐.周敦颐集:卷一[M].陈克明,点校.北京:中华书局,1990:3-4.

八卦"①,吸收了阴阳五行说,运用"太极""阴阳""五行"等抽象概念,描述了"无极—太极—阴阳—五行—万物—人"这样一个生生不息的宇宙生成过程,阐述了宇宙演化自"无极而太极"到"万物化生"的演变过程。在这个宇宙化生的结构中,通过"无极""太极""阴阳""动静""五行""万物",周敦颐构建了其哲学逻辑结构的基本范畴,并将它们联系在一起,构成了一幅宇宙万物化生的生动图景,表述了整个宇宙源于太极并由太极化生阴阳、五行、万物的宇宙论,表达了他的自然宇宙观。

从周敦颐的哲学逻辑结构中可以看到,"无极"是他设立的最高范畴,"无极"不仅是宇宙万物的本原,同时还是人类社会最根本的道德准则。"太极"介于"无极"和"阴阳"之间,通过"动静"把"无极"与"阴阳"联结起来,"太极""动而生"阳",静而生"阴","动静"相互对峙而又相互转化,"阴阳"两仪确立并不断变化,从而化生出水、火、木、金、土等世界最基本的元素以及宇宙间春夏秋冬四时运行,"阴阳""五行"交感而成男女和万物。② 周敦颐的宇宙生成、万物化生模式,总体上是融合儒释道三家,兼有本体论与宇宙论思想,"援佛、道入儒,吸收佛教的思辨结构和道教的宇宙生成、万物化生理论,从'本然之全体'上建立了以儒家伦理道德为核心的哲学逻辑结构"③。张立文先生认为,周敦颐的宇宙观较之以往的宇宙观,具有两个明显的特征,"其一是宇宙的统一性"④,即"万物统体一在太极";"其二是宇宙的化生性"⑤,"无极"产生"太极","太极"由"动静"产生"阴阳","阴阳"交互作用产生"五行","阴阳""五行"交互化生万物,而"无极之真,二五之精,妙合而凝","得其秀"则为人,如此就从宇宙生成演化出了人类,形成"万物生生而变化无穷"的无限发展过程。由此可以看到,周敦颐通过《太极图》以及《太极图说》所表述的宇宙论,还进一步推演出他的人道观:"惟人也得其秀而最灵。形既生矣,神发知矣。五性感动而善恶分,万事出矣。圣人定之以中正仁义而主静,立人极焉。故圣人与天地合其德,日月合其明,四时合其序,鬼神合其吉凶。……'立天之道,曰阴与阳。立地之道,曰柔与刚。立人之道,

① 朱熹,注.周易本义[M].上海:上海古籍出版社,1987:62.
② 张立文.宋明理学研究[M].北京:人民出版社,2002:109-110.
③ 徐刚.朱熹自然哲学思想论稿[M].福州:福建教育出版社,2002:101-102.
④ 张立文.宋明理学研究[M].北京:人民出版社,2002:110.
⑤ 张立文.宋明理学研究[M].北京:人民出版社,2002:110.

曰仁与义。'"①他既表述了一种宇宙起源并化生万物的宇宙观,又将它与人道观联系在一起,体现了儒家的"天人合一"的理念。

周敦颐从宇宙论的角度论述人生社会道德心性,开天道性命相贯通之先河,奠定了宋明理学的基调,被称为"理学开山"和"道学宗主",但其生前声名不显,学术思想不彰,其身后学术思想和学术地位的确立,朱熹居功至伟。朱熹高度评价周敦颐,明确指出"其高极乎无极太极之妙,而其实不离乎日用之间;其幽探乎阴阳五行之赜,而其实不离乎仁义礼智刚柔善恶之际;其体用之一源,显微之无间,秦汉以下,诚未有臻斯理者,而其实不外乎《六经》《论语》《中庸》《大学》《七篇》之传也"②。他大力推崇并潜心研究周敦颐学说,注解了《太极图说》和《通书》,"宋明诸儒说《太极图说》,实由朱子发其端,亦以朱子之说影响最盛"③。由于朱熹的发挥和改造,《太极图说》成为理学经典。朱熹"沿着其哲学逻辑结构所开拓的路子,发展了自己的哲学逻辑结构。把周敦颐的'自无极而太极'改为'无极而太极',又将其解释成无形而有'理'。'太极'或'理',便成为程、朱哲学逻辑结构的形而上学本体范畴"④。因此,周敦颐的宇宙论对朱熹宇宙观的形成具有重要的影响。

周敦颐的"无极而太极"中的"无极"思想来自道、佛,带有道、佛"无"的性质;朱熹则将"太极"提升到本体论的地位,摈弃了周敦颐思想中的道家和佛学思想,实现对周敦颐"太极"思想的改造。他认为"太极只是一个理字"⑤,并非在"太极"之上还有一个更高的"无极"。"盖太极是理,形而上者"⑥,"总天地万物之理,便是太极"⑦。可以看出,朱熹这里,太极为天地万物之根,"圣人谓之太极者,所以指夫天地万物之根也"⑧,朱熹发展了周敦颐"无极而太极"的观点,直接将"太极"作为宇宙本体,认为"太极"就是天地万物之理,且只有这一个理,它是本然之理,是宇宙的本源,他将"太极"等同于"理",从而使"太极"理学化。由此,"太极"与"阴阳"关系也就成了"体"和

---

①　周敦颐.周敦颐集:卷一[M].陈克明,点校.北京:中华书局,1990:4.

②　周敦颐.周濂溪集:卷十一[M].北京:中华书局,1985.

③　杨柱才.道学宗主:周敦颐哲学研究[M].北京:人民出版社,2004:221.

④　张立文.宋明理学研究[M].北京:人民出版社,2002:159.

⑤　朱熹,撰,黎靖德,编.朱子语类:卷一[M].武汉:崇文书局,2018:2.

⑥　朱熹,撰,黎靖德,编.朱子语类:卷五[M].武汉:崇文书局,2018:64.

⑦　朱熹,撰,黎靖德,编.朱子语类:卷九十四[M].武汉:崇文书局,2018:1800.

⑧　朱熹,撰,黎靖德,编.朱子语类:卷九十四[M].武汉:崇文书局,2018:1793.

"用"的关系,"太极"为理,"阴阳"为气。同时,朱熹继承了周敦颐建立的"无极—太极—阴阳—五行—万物—人"的宇宙化生模式,在宇宙演化理论上进行了独特的发挥,认为"天地初间,只是阴阳之气。这一个气运行,磨来磨去,磨得急了,便拶许多渣滓,里面无处出,便结成个地在中央。气之清者便为天,为日月,为星辰,只在外,常周环运转。地便只在中央不动,不是在下。"①如此,朱熹就构建起了他的"理气"架构。

朱熹的"理一分殊"理论也是受了周敦颐"一实万分,万一各正"思想的启发,并进行阐释和发挥。朱熹说:"周子谓'五殊本则一。一实万分,万一各正,大小有定'。自下推而上五行只是二气,二气又只是一理。自上推而下来,只是此得,万物分之以为体。"②虽然"万物之中又各具一理……然总又只是一个理"③,因此"物物各有理,总只是一个理"④。在这里,朱熹重新解释了周敦颐的"一实万分,万一各正",指出"一实万分"即"理一分殊","万一各正、大小有定,言万个是一个,一个是万个,盖统体是一太极,然一物又是一太极"⑤。因此,朱熹指出:"至诚无息者,道之体也,万殊之所以一本也。万物各得其者,道之用也,一本之所以万殊也。"⑥朱熹对万物之殊和一理之本之间关系的阐述,发展了周敦颐"一实万分,万一各正"的认识,形成了具有自然哲学意义的"理一分殊"理论。

在动静问题上,周敦颐认为:"动而无静,静而无动,物也。动而无动,静而无静,神也。动而无动,静而无静,非不动不静也。物则不通,神妙万物。"⑦这段话体现了周敦颐的动静观,说明"太极"动静之间的相互依存、相互转化是不间断的。朱熹批判地发展了这一动静观,认为动静无端无始,反对周敦颐关于太极是动静端始的观点,指出:"动静无端,阴阳无始。今以太极观之,虽曰动而生阳,毕竟未动之前须静,静之前又须动。推而上之,何自见其端与始。"⑧他认为动静在时间和空间上是无限的,并通过具体观察,从

① 朱熹,撰,黎靖德,编.朱子语类:卷一[M].武汉:崇文书局,2018:4.
② 朱熹,撰,黎靖德,编.朱子语类:卷九十四[M].武汉:崇文书局,2018:1798.
③ 朱熹,撰,黎靖德,编.朱子语类:卷九十四[M].武汉:崇文书局,2018:1798.
④ 朱熹,撰,黎靖德,编.朱子语类:卷九十四[M].武汉:崇文书局,2018:1798-1799.
⑤ 朱熹,撰,黎靖德,编.朱子语类:卷九十四[M].武汉:崇文书局,2018:1825.
⑥ 朱熹.四书章句集注[M].金良年,今译.上海:上海古籍出版社,2006:92.
⑦ 周敦颐.周敦颐集[M].陈克明,点校.北京:中华书局,1990:27.
⑧ 朱熹,撰,黎靖德,编.朱子语类:卷九十四[M].武汉:崇文书局,2018:1801.

自然科学的角度来论证。另外,与动静密切联系的"阴阳"范畴,朱熹也做了认真研究。周敦颐对"阴阳"范畴的理解,基本上还是源自《易传》,没有跳出"一阴一阳之谓道"的基本构架,也没有认识到"阴阳"和"动静"之间的关系。朱熹对此进行了改造,他用阴阳变化、二气交感来解释自然现象的发生变化,"阴阳"范畴在朱熹的自然哲学逻辑结构中占有重要的地位。他认为"天地之间,无往而非阴阳,一动一静,一语一默,皆是阴阳之理"[①],阴阳与运动不可分离,"天下万事万物,自古及今,只是个阴阳消息屈伸"[②],阴阳交感形成万事万物。

总之,周敦颐的自然哲学思想对后世的影响很大,他从本体论角度思考宇宙本源问题,开宋明理学本体思维之端,朱熹的宇宙本体论可以说是对周敦颐思想的直接继承和改造。

二、邵雍自然观对朱熹的影响

邵雍,字尧夫,谥康节,北宋理学家,其主要代表作《皇极经世书》涵盖了他的宇宙起源论、自然观、历史观和社会政治理论。邵雍"尊先天之学","观于天地之运化,阴阳之消长,以达乎万物之变,然后颓然其顺,浩然其归",[③]把太极、道等概念作为宇宙最高的本体,以提出先天象数之学而著名。邵雍毕生都致力于以易数推演来穷极宇宙和社会人生变化之道,通过象数这个工具构建了一个以太极为本源,并由此产生出阴阳进而化生万物、万物又复归于阴阳,最终归于太极的宇宙图式和先天象数学体系。先天象数学是邵雍自然观的主要体现,其主要依据是《易传》,因此,邵雍对于自然、对人与自然关系的看法,呈现出易学自然观的特征。

关于宇宙的生成和演化,邵雍通过他的先天象数学中象数的数量关系来进行推演,他说:"太极,一也。不动,生二,二则神也。神生数,数生象,象生器。"[④]"象"和"数"是邵雍先天图的基本要素,"太极"是不动的"一",可以推演变化出各种"象"和"器"。在此前提下,邵雍阐述了自然界万事万物生

---

① 朱熹,撰,黎靖德,编.朱子语类:卷六十五[M].武汉:崇文书局,2018:1207.
② 朱熹,撰,黎靖德,编.朱子语类:卷三[M].武汉:崇文书局,2018:33.
③ 程颢,程颐.二程集:上册[M].北京:中华书局,1981:503.
④ 邵雍.皇极经世书:卷十四:观物外篇下[M].郑州:中州古籍出版社,2007:522.

成变化的具体过程。他说:"太极既分,两仪立矣。阳下交于阴,阴上交于阳,四象生矣。阳交于阴,阴交于阳,而生天之四象。刚交于柔,柔交于刚,而生地之四象。于是八卦成矣。八卦相错,然后万物生焉。是故一分为二,二分为四,四分为八,八分为十六,十六分三十二,三十二分为六十四……十分为百,百分为千,千分为万。犹根之有干,干之有枝,枝之有叶。愈大则愈少,愈细则愈繁。合之斯为一,衍之斯为万。"①这段话概括了邵雍的宇宙生成和演化模式,即先有太极;太极生阴阳两仪,"一分为二"而有天地;阴阳动静相交,"二分为四"而生四象,即天之四象日月星辰、地之四象水火土石,天之四象与地之四象就是"四分为八"即是八卦;"八卦相错,然后万物生焉"②,雨风露雷、暑寒昼夜皆由此化生,以此推演,可以从"太极"本体不断分化出万事万物,由"一"而"万",统摄了整个宇宙。如邵雍所述:"天生于动者也,地生于静者也,一动一静交而天地之道尽之矣。动之始则阳生焉,动之极则阴生焉,一阴一阳交而天之用尽之矣。静之始则柔生焉,静之极则刚生焉,一柔一刚交而地之用尽之矣。动之大者谓之大阳,动之小者谓之少阳,静之大者谓之大阴,静之小者谓之少阴。大阳为日,大阴为月,少阳为星,少阴为辰,日月星辰交而天之体尽之矣。静之大者谓之大柔,静之小者谓之少柔,动之大者谓之太刚,动之小者谓之少刚,太柔为水,大刚为火,少柔为土,少刚为石,水火土石交而地之体尽之矣。"③"日为暑,月为寒,星为昼,辰为夜,暑寒昼夜交而天之变尽之矣。水为雨,火为风,土为露,石为雷,雨风露雷交而地之化尽之矣。暑变物之性,寒变物之情,昼变物之形,夜变物之体,性情形体交而动植之感尽之矣。雨化物之走,风化物之飞,露化物之草,雷化物之木,走飞草木交而动植之应尽之矣。"④这就是"一分为二,二分为四,四分为八……"以及"合之斯为一,衍之斯为万"的宇宙演化模式。这一体系与周敦颐"是万为一,一实万分"的自然哲学体系相比,显然更为完整精妙。

朱熹非常欣赏邵雍的先天象数学,认为先天图中囊括了宇宙时间和空间变化的全部,他说,"某看康节《易》了,都看别人不得"⑤,"康节以四起数,

①　邵雍.皇极经世书:卷十三:观物外篇上[M].郑州:中州古籍出版社,2007:515.
②　邵雍.皇极经世书:卷十三:观物外篇上[M].郑州:中州古籍出版社,2007:515.
③　邵雍.皇极经世书:卷十一:观物篇[M].郑州:中州古籍出版社,2007:487.
④　邵雍.皇极经世书:卷十一:观物篇[M].郑州:中州古籍出版社,2007:487.
⑤　朱熹,撰;黎靖德,编.朱子语类:卷一百[M].武汉:崇文书局,2018:1928.

叠叠推去,自《易》以后,无人做得一物如此整齐,包括得尽"①。但他又认为邵雍的先天象数学还不够尽善尽美。"伊川之学,于大体上莹彻,于小小节目上犹有疏处。康节能尽得事物之变,却于大体上有未莹处。"②他认为邵雍于易理的把握上做得不够,认为"太极乃两仪、四象、八卦之理,不可谓无,但未有形象之可言尔"③。为此,在批判吸收邵雍先天象数学的基础上,朱熹写下了《周易本义》和《易学启蒙》,在《易学启蒙》中朱熹说道:"天以始生言之,故阴上而阳下,交泰义也。地以既成言之,故阳上而阴下,尊卑之位也。乾坤定上下之位,坎离列左右之门。天地之所阖,日月之所出入,春夏秋冬,晦朔弦望,昼夜长短,行度盈缩,莫不由乎此。"④朱熹从其自然哲学逻辑结构出发,说明一切自然现象和社会现象的联系与变化,从而描绘了宇宙和社会的生成图景。

邵雍是宋明道学的重要代表人物,"太极"是其易学自然观的基础。他认为"太极"是产生宇宙万物的基础,"生天地之始者,太极也"⑤。他又说,"天由道而生,地由道而成"⑥,"太极,道之极也"⑦,由此可见,他的"太极"是比"道"更高一级的概念,"道"存在于太极中。朱熹发挥了邵雍的这一认识,将"太极"和"道"与其最高范畴"理"同一,认为"太极"和"道"只是"理"的不同名称。另外,邵雍认为象、数、理是伏羲先天易的三个组成部分,象代表了先天图式的卦象,数表示每一卦的数,理代表象数蕴含的天地万物之理。三者之间的关系是:"象起于形,数起于质,名起于言,意起于用,天下之数出于理。"⑧在他看来,"数"较之于"象"是更具根本性的含义,先有"数",后有"象","象"居于第二位。"太极不动,性也。发则神,神则数,数则象,象则器。"⑨有"数"才能产生万事万物的"象",有"象"才最终生成器,也就是具体

---

① 朱熹,撰.黎靖德,编.朱子语类:卷一百[M].武汉:崇文书局,2018:1929.

② 朱熹,撰.黎靖德,编.朱子语类:卷一百[M].武汉:崇文书局,2018:1926.

③ 朱杰人,等编.晦庵先生朱文公文集:卷七十一[M].上海:上海古籍出版社,合肥:安徽教育出版社,2010:3407.

④ 朱杰人,严佐之,刘永翔,主编.朱子全书:第一册[M].上海:上海古籍出版社,合肥:安徽教育出版社,2010:564.

⑤ 邵雍.皇极经世书:卷十三:观物外篇下[M].郑州:中州古籍出版社,2007:522.

⑥ 邵雍.皇极经世书:卷十二:观物篇[M].郑州:中州古籍出版社,2007:501.

⑦ 邵雍.皇极经世书:卷十三:观物外篇下[M].郑州:中州古籍出版社,2007:522.

⑧ 邵雍.皇极经世书:卷十三:观物外篇上[M].郑州:中州古籍出版社,2007:517.

⑨ 邵雍.皇极经世书:卷十三:观物外篇下[M].郑州:中州古籍出版社,2007:522.

事物。而从根本上说,"数"是由太极而生,故而"数出于理"中,此"理"就是化生天地万物的太极之理,这样他就通过数来说明宇宙社会人生的大道。

朱熹坚持理本论立场,对邵雍象数说进行了改造。在"理"与气、数、象关系上,他认为气是理的载体,数、象都是理的形式规定性,它们借助气来体现理,"理"是最根本的。他说:"阴阳盛衰消长之理,大数可见"①,"盖理在数内,数又在理内"②。在"理"和"气"关系上,朱熹指出:"有是理,便有是气;有是气,便有是数,盖数乃是分界限处。"③并且认为理在气先,"此本无先后可言,然必欲推其所以来,则须说先有是理"④。在"气"和"数"关系上,他认为:"气便是数。有是理,便有是气;有是气,便有是数,物物皆然。如水数六,雪片也六出,这又不是去做将出来,他是自恁地。"⑤而在理、象、数三者中,理决定象,象与数相统一。"盖有如是之理,便有如是之象;有如是之象,便有如是之数;有理与象数,便不能无辞。《易》六十四卦,三百八十四爻,有自然之象,不是安排出来。"⑥因而,数与象紧密联系,"这两个字合在一起组成'象数',成为中国古代哲学最基本的概念之一,用来指宇宙的运行,或者说秩序、奥妙甚至玄机"⑦。在朱熹那里,理是根本,"未有天地之先,毕竟也只是理。有此理,便有此天地。若无此理,便亦无天地。无人无物,都无该载了"⑧。所以,气、象、数都是理的表现和形式。由数而象,由象而理,朱熹融象、数、理于一炉,形成了自己完整而系统的自然哲学体系。

邵雍还十分重视理、性、命问题,他从太极之道化生天地万物出发,认为包括人在内的天地万物都有理、性、命三个规定性,"天下之物莫不有理焉,莫不有性焉,莫不有命焉,所以谓之理者,穷之而后可知也。所以谓之性者,尽之而后可知也。所以谓之命者,至之而后可知也。此三知者,天下之真知

① 朱熹,撰,黎靖德,编.朱子语类:卷四[M].武汉:崇文书局,2018:59.
② 朱熹,撰,黎靖德,编.朱子语类:卷一百[M].武汉:崇文书局,2018:1929.
③ 朱熹,撰,黎靖德,编.朱子语类:卷六十五[M].武汉:崇文书局,2018:1210.
④ 朱熹,撰,黎靖德,编.朱子语类:卷一[M].武汉:崇文书局,2018:2.
⑤ 朱熹,撰,黎靖德,编.朱子语类:卷六十五[M].武汉:崇文书局,2018:1210.
⑥ 朱熹,撰,黎靖德,编.朱子语类:卷六十七[M].武汉:崇文书局,2018:1252.
⑦ 金永植.朱熹的自然哲学[M].潘文国,译.上海:华东师范大学出版社,2003:86.
⑧ 朱熹,撰,黎靖德,编.朱子语类:卷一[M].武汉:崇文书局,2018:1.

也"①。"天使我有是之谓命。命之在我之谓性。性之在物之谓理。"②这两段是对《中庸》"天命之谓性"的发挥,但是邵雍将"理"归之于物,将"性"归之于人,将"命"归之于天,三者最终都来自天:天命在人为人性,在物为物理。所谓"性之在物之谓理",这个"物之理"就是物的自然属性的表现,从天命到人性、物理是一贯的,人性、物理都来自天命,同时人也具有认识物理的本性。对于这一观点,朱熹也做了相关的阐发。他说:"凡一物上有一理,物之微者亦有理。又曰:大而天地之所以高厚,小而一物之所以然,学者皆当理会。"③"如一草一木,一禽一兽,皆有理。草木生秋杀,好生恶死,仲夏斩阳木,仲冬斩阴木,皆是顺阴阳道理。"④"理"是自然的主宰和万物的本源,这些关于"理"的观点都是朱熹对邵雍"物之理"的发展。

三、张载自然观对朱熹的影响

张载以"气"为宇宙本体,认为宇宙天地之间的万事万物,有形无形或者虚空,都是"气",是"气"之聚散,从而建构了以"气"为核心、"太虚"为万物之本的"气本论"的自然观体系。张载的思想对朱熹影响很大,朱熹接受了张载提出的一些命题或思想,大量地吸收了张载以"气"为核心的自然观,并在自己的哲学体系中获得了新的发展。

(一)"太虚即气"的宇宙本体论

张载本体论的基本观点是把"气"作为宇宙的本体,对于自然界的万事万物,他认为:"凡可状,皆有也;凡有,皆象也;凡象,皆气也。"⑤一切现象都由物质性的气生成,都是气的不同运动和变化的表现,这一观点是中国古代自然哲学发展的一大进步。"太虚"是张载哲学中至为重要的范畴,关于"气"与"太虚"的关系,张载进行了详细的讨论。他说,"太虚无形,气之本体,其聚其散,变化之客形尔"⑥,"气之为物,散入无形,适得吾体,聚为有

①　邵雍.皇极经世书:卷十四:观物外篇下[M].郑州:中州古籍出版社,2007:528.
②　邵雍.皇极经世书:卷十四:观物外篇下[M].郑州:中州古籍出版社,2007:528.
③　朱杰人,等编.晦庵先生朱文公文集:卷七十二[M].上海:上海古籍出版社,合肥:安徽教育出版社,2010:3493.
④　朱熹,撰,黎靖德,编.朱子语类:卷十五[M].武汉:崇文书局,2018:221.
⑤　张载.正蒙:乾称篇[M]//张载集.章锡琛,校.北京:中华书局,1978:63.
⑥　张载.正蒙:太和篇[M]//张载集.章锡琛,校.北京:中华书局,1978:7.

象,不失吾常"[1],"太虚不能无气,气不能不聚而为万物,万物不能不散而为太虚"[2]。"气"是张载宇宙本体论的基本范畴和重要的逻辑起点,他对"气"进行了新的阐释,认为世界的本质归根结底是物质性的气,宇宙中的一切事物从有形有状可见的实有,到无形的看不见的虚空,都是气的具体表现形态。"太虚"充满了细微的物质性的气,"大虚者,气之体"[3],这种气肉眼不可见,却是气的本然形态,是气之"本体";而那些可见的由气凝聚而成的万物是气的暂时形态,是气之"客形"。张载认为,本然形态的气和表现为"客形"的万物,它们都是太虚之气表现出来的两种不同形态,在根本性质上都是一样的。

在宇宙观上,张载主"气",朱熹主"理",朱熹虽然不同意张载的"气本论"思想,但他在解释宇宙的形成和演化时还是受到了张载的影响,他吸取了张载"虚空即气"的思想,并做了引申和阐发,指出:块然太虚,"此张子所谓虚空即气也。盖天在四畔,地居其中,减得一尺地,遂有一尺气,但人不见耳。此是未成形者"[4]。"及至'浮而上,降而下',则已成形者,若所谓'山川之融结,糟粕煨烬',即是气之渣滓,要之,皆是示人以理。"[5]"升降飞扬所以生人物者,未尝止息,但人不见耳。"[6]在宇宙的形成和演化方面,朱熹认为:"天地初间,只是阴阳之气。这一个气运行,磨来磨去,磨得急了,便拶许多渣滓,里面无处出,便结成个地在中央。气之清者便为天,为日月,为星辰,只在外,常周环运转。地便只在中央不动,不是在下。"[7]朱熹认为,宇宙初始,阴阳二气循环运转产生清气和浊气,清气上升成为天、日月、星辰,渣滓浊气下沉成为地。可见,朱熹在建构自己的宇宙论时,受到张载"清气成天,浊气成地"的影响,明显地继承了张载的气论思想。[8]

(二)关于宇宙结构与天体运行的认识

张载吸取了中国古代"浑天说"和"宣夜说"两种学说,结合自己在天文、

---

① 张载.正蒙:太和篇[M]//张载集.章锡琛,校.北京:中华书局,1978:7.

② 张载.正蒙:太和篇[M]//张载集.章锡琛,校.北京:中华书局,1978:7.

③ 张载.正蒙:乾称篇[M]//张载集.章锡琛,校.北京:中华书局,1978:66.

④ 朱熹,撰,黎靖德,编.朱子语类:卷九十八[M].武汉:崇文书局,2018:1899.

⑤ 朱熹,撰,黎靖德,编.朱子语类:卷九十八[M].武汉:崇文书局,2018:1899.

⑥ 朱熹,撰,黎靖德,编.朱子语类:卷九十八[M].武汉:崇文书局,2018:1899.

⑦ 朱熹,撰,黎靖德,编.朱子语类:卷一[M].武汉:崇文书局,2018:2.

⑧ 冯友兰.中国哲学史:下册[M].上海:华东师范大学出版社,2011:197.

地理等自然科学方面的研究,对宇宙的结构和天体的运行变化提出自己的看法。他提出,"天包载万物于内,所感所性,乾坤、阴阳二端而已"①,"地纯阴凝于中,天浮阳运旋于外,此天地之常体也。恒星不动,纯系乎天,与浮阳运旋而不穷者也;日月五星递天而行,并包乎地者也。地在气中,虽顺天左旋,其所系辰象随之,稍迟则反移徙而右尔,间有缓速不齐者,七政之性殊也。月阴精,反乎阳者也,故其右行最速;日为阳精,然其质本阴,故其右行虽缓,亦不纯系乎天。如恒星不动"②。张载解释了宇宙中各种现象的发生和天体运行的变化,认为地在天的中央,飘浮着的天挟日月星辰运转于地的周围,天地都是向左旋转,有迟速的不同,并解释了日月五星的运动现象。朱熹完全赞同这些看法,明确指出,"天运不息,昼夜辗转,故地㩐在中间"③,"惟天运转之急,故凝结得许多渣滓在中间"④,"天包乎地,地特天中之一物尔。天以气而运乎外,故地㩐在中间,隤然不动。使天之运有一息停,则地须陷下"⑤。朱熹觉得,地之所以在"气"中,是因为"气"的不停运行,如果"气"一旦停止运动,那么地就会塌陷。他还对天体的运动做了进一步的发挥。他说:"天之形圆如弹丸,朝夜运转。其南北两端后高前下,乃其枢轴不动之处,其运转者亦无形质,但如劲风之旋,当昼则自左旋而向右,向夕则前降而归后,当夜则自右转复左,将旦则自后升而趋前。旋转无穷,升降不息,是为天体,而实非有体也。"⑥这些关于天体运动的认识与当时自然科学发展的水平是相一致的,特别是朱熹提出的"天包乎地、地在气中"的宇宙结构论,是对传统"浑天说"的重大突破,是中国古代天文学史上的重大发展。

(三)关于"气化"与"一物两体"

"气化"即指阴阳之气化生万物,张载认为"气化"是万物化生的规律,"由太虚,有天之名;由气化,有道之名"⑦。这里的"道"就是"气化"的规律。他认为:"生有先后,所以为天序;小大、高下相并而相形焉,是谓天秩。天之

---

① 张载.正蒙:乾称篇[M]//张载集.章锡琛,校.北京:中华书局,1978:62.
② 张载.正蒙:参两篇[M]//张载集.章锡琛,校.北京:中华书局,1978:10.
③ 朱熹,撰,黎靖德,编.朱子语类:卷一[M].武汉:崇文书局,2018:5.
④ 朱熹,撰,黎靖德,编.朱子语类:卷一[M].武汉:崇文书局,2018:5.
⑤ 朱熹,撰,黎靖德,编.朱子语类:卷一[M].武汉:崇文书局,2018:5.
⑥ 朱熹.楚辞集注:卷三[M].上海:上海古籍出版社,2001:50.
⑦ 张载.正蒙:太和篇[M]//张载集.章锡琛,校.北京:中华书局,1978:8.

生物也有序,物之既形也有秩。"①气化生万物的过程都是有条不紊的,是有秩序的。那么,"气化"的动因是什么？张载提出"一物两体"说,他认为是"太虚"之气本身,即气的"一物两体"引起的,也就是"一物两体者,气也。一故神,两在故不测。两故化,推行于一"②。这里"一"指的是物质之气,"两"指阴阳两个方面的对立,"一"中包含着"两","两"又复归于"一","一"与"两"的关系就是一般与个别的关系,阐明了宇宙万物的矛盾现象,事物内部包含着对立的两个方面,它们彼此依赖,构成一个矛盾的统一体。如果没有对立的双方共存,就没有事物本身。朱熹吸取了张载的"一物两体"思想,并对之作了详细的注释。朱熹说:"'一故神',横渠亲注云:'两在故不测。'只是这一物,却周行乎事物之间。如所谓阴阳、屈伸、往来、上下,以至于行乎什伯千万之中,无非这一个物事,所以谓'两在故不测'。'两故化',注云:'推行乎一。'凡天下之事,一不能化,惟两而后能化。且如一阴一阳,始能化生万物。虽是两个,要之亦是推行乎此一尔。"③又说:"'一故神,两故化。两者,阴阳、消长、进退。两者,所以推行于一;一所以为两。一不立,则两不可得而见;两不可见,则一之道息矣。'横渠此说极精。非一,则阴阳、消长无自而见;非阴阳、消长,则一亦不可得而见矣。"④由此可以看到,朱熹继承和发展了张载关于"一"与"二"的自然界事物的发展观,他指出了"一"和"二"的对立统一是事物发展的规律,是普遍存在的。

(四)朱熹对张载《西铭》自然观的发展

张载的自然观在其《西铭》一文中也有充分体现,"乾称父,坤称母;予兹藐焉,乃混然中处。故天地之塞,吾其体;天地之帅,吾其性。民,吾同胞;物,吾与也"⑤。乾为天,地为母,人与自然万物都由"气"聚合生成,人的本性与天地的本性是一致的,因而人与人是同胞兄弟,人与物是同类伙伴。这一思想蕴含着深刻的"天人合一""万物一体"的自然观,也体现了张载在自然观上从"气一分殊"到"性一分殊"的发展。

朱熹尤其推崇《西铭》并为之《解义》,认为《西铭》的主旨是讲"理一分

---

① 张载.正蒙:动物篇[M]//张载集.章锡琛,校.北京:中华书局,1978:19.

② 张载.正蒙:参两篇[M]//张载集.章锡琛,校.北京:中华书局,1978:10.

③ 朱熹,撰.黎靖德,编.朱子语类:卷九十八[M].武汉:崇文书局,2018:1903.

④ 朱熹,撰.黎靖德,编.朱子语类:卷九十八[M].武汉:崇文书局,2018:1904.

⑤ 张载.正蒙:乾称篇[M]//张载集.章锡琛,校.北京:中华书局,1978:62.

殊"。他说:"《西铭》通体是一个'理一分殊',一句是一个'理一分殊'。"①他认为:"《西铭》大纲是理一而分自尔殊。然有二说:自天地言之,其中固自有分别;自万殊观之,其中亦自有分别。不可认是一理了,只滚做一看。"②朱熹详细注释《西铭》:"天地之间,理一而已。然乾道成男,坤道成女,二气交感,化生万物,则其大小之分,亲疏之等,至于十百千万而不能齐也。不有圣贤者出,孰能合其异而反其同哉?《西铭》之作,意盖如此。程子以为'明理一而分殊',可谓一言以蔽之矣。盖以乾为父以坤为母有生之类,无物不然,所谓理一也。而人物之生,血脉之属,各亲其亲,各子其子,则其分亦安得而不殊哉! 一统而万殊,则虽天下一家,中国一人,而不流于兼爱之弊;万殊而一贯,则虽亲疏异情,贵贱异等,而不梏于为我之私,此《西铭》之大指也。"③由注释可以看到,朱熹阐释《西铭》"理一分殊",包含了"一理"派生"二气"和"二气交感,化生万物"的宇宙化生论及"民胞物与"的生态道德论。他进一步发展了张载《西铭》中的自然哲学思想,从本体论的高度,将张载的"气一分殊""性一分殊"发展到了"理一分殊",说明了本体之理与自然万物的关系,体现了他丰富而思辨的自然观。

四、二程自然观对朱熹的影响

程颢,人称明道先生;程颐,人称伊川先生。程颢、程颐被后世并称二程,为"洛学"的开创者,是宋明理学的主要奠基者。程颢认为"天理"这个概念是他自己体悟出来的,他说:"吾学虽有所授受,'天理'二字却是自家体贴出来。"④从而建立起了以"天理"为最高范畴的理学体系,"天理"自然观是其哲学思想的一部分。朱熹宗承二程,受二程思想影响最深,二程自然哲学思想是朱熹自然观的直接理论来源。

(一)万理出于"一理"的"天理"论
"一理"即二程所言"天理"。在二程看来,万事万物皆有理,然而万理皆

---

①　朱熹,撰.黎靖德,编.朱子语类:卷九十八[M].武汉:崇文书局,2018:1911.
②　朱熹,撰.黎靖德,编.朱子语类:卷九十八[M].武汉:崇文书局,2018:1913.
③　张载.朱熹西铭论[M]//张载集.章锡琛,校.北京:中华书局,1978:410.
④　程颢,程颐.河南程氏遗书:卷十二[M]//二程集.北京:中华书局,1981:135.

来源于"天理"。何谓"天理"？程颐说："莫之为而为，莫之致而致，便是天理。"①这是对孟子"莫之为而为者，天也；莫之致而致者，命也"②的改造，二程认为"天者，理也"③，天是宇宙万物的根源，是自然的法则。二程认为，"天为万物之祖"④，"乾元统言天之道也。天道始万物，物资始于天也"⑤。因此，二程将"天"与"理"并称，则"理"就具备了宇宙本体的意义。关于"天理"，二程在其著述中多次进行阐释。比如，"天理云者，这一个道理，更有甚穷已？不为尧存，不为桀亡。人得之者，故大行不加，穷居不损。这上头更怎生说得存亡加减？"⑥"天下物皆可以理照。有物必有则，一物须有一理。"⑦"万物皆备于我，不独人尔，万物皆然，都自这里出去。只是物不能推，人则能推之。能推之，几时添得一分？不能推之，几时减得一分？百理俱在，平铺放着。几时道尧尽君道，添得君道多？舜尽子道，添得子道多？元来依旧。"⑧二程认为，"天理"是万物存在的根源，万物皆只是一个天理。可见，二程的"理"或"天理"具有以下几个特点：第一，"天理"是唯一的绝对，不为尧存，不为桀亡，是不以人的意志为转移的永恒存在，"天之所以为天，本何为哉？苍苍焉耳矣。其所以名之曰天，盖自然之理也"⑨。第二，"天理"是自然界的最高原则，也是社会最高原则，它包括自然之物的理，"凡眼前无非是物，物物皆有理，如火之所以热，水之所以寒；至于君臣父子间皆是理"⑩。第三，理先于事物存在着，万物之理先于万物而存在，理派生万物。"盖上天之载，无声无臭"⑪，"理无形也，故因象以明理"⑫，"理无形也，故假象以显义"⑬，说明理是一个形而上的精神实体，它是隐藏在现象背后的东

---

① 程颢，程颐.河南程氏遗书:卷十八[M]//二程集.北京:中华书局,1981:182.
② 李志敏,主编.四书五经:孟子·万章章句上[M].北京:京华出版社,2003:195.
③ 程颢,程颐.河南程氏遗书:卷二[M]//二程集.北京:中华书局,1981:13.
④ 程颢,程颐.周易程氏传:卷一[M]//二程集.北京:中华书局,1981:695.
⑤ 程颢,程颐.周易程氏传:卷一[M]//二程集.北京:中华书局,1981:695.
⑥ 程颢,程颐.河南程氏遗书:卷十八[M]//二程集.北京:中华书局,1981:182.
⑦ 程颢,程颐.河南程氏遗书:卷十八[M]//二程集.北京:中华书局,1981:182.
⑧ 程颢,程颐.河南程氏遗书:卷十八[M]//二程集.北京:中华书局,1981:182.
⑨ 程颢,程颐.河南程氏粹言:天地篇[M]//二程集.北京:中华书局,1981:1224.
⑩ 程颢,程颐.河南程氏遗书:卷十九[M]//二程集.北京:中华书局,1981:247.
⑪ 程颢,程颐.河南程氏遗书:卷一[M]//二程集.北京:中华书局,1981:1.
⑫ 程颢,程颐.河南程氏遗书:卷二十一[M]//二程集.北京:中华书局,1981:267.
⑬ 程颢,程颐.周易程氏传:卷一[M]//二程集.北京:中华书局,1981:695.

西,人们可以透过现象去体认理。第四,一物有一物的理,一物之理又是万物之理,万理归于一,所以"万物皆备于我"。程颐提出:"天下之理一也,途虽殊而其归则同,虑虽百而其致则一。虽物有万殊,事有万变,统之以一,则无能违也。"①天下万事万物虽有不同,但殊途同归,本质是统一的,这体现了二程对"一理"和"万殊"关系的认识,"《中庸》始言一理,中散为万殊末复合为一理"②,"一理"和"万殊"可以相互转化,"一物之理即万物之理"③。

上述这些特点,充分说明了二程所谓"理",具有宇宙本体的意义,万物"都自这里出去",理既能生物,又能统辖万物。"理则天下只是一个理,故推之四海而皆准。"④天理或理是二程自然观的立足点、出发点。

(二)"气"化生"物"

有"理"如何生"物"? 二程把"气"作为由"理"化生万物的中间环节,"天地阴阳之运,升降盈虚,未尝暂息。阳常盈,阴常亏,一盈一亏,参差不齐,而万物生焉"⑤。万物由天地阴阳之气的盈亏运动产生,二程的"气"是一种物的形态,"天有五气,故凡生物,莫不具有五性,居其一而有其四"⑥。"气"的运动变化,二程称为"气化",通过"气化","理"化生宇宙自然和万事万物。二程认为:"万物之始,皆气化;既形,然后以形相禅,有形化;形化长,则气化渐消。"⑦以此说明宇宙自然的化生要经过"气化"和"形化"两个阶段,都是"气"的发展变化。他们认为"日月星辰皆气也"⑧,"生育万物者,乃天之气"⑨,雷、电、霜、露等自然现象,是由阴阳之气构成的。"雷由阴阳相薄而成,盖渗气也"⑩,"云,阴阳之气。二气交而和,则相畜固而成雨,阳倡而阴和,顺也,故和"⑪,"霜,金气,星月之气。露亦星月之气。看感得甚气即为

---

①　程颢,程颐.周易程氏传:卷二[M]//二程集.北京:中华书局,1981:773.

②　程颢,程颐.河南程氏遗书:卷十四[M]//二程集.北京:中华书局,1981:140.

③　程颢,程颐.河南程氏遗书:卷二上[M]//二程集.北京:中华书局,1981:13.

④　程颢,程颐.河南程氏遗书:卷二上[M]//二程集.北京:中华书局,1981:13.

⑤　程颢,程颐.河南程氏粹言:卷二[M]//二程集.北京:中华书局,1981:1226.

⑥　程颢,程颐.河南程氏遗书:卷十五[M]//二程集.北京:中华书局,1981:143.

⑦　程颢,程颐.河南程氏遗书:卷五[M]//二程集.北京:中华书局,1981:76.

⑧　程颢,程颐.河南程氏粹言:卷二[M]//二程集.北京:中华书局,1981:1224.

⑨　程颢,程颐.河南程氏粹言:卷二[M]//二程集.北京:中华书局,1981:1225.

⑩　程颢,程颐.河南程氏粹言:卷二[M]//二程集.北京:中华书局,1981:1225.

⑪　程颢,程颐.周易程氏传:卷一[M]//二程集.北京:中华书局,1981:695.

露,甚气即为霜"①,"雹是阴阳相搏之气,乃是沴气"②。由此说明,阴阳之气的不同作用,产生了各种自然现象。各种自然物,如草木禽兽包括人类,最初也是"气化"而生,"有气化生之后而种生者"③,"天地之气相交而密,则生万物之化醇。醇谓酝厚,酝厚犹精一也。男女精气交构则化生万物。唯精醇专一,所以能生也。一阴一阳,岂可三也?"④万物同源于气,由于气禀的不同,使物与物之间,人与其他自然万物之间相区别。

(三)格物穷理

二程认为,由"物"回归到"理",达到"天理"这一最高目标,必须通过"格物致知"。二程说:"格,犹穷也;物,犹理也。犹曰穷其理而已也。穷其理,然后足以致知,不穷则不能致也。"⑤二程的"格物"就是要穷究事物之理。二程"格物"的对象非常广泛,"语其大,至天地之高厚;语其小,至一物之所以然,学者皆当理会"⑥。因此,二程的"格物"也包括研究自然之物。二程认为,"物理须是要穷"⑦,这里的"物理"就是自然物之理,比如"雷自有火。如钻木取火,如使木中有火,岂不烧了木?盖是动极则阳生,自然之理"⑧。物之理也即规律,它存在于事物之中,"凡眼前无非是物,物物皆有理,如火之所以热,水之所以寒"⑨,要通过认识事物来把握事物内部的"理",因此,"穷物理者,穷其所以然也;天之高,地之厚,鬼神之幽显,必有所以然者"⑩,"一草一木皆有理,须是察"⑪,"'多识于鸟兽草木之名',所以明理也"⑫。因此,二程认为,只有通过格天下之物,包括格自然之物,才能达到对"天理"的体认。

---

① 程颢,程颐.河南程氏遗书:卷十八[M]//二程集.北京:中华书局,1981:182.
② 程颢,程颐.河南程氏遗书:卷十八[M]//二程集.北京:中华书局,1981:183.
③ 程颢,程颐.河南程氏遗书:卷十八[M]//二程集.北京:中华书局,1981:183.
④ 程颢,程颐.周易程氏传:卷三[M]//二程集.北京:中华书局,1981:910.
⑤ 程颢,程颐.河南程氏遗书:卷二十五[M]//二程集.北京:中华书局,1981:316.
⑥ 程颢,程颐.河南程氏遗书:卷十八[M]//二程集.北京:中华书局,1981:182.
⑦ 程颢,程颐.河南程氏遗书:卷十五[M]//二程集.北京:中华书局,1981:143.
⑧ 程颢,程颐.河南程氏遗书:卷十八[M]//二程集.北京:中华书局,1981:183.
⑨ 程颢,程颐.河南程氏遗书:卷十九[M]//二程集.北京:中华书局,1981:247.
⑩ 程颢,程颐.河南程氏粹言:卷二[M]//二程集.北京:中华书局,1981:1225.
⑪ 程颢,程颐.河南程氏遗书:卷十八[M]//二程集.北京:中华书局,1981:182.
⑫ 程颢,程颐.河南程氏遗书:卷二十五[M]//二程集.北京:中华书局,1981:316.

(四)二程自然观对朱熹的影响

朱熹吸收了二程的"天理"思想,并对"天理"论进行了发展。首先,朱熹更加明确了"理"本体观念,并将"太极"和"理"置于同一地位。他指出:"宇宙之间,一理而已。天得之而为天,地得之而为地,而凡生于天地之间者,又各得之以为性。"①理是宇宙存在之本,"太极只是天地万物之理。在天地言,则天地中有太极。未有天地之先,毕竟是先有此理。动而生阳,亦只是理;静而生阴,亦只是理"②。"太极"和"理"在朱熹那里基本上是同一概念,"总天地万物之理,便是太极"③,"太极"就是天地万物之理,是天地万物赖以存在的宇宙本体。同时,朱熹以理为天之体,赋予理以自然的属性,他说:"天之所以为天者,理而已。天非有此道理,不能为天。"④"理者,天之体;命者,理之用。"⑤天理作为统帅自然万物之理,是不以人的意志为转移的。"非人所能为乃天理也。天理自然各有定体。"⑥"太极"就是理,这是对二程"天理"论的发挥,丰富了二程"天理"的内涵。

其次,关于理气关系的认识,朱熹发展了二程理气观。在二程的理学体系中,气是生成万物的材料,由气化生成宇宙自然和人类社会。朱熹继承并推崇二程"气化"观点。二程吸收了张载以聚散言气的观点,但是却反对张载"太虚即气"的宇宙本体观,否定物质性的太虚本原,提出:"凡物之散,其气遂尽,无复归本原之理。天地间如洪炉,虽生物销铄亦尽,况既散之气,岂有复在? 天地造化又焉用此既散之气? 其造化者,自是生气。"⑦二程认为"气"只是物质性"器",还不是形而上的"理"。朱熹对此进行了发展和改造,他说:"天地之间,有理有气,理也者,形而上之道也,生物之本也;气也者,形而下之器,生物之具也。"⑧从宇宙本原上看,理为本原,气为派生,理本气

<hr>

① 朱杰人,等编.晦庵先生朱文公文集:卷七十[M].上海:上海古籍出版社,合肥:安徽教育出版社,2010:3376.

② 朱熹,撰,黎靖德,编.朱子语类:卷一[M].武汉:崇文书局,2018:1.

③ 朱熹,撰,黎靖德,编.朱子语类:卷九十四[M].武汉:崇文书局,2018:1800.

④ 朱熹,撰,黎靖德,编.朱子语类:卷二十五[M].武汉:崇文书局,2018:454.

⑤ 朱熹,撰,黎靖德,编.朱子语类:卷五[M].武汉:崇文书局,2018:62.

⑥ 朱熹.答柯国才[M]//朱杰人,等编.晦庵先生朱文公文集:卷三十九.上海:上海古籍出版社,合肥:安徽教育出版社,2010:1733.

⑦ 程颢,程颐.河南程氏遗书:卷十五[M]//二程集.北京:中华书局,1981:143.

⑧ 朱杰人,等编.晦庵先生朱文公文集:卷五十八[M].上海:上海古籍出版社,合肥:安徽教育出版社,2010:2755.

末。"未有天地之先,毕竟也只是理。有此理,便有此天地;若无此理,便亦无天地,无人无物,都无该载了!有理便有气流行,发育万物。"①有理便有气,气之流行,发育万物,强调理为形而上之本体,理在天地之先。他又说,"天下未有无理之气,亦未有无气之理"②,"理与气本无先后之可言"③。可见,朱熹吸取了张载"虚空即气"的"气论"思想,进一步继承和发展了二程的理气观,在理气关系问题上,与二程一致强调理先气后,但是他又进行了发挥,认为理和气不可分离,理在气中,"若理则只是个净洁空阔的世界,无形迹,他却不会造作;气则能酝酿凝聚生物也。但有此气,则理便在其中"④。可见,在二程的哲学体系中,"气"还没有成为基本的范畴,"气"与"理"的关系也不明确,但是,朱熹对二程理气观进行了重大发展,"理"和"气"是朱熹自然哲学的两个基本范畴,体现了朱熹的自然观。

再次,在宇宙结构论上,朱熹也发展了二程关于宇宙结构的认识。认为天是由气组成的,且气散乱无章,因此"凡有气莫非天,凡有形莫非地","天无形,地有形"⑤。朱熹认可这一观点,亦认为"天无形体"。在论及宇宙的结构时,二程基本上采用"宣夜说"的说法,认为,"天地本一物,地亦天也。只是人为天地心,是心之动,则分了天为上,地为下"⑥,"极为天地中"⑦,认为天在上,地在下,"极"是天地的中心。然而二程还是没有解释天地为何不坠不陷的问题。朱熹在宇宙结构的问题上,总结吸取前人的思想,建构了自己的宇宙结构模型,"但天之形,圆如弹丸,朝夜运转,其南北两端,后高前下乃其枢轴不动之处"⑧。他认为天就像一个圆圆的弹丸,这与"浑天说""天如鸡子"类似,又说,"天以气而依地之形,地以形而附天之气。天包乎地,地特天中一物尔"⑨,天充满了气,地悬于气中,"天运不息,昼夜辗转,故地摧在中间。使天有一息之停,则地须陷下。惟天运转之急,故凝结得许多渣滓

① 朱熹,撰,黎靖德,编.朱子语类:卷一[M].武汉:崇文书局,2018:1.
② 朱熹,撰,黎靖德,编.朱子语类:卷一[M].武汉:崇文书局,2018:2.
③ 朱熹,撰,黎靖德,编.朱子语类:卷一[M].武汉:崇文书局,2018:2.
④ 朱熹,撰,黎靖德,编.朱子语类:卷一[M].武汉:崇文书局,2018:3.
⑤ 程颢,程颐.河南程氏遗书:卷六[M]//二程集.北京:中华书局,1981:80.
⑥ 程颢,程颐.河南程氏遗书:卷二下[M]//二程集.北京:中华书局,1981:49.
⑦ 程颢,程颐.河南程氏遗书:卷二上[M]//二程集.北京:中华书局,1981:13.
⑧ 朱熹.楚辞集注:卷三[M].上海:上海古籍出版社,2001:50.
⑨ 朱熹,撰,黎靖德,编.朱子语类:卷一[M].武汉:崇文书局,2018:5.

在中间"①,"地则是气之渣滓,聚成形质者,但以其束于劲风旋转之中,故得以兀然浮空,甚久而不坠耳"②,从而使天地处于动态的稳定之中。由此可见,在宇宙结构问题上,朱熹超越了二程。

综上所述,朱熹作为理学集大成者,其理学思想体系的构建直接源自北宋五子,反映在自然观上即是对"北宋五子"自然哲学思想的继承和吸收、发展和超越。冯友兰也说过:"朱子之形上学,系以周濂溪之《太极图说》为骨干,而以康节所讲之数,横渠所说之气,及程氏兄弟道家之大成也。"③

①　朱熹,撰,黎靖德,编.朱子语类:卷一[M].武汉:崇文书局,2018:5.
②　朱熹.楚辞集注:卷三[M].上海:上海古籍出版社,2001:50.
③　冯友兰.中国哲学史:下册[M].上海:华东师范大学出版社,2011:197.

第三章 朱熹对佛道自然观的
批判与融合

自魏晋至唐末五代,佛道哲学成为这一时期思想发展的主流,儒学受到强烈冲击,日渐衰微。至两宋,这一态势没有减弱。朱熹以儒名家,但其早年泛滥释老,[①]留意佛老之学,其理论体系与佛道思想有深刻的渊源关系。在儒学危机之际,其自然哲学要实现对传统儒学的批判和超越,必须要重视佛道之影响。

第一节 朱熹与佛道的关系

一、朱熹佛、道因缘的家学师承

朱熹自幼生活在既有理学渊源又有佛老氛围的家庭环境中,至其祖父朱森时,家道中落,"晚读内典,深解义谛,时时为歌诗,恍然有超世之志"[②],晚年在佛道经典、诗词歌赋中寻求精神寄托。其父朱松,儒学造诣颇深,受家风影响,也耽好佛老,留有不少以佛禅为主题的诗作文章,而且还频频出入佛禅寺院,与禅僧寺子交游往来,与高僧大德谈禅说法。朱熹回忆父亲朱松与僧人净悟交游时曾说:"先君子少日喜与物外高人往还,而于净悟师为尤厚……其言收敛确实,无近世衲僧大言欺世之病。以是知先君子之厚之

---

① 陈来.朱子哲学研究[M].上海:华东师范大学出版社,2000:28.

② 束景南.朱熹年谱:增订本[M].上海:华东师范大学出版社,2014:6.

非苟然也。"[1]朱松受佛禅影响至深,使得朱熹从小耳濡目染了佛禅之气。朱槔是朱熹之叔,业儒而喜内,与佛门弟子多有往来,人生态度上持以佛老处世的心态,其耽好佛老、以佛老处世的人生态度对朱熹有潜移默化的影响。朱熹的母家也是一个好佛老的大族,其外公、母亲、舅父皆信佛好老,并把南宋重经不重史、醉心佛老杂书和泛观博览的读书风气传给了朱熹。

朱熹从小家教甚严,8 岁即开始接受正规的儒家经典教育。14 岁时其父朱松病逝,遵父遗训,受学于胡宪、刘勉之、刘子翚三先生。三先生是信奉二程的道学家,注重《论语》《孟子》《大学》《中庸》四书,同时三先生亦好佛老之学。朱熹说及此事:"初师屏山、籍溪。籍溪学于文定,又好佛老;以文定之学为论治道则可,而道未全。然于佛老亦未有见。屏山少年能为举业,官莆田,接塔下一僧,能入定数日。后乃见了老,归家读儒书,以为与佛合,故作《圣传论》。"可见,胡宪和刘子翚都好佛老。在三先生中,朱熹从学胡宪的时间最长,而刘子翚的佛禅气息最重,他试图融合儒佛,认为儒之道可以包容佛老。刘子翚对朱熹的影响很大。朱熹在刘子翚这里接受的就是一个充满佛禅气息的理学教育,这从刘子翚为朱熹取字"元晦"可见一斑,"元晦"是儒兼佛老之说的字词,刘子翚这样解释:"字以'元晦',表名之义:木晦于根,春容晔敷。人晦于身,神明内腴。昔者曾子,称其友曰:有若无,实若虚……宜养于蒙,言而思忠,动而思踬,凛乎惴惴,惟曾颜是畏。"[2]从这段文字中即可看出"元晦"一字杂糅佛老之说,蕴含佛老都崇尚的净虑去欲以保持本真的意味。因此,束景南先生曾说"病翁刘子翚是朱熹真正的启蒙精神导师"[3],对朱熹有很深的影响,其"儒佛合"道统论成为青年时期朱熹出入佛老的思想依据。朱熹曾说:"某旧时亦要无所不学,禅、道、文章、《楚辞》、诗、兵法,事事要学。出入时无数文字,事事有两册。"[4]尤其留心佛学研究,"某年十五六时,亦尝留心于此。一日在病翁所会一僧,与之语。其僧只相应和了说,也不说是不是;却与刘说,某也理会提个昭昭灵灵底禅。刘后说与某,某遂疑此僧更有要妙处在,遂去扣问他,见他说得也煞好"[5]。这里的禅僧

①　朱熹.朱熹集[M].郭齐,尹波,点校.成都:四川教育出版社,1996:4343.
②　刘子翚.屏山集:卷六[M]//影印文渊阁四库全书:第 1134 册.台北:台湾商务印书馆,1983:402-403.
③　束景南.朱子大传[M].北京:商务印书馆,2003:55.
④　朱熹,撰,黎靖德,编.朱子语类:卷一百四[M].武汉:崇文书局,2018:1985.
⑤　朱熹,撰,黎靖德,编.朱子语类:卷一百四[M].武汉:崇文书局,2018:1985.

即高僧宗杲的大弟子道谦,刘子翚将道谦引见给朱熹,使得朱熹悟起禅学的"昭昭灵灵"。三先生之中的刘勉之把女儿许与朱熹为妻,在佛学方面,刘勉之信宗杲看话禅,特别是象数易学思想,这对朱熹的影响也比较大。

朱熹在潜心学习儒家经典之外,亦饱览佛学、道家典籍。据《朱子语类》和《晦庵先生朱文公文集》所载,他看过的佛道典籍很多,包括"《四十二章经》《大般若经》《华严经》《法华经》《楞严经》《圆觉经》《金刚经》《光明经》《心经》《维摩经》《肇论》《华严大旨》《华严合论》《景德传灯录》"[1],还有《大慧语录》《老子》《庄子》《列子》《周易参同契》等等,可见其阅读之广泛。而佛道的精致性、思辨性和神秘化深深吸引着他,给他留下深刻印象。朱熹有诗云:"端居独无事,聊披释氏书。暂释尘累牵,超然与道俱。门掩竹林幽,禽鸣山雨余。了此无为法,身心同晏如。"[2]诗中可见朱熹从诵读佛书中获得的超然脱俗、与佛道相契的心灵体验。尽管朱熹后来受学李侗后,学术思想发生转向,毕生以儒学为本,穷究儒学,但青年时期对佛道的钻研,为其自然哲学思想的构建产生了重要影响。

二、朱熹与佛、道的交往

在宋代佛教盛行的时代背景下,朱熹曾"出入释老者十余年"[3],他曾说过:"某少时未有知,亦曾学禅。"[4]据《崇安县志》记载:朱熹"少年即慨然有求道之志,博求之经传,遍交当时有识之士,虽释老之学,亦必究其归趣,订其是非"[5]。绍兴十七年至绍兴二十六年间,是朱熹出入佛老的高峰期,这一时期朱熹与佛道的交往比较密切,经常流连于佛禅寺观,与道士僧人往来。据陈荣捷先生统计,"《文集》所载朱子生平所过佛寺之尚知其名者不下二十"[6],朱熹遍访名山古寺,在这些寺院中,"或住宿,或吟诗,或观赏碑帖,

---

① 陈荣捷.朱熹[M].上海:东方出版中心,2020:227.
② 陈长根.朱熹诗选365鉴赏[M].广州:海潮摄影艺术出版社,2007:35.
③ 朱熹.答江元适[M]//朱杰人,等编.晦庵先生朱文公文集:卷三十八.上海:上海古籍出版社,合肥:安徽教育出版社,2010:170.
④ 朱熹,撰,黎靖德,编.朱子语类:卷一百四[M].武汉:崇文书局,2018:1985.
⑤ 刘超然,修,郑丰稔,纂.崇安县新志:卷十二[M].民国三十年铅印本:276.
⑥ 陈荣捷.朱熹[M].上海:东方出版中心,2020:226.

或刻石,或置酒,或集会"①。武夷山慧苑寺留有他手书"静我神"的木刻匾;朱熹到泉州、寻访寺院、交结禅僧成为他的嗜好,泉州最大的名刹开元寺留有他题写的对联"此地古称佛国,满街都是圣人",并与一些僧人结下深厚情谊。《崇安县志》记载:"圆悟和尚,号肯庵,居五夫里开善寺。法性圆融,学贯儒释,不为空幻语。尝和晦翁诗,有'可怜万木凋零后,岭立风雪惨淡中'之句。又赞晦翁像云:'若泰山之耸,浩浩海波之平,凛乎秋霜澄肃,温其春阳发生,立天地之大本,报万物之性情,传圣贤之心印,为后人之典型。'顺寂之日,晦翁泣诗曰:'一别人间万事空,焚香论茗恨相逢。不须复活三生石,紫翠参天十二峰。'"②可见感情之至厚。此外,朱熹与著名高僧宗杲及其徒弟道谦禅师的来往也颇多,道谦在武夷山五夫里开善寺说教,所筑之寺名密庵。《晦庵先生朱文公文集》有朱熹游密庵诗六首,游记一篇。可见朱熹与道谦交往之频繁,其爱此山之深厚。③ 朱熹和道谦朝夕相处,参禅问道,几达一年之久,与之建立了极为密切的关系。道谦圆寂后,朱熹还撰写了两篇祭文,其中一篇《祭开善谦禅师文》,较为详细地叙述了朱熹和道谦结识交往的经过、道谦对朱熹的影响,以及他对道谦辞世之感伤。从文集中还可看到,与朱熹交往之僧人还有西林可师、东峰道人溥公、益公道人、云谷瑞泉庵主、仰上人、南上人等,他们均有名字可考并且与朱熹均有一定的来往,朱熹在与他们的交往中,或与其唱和往来,或交换思想,或泛泛而交,但不论是何种交往形式都可看出朱熹与佛门弟子有或深或浅的渊源和关系。由于在佛教中的浸染,朱熹在佛教研究上也有所心得,认为,"佛书说六根、六识、四大、十二缘生之类,皆极精妙,故前辈学佛者,谓此孔子所不及"④,"熹于释氏之说,盖尝师其人,尊其道,求之亦切至矣"⑤。

朱熹与道家、道教也有直接关系。他主管过多处宫观,如潭州南岳庙、台州崇道观、武夷山冲佑观、华州云台观、南京鸿庆宫、西京嵩山崇福宫、西太乙宫等;他与道士多有往来,如修建武夷山大隐屏下的武夷精舍,得到山中道人的鼎力支持,精舍中的"寒栖馆"就是朱熹专门留给道人使用的,建阳

① 陈荣捷.朱熹[M].上海:东方出版中心,2020:226.
② 崇安县志:卷八[M].翁晖,叶国盛,陈平,点校.福州:福建教育出版社,2021:489.
③ 陈荣捷.朱子新探索[M].上海:华东师范大学出版社,2007:429.
④ 朱熹,撰,黎靖德,编.朱子语类:卷一百二十六[M].武汉:崇文书局,2018:2299.
⑤ 朱熹.答汪尚书[M]//朱杰人,等编.晦庵先生朱文公文集:卷三十.上海:上海古籍出版社,合肥:安徽教育出版社,2010:1295.

芦山云谷晦庵是朱熹著书讲学的另一重要场所,也是他与当地道人密切来往的场所,甚至还有很多外地道人不远千里到福建拜访朱熹,据文集记载,甘叔怀、陈亢礼与朱熹最为交厚,彼此经常通信,切磨义理;朱熹对道家道教的参究丝毫不下于禅学,潜心钻研过道家典籍,熟读老庄列子以来及诸经律法术撰著。朱熹曾经"托名'崆峒道士邹䜣',撰《周易参同契考异》《阴符经考异》,并作《阴符经注》《参同契注》《调息箴》等"[①]。他继承了北宋道士陈抟和邵雍的象数学,从多方面吸取了象数学的思想,写作《周易本义》,并对道教经典《阴符经》和《周易参同契》进行了考证研究。

三、受学李侗,由禅返儒

对朱熹思想转折起决定性推动作用的事情,是绍兴二十三年(1153 年)秋,朱熹赴任同安,途中拜访李侗。李侗,字愿中,称延平先生,师事罗从彦,是杨时的再传弟子。他和朱松为同门友,两人交游相知几十年。朱熹自小便认识李侗,对其仰慕已久。此时的朱熹得三师所授,释道意味甚浓,与李侗说学禅所得。李侗觉出朱熹"从谦开善处下工夫来"的所学之非,他在《与罗博文书》中说道:"渠(朱熹)初从开善处下工夫来,故皆就里面体认。今既论难,见儒者路脉,极能指其差误之处。"[②]关于此次见面朱熹也有记录,他详细记载了初次求教李侗的场景,把自己曾经所学的佛禅道理告之李侗,以及李侗对他的当机指点,"'汝恁地悬空理会得许多,而面前事却有理会不得。'道亦无幽妙,只在日用间著实做工夫处理会,便自见得"[③]。李侗初次教导朱熹不能以儒释老三道同一为学,此前他笃信不疑的儒佛老同道思想第一次遭到冲击。朱熹后来也忆及这段从学经历,"后赴同安任,时年二十四五矣,始见李先生。与他说,李先生只说不是。某却倒疑李先生理会此未得,再三质问。李先生为人简重,却是不甚会说,只叫看圣贤言语。某遂将那禅来权倚搁起。意中道,禅亦自在,且将圣人书来读。读来读去,一日复一日,觉得圣贤言语渐渐有味。却回头看释氏之说,渐渐破绽罅漏百出"[④]。

---

① 高令印,高秀华.朱子学通论[M].厦门:厦门大学出版社,2007:35.

② 李侗.与罗博文书[M]//李延平集:卷一.北京:中华书局,1985:4.

③ 王云五,主编,王懋竑,纂订.宋朱子年谱[M].台北:台湾商务印书馆,1982:16.

④ 朱熹,撰,黎靖德,编.朱子语类:卷一百四[M].武汉:崇文书局,2018:1985.

自此之后,朱熹开始专心读圣贤之书,但并没有在思想上放弃对禅学的看法。如束景南先生评价所说:"朱熹抱着'心疑而不服'的态度离开李侗,但在他出入佛老的头脑中已引起巨大震动,促使他开始对儒佛老三大传统文化思想进行新反思。"[①]从而确立起朱熹"逃禅归儒"思想的本质转变。

此后,朱熹多次请教李侗,绍兴三十年(1160 年),朱熹正式受学李侗。在李侗的指导下,朱熹学术思想发生了巨大的变化,对禅学之非和儒学之正有了清晰的认识。他说:"某少时未有知,亦曾学禅,只李先生极言其不是,后来考究,却是这边味长。才这边长得一寸,到今销铄无余矣。毕竟佛学无是处。"[②]由此,可见朱熹思想的重大转变和"逃禅归儒"的历程。

正是由于朱熹出入佛老的经历,使得他能以儒学来融会佛、道,并对佛、道自然观中的思辨哲学既吸收又改造,既利用又发挥,从而构建起自己的理学自然观。

第二节　佛、道自然观概述

宗教是人类对宇宙的未知探索,建立在一定的自然观基础之上。佛教、道教都有完整的自成体系的自然观,朱熹出入佛老的经历,使其对佛、道自然观有深刻的认识。本节概述佛、道自然观的主要内容,以期说明朱熹实现对佛、道自然观的批判和融合吸收的理论基础。

一、佛教自然观的主要内容

佛教自西汉末期从印度传入中国后,就在与中国传统思想的依附、冲突、融合和发展中和合而为新的理论形态,强烈地刺激着中国传统理论思维形态。两宋时期,在儒释道三教的融合冲突中,宋明理学产生了,并成为此后 800 年中国传统社会主导的意识形态。佛教自身具备完整的思想框架和话语体系,包含丰富的内容,从其自然观而言,与我国古代传统的自然观有

---

①　束景南.朱子大传[M].北京:商务印书馆,2003:124.

②　朱熹,撰,黎靖德,编.朱子语类:卷一百四[M].武汉:崇文书局,2018:1985.

着根本的不同。

从佛教的宇宙观来看,佛教的宇宙观就是对世界的宏观认识。佛教中所讲的世界,就是通常所称的宇宙。《楞严经》指出了佛教的时空和世界观念,"世为迁流,界为方位。汝今当知,东、西、南、北、东南、西南、东北、西北、上、下为界;过去、未来、现在为世"①。无量空间的"世"和无限时间的"界"构成了佛教的"世界",二者的合称就是宇宙。所以,佛教的世界观就是宇宙观。

从空间上看,佛教认为,宇宙广大无际,是由无量数的世界所构成的。即在这个世界十个方位的每一个方位之外,都有数不清的它世界,人们所看到的和生活于其中的世界仅仅是无数世界中的一个。佛经中说的"三千大千世界",即是以一个太阳和一个月亮所照临的范围为一个小世界。如此一千个小世界为一个"小千世界",一千个"小千世界"为一个"中千世界",一千个"中千世界"为一个"大千世界"。一个大千世界包含小中大三种千世界,合称"三千大千世界"。这"三千大千世界"即是佛教所说的"众生世界",《妙法莲华经》云:"譬如五百千万亿那由它阿僧祇三千大千世界,假使有人末为微尘,过于东方五百千万亿那由它阿僧祇国乃下一尘,如是东行,尽是微尘,诸善男子,于意云何,是诸世界,可得思惟校计知其数否。"②佛教认为"三千大千世界"为一佛土,宇宙就是由无数个这样的世界构成,如"恒河沙数"。佛教突出的无量无边的佛土,其目的就是说明宇宙空间的无限性。

从时间上看,佛教认为,宇宙在时间上也是无限的,有消有长,无始无终。佛教以"劫"为基本的时间概念,在梵语中,"劫"是长时、大时、时的意思,是长久的不可限量的极长时间,以此说明世界生成、毁灭的过程。佛教认为,宇宙的一个运动过程是由成、住、坏、空四个阶段构成,一个运动过程称为一大劫,每个大劫包含四个小劫。分别是世界形成期、有情众生安住期、渐趋破坏期和完全崩溃毁灭期。同时,成、住、坏、空四劫是连续不断的运动过程,它们周而复始,往复无穷,从宏观宇宙上看每一劫都要经历极为漫长的时间。"无量无边的三千大世界,或成,或住,或坏,或空,各不相同。世界是不断成坏的过程,坏灭又凝成,凝成又坏灭,是无始无终的。在无限的时间里,有限的世界相继消长。前因后果,因果连续。因前有因,永永不

① 楞严经:卷四[M/OL].http://www.cbeta.org.
② 妙法莲华经:如来寿量品[M/OL].http://www.cbeta.org.

能知其始;果后有果,漫漫不能测其终。无前无后,无始无终,变化无常,悠久无疆。"①佛教对时间无限性的宣扬,目的在于说明世界的无常和苦难,大劫之中有中劫,中劫之中有小劫,整个世界就在无限的劫难中循环轮转。由此使人产生悲观厌世的情绪,从而劝诱人们逃离现世,相信佛教的解脱之道,这也是佛教"缘起说""业报说"的基础。

关于世界的本源,佛教认为,世界是由地、水、火、风四种基本材料构成的。② 自然界的万事万物,佛教称之为色,而色即由所谓四大材料所造,并包括四大材料本身。"一切四大及四大所造,是名为色"③,"佛告比丘,四大因、四大缘是名色阴。所以者何,诸所有色阴,彼一切悉皆四大缘,四大造故"④。这种观念与我国古代自然观中的五行非常类似。佛教认为,自然界的一切现象都可以用四大材料来说明,而且由于四大含量的不同,从而表现出不同的样态。它还提出了"六界说"和"五阴说"。"六界"即指由地、水、火、风、空、识六种元素构成的众生世界,地、水、火、风、空是构成物质世界的基本元素,也就是色。人体就是由这"六界"元素构成的。地构成骨肉,水构成血液,火构成气息,风构成呼吸,空构成耳鼻等人体感觉器官;而识是组成人的精神世界的元素,包括人类的喜、怒、哀、乐等精神和情绪。"五阴"又称五蕴,包括色阴、受阴、想阴、行阴、识阴。色阴是整个物质世界,受阴是人的感受和情绪,想阴是人的知觉,行阴是人的行为意志,识阴是人的意识。可以看到后四阴分别代表了不同的精神世界。因此,佛教是将整个世界分成了两部分:宇宙(自然界)和"我","五阴"是构成宇宙和"我"的基本元素,而组成物质世界的地、水、火、风"四大"元素被用来解释人的精神现象,这样就把人的注意力从对外部物质世界的关注转向了内心世界的自省。

"缘起论"是佛教独特的世界观,佛教自然观的核心就是缘起论。"缘起"一词的含义,是指现象界的一切存在,都是由种种条件和合形成的,不是孤立的存在。缘起论是佛陀的基本教义,他的弟子阿说示曾经转述这一思想:"诸法因生者,彼法随因灭,因缘灭即道,大师说如是。"⑤佛教用"缘起

---

① 方立天.佛教哲学[M].北京:中国人民大学出版社,2012:148-149.

② 巫白慧.印度自然哲学[M]//《外国哲学》编委会.外国哲学:第十一辑.北京:商务印书馆,1992:5-7.

③ 杂阿含经:卷二[M/OL].http://www.cbeta.org.

④ 杂阿含经:卷二[M/OL].http://www.cbeta.org.

⑤ 大正藏:第三卷[M/OL].http://www.cbeta.org.

论"来说明四大和五蕴的组合而形成世界的过程。"缘"就是"因缘"的简称，"因"就是"内因"，是内在的条件；"缘"是外缘，是外在的条件。万法由条件而生，由条件而灭；超越了条件性，就是涅得道。《中阿含经》中说："诸贤！扰如因材木，因泥土，因水草，履裹于空，便生崖名。诸贤！此身亦复如是。因筋骨，因皮肤，因肉血，缠裹于空，便生身名。诸贤！若内眼处坏者，外色便不为光明所照，则无有念，眼识不得生。诸贤！若内眼处不坏者，外色便为光明所照，而便有念，眼识得生。诸贤！内眼处及色，眼识知外色，是属色阴。若有觉是觉阴，若有想是想阴，若有思是思阴，若有识是识阴，如是观阴合会。"①从这段佛教义理中可以看出，大千世界无一不是由因缘和合而成，一切事物都处在因果联系之中。

虽然佛教认为世界是由四大构成的，但它又从佛教"缘起论"出发，认为世界上一切事物没有不变的本质，佛教称此为"空"。"空"不是绝对的无，不是没有，而是说事物没有自性，不真故空，缘起故空。佛教认为"四大皆空"，以为世间一切事物都是虚幻不实的，是不真，是一种假象和幻影，只有"佛性"（"真如""实相""法界"）才是真实的，是诸法的本质。也就是它从本体上否定了一切事物的存在，认为万事万物在本质上是空的，存在的是现象（假象），这也就是所谓的"空即是色，色即是空"。

二、道家、道教自然观的主要内容

道家通常是指以老子和庄子思想为代表的学派，亦称黄老之学。道教是"以道家创始人老子的'道'为最基本的信仰"②，它产生并发展于古代中国，是中国的一种古老宗教。道家或道教在思想理论上都以"道"为最高范畴，主张尊道贵德，效法自然，以清静无为法则治国修身和处理鬼神信仰，处理人与自然之间的关系。道教指"道"的教化或说教，或者说就是信奉"道"，通过精神形体的修炼而"成仙得道"的宗教，习惯上有时也称道家、黄老。道教以先秦老庄与秦汉道家学说为基本的思想资源，同时还吸收了阴阳五行的思想以及周易的八卦学说，以及汉儒的天人感应和阴阳卦气说。早期道教的形成，是黄老思想的衍变和老子宗教化、神仙化的产生，所以，道家、道

---

① 中阿含经：象迹喻经[M/OL].http://www.cbeta.org.
② 乐爱国.中国道教伦理思想史稿[M].济南：齐鲁书社,2010:67.

教二者不能截然分开。

　　道家、道教的基本信仰都是"道"。道家道教认为,"道"是整个宇宙的本原和法则,它"尽稽万物之理",在未有天地之前就存在,他们将"道"加以神化和夸大,并形成对"道"的崇拜,以"道"名教,以《老子》为主要经典,认为"道""先天地生","周行而不殆,可以为天下母"①,并且"大道无形,生育天地;大道无情,运行日月;大道无名,长养万物"②。这个"道"指的就是天地万物的本根、本原、总体,它充塞于整个宇宙,无处不在,无时不有,是自然的本原和宇宙万物生成和演化的最高规律。道家道教将"自然"作为"道"之本体存在的体现,老子说,"自然者,道之根本也"③,"道要不烦,一言该之曰自然而已。道法自然,自然之道,行之为上,不行则不至也"④。认为道、自然、天为同一事物,是万物之源,它是无限的。阮籍的《达庄论》也认为:"天地生于自然,万物封于天地。"⑤道是客观存在的,"自然者,非为而自然","自然者,妙本之性非造作。故道者,妙本之功用,故谓之通生之道,一虚无,二自然,三道。俱是妙本真性"。⑥ 作为道之本体的自然,其存在是一种"无为"的本然状态。所以,对这种道之本体的"无为"的存在,人们只有顺应它,尊重它,遵照其内在的客观规律性,才能符合道之本然。"道"不可言说、神秘而难测,它是万物的本原,因为看不见、摸不着、听不见,人们要认识这一切,不能凭借耳、目等器官,只有"人法地,地法天,天法道,道法自然",才能把握这个世界。因此,"道"统摄天、地、人,道贯通天地万物和人,天地万物和人的生灭变易都呈现于道中,离道不得,离道无存。

　　道家、道教的宇宙观是其自然观的重要组成部分,也是认识和理解宇宙天体本质属性及其人类活动内在规律的起点。在宇宙起源上,他们认为宇宙起源于"气","一气既分,轻清者为天,重浊者为地,是生两仪也"⑦,天地

　　① 　王弼,注.老子道德经注校释[M].楼宇烈,校释.北京:中华书局,2008:62.

　　② 　柯可.中华颂经[M].北京:世界图书出版公司,2015:227.

　　③ 　张断禹,主编.中华道藏:第 8 册[M].北京:华夏出版社,2004:228.

　　④ 　老子西升经.《正统道藏》洞神部・玉诀类[M].上海涵芬楼本:卷下:57.

　　⑤ 　阮籍.达庄论[M]//严可均,辑.全上古三代秦汉三国六朝文:第二册.北京:中华书局,1958:1311.

　　⑥ 　道藏:第二十二册[M].北京:文物出版社,上海:上海书店,天津:天津古籍出版社,1988:898.

　　⑦ 　周易图,参校版本:明《正统道藏》洞真部灵图类《大易象数钩深图》本。

万物都是气演化的结果。《太平经》认为"夫物始于元气"①,元气充满宇宙空间,天地万物是由元气发展而来的;葛洪在其《抱朴子内篇》中说:"玄者,自然之始祖,而万殊之大宗也。"②他认为:"人在气中,气在人中,自天地至于万物,无不须气以生者也。"③在道家、道教宇宙生成观上,"太极"是一个基本概念。道家、道教都把"太极"看作天体的起源,认为宇宙生成和存在的本然状态就是"太极",它是"天地"形成过程中的一个阶段。天地未分之时,充满"混沌"的"元气",先有太极,"太极未有象数,惟一气耳。一气既分,轻清者为天,重浊者为地,是生两仪也"④,"太极"是宇宙生成演化之源;在宇宙生成和演化的顺序上,他们主要遵循老子"道生一、一生二,二生三,三生天地"的思想,并将宇宙生成的顺序和过程划分为太易、太初、太始、太素等几个阶段;在宇宙时空问题上,他们认为宇宙在时间上是持续性和循环性、有限性和无限性、相对性和绝对性、间隔性和顺序性的统一,在空间上具有广延性、伸展性、无限性等内容与特点,可以看出道家、道教的时空观具有古代朴素辩证法思想的特征;在宇宙运动观上,道家、道教从运动所具有的"自然"本质和特征方面并提出了"动合自然"⑤"造化自然"⑥"自然成形"⑦"化通自然"⑧等思想,强调运动的客观性,是"天道任自然"的"自然运转","暑往则寒至,春去则秋来",不以人们的意志为转移。在动静关系上,道家、道教认为,宇宙的运动和静止既相互对立又相互统一,"静者动之基"⑨,"唯道之

① 王明,编.太平经合校[M].北京:中华书局,1960:254.

② 王明.抱朴子内篇校释[M].北京:中华书局,1985:1.

③ 王明.抱朴子内篇校释[M].北京:中华书局,1985:114.

④ 道藏:第三册[M].北京:文物出版社,上海:上海书店,天津:天津古籍出版社,1988:130.

⑤ 道藏:第八册[M].北京:文物出版社,上海:上海书店,天津:天津古籍出版社,1988:20.

⑥ 道藏:第八册[M].北京:文物出版社,上海:上海书店,天津:天津古籍出版社,1988:417.

⑦ 道藏:第八册[M].北京:文物出版社,上海:上海书店,天津:天津古籍出版社,1988:418.

⑧ 道藏:第八册[M].北京:文物出版社,上海:上海书店,天津:天津古籍出版社,1988:417.

⑨ 道藏:第二十七册[M].北京:文物出版社,上海:上海书店,天津:天津古籍出版社,1988:156.

动,动之于静"①,"一动一静互为其根"②,动静是宇宙运动的基本形态,二者是对立统一的,表现为"阴""阳"对立的两种形式,"静则为阴,动则为阳,同波同流也"③,动静之间的区别又是相对的、暂时的、有条件的,"动中有静,静中有动"④,它们之间可以相互转化,"静极而动也,动极而复静也"⑤。

　　在天人观上,道家道教主要表现为天人感应、天人同构、天人合德、天人合一。道家道教认为天人感应是一种自然属性,强调的是天人之间彼此相应,互补有无,"自然相感也,行善,道随之行恶,害随之也"⑥,"天人相与,如影赴形"⑦,天人感应缘于人与天地之间的契合,"我通天地,天地通我……天地有人,人亦有天地,天地即大人,人即小天地……天地与我并生,天地有道,人亦有道,道者统一而无杂,本自全真,道为天地人归宿之所"⑧。天人同构强调"人之一身法天象地,与天地同一阴阳也"⑨,通过天人之间的对应与相似关系,说明天人在"道"的作用下所具有的相吸相应相合的性质规律。如老子所说"大阴中也,有道精,分之与万物,万物精共一本"⑩。天人合德指的是天人之间和谐共生、彼此尊重、相互理解的关系。《太平经》所说"天性自然,不可欺矣"⑪,是道教天人合德的立足点。道教认为:"天人合德,理

①　道藏:第十三册[M].北京:文物出版社,上海:上海书店,天津:天津古籍出版社,1988:643.

②　道藏:第二十册[M].北京:文物出版社,上海:上海书店,天津:天津古籍出版社,1988:232.

③　道藏:第十五册[M].北京:文物出版社,上海:上海书店,天津:天津古籍出版社,1988:773.

④　道藏:第四册[M].北京:文物出版社,上海:上海书店,天津:天津古籍出版社,1988:532.

⑤　道藏:第二十三册[M].北京:文物出版社,上海:上海书店,天津:天津古籍出版社,1988:587.

⑥　饶宗颐.老子想尔注校证[M].上海:上海古籍出版社,1991:37.

⑦　道藏:第二十七册[M].北京:文物出版社,上海:上海书店,天津:天津古籍出版社,1988:10.

⑧　道藏:第十四册[M].北京:文物出版社,上海:上海书店,天津:天津古籍出版社,1988:619.

⑨　俞琰.周易参同契发挥[M]//文渊阁四库全书:卷三一:子部道家类.四库全书本:8.

⑩　饶宗颐.老子想尔注校证[M].上海:上海古籍出版社,1991:27.

⑪　王明,编.太平经合校[M].北京:中华书局,1960:570.

契自然。"①天人合德的本质是"自然之理",是"契自然",也即"明天理之自然","与天地而合德者,故能恣万物之性分,顺百姓之所为,大小咸得,飞沈不丧,利泽潜被,物皆自然"②。道教还强调天人合德是"道"之属性,"道与德同,天与人一"③,由于道家的"无为"思想,道教认为天人合德的特征便是"无为","天道无为,任物自然"④,"无为自然,便是天德"⑤,人在天人关系中,要尊重并顺应宇宙运动规律。天人合一是道家道教自然观的最高追求,道家道教认为"人与天一也"⑥,"天即人,人即天。人之始生,其得于天也,既生此人,则天亦在人矣"⑦。天与人具有和合为一的属性,并且"天人齐等,无有高下"⑧。天人之间是平等的,而"天人一惯之妙,天与人无二理,吾之心即天地之心,吾之气即天地之气,既乘一诚,此感则彼应"⑨。最终明确"天地与我同根,万物与我同体",达到天人合一的境界。

总之,道家道教自然观研究的核心问题是天人关系问题,其目的是追求天人关系的和谐与统一,从"道法自然"的基本思想出发,强调"见素抱朴,少私寡欲"⑩,主张"复归于朴"⑪,建立返璞归真回归自然的"至德之世"⑫,这是

---

① 道藏:第十九册[M].北京:文物出版社,上海:上海书店,天津:天津古籍出版社,1988:376.

② 道藏:第十六册[M].北京:文物出版社,上海:上海书店,天津:天津古籍出版社,1988:460.

③ 道藏:第十四册[M].北京:文物出版社,上海:上海书店,天津:天津古籍出版社,1988:131.

④ 王明.抱朴子内篇校释[M].北京:中华书局,1985:136.

⑤ 道藏:第十五册[M].北京:文物出版社,上海:上海书店,天津:天津古籍出版社,1988:399.

⑥ 道藏:第十五册[M].北京:文物出版社,上海:上海书店,天津:天津古籍出版社,1988:359.

⑦ 道藏:第二十七册[M].北京:文物出版社,上海:上海书店,天津:天津古籍出版社,1988:738.

⑧ 道藏:第十五册[M].北京:文物出版社,上海:上海书店,天津:天津古籍出版社,1988:272.

⑨ 道藏:第六册[M].北京:文物出版社,上海:上海书店,天津:天津古籍出版社,1988:634.

⑩ 王弼,注.老子道德经注校释[M].楼宇烈,校释.北京:中华书局,2008:45.

⑪ 王弼,注.老子道德经注校释[M].楼宇烈,校释.北京:中华书局,2008:74.

⑫ 杨柳桥.庄子译注[M].上海:上海古籍出版社,2006:136.

道家的理想,也是其自然观追求的天人关系的最终目的。

第三节　朱熹对佛道自然观的批判和融合

清人全祖望说:"两宋诸儒,门庭路径半出于佛老。"[①]理学是儒、释、道融合的产物。朱熹在批判佛、道自然观的基础上,融合吸取了佛教的思维方式和道家、道教的自然发展观,借鉴佛教哲学精致的逻辑思辨结构,吸收道家"道生万物"的宇宙观,建立起以儒家自然观为中心的理学自然观理论体系。

一、朱熹关于佛、道自然观的批判

朱熹在师事三先生期间,接受了系统的儒家经典的学习和教育,儒家经典是其学习的主要内容。但这一时期,朱熹学业尚无专攻,学习兴趣广泛,出入释老,泛滥辞章,并"把出入释老作为求道的一个途径"[②],然而参究佛老并没有使他感到真有所得,为此他开始产生了一定的怀疑。于是他说道:"某自见于此道未有所得,乃见延平。"[③]师从李侗之后,朱熹乃知释氏之说"罅漏百出",于是"逐渐转归伊洛之学"[④],走上了理学的道路,开始了对佛道的批判。

(一)朱熹对佛教思想的批判

从理本论的角度,朱熹提出了"理在事上""理在事先"的宇宙观,在天地万物生成上,他提出:"天地之间,有理有气。理也者,形而上之道也,生物之本也。气也者,形而下之器也,生物之具也。是以人物之生,必禀此理然后

---

① 全祖望.鲒琦亭集外编:卷三一[M]//朱铸禹,汇校集注.全祖望集汇校集注.上海:上海古籍出版社,2000:1373.

② 陈来.朱子哲学研究[M].上海:华东师范大学出版社,2000:34.

③ 朱熹,撰,黎靖德,编.朱子语类:卷一百四[M].武汉:崇文书局,2018:1984.

④ 陈来.朱子哲学研究[M].上海:华东师范大学出版社,2000:35.

有性,必禀此气然后有形。"①朱熹认为气是构成一切事物的材料,理是事物的本质和规则,理是宇宙的本原。他认为佛教不明天地之理,以"劫"来解释天地万物的形成,是不懂阴阳化生、不明自然之道的胡说,朱熹批评佛教道:"亦说天地开辟,但理会不得。其经云,到末劫人皆小,先为火所烧成劫灰,又为风所吹,又为水所淹。水又成沫,地自生五谷,天上人自飞下来吃,复成世界。"②他认为这种解释毫无道理。

朱熹批评佛教宣扬的"万事皆空",他说佛家"以天地为幻妄,以四大为假合"③,这种只讲"空""灭",视一切为虚妄、假象的世界观,把人生宇宙万象都看成是因缘而成,是虚幻空寂的,从而否定宇宙万物的生生不息及生灭变化的自然规律。"大而万事万物,细而百骸九窍,一齐都归于无。终日吃饭,却道不曾咬著一粒米;满身著衣,却道不曾挂著一条丝。"④所以,朱熹说:"佛氏所以差,从劈头初便错了,如天命之谓性,他却做空虚说了。"⑤他批评道:"吾儒万理皆实,释氏万理皆空。"⑥他认为佛教逃避现实社会生活的思想,是无君无父违反社会伦理道德纲常的思想,它宣扬和诱导人们摆脱现实人生社会的责任,去追求虚无缥缈的彼岸世界。这种消极出世思想与儒家积极入世的主张背道而驰。儒家提倡人对社会要有责任和贡献,主张人应遵守伦理纲常,立足现实社会,有所作为。所以,朱熹言:"释言空,儒言实。释言无,儒言有……释氏虚,吾儒实。释氏二,吾儒一。释氏以事理为不紧要而不理会。"⑦从而揭示,"儒、释之分,只争虚实而已"⑧。他所构建的理本论,从本体论的高度对佛教展开了有力的批判,指出:"今之辟佛者,皆以义利辨之,此是第二义。"⑨"佛以空为见,其见已错,所以都错,义、利又

① 朱熹.答黄道夫[M]//朱杰人,等编.晦庵先生朱文公文集:卷五十八.上海:上海古籍出版社,合肥:安徽教育出版社,2010:2755.

② 朱熹,撰.黎靖德,编.朱子语类:卷一百二十六[M].武汉:崇文书局,2018:2299.

③ 朱熹,撰.黎靖德,编.朱子语类:卷一百二十六[M].武汉:崇文书局,2018:2289.

④ 朱熹,撰.黎靖德,编.朱子语类:卷一百二十六[M].武汉:崇文书局,2018:2288-2289.

⑤ 朱熹,撰.黎靖德,编.朱子语类:卷一百二十六[M].武汉:崇文书局,2018:2292.

⑥ 陆九渊.陆九渊集[M].北京:中华书局,1980:16.

⑦ 朱熹,撰.黎靖德,编.朱子语类:卷一百二十六[M].武汉:崇文书局,2018:2291.

⑧ 朱熹,撰.黎靖德,编.朱子语类:卷一百二十六[M].武汉:崇文书局,2018:2260.

⑨ 朱熹,撰.黎靖德,编.朱子语类:卷一百二十六[M].武汉:崇文书局,2018:2309.

何足以为辨!"①

关于佛教的生命观,朱熹也对之进行了批判。朱熹认为佛教重死不重生,"欧公尝言,老氏贪生,释氏畏死,其说亦好。气聚则生,气散则死,顺之而已,释老则皆悖之者也"②。他认为生命就是气的聚散的自然过程,是自然规律,佛老都悖逆了这一规律。他说:"'人,生物也,佛不生而言死;人事可见,佛不言显而言幽'。释氏更不分善恶,只尊向他底便是好人,背他底便入地狱。"③他批判佛教的轮回说,认为佛教不重视生命存在时候的修行,只注重死后的世界,把希望寄托在来世,他说:"今世不修,却修后世,何也?"④有生之时都未有积极进取,有所作为,却只是关注人死后的归宿,可见佛教不明人之所以为人的道理。在回答学生提出的"然世间人为恶死,若无地狱治之,彼何所惩?"这个问题时,朱熹指出:"吾友且说尧舜三代之世无浮屠氏,乃比屋可封,天下太平,及其后有浮屠,而为恶者满天下。若为恶者必待死然后治之,则生人立君又焉用?"⑤朱熹批判了佛家逃避现实责任、关注来生来世的消极遁世态度,显示了儒家积极的入世态度和精神修养不离日用常行之道的修养功夫。

从批判佛教"空""灭"世界观出发,朱熹认为佛教违背了纲常伦理,他说,"禅学最害道","佛则人伦灭尽,至禅则义理灭尽"。⑥他认为佛教不讲父子、君臣的纲常伦理,认为:"圣人'亲亲而仁民,仁民而爱物';他却不亲亲,而划地要仁民爱物。爱物时,也则是食之有时,用之有节;见生不忍见死,闻声不忍食肉;如仲春之月,牺牲无用牝,不麛,不卵,不杀胎,不覆巢之类,如此而已。他则不食肉,不茹荤,以至投身施虎!此是何理!"⑦这是对佛教慈悲之心的质疑,认为佛教讲的慈悲、仁爱毫无缘由,一个人连自己的父母都不爱,都可以放弃,又怎么可能去以身饲虎?由此,他进一步批判了佛教的"因缘"说,他说:"释氏说'无缘慈'。记得甚处说'融性起无缘之大慈'。盖佛氏之所谓慈,并无缘由,只是无所不爱。若无爱亲之爱,渠便以为

①　朱熹,撰.黎靖德,编.朱子语类:卷一百二十六[M].武汉:崇文书局,2018:2309.
②　朱熹,撰.黎靖德,编.朱子语类:卷一百二十六[M].武汉:崇文书局,2018:2289.
③　朱熹,撰.黎靖德,编.朱子语类:卷一百二十六[M].武汉:崇文书局,2018:2298.
④　朱熹,撰.黎靖德,编.朱子语类:卷一百二十六[M].武汉:崇文书局,2018:2304.
⑤　朱熹,撰.黎靖德,编.朱子语类:卷一百二十六[M].武汉:崇文书局,2018:2305.
⑥　朱熹,撰.黎靖德,编.朱子语类:卷一百二十六[M].武汉:崇文书局,2018:2290.
⑦　朱熹,撰.黎靖德,编.朱子语类:卷一百二十六[M].武汉:崇文书局,2018:2291.

有缘；故父母弃而不养，而遇虎之饥饿，则舍身以食之，此何义理耶！"①

（二）朱熹对道家、道教的批判

道家、道教在世界观上的基本特点是"无"，尽管他们并未直接将现实世界斥为"虚妄"，然而却主张以无所作为的态度对待现实世界。对此，朱熹批评了道家的"无为"。朱熹说："老子所谓无为，便是全不事事。圣人所谓无为者，未尝不为。依旧是恭己正南面而已矣。"②朱熹认为老子"出入理之外，不好声，不好色，又不做官，然害伦理"③，"只是个无见识底好人"，他认为"老子之学，大抵以虚静无为、冲退自守为事。故其为说，常以懦弱谦下为表，以空虚不毁万物为实。其为治，虽曰'我无为而民自化'，然不化者亦不之问也"④。他们所追求的那种超越现实的逍遥，是建立在对现实世界"无为"的基础上。所以，朱熹批评道："老氏之失，出于自私之巧。……关机巧便，尽天下之术数者，老氏之失也。故世之用兵算数刑名，多本于老氏之意。"⑤"老氏只要长生，节病易见。"⑥

朱熹除了对老子灭人伦、无为空寂和贪生自私等思想进行批评以外，他还批评了老子的道德观、有无论、动静论，并对老子在一与两、格物、体用等问题上的思想倾向进行了批评。⑦

二、朱熹自然观对佛、道思想的融合吸收

朱熹早年对于佛、道思想的学习对其之后理学体系的建立有重大的影响，其一生与佛、道中人始终保持着直接或间接的联系，且深入地研究过佛、道学说。因此，朱熹思想的集大成包括对佛道思想的容纳和吸收，朱熹自然观包含了很多佛、道思想。

（一）朱熹自然观对佛教思想的融合吸收

朱熹对于佛教亦持两面态度，既反对、排斥佛教，又援佛入儒，吸收、融

① 朱熹，撰，黎靖德，编.朱子语类：卷一百二十六[M].武汉：崇文书局，2018：2303.
② 朱熹，撰，黎靖德，编.朱子语类：卷二十三[M].武汉：崇文书局，2018：405.
③ 朱熹，撰，黎靖德，编.朱子语类：卷一百二十五[M].武汉：崇文书局，2018：2270.
④ 朱熹，撰，黎靖德，编.朱子语类：卷一百二十五[M].武汉：崇文书局，2018：2269.
⑤ 朱熹，撰，黎靖德，编.朱子语类：卷一百二十六[M].武汉：崇文书局，2018：2289.
⑥ 朱熹，撰，黎靖德，编.朱子语类：卷一百二十六[M].武汉：崇文书局，2018：2289.
⑦ 陈荣捷.朱子新探索[M].上海：华东师范大学出版社，2007：409-413.

合了许多佛教的有关思想。

第一，关于"理"的宇宙本体论。"理"是朱熹自然哲学的最高范畴，主要继承了二程的思想，但在具体阐述上，吸收了佛教的许多观点。在宇宙本体上，佛教华严宗提"法界缘起"，认为大千世界诸种现象均是本体"法界"或叫"真如法性"的体性所起，"法界"又称为"一真法界"，也叫"一心"。"统唯一真法界，谓总该万有，即是一心；然心融万有，便成四种法界。"①禅宗认为真心是万物的存在根据，"一切万法，尽在自身，何不从于自心顿现真如本性"②，"心量广大，犹如虚空！……既空，能含日月星辰，大地山河，一切草木"③。因此，佛教认为"一心"是宇宙万物的本原。这一观点深刻地影响了朱熹。朱熹用寂然抽象的"理"来替代"一心"，"一心"就是佛教所说的精神本体。朱熹从"万物皆是一理"出发，具体分析每一事物中包含着极至之理，这种"理"是万事万物的本原，它像佛一样，寂然不动，无思无为，但却统摄万物，超越万物，"理"就是人们认识和把握万物的根本。所以，"理"就是宇宙的本原，是万物生成的根据，他说："宇宙之间，一理而已，天得之而为天，地得之而为地，而凡生于天地之间者，又各得之以为性。其张之为三纲，其纪之为五常，盖皆此理之流行，无所适而不在。"④朱熹"理"的范畴与佛教"心"的概念，都是超乎时空的绝对精神实体，所以朱熹也指出，佛家"都不管天地四方，只要理会一个心"⑤。可见，在宇宙万物本体这个观点上，朱熹援引了佛教的一些观点，与佛教的看法是一致的。

第二，关于朱熹"理一分殊"的自然观与佛教的"月印万川"。华严宗的"一"与"多"的关系同朱熹的"理一分殊"，二者在理论架构上十分相似。华严宗用"一真法界"缘起与"四法界"说来表示本体与现象关系，"统唯一真法界，谓总该万有，即是一心；然心融万有，便成四种法界：（一）事法界，界是分义，一一差别，有分齐故。（二）理法界，界是性义，无尽事法，同一性故。（三）理事无碍法界，具性、分故，性、分无碍故。（四）事事无碍法界，一切分

---

① 注华严法界观门[M/OL].http://www.cbeta.org.

② 坛经[M].郭朋，校释.北京：中华书局，1983：39-40.

③ 石峻，等编.中国佛教思考资料选编第二卷：第一册[M].北京：中华书局，1983：36.

④ 朱熹.读大纪[M]//朱杰人，等编.晦庵先生朱文公文集：卷七十.上海：上海古籍出版社，合肥：安徽教育出版社，2010：3376.

⑤ 朱熹，撰，黎靖德，编.朱子语类：卷一百二十六[M].武汉：崇文书局，2018：2290.

齐事法,一一如性融通、重重无碍故"①。本体是一,事物为多。"一真法界"是本体,而世间和出世间的所有事物都是这个"一真法界"随缘的结果。而"四法界"又由"一真法界"产生,"一即一切,一切即一"。禅宗认为,理事无碍,理与事是一个相互依存整体,不可分割,每一事物都是理的具体体现。朱熹直接吸收和借鉴了这一思想,并作了进一步发挥,在"理""事"关系上,朱熹明确表达:"事事物物,皆有其理,事物可见,而其理难知。即事即物,便要见得此理。"②他认为万物本只一理,总天地万物之理虽相同,但由于禀受的气不同,因而各物具有各自的理,这就是"分殊",它说明了"一与多"或普遍与个别的关系。万物的存在,以理为根据,事物虽然各有其理,但万物之理都出自一个共同的天理。此理为一,万物为多,万物各不相同,万物的理各异其用,但都是本体之理的流行发用。也即"万物皆有此理。理皆同出一源……物物各具此理,而物物各异其用,然莫非一理之流行"③。朱熹认为"言万个是一个,一个是万个"④,他关于"一理之实而万物分之以为体"⑤的阐述,与禅宗"一法遍含一切法"⑥有异曲同工之妙。朱熹还引用永嘉大师《证道歌》:"一月普现一切水,一切水月一切摄",用"月印万川"的比喻来解释"理一分殊",并说事物"本只是一太极,而万物各有禀受,又自各全具一太极尔。如月在天,只一而已;及散在江湖,则随处而见,不可谓月已分也"⑦,充分说明了朱熹哲学与佛教的渊源关系。

第三,关于"存天理,灭人欲"。"存天理,灭人欲"是朱熹理学伦理思想的核心。这一思想直接承袭了佛教禁欲主义思想。《法华经》说:"诸苦所因,贪欲所本。若灭贪欲,无所依止。"《华严经疏》说:"暗于多欲,故沉沦长夜。"所以,佛教认为,人世间一切苦难和罪恶源于人的欲望,受欲望所累,现世众生皆苦,所以人只有在现世中灭绝一切欲望,才能摆脱现世的苦恼,从而在来世中获得幸福。朱熹说,"圣人千言万语,只是教人明天理,灭人

① 大正藏:第四十八卷[M/OL].http://www.cbeta.org.
② 朱熹,撰.黎靖德,编.朱子语类:卷七十五[M].武汉:崇文书局,2018:1460.
③ 朱熹,撰.黎靖德,编.朱子语类:卷十八[M].武汉:崇文书局,2018:298.
④ 朱熹,撰.黎靖德,编.朱子语类:卷九十四[M].武汉:崇文书局,2018:1825.
⑤ 朱熹,撰.黎靖德,编.朱子语类:卷九十四[M].武汉:崇文书局,2018:1825.
⑥ 卢忠仁.诗情禅意续编[M].广州:花城出版社,2017:258.
⑦ 朱熹,撰.黎靖德,编.朱子语类:卷九十四[M].武汉:崇文书局,2018:1825.

欲"①,"有个天理,便有个人欲。盖缘这个天理须有个安顿处,才安顿得不恰好,便有个人欲出来!"②他认为泛滥的"私欲""恶欲"是世间万恶的根由,所以"天理人欲,不容并立"③,"天理存则人欲亡,人欲胜则天理灭"④,须"革尽人欲,复尽天理"⑤。这种观点明显来源于佛教的"禁欲"观。从自然观的角度看,这一思想在人与自然的关系上具有一定的合理性。

第四,关于格物致知的认识论与禅宗"渐修顿悟"。从自然观上看,"格物致知"是一种认识和研究自然界的方法。朱熹认为:"格物者,是物物上穷其至理;致知,是吾心无所不知。"⑥朱熹认为格物需要一个积渐到贯通的过程,他指出:"'一物格而万理通,虽颜子亦未至此。但当今日格一件,明日又格一件,积习既多,然后脱然有个贯通处。'此一项犹有意味。"⑦所以,贯通是"格物致知"的最高境界。"格物致知"的认识过程与佛教的"渐修顿悟"极为相似,禅宗主张"因缘渐修,佛性顿见"。禅宗神秀主张"渐悟",主张在日常的禅法修习中,不停地调适身心,使清静本性自然显现。朱熹格物的"今日格""明日格"与神秀禅法有相通之处,格物的过程是一个渐进的过程;禅宗慧能则以"顿悟"为特色,"若悟无生顿法,见西方只在刹那","迷来经累劫,悟即刹那间",⑧朱熹的脱然贯通实际上就是一种"顿悟"的主观体验。尽管朱熹格物的脱然贯通与禅宗"渐修顿悟"不完全相同,但朱熹对此认识方法的借鉴却是不容否认的。

(二)朱熹自然观对道家、道教思想的融合吸收

宋代理学与道家、道教在宇宙观、自然观、伦理观以及"天人一体""道法自然"等哲学思想上基本是一致的,它们之间是相互影响、相互吸收、相互融合的关系。陈抟《无极图》问世以后,在学界产生了巨大影响,后传至周敦颐,被改造为《太极图》,成为宋明理学的奠基,为理学的发展建立了一个比

①　朱熹,撰,黎靖德,编.朱子语类:卷十二[M].武汉:崇文书局,2018:154.
②　朱熹,撰,黎靖德,编.朱子语类:卷十三[M].武汉:崇文书局,2018:167.
③　朱熹.孟子集注:孟子滕文公上[M]//四书章句集注.金良年,今译.上海:上海古籍出版社,2006:326.
④　朱熹,撰,黎靖德,编.朱子语类:卷十三[M].武汉:崇文书局,2018:167.
⑤　朱熹,撰,黎靖德,编.朱子语类:卷十三[M].武汉:崇文书局,2018:167.
⑥　朱熹,撰,黎靖德,编.朱子语类:卷十五[M].武汉:崇文书局,2018:217-218.
⑦　朱熹,撰,黎靖德,编.朱子语类:卷十八[M].武汉:崇文书局,2018:293.
⑧　六祖坛经[M].姚彬彬,注.开封:河南大学出版社,2016:196.

较合理且相当完备的宇宙起源说。邵雍继承陈抟著《先天图》,并进行宏大推演,创立了一套完整的象数体系,概括宇宙间的一切"心法"道论。至南宋,朱熹集五子之学为一体,援道入儒,成为理学集大成者。对于道家、道教思想,朱熹主要是通过对太极图、河图、洛书等源于道家的易图进行解说,以及对《参同契》的注释,将其合理的成分加以消化改铸,从而纳入到儒家自然哲学的体系之中。

第一,在宇宙本体论上,是对道家"道本论"的借鉴,体现了道、理、太极的互通。"道"是道家和道教宇宙本体论的核心概念和基本范畴,老子认为宇宙由"道"决定,"道"无所不在,万物从"道"中产生而又复归于"道"。关于"道",老子有一段经典表述:"道可道,非常道;名可名,非常名。无名,天地之始;有名,万物之母。"①"人法地,地法天,天法道,道法自然。"②道贯通天地人,道生天地万物。老子认为"道"是看不见、摸不着的"无物之象""无状之状",朱熹也认为"凡有形有象者,即器也;所以为是器之理者,则道也"③,"形而上者,无形无影是此理。形而下者,有形有状是此器"④。因此,"理"是看不见的形而上之"道",形而上者"道,即理之谓也"⑤,"'道'字即《易》之太极"⑥,"若论道之常存,却又初非人所能预。此个自是亘古亘今,常在不灭之物"⑦。他认为"道"、"理"和"太极"都是宇宙的绝对存在或终极存在,它们是相同的。这样就赋予"道"的绝对本体地位。在朱熹的理学体系中,他借用了"太极"这一与道家、道教有密切关系的概念,将其表示为宇宙的本体。所以他指出:"太极只是天地万物之理。在天地言,则天地中有太极;在万物言,则万物中各有太极。"⑧宇宙世界是一个整体存在,"道""理""太极"

① 王弼,注.老子道德经注校释[M].楼宇烈,校释.北京:中华书局,2008:1.
② 王弼,注.老子道德经注校释[M].楼宇烈,校释.北京:中华书局,2008:64.
③ 朱熹.与陆子静[M]//朱杰人,等编.晦庵先生朱文公文集:卷三十六.上海:上海古籍出版社,合肥:安徽教育出版社,2010:1573.
④ 朱熹,撰.黎靖德,编.朱子语类:卷九十五[M].武汉:崇文书局,2018:1835.
⑤ 朱熹.通书注[M]//朱杰人,严佐之,刘永翔,主编.朱子全书:第十三册.上海:上海古籍出版社,合肥:安徽教育出版社,2010:98.
⑥ 朱熹.答程泰之[M]//朱杰人,等编.晦庵先生朱文公文集:卷三十七.上海:上海古籍出版社,合肥:安徽教育出版社,2010:1647.
⑦ 朱熹.答陈同甫[M]//朱杰人,等编.晦庵先生朱文公文集:卷三十六.上海:上海古籍出版社,合肥:安徽教育出版社,2010:1583.
⑧ 朱熹,撰.黎靖德,编.朱子语类:卷一[M].武汉:崇文书局,2018:1.

三者,在宇宙的终极存在这个意义上,它们是可以互相贯通的。三者贯通上下无所不在,天人一体不可相分。把"道""理""太极"三个概念视为同等序列的哲学范畴,也说明了朱熹对道家道教思想的援引。

第二,在宇宙生成论上,"理生气"与道生万物具有一致性。老子提出"道生一,一生二,二生三,三生万物"①的宇宙生成论,朱熹"理—气—物"的宇宙结构与老子"道生万物"具有相似性。理气论是朱熹整个思想体系的基石,从"理"出发,他认为"理"衍生天地万物,"有理,便有气流行,发育万物"②,"有是理便有是气,但理是本"③,气分化为"阴""阳"二气,产生天地,"清刚者为天,重浊者为地"④,"天地生物,五行独先"⑤。这样,朱熹就构想出了一个以"理"为本原,通过气的流行发育,而化生出天地、阴阳、五行、万物的宇宙生成系统。

此外,朱熹认为理的全体即太极,"太极"本是道家自然主义思想中的最高范畴,朱熹通过对周敦颐《太极图说》与《通书》的注解,给予"太极"以理的价值转换,把"太极""无极"等观念同二程提出的"天理"观念统摄起来,把"太极"解释为理的总和,把"无极"解释为"太极"的同义语,从而消除了理学内部的歧义。朱熹说"总天地万物之理,便是太极"⑥,由此进一步推演,"无极而太极,太极动而生阳……静而生阴……分阴分阳,两仪立焉。阳变阴合,而生水、火、木、金、土。五行顺布,四时行焉……二气交感,化生万物。万物生生而变化无穷焉"⑦,构筑起"无极而太极—阴阳—五行—万物"的新的宇宙生成模式,这一宇宙图式是他对周敦颐《太极图》和《太极图说》的阐释,吸取了道家道教的宇宙生成论,具有浓厚的自然主义意味,对源于道家道教的宇宙生成模式作了更为广阔的修正和重建,其对道家道教思想的吸收是明显的。所以钱穆先生指出:"朱子理气二字,实即道家之自然二字。惟自然合成一语,而理气分成二字,则更见分明耳。"⑧

① 王弼,注.老子道德经注校释[M].楼宇烈,校释.北京:中华书局,2008:117.
② 朱熹,撰.黎靖德,编.朱子语类:卷一[M].武汉:崇文书局,2018:1.
③ 朱熹,撰.黎靖德,编.朱子语类:卷一[M].武汉:崇文书局,2018:2.
④ 朱熹,撰.黎靖德,编.朱子语类:卷一[M].武汉:崇文书局,2018:4.
⑤ 朱熹,撰.黎靖德,编.朱子语类:卷九十四[M].武汉:崇文书局,2018:1794.
⑥ 朱熹,撰.黎靖德,编.朱子语类:卷九十四[M].武汉:崇文书局,2018:1800.
⑦ 周敦颐.周敦颐集[M].陈克明,点校.北京:中华书局,1990:4-5.
⑧ 钱穆.宋代理学三书随札[M].北京:生活·读书·新知三联书店,2002:134.

第三,关于"道通为一"与"理一分殊"。朱熹"理一分殊"思想除了受佛教"理事无碍"的启发,与道家"道通为一"的观点不无关系。在"道"与万物的关系上,庄子认为,道为万物之源,道无所不在,"道通为一。其分也,成也;其成也,毁也。凡物无成与毁,复通为一"①,唐代王绩《答程道士书》曰"夫一气常凝,事吹成万,万殊虽异,道通为一"②,这里都包含了"理一分殊"的意思,也即千差万别的事物都包含着一个统一的道,"道"主宰万物,体现了事物普遍性和特殊性的关系。朱熹在解释"理一分殊"时,还指出:"太极非是别为一物,即阴阳而在阴阳,即五行而在五行,即万物而在万物。只是一个理而已。因其极至,故名曰太极。"③"人人有一太极,物物有一太极。"④这里可以看出,朱熹吸取了庄子的"道通为一"和道"无所不在"的思想,并将其合而论之。

道家道教自然观强调自然所具有的"本然""本性",认为"天地之性,独贵自然,各顺其事,毋敢逆焉"⑤,倡导天、地、人的整体和谐,可以说,在中国传统文化里,道家道教的思想是最具自然主义倾向的思想,他们主张尊重生命,强调人与自然和谐发展,具有以自然为顺,事不逆天之义。老子说:"知足不辱,知止不殆,可以长久。"⑥先秦黄老著作《鹖冠子·王鈇》云:"审于山川,而运动举措有检。生物无害,为之父母,无所蹢蹻。"⑦也就是说,要崇尚节制,举措有检,自然才可以免遭破坏。朱熹对此是认可的,他从"万物化生"的自然观出发,提出人与自然万物同源,"圣贤出来抚临万物,各因其性而导之。如昆虫草木,未尝不顺其性,如取之以时,用之有节:当春生时'不殀夭,不覆巢,不杀胎;草木零落,然后入山林;獭祭鱼,然后虞人入泽梁;豺祭兽,然后田猎'。所以能使万物各得其所者,惟是先知得天地本来生生之意"⑧。这告诉我们要通过顺应万物的本性来开发自然,才能使得万物各得其所。他在《西铭解》中说道:"凡有形于天地之间者,若动若植,莫不有以若

① 杨柳桥.庄子译注[M].上海:上海古籍出版社,2006:26.
② 周绍良,主编.全唐文新编:第1部第3册[M].长春:吉林文史出版社,2000:1474.
③ 朱熹,撰,黎靖德,编.朱子语类:卷九十四[M].武汉:崇文书局,2018:1797.
④ 朱熹,撰,黎靖德,编.朱子语类:卷九十四[M].武汉:崇文书局,2018:1797.
⑤ 太平经:卷一百三十[M]//王明,编.太平经合校.北京:中华书局,1960:472.
⑥ 王弼,注.老子道德经注校释[M].楼宇烈,校释.北京:中华书局,2008:122.
⑦ 张清华,主编.道经精华:下[M].长春:时代文艺出版社,1995:1708.
⑧ 朱熹,撰,黎靖德,编.朱子语类:卷十四[M].武汉:崇文书局,2018:191.

其性,遂其宜焉。此儒者之道,所以必至于参天地、赞化育,然后位功用之全,而非有所强于外。"①只有"若其性,遂其宜",充分顺应万物本性,才能"参天地,赞化育",达到天、地、人三者的和谐。这是朱熹自然观中充满人性光辉的思想,其中不乏对道家道教自然观的融合吸收。

---

① 朱熹.西铭解[M]//朱杰人,严佐之,刘永翔,主编.朱子全书:第十三册.上海:上海古籍出版社,合肥:安徽教育出版社,2010:142.

第四章　朱熹"格物致知"论的
自然科学意蕴

　　"格物致知"是朱熹理学的核心概念之一,朱熹的自然观与他的"格物致知"论密切相关。朱熹的理学思想体系中,包含丰富的自然科学内容。朱熹在"格物致知"的框架中对自然界事物进行了深入研究,"格物致知"论是理解其从事自然科学研究及其自然观的一个重要窗口。

第一节　朱熹"格物致知"论的形成

　　"格物"之词,来自《大学》。朱熹少年时期在三先生的指导下,开始系统学习儒家经典,他曾回忆说:"自十五六时,知读是书而不晓格物之义,往来于心余三十年。"①他还说:"某年十七八时,读《中庸》、《大学》,每早起须诵十遍。今《大学》可且熟读。"②说明朱熹很早就已接触"格物致知"概念。后受学李侗,李侗的"理一分殊"思想对朱熹确立格物穷理的思想具有不可忽视的作用。在李侗思想的熏染下,朱熹继承和发扬了二程"穷物理"的思想,对"格物致知"做了深入探讨,建立了"格物致知"论。

　　"古之欲明明德于天下者,先治其国;欲治其国者,先齐其家;欲齐其家者,先修其身;欲修其身者,先正其心;欲正其心者,先诚其意;欲诚其意者,先致其知;致知在格物。物格而后知至,知至而后意诚,意诚而后心正,心正

　　①　朱熹.答江德功第二[M]//朱杰人,等编.晦庵先生朱文公文集:卷四十四.上海:上海古籍出版社,合肥:安徽教育出版社,2010:2037.
　　②　朱熹,撰,黎靖德,编.朱子语类:卷十六[M].武汉:崇文书局,2018:239.

而后身修,身修而后家齐,家齐而后国治,国治而后天下平。"①《大学》所言
"致知在格物""物格而后知至",是"格物致知"的最早表述,该书虽然提出了
以格物致知为修身、齐家、治国、平天下的基础,但没有对格物和致知做出明
确的解释,后世学者都对其做出了各自的解说。朱熹重订《大学》章句,分为
一"经"十"传",并新增了"补传",将"孔子之言、曾子述之"的《大学》经文的
主旨概括为"三纲领、八条目"。"三纲领"是统领,"八条目"是路径,而"格
物、致知"则是实施八条目的起点。朱熹在对《大学》进行全面阐释后认为,
《大学》的根本在于格物致知。他认为,《大学》"要紧只在'格物'两字"②,朱
熹的"格物致知"论直接来源于二程的格物致知思想,其"格物致知"论的形
成经历了一个过程。

　　绍兴二十三年至二十六年(1153—1156 年),朱熹任同安主簿时作《策
问》时说道:"大学之序将欲明明德于天下,必先正心诚意。而求其所以诚意
者,则曰致知格物而已。然自秦汉以来,此学绝讲,虽躬行君子时或有之,而
无曰致知格物云者。"③他认为大学之道自秦汉以下成绝讲之学,而这正是
伊洛之学的重要论点,因此他要求学子要重点讲述"致知格物之所宜用力
者"④。绍兴二十六年(1156 年),朱熹离任同安主簿时作《一经堂记》,其中
说道:"予闻古之所谓学者,非他,耕且养而已矣。其所以不已乎经者,何也?
曰将以格物而致其知也。学始乎知,惟格物足以致之。知之至则意诚心正,
而大学之序推而达之无难矣。若此者,世亦徒知其从事于章句诵说之间,而
不知其所以然者,固将以为耕且养者资也,夫岂用力于外哉?"⑤这里主要从
为学的角度谈格物致知。

　　绍兴三十二年(1162 年),朱熹应诏上封事,说格物致知是"极夫事物之

---

　　① 朱熹.四书章句集注[M].金良年,今译.上海:上海古籍出版社,2006:5.

　　② 朱熹,撰.黎靖德,编.朱子语类:卷十四[M].武汉:崇文书局,2018:190.

　　③ 朱熹.策问[M]//朱杰人,等编.晦庵先生朱文公文集:卷七十四.上海:上海古籍出
版社,合肥:安徽教育出版社,2010:3572.

　　④ 朱熹.策问[M]//朱杰人,等编.晦庵先生朱文公文集:卷七十四.上海:上海古籍出
版社,合肥:安徽教育出版社,2010:3572.

　　⑤ 朱熹.一经堂记[M]//朱杰人,等编.晦庵先生朱文公文集:卷七十七.上海:上海古
籍出版社,合肥:安徽教育出版社,2010:3696.

变"和"明事物之理"。① 次年在癸未奏札中,他明确指出:"夫格物者,穷理之谓也。盖有是物必有是理。然理无形而难知,物有迹而易睹,故因是物以求之,使是理了然心目之间而无毫发之差,则应乎事者自无毫发之缪。是以意诚、心正而身修,至于家之齐、国之治、天下之平,亦举而措之耳。"②朱熹继承了二程以穷理解释格物的思想,强调了格物对于修身、齐家、治国、平天下的重要性。此后,朱熹在《答汪尚书》中批评那些不主张即物穷理、潜玩积累而"终日味无义之语,以俟其廓然而一悟"者,他说:"物必格而后明,伦必察而后尽。格物只是穷理,物格即是理明。此乃大学功夫之始,各有深浅,非有顿悟险绝处也。近世儒者语此似亦太高矣。吕舍人书别纸录呈,彼既自谓廓然而一悟者,其于此犹懵然也,则亦何以悟为哉?"③朱熹认为格物致知需要不断积累,他反对不经过潜玩积累而求"廓然而一悟",认为只有通过下学上达,才能达到众理洞然。

乾道元年(1165 年),针对北宋以来出入佛学的几位著名学者的著作,朱熹作《杂学辨》,其中的《吕氏大学解》体现了朱熹早期的格物致知思想。吕氏提出"理既穷则知自至,与尧舜同者。忽然自见,默而识之",朱熹批判道:"致知格物,《大学》之端,始学之事也。一物格则一知至,其功有渐,积久贯通,然后胸中判然不疑所行,而意诚心正矣。然则所致之知,固有浅深,岂遽以为与尧舜同者,一旦忽然而见之也哉!"④朱熹强调积累之功,格物致知在于循序渐进、不断积累。对于吕氏所说"草木之微、器用之别,皆物之理也。求其所以为草木、器用之理,则为格物。草木、器用之理,吾心存焉,忽然识之,此为物格",朱子指出:"伊川先生尝言:凡一物上有一理物之微者亦有理。又曰:大而天地之所以高厚,小而一物之所以然,学者皆当理会,吕氏盖推此以为说而失之者。程子之为是言也,特以明理夫之所在无间于大小精粗而已,若夫学者之所以用功,则必有先后缓急之序,区别体验之方,然后

① 朱熹.壬午应诏封事[M]//朱杰人,等编.晦庵先生朱文公文集:卷十一.上海:上海古籍出版社,合肥:安徽教育出版社,2010:571-572.

② 朱熹.癸未垂拱奏札一[M]//朱杰人,等编.晦庵先生朱文公文集:卷十三.上海:上海古籍出版社,合肥:安徽教育出版社,2010:631.

③ 朱熹.答汪尚书三[M]//朱杰人,等编.晦庵先生朱文公文集:卷三十.上海:上海古籍出版社,合肥:安徽教育出版社,2010:1297-1298.

④ 朱熹.吕氏大学解[M]//朱杰人,等编.晦庵先生朱文公文集:卷七十二.上海:上海古籍出版社,合肥:安徽教育出版社,2010:3493.

积习贯通,驯致其极,岂以为直存心于一草木器用之间,而与尧舜同者,无故忽然自识之哉!"①朱熹批判了吕氏"无故忽然自识之"之谬,认为这是佛教见色明心的顿悟,不是二程格物思想的本意。他强调要通过"积习贯通"达到物格和知至。吕氏还提出"闻见未彻,正当以悟为则"的主张,朱熹指出:"以悟为则,乃释氏之法,而吾儒所无有……若由吾儒之说,则读书而原其得失,应事而察其是非,乃所以为致知格物之事。盖无适而非此理者。今乃去文字而专体究,犹患杂事纷扰,不能专一,则是理与事为二,必事尽屏而后理可穷也。终始二道,本末两端,孰甚于此!则未知吕氏所体、所究果何理哉?伊川之说,正谓物各有理,事至物来,随其理而应之,则事事物物无不各得其理之所当然者。"②朱熹反对"以悟为则",认为要通过读书、应事的方式格物,要求"读书而原其得失,应事而察其是非"。这一时期,在批评佛教异端之学的过程中,"朱熹已经相当全面地把握了程颐格物说的要点"③。

乾道四年至八年(1168—1172年),朱熹主要探讨"敬"对于格物致知的重要作用,逐渐确立了"主敬以立其本,穷理以进其知"的宗旨。朱熹在《程氏遗书后序》中指出:"先生之学,其大要则可知已。读是书者,诚能主敬以立其本,穷理以进其知,使本立而知益明,知精而本益固。"④朱熹认为"主敬"和"穷理"是二程思想的主要内容,两者是相互促进的。这一时期,朱熹在其著述或与门人弟子交流中反复论及"敬"和"穷理"之间的关系,多次引述二程"涵养须用敬,进学则在致知""人道莫如敬,未有致知而不在敬者"等观点,说明"敬"对于格物致知的重要性,"敬"与格物致知应当交互相发,穷理涵养,交相为用。

淳熙初年(约1174年),朱熹《大学章句》草定,而且"补传之作于淳熙初年草定《大学章句》时亦基本完成"⑤。这一时期,朱熹在与江德功的信中初步阐述了他关于格物致知的思想。朱熹首先指出:"格物之说,程子论之详

---

① 朱熹.吕氏大学解[M]//朱杰人,等编.晦庵先生朱文公文集:卷七十二.上海:上海古籍出版社,合肥:安徽教育出版社,2010:3493.

② 朱熹.吕氏大学解[M]//朱杰人,等编.晦庵先生朱文公文集:卷七十二.上海:上海古籍出版社,合肥:安徽教育出版社,2010:3494.

③ 陈来.朱子哲学研究[M].上海:华东师范大学出版社,2000:275.

④ 朱熹.程氏遗书后序[M]//朱杰人,等编.晦庵先生朱文公文集:卷七十五.上海:上海古籍出版社,合肥:安徽教育出版社,2010:3625.

⑤ 陈来.朱子哲学研究[M].上海:华东师范大学出版社,2000:277.

矣。而其所谓'格,至也,格而至于物,则物理尽者,意句俱到,不可移易'。熹之谬说,实本其意,然亦非苟同之也。盖自十五六时,知读是书(按:指《大学》)而不晓格物之义,往来于心余三十年,近岁实用功处求之,而参以他经传记,内外本末,反复证验,乃知此说之的当,恐未易以一朝卒然立说破也。"①紧接着朱熹又对"格物致知"的内容做了阐述,指出:"人之生也,固不能无是物矣,而不明其物之理,则无以顺性命之正,而处事物之当。故必即是物以求之,知求其理矣。而不至夫物之极,则物之理有未穷,而吾之知亦未尽。故必至其极而后已。此所谓格物而至于物,则物理尽者也。物理皆尽,则吾之知识廓然贯通,无有蔽碍,而意无不诚,心无不正矣。此《大学》本经之意,而程子之说然也。"②

由这段话可知,朱熹初步表述了他的格物致知思想,他认为格物致知的内容包括了"明其物之理""即是物以求之""必至其极而后已"三个方面。同时,朱熹对江德功认为格物应当解释为"接物"、致知应当解释为"穷理"的说法提出了不同意见。朱熹认为:"必欲训致知以穷理,则于主宾之分有所未安。知者吾心之知,理者事物之理。以此知彼,自有主宾之辨,不当以此字训彼字也。训格物以接物,则于究极之功有所未明。人莫不与物接,但或徒接而不求其理或粗求而不究其极,是以虽与物接而不能知其理之所以然与所当然也。今曰一与物接而理无不穷,则亦太轻易矣,盖特出于闻声悟道见色明心之余论,而与吾之所谓穷理者,固未可同年而语也。且考之他书,'格'字亦无训'接'者。以义理言之则不通,以训诂考之则不合,以功用求之则又无可下手之实地。"③朱熹在此区分了"致知"和"穷理"的不同,认为格物不能停留在接物上,还必须"求其理""究其极",才能"知其理之所以然与所当然"。因此,陈来先生认为,淳熙初年朱熹"格物致知"基本思想已经形成。④

淳熙十六年(1189 年),朱熹改定《大学章句》中的"格物致知"补传,"所

---

① 朱熹.答江德功第二[M]//朱杰人,等编.晦庵先生朱文公文集:卷四十四.上海:上海古籍出版社,合肥:安徽教育出版社,2010:2037.

② 朱熹.答江德功第二[M]//朱杰人,等编.晦庵先生朱文公文集:卷四十四.上海:上海古籍出版社,合肥:安徽教育出版社,2010:2037.

③ 朱熹.答江德功第二[M]//朱杰人,等编.晦庵先生朱文公文集:卷四十四.上海:上海古籍出版社,合肥:安徽教育出版社,2010:2038.

④ 陈来.朱子哲学研究[M].上海:华东师范大学出版社,2000:278.

谓致知在格物者,言欲致吾之知,在即物而穷其理也。盖人心之灵,莫不有知,而天下之物,莫不有理。惟于理有未穷,故其知有不尽也。是以《大学》始教,必使学者即凡天下之物,莫不因其已知之理而益穷之,以求至乎其极。至于用力之久,而一旦豁然贯通焉,则众物之表里精粗无不到,而吾心之全体大用无不明矣。此谓物格,此谓知之至也"①。至此,《大学章句》草成,标志着朱熹"格物致知"思想的成熟。

第二节　朱熹"格物致知"论的自然科学意蕴

宋代的理学家们普遍重视《大学》,"格物致知"是理学家的重要概念。程颐说"一草一木皆有理,须是察"②,应"多识于鸟兽草木之名,所以明理也"③。这一说法已经包含了格自然之物的思想。至朱熹时,他更是明确地提出要格自然之物。《大学》"格物致知补传"是朱熹"格物致知"论基本思想的主要体现。"补传"明确指出,致知格物是在即物穷理,通过格物达到穷理的目标。朱熹的"格物致知"论是其进行自然科学研究的基本方法,其间包含深刻的自然科学意蕴,为后世从"格物"到"科学"的发展奠定了基础。

关于"格物",朱熹在《大学章句》中对"格物"的解释是:"格,至也;物,犹事也。穷至事物之理,欲其极处无不到也。"④"格者,极至之谓。"⑤《朱子语类》中说:"格物者,格,尽也。须易穷尽事物之理,若是穷得三两分,便未是格物,须是穷尽到得十分,方是格物。"⑥这里的尽指的是穷到理的尽处,这样才能"知止"。把"格"训为"至、穷、尽"之义,表明"格"的活动是一个在范围上不断拓展,在程度上不断深化的过程,其最终的目标便是对所有事物获得一种彻底贯通的领悟。关于"格物"的"物",在《大学章句》中,朱熹训"物"

①　朱熹.四书章句集注[M].金良年,今译.上海:上海古籍出版社,2006:9-10.

②　程颢,程颐.二程集[M].北京:中华书局:1981:182.

③　程颢,程颐.二程集[M].北京:中华书局:1981:316.

④　朱熹.四书章句集注[M].金良年,今译.上海:上海古籍出版社,2006:6.

⑤　朱熹.四书或问:大学或问卷一[M].黄坤,校点.上海:上海古籍出版社,合肥:安徽教育出版社,2001:8.

⑥　朱熹,撰.黎靖德,编.朱子语类:卷十五[M].武汉:崇文书局,2018:212.

为"事":"物,犹事也。"①又说:"物,谓事物也。须穷极事物之理到尽处。"②认为"凡天地之间眼前所接之事,皆是物"③。"圣人只说'格物'二字,便是要人就事物上理会。且自一念之微,以至事事物物,若静若动,凡居处饮食言语,无不是事。"④可见,朱熹所谓"物"的范围相当宽泛,指客观存在的一切事物,包括自然之物,也包括伦理道德。

格物包括自然研究。朱熹明确把客体对象的自然界作为格物的主要内容,并做了多方阐述:"天地中间,上是天,下是地,中间有许多日月星辰、山川草木、人物禽兽,此皆形而下之器也。然这形而下之器之中,便各自有个道理,此便是形而上之道。所谓格物,便是要就这形而下之器,穷得那形而上之道理而已。"⑤"大而天地阴阳,细而昆虫草木,皆当理会。一物不理会,这里便缺此一物之理。"⑥"上而无极、大极,下而至于一草、一木、一昆虫之微,亦各有理。一书不读,则阙了一书道理;一事不穷,则阙了一事道理;一物不格,则阙了一物道理。须著逐一件与他理会过。"⑦"虽草木亦有理存焉。一草一木,岂不可以格。如麻、麦、稻、粱,甚时种,甚时收,地之肥,地之饶,厚薄不同,此宜植某物,亦皆有理。"⑧"目前事事物物,皆有此理。如一草一木,一禽一兽,皆有理。草木春生秋杀,好生恶死。仲夏斩阳木,仲冬斩阴木,皆是顺阴阳道理。"⑨在这里,朱熹明确把自然事物作为格物的主要对象和内容,不仅说明事事物物之理包含事物的性质和规律,而且还包含有要尊重事物的性质和规律的意味。此外,朱熹还把格物的对象与当时自然科学和技术联系起来,他说,"历象之学自是一家,若欲穷理,亦不可以不讲"⑩,"律历、刑法、天文、地理、军旅、官职之类,都要理会。虽未能洞究其

---

① 朱熹.四书章句集注[M].金良年,今译.上海:上海古籍出版社,2006:6.

② 朱熹,撰,黎靖德,编.朱子语类:卷十五[M].武汉:崇文书局,2018:212.

③ 朱熹,撰,黎靖德,编.朱子语类:卷五十七[M].武汉:崇文书局,2018:1011.

④ 朱熹,撰,黎靖德,编.朱子语类:卷十五[M].武汉:崇文书局,2018:215.

⑤ 朱熹,撰,黎靖德,编.朱子语类:卷六十二[M].武汉:崇文书局,2018:1123-1124.

⑥ 朱熹,撰,黎靖德,编.朱子语类:卷一百一十七[M].武汉:崇文书局,2018:2137.

⑦ 朱熹,撰,黎靖德,编.朱子语类:卷十五[M].武汉:崇文书局,2018:221.

⑧ 朱熹,撰,黎靖德,编.朱子语类:卷十八[M].武汉:崇文书局,2018:315.

⑨ 朱熹,撰,黎靖德,编.朱子语类:卷十五[M].武汉:崇文书局,2018:221.

⑩ 朱熹.答曾无疑[M]//朱杰人,等编.晦庵先生朱文公文集:卷六十.上海:上海古籍出版社,合肥:安徽教育出版社,2010:2891.

精微,然也要识个规模大概,道理方浃洽通透"①,由此可见,朱熹的格物包含了对诸多学科的研究,自然界事物是朱熹格物对象的重要方面,对客观自然界的认识,穷格自然界的所当然之理,是朱熹"格物致知"论中的主要内容。

何谓"致知"?《大学章句》解释为:"致,推极也。知,犹识也。推极吾之知识,欲其所知无不尽也。"②《朱子语类》说:"致知,则理在物,而推吾之知以知之也。"③也就是说通过对事物之理的考究,达到对知识的领悟和扩充,朱熹说:"格物所以致知,于这一物上穷得一分之理,即我之知变知得一分;于物之理穷二分,即我之知亦知得二分;于物之理穷得愈多,则我之知愈广,其实只是一理。'才明此,既晓彼'。"④因此,"致知"是"格物"的目的和结果,致知就是人的认识不断深化的过程,"穷得愈多",则"知愈广"。然而,世间万物多种多样,"致知"不只是明白某个具体的道理,而是要对天下万物的道理都穷尽。如何才能达到对天下万物之理的"致知"?这就需要联系朱熹"理一分殊"理论来认识,"理一分殊"是朱熹"格物致知"论的理论支撑。

朱熹说:"天地之间,理一而已。然乾道成男,坤道成女,二气交感,化生万物,则其大小之分,亲疏之等,至于十百千万而不能齐也。……《西铭》之作,意尽如此,程子以为'明理一而分殊',可谓一言以蔽之矣。"⑤"理一分殊"是朱熹哲学思想的重要命题,朱熹在阐释其"格物致知"论时运用了其"理一分殊"的思想。他认为,自然万物各有各的理,但是万理又出于同一个理,"近而一身之中,远而八荒之外,微而一草一木之众,莫不各具此理"⑥,"然虽各自有一个理,又却同出于一个理尔"⑦,"恰如天上下雨:大窝窟便有大窝窟水,小窝窟便有小窝窟水,木上便有木上水,草上便有草上水。随处各别,只是一般水"⑧,又"如一所屋,只是一个道理,有厅有堂。如草木,只是一个道理,有桃有李。如这众人,只是一个道理,有张三,有李四,李四不

①　朱熹,撰.黎靖德,编.朱子语类:卷一百一十七[M].武汉:崇文书局,2018:2149.

②　朱熹.四书章句集注[M].金良年,今译.上海:上海古籍出版社,2006:6.

③　朱熹,撰.黎靖德,编.朱子语类:卷十六[M].武汉:崇文书局,2018:243.

④　朱熹,撰.黎靖德,编.朱子语类:卷十八[M].武汉:崇文书局,2018:299.

⑤　张载.朱熹西铭论[M]//张载集.章锡琛,校.北京:中华书局,1978:410.

⑥　朱熹,撰.黎靖德,编.朱子语类:卷十八[M].武汉:崇文书局,2018:298.

⑦　朱熹,撰.黎靖德,编.朱子语类:卷十八[M].武汉:崇文书局,2018:298.

⑧　朱熹,撰.黎靖德,编.朱子语类:卷十八[M].武汉:崇文书局,2018:299.

可为张三,张三不可为李四。如阴阳,《西铭》言理一分殊,亦是如此"①。因此,"自一身之中以至万物之理,理会得多,自当豁然有个觉处"②,才能知晓"其实只是一理。'才明此,既晓彼'",达到"致知"的目的。

格物、致知、穷理是一个连贯的过程,"格物者,穷事事物物之理;致知者,知事事物物之理"③。格物的目的在于穷其理,在朱熹看来,格物的基本精神是穷理。朱熹的格物包括了格自然界事物,因此穷理就包含了要通过格自然之物穷得自然之理。穷理要穷究到极致,格物致知的根本就是即物穷理,也即"所谓致知在格物者,言欲致吾之知,在即物而穷其理也"④。朱熹说:"学者须当知夫天如何而能高,地如何而能厚,鬼神如何而为幽显,山岳何而能融结,这方是格物。"⑤"穷理者,欲知事物之所以然与其所当然者而已。"⑥"所谓穷理者,事事物物各自有个事物底道理,穷之须要周尽。若见得一边,不见一边,便不该通。穷之未得,更须款曲推明。盖天理在人,终有明处。"⑦所以,即物而穷其理,就是要穷得事物的"所以然之故"与"所当然之则",就格物致知所要直接把握的事物之理来看,不但有"身心性情之德,人伦日用之常",而且有"天地鬼神之变,鸟兽草木之宜","至若万物之荣悴与夫动植小大,这底是可以如何使,那底是可以如何用,车之可以行陆,舟之可以行水,皆所当理会"⑧。也就是要通过研究自然之物,把握自然之理。因此,当"格物"的意思为"即物穷理"时,"格物致知"的内涵就从单纯的伦理道德领域得到突破,从而使其自然观上的认知含义获得彰显,这是朱熹在阐释"格物致知"论上所做的突出贡献。

因此,钱穆先生指出:"若从现代观念言,朱子言格物,其精神所在,可谓既是属于伦理的,亦可谓是属于科学的。朱子之所谓理,同时既兼有伦理与

---

① 朱熹,撰,黎靖德,编.朱子语类:卷六[M].武汉:崇文书局,2018:77.
② 朱熹,撰,黎靖德,编.朱子语类:卷十八[M].武汉:崇文书局,2018:296.
③ 朱熹,撰,黎靖德,编.朱子语类:卷十五[M].武汉:崇文书局,2018:228.
④ 朱熹.四书章句集注[M].金良年,今译.上海:上海古籍出版社,2006:9.
⑤ 朱熹,撰,黎靖德,编.朱子语类:卷十八[M].武汉:崇文书局,2018:299.
⑥ 朱熹.答或人[M]//朱杰人,等编.晦庵先生朱文公文集:卷六十四.上海:上海古籍出版社,合肥:安徽教育出版社,2010:3145.
⑦ 朱熹,撰,黎靖德,编.朱子语类:卷十五[M].武汉:崇文书局,2018:216.
⑧ 朱熹,撰,黎靖德,编.朱子语类:卷十八[M].武汉:崇文书局,2018:295.

科学之两方面。"①任继愈先生评价说:"朱熹创立的'格物说'丰富了中国哲学史,它成功地把天下万物归结为一个天理,众物表里精粗(关于自然、社会、历史之理)与人类的全体认识过程的认识范围融合为一体。这个理既有自然之理(物理),也有人心之理(伦理),从而构成相当完整的哲学体系。"②

第三节　"格物致知"的途径与方法

由于格物对象的广泛性,决定了格物的方法和途径的多样性。朱熹的格物对象是广泛的,自然事物是其中的重要对象。格自然之物是格物的重要内容,不仅要观察了解自然事物的表面和形式,还要深入了解自然事物发展的全过程,以洞察自然事物的性质和规律。所以他认为格物的方法除了读书、持敬等内省、修养的方法之外,还包括观察、试验、比较、类推等科学认知方法。他提出了格物致知的用力之方:"若其用力之方,则或考之事为之著,或察之念虑之微,或求之文字之中,或索之讲论之际。使于身心性情之德、人伦日用之常,以至天地鬼神之变、鸟兽草木之宜,自其一物之中,莫不有以见其所当然而不容已,与其所以然而不可易者。"③朱熹强调格物的途径包括"考之事为,察之念虑,求之文字,索之讲论"等多种方式,并且认为"格物须到处求"。④ 他非常认可程颐的格物方法,说:"伊川说得甚详:或读书,或处事,或看古人行事,或求诸己,或即人事。"⑤并且,朱熹还高度重视比较和分析的方法,他认为,"学问须严密理会,铢分毫析"⑥;"但求众物比

① 钱穆.朱子学提纲[M].北京:生活·读书·新知三联书店,2002:131.

② 任继愈.朱熹格物说的历史意义[J].南昌大学学报(人文社会科学版),2001(3):1-3+17.

③ 朱熹.大学或问[M]//朱杰人,严佐之,刘永翔,主编.朱子全书:第六册.上海:上海古籍出版社,合肥:安徽教育出版社,2010:523.

④ 朱熹,撰,黎靖德,编.朱子语类:卷十八[M].武汉:崇文书局,2018:315.

⑤ 朱熹,撰,黎靖德,编.朱子语类:卷十八[M].武汉:崇文书局,2018:315.

⑥ 朱熹,撰,黎靖德,编.朱子语类:卷八[M].武汉:崇文书局,2018:108.

类之同,而不究一物性情之异,则于理之精微者有不察矣"①。因此,朱熹强调:"今人务博者,却要尽穷天下之理;务约者又谓反身而诚,则天下之物无不在我,此皆不是。"②

一、读书和持敬

"求之文字之中"也就是二程所说的"读书讲明义理",是朱熹认为的格物的主要方法之一。朱熹重视读书,指出:"大学之道,必以格物致知为先,而于天下之理、天下之书无不博学、审问、谨思、明辨,以求造其义理之极。"③又说:"如读书而求其义,处事而求其当,接物存心察其是非、邪正,皆是也。"④朱熹的"格物致知"论,主要目的是通过读书和道德实践把握道德的准则和一般原理,但是朱熹的格物穷理既是明善的基本途径,也是求知的根本方法,就格物致知所要把握的事物之理来看,它还包括了自然事物之理,通过了解事物的本质和规律来认识事物"所当然之则",从而提高主体的道德自觉。朱熹说:"且如草木鸟兽,虽是至微至贱,亦皆有理。如所谓仲夏斩阳木,仲冬斩阴木,自家知得这个道理。处之而各得其当,便是。"⑤在中国古代,为了保证农业生产的发展,根据季节时令做出的保护性法规及活动安排被列为礼制的内容,因而朱熹认为读书明义理,就是包括要明一切礼法制度,以使人的行为符合这些自然法则。

朱熹特别重视读书的方法,强调读书应当"循序而渐进,熟读而精思"⑥。同时,他还特别指出读书要有"疑","书始读,未知有疑,其次渐有疑,又其次节节有疑,过了此一番后,疑渐渐释,以至融会贯通,都无可疑,方

① 朱熹.大学或问[M]//朱杰人,严佐之,刘永翔,主编.朱子全书:第六册.上海:上海古籍出版社,合肥:安徽教育出版社,2010:530.
② 朱熹,撰,黎靖德,编.朱子语类:卷一百一十七[M].武汉:崇文书局,2018:2141.
③ 朱熹.答曾无疑五[M]//朱杰人,等编.晦庵先生朱文公文集:卷六十.上海:上海古籍出版社,合肥:安徽教育出版社,2010:2891.
④ 朱熹,撰,黎靖德,编.朱子语类:卷十五[M].武汉:崇文书局,2018:212.
⑤ 朱熹,撰,黎靖德,编.朱子语类:卷十五[M].武汉:崇文书局,2018:221.
⑥ 朱熹.读书之要[M]//朱杰人,等编.晦庵先生朱文公文集:卷七十四.上海:上海古籍出版社,合肥:安徽教育出版社,2010:3583.

始是学"①。"读书无疑者,须教有疑;有疑者,却要无疑,到这里方是长进。"②在朱熹看来,有"疑"是学的开始,要有勇于怀疑的精神,"学者不可只管守从前所见,须除了,方见新意"③。敢于质疑,具有批判精神,这是读书进学的方法,也是科学研究的方法

读书是达到致知的基本条件,但要实现致知,还必须取决于人的素质和修养。朱熹认为自然研究需要心性修养,格物还必须与心性修养结合在一起才能达到对事物本质和规律的认识。朱熹说:"盖为学之道,莫先于穷理,穷理之要,必在于读书,读书之法,莫贵于循序而致精,而致精之本,则又在于居敬而持志,此不易之理也。"④意思是穷理的关键在于读书,读书要达到致精就必须居敬持志。因此,朱熹认为格物要以敬为根本,他特别赞赏二程"涵养须用敬,进学则在致知"这两句话,称它为"格物致知之本"。朱熹认为"敬"是修养的重要方法,只有居敬,才能穷理。"学者工夫,唯在居敬、穷理二事。此二事互相发。能穷理,则居敬工夫日益进;能居敬,则穷理工夫日益密。"⑤关于"敬"的含义,张立文先生认为:"敬是认知主体修养的一种方式,有三方面规定性:其一,敬是'主一';其二,敬是收拾自家精神;其三,敬是动容貌,整思虑。"⑥因此,敬所体现的意思就是处事谨慎敬畏,为学专心致志,为人收敛庄重。朱熹特别强调"敬"对于格物致知的重要性,明确指出"持敬是穷理之本"⑦,"自持敬始,使端悫纯一静专,然后能致知格物"⑧。"《大学》须自格物入,格物从敬入最好。只敬,便能格物。"⑨朱熹将"敬"提高到"圣门第一义"的高度,认为要把"敬"作为格物的根本,贯穿于整个格物致知的全过程。

① 朱熹,吕祖谦,编.近思录[M].北京:首都经济贸易大学出版社,2007:90.
② 朱熹,撰,黎靖德,编.朱子语类:卷十一[M].武汉:崇文书局,2018:139.
③ 朱熹,撰,黎靖德,编.朱子语类:卷十一[M].武汉:崇文书局,2018:139.
④ 朱熹.甲寅行宫便殿奏札二[M]//朱熹集.郭齐,尹波,点校.成都:四川教育出版社,1996:546-547.
⑤ 朱熹,撰,黎靖德,编.朱子语类:卷九[M].武汉:崇文书局,2018:113.
⑥ 张立文.朱熹评传:上[M].南京:南京大学出版社,2011:286-287.
⑦ 朱熹,撰,黎靖德,编.朱子语类:卷九[M].武汉:崇文书局,2018:114.
⑧ 朱熹,撰,黎靖德,编.朱子语类:卷十四[M].武汉:崇文书局,2018:188.
⑨ 朱熹,撰,黎靖德,编.朱子语类:卷十四[M].武汉:崇文书局,2018:201.

二、观察和试验

朱熹不仅在"格物致知"论上强调格自然界事物,而且身体力行研究自然界事物。对于自然的研究,是朱熹一生中非常重要的工作。朱熹弟子黄榦所作《朱子行状》记录了朱熹"天文、地志、律历、兵机,亦皆洞究渊微"[①],《宋元学案》也记载了朱熹"博极群书,自经史著述而外,凡夫诸子、佛老、天文、地理之学,无不涉猎而讲究也"[②]。在自然研究的具体方法方面,朱熹特别强调观察法,观察法是中国古代科学探究的一个基本方法。朱熹说:"前既说当察物理,不可专在性情;此又言莫若得之于身为尤切,皆是互相发处。"[③]这里体现了朱熹强调格物应把"察之于身"的内省与"察物理"的向外认知结合起来,所谓"察物理"即通过观察自然事物的方法以获取自然事物的性质和规律。他认为"察物理"和"察之于身"应当相辅相成,互为启发。

英国科学史家李约瑟说:"朱熹是一位深入观察各种自然现象的人。"[④]《晦庵先生朱文公文集》和《朱子语类》中有不少关于朱熹观察天文地理气象,并亲自进行试验的记录。据文集记载,朱熹与其弟子林用中讨论《程氏遗书》关于"天地之中"的看法,为了确定"地中",朱熹让林用中帮忙测量日影,"答林择之"中有详细记载:"竹尺一枚,烦以夏至日依古法立表以测其日中之景,细度其长短。"[⑤]朱熹不厌其烦地测量和试验,就是为了搞清楚所谓"地中"的说法。《朱子语类》也记载了朱熹亲自观察竹笋的生长情况,澄清了道人所说"笋生可以观夜气"的错误,通过昼夜观察竹笋的生长情况,认为竹笋日夜俱长。"次日问:'夜气莫未说到发生处?'曰:'然。然彼说亦一验也。'后在玉山僧舍观之,则日夜俱长,良不如道人之说。"[⑥]朱熹对自然现象

① 朱杰人,严佐之,刘永翔,主编.朱子全书:第二十七册[M].上海:上海古籍出版社,合肥:安徽教育出版社,2010:239.

② 黄宗羲,原著,全祖望,补修.宋元学案:卷四十八[M].陈金生,梁运华,点校.北京:中华书局,1986:1505.

③ 朱熹,撰,黎靖德,编.朱子语类:卷十八[M].武汉:崇文书局,2018:300.

④ 潘吉星,主编.李约瑟文集[M].沈阳:辽宁科学技术出版社,1986:521.

⑤ 朱熹,答林择之八[M]//朱杰人,等编.晦庵先生朱文公文集:卷四十三.上海:上海古籍出版社,合肥:安徽教育出版社,2010:1968.

⑥ 朱熹,撰,黎靖德,编.朱子语类:卷一百三十八[M].武汉:崇文书局,2018:2498.

的观察细致入微,《朱子语类》还记载:"今登高而望,群山皆为波浪之状,便是水泛如此。只不知因甚么事凝了。初间极软,后方凝得硬。"①《朱子语类》还记载:"今高山上多有石上蛎壳之类,是低处成高,又蛎须生于泥沙中,今乃在石上,则是柔化为刚。天地变迁,何常之有?"②"常见高山有螺蚌壳,或生石中,此石即旧日之土,螺蚌即水中之物,下者却变而为高,柔者变而为刚。此事思之至深,有可验者。"③朱熹通过对山脉的形状和高山上的螺蚌壳化石的观察,推测出地质运动山体形成,以此验证沈括所描述的地表升降现象,并且通过对自然界的细心观察认识到石上的螺蚌壳是经过演化而来的,这除了他具有的自然科学知识和天才般的推理能力之外,与他对自然的坚持不懈的观察是分不开的。再如,朱熹在和学生讨论"月光"时,根据自己对日、月等天体运动的观察,说明"月本无光,受日而有光"的道理,他说:"月何缘受得日光? 方合朔时,日在上,月在下,则月面向天者有光,向地者无光,故人不见。及至望时,月面向人者有光,向天者无光,故见其圆满。若至弦时,所谓'近一远三',只合有许多光。"④这一对月亮发光的理解与现代天文学对行星本身不发光的解释已经非常接近了。

在地理研究上,朱熹认为实地考察的方法很重要,他非常重视地图,曾经用胶泥亲自动手制作过地图模型。朱熹对我国古代地理学著作《禹贡》也做过深入的研究,对《禹贡》中有关南方地理情况的记载存疑。他举汉水的例子来说明:"且如汉水,自是从今汉阳军入江,下至江州,然后江西一带江水流出,合大江。两江下水相淤,故江西水出不得,溢为彭蠡。上取汉水入江处有多少路。今言汉水'过三澨,至于大别,南入于江,东汇泽为彭蠡',全然不合! 又如何去强解释得?"⑤朱熹认为地理、地貌是会发生变化的,不能一成不变地完全按照前人的记载来认识,而必须实地观察地形地貌,实事求是地得出符合实际的结论。这种地理研究的方法已经接近现代地理学,反映了朱熹在自然研究上的实事求是精神。

---

① 朱熹,撰,黎靖德,编.朱子语类:卷一[M].武汉:崇文书局,2018:5.
② 朱熹,撰,黎靖德,编.朱子语类:卷九十四[M].武汉:崇文书局,2018:1795.
③ 朱熹,撰,黎靖德,编.朱子语类:卷九十四[M].武汉:崇文书局,2018:1794.
④ 朱熹,撰,黎靖德,编.朱子语类:卷二[M].武汉:崇文书局,2018:15.
⑤ 朱熹,撰,黎靖德,编.朱子语类:卷七十九[M].武汉:崇文书局,2018:1530.

三、类推和贯通

关于格物方法,朱熹继承了二程的观点,在许多场合,一再讲"豁然贯通",他认为二程所说"'所谓穷理者,非欲尽穷天下之理,又非是止穷得一理便到。但积累多后,自当脱然有悟处'此语最亲切"①,他非常推崇二程"今日格一件,明日又格一件,积习既多,然后脱然自有贯通处",认为"此一段,尤其切要,学者所当深究",②强调"至于用力既久,而一旦豁然贯通焉"③等,对"贯通"的反复强调,表明朱熹对格物致知过程中积累的重视,格物得多了,通过"理会一件又一件"和"理会一重又一重"的积累,就能够进入豁然贯通的境界,"则众物表里精粗无不到,而吾心之全体大用无不明"④。

朱熹认为有一物便有一理,每一物之理是不同的。因此要穷尽天下万物之理,就要一物一物去格,然而他又赞同二程提出的"非谓必尽穷天下之理,又非谓止穷得一理便到"的观点,认为虽然不能"格"尽天下万物,却能穷尽天下之理,因为可以"类推",认为"所谓格物者,常人于此理,或能知一二分,即其一二分之所知者推之,直要推到十分,穷得来无去处,方是格物"⑤。朱熹认为:"如何要一切知得!然知至只是脱然贯通处,虽未能事事知得,然理会得已极多。万一有插生一件异底事来,也都识得他破。只是贯通,便不知底亦通将去。"⑥这就是类推的方法,他说"程子说得'推'字极好"⑦。关于推的方法,他认为一方面要"从已理会得处推将去","既是教类推,不是穷尽一事便了。……且如炭,又有白底,又有黑底。只穷得黑,不穷得白,亦不得。且如水虽是冷而湿者,然亦有许多样,只认得冷湿一件也不是格"⑧;另一方面,"就近推将去","不要跳越望远,亦不是纵横陡顿,只是就这里近傍那晓得处挨将去。如这一件事理会得透了,又因这件事推去做那一件事,知

---

① 朱熹,撰,黎靖德,编.朱子语类:卷十八[M].武汉:崇文书局,2018:296.
② 朱熹,撰,黎靖德,编.朱子语类:卷十八[M].武汉:崇文书局,2018:295.
③ 朱熹.四书章句集注[M].金良年,今译.上海:上海古籍出版社,2006:10.
④ 朱熹.四书章句集注[M].金良年,今译.上海:上海古籍出版社,2006:10.
⑤ 朱熹,撰,黎靖德,编.朱子语类:卷十八[M].武汉:崇文书局,2018:305.
⑥ 朱熹,撰,黎靖德,编.朱子语类:卷十八[M].武汉:崇文书局,2018:296-297.
⑦ 朱熹,撰,黎靖德,编.朱子语类:卷四十九[M].武汉:崇文书局,2018:901.
⑧ 朱熹,撰,黎靖德,编.朱子语类:卷十八[M].武汉:崇文书局,2018:297.

得亦是恁地"①。"只是这一件理会得透,那一件又理会得透,积累多,便会贯通。"②朱熹认为,通过由近及远、循序渐进的类推,就能达到对于事物的豁然贯通,实现"即物而穷其理"。因此,他说:"格物非欲尽穷天下之物,但于一事上穷尽,其他可以类推。"③"千蹊万径,皆可以适国。但得一道而入,则可以推类而通其余矣。"④

朱熹特别提出"类"的概念和类推的方法,这是建立在其"理一分殊"论的基础上的。朱熹认为:"眼前凡所应接地,都是物。事事都有个极至之理,便要知得到。若知不到,便都没分明。"⑤他认为事物虽然不同,但是同类事物又有共同的道理。所谓"极至之理"又称"一理"或太极,太极总天地万物之理,又是"极好至善底道理""天地人物万善至好底表德",⑥这就是朱熹所说的"理一分殊",每一分殊都有各自特殊的理,但在各自特殊的理中,又有一个共同的"极好至善"的理,只要把这些理穷尽,其他就可以类推,因为"万物各具一理,而万理同出一源,此所以可推而无不通也"⑦。

朱熹非常重视类推,他将类推的方法运用于自然研究来解释自然现象。比如在论述宇宙演化时,他用生活中常见的磨盘磨面的场景,比喻万物在宇宙中化生的过程。他说:"造化之运如磨,上面常转而不止。万物之生,似磨中撒出,有粗有细,自是不齐。"⑧通过想象和推测,朱熹认为阴阳二气运动,由此化生了宇宙万物,阴阳二气运动生物的过程就像磨盘磨面一样,面粉有粗有细,人物各不相同。"昼夜运而无息者,便是阴阳之两端;其四边散出纷扰者,便是游气,以生人物之万殊。某常言,正如面磨相似,其四边只管层层撒出。正如天地之气,运转无已,只管层层生出人物;其中有粗有细,故人物

① 朱熹,撰.黎靖德,编.朱子语类:卷四十九[M].武汉:崇文书局,2018:901.
② 朱熹,撰.黎靖德,编.朱子语类:卷四十四[M].武汉:崇文书局,2018:853.
③ 朱熹.大学或问[M]//朱杰人,严佐之,刘永翔,主编.朱子全书:第六册.上海:上海古籍出版社,合肥:安徽教育出版社,2010:525.
④ 朱熹.大学或问[M]//朱杰人,严佐之,刘永翔,主编.朱子全书:第六册.上海:上海古籍出版社,合肥:安徽教育出版社,2010:525.
⑤ 朱熹,撰.黎靖德,编.朱子语类:卷十五[M].武汉:崇文书局,2018:211.
⑥ 朱熹,撰.黎靖德,编.朱子语类:卷九十四[M].武汉:崇文书局,2018:1797.
⑦ 朱熹.大学或问[M]//朱杰人,严佐之,刘永翔,主编.朱子全书:第六册.上海:上海古籍出版社,合肥:安徽教育出版社,2010:525.
⑧ 朱熹,撰.黎靖德,编.朱子语类:卷一[M].武汉:崇文书局,2018:6.

有偏有正,有精有粗。"①他把万物之生和日常生活中的各种平凡过程相比,他说:"比如甑蒸饭,气从下面滚到上面又滚下,只管在里面滚便蒸得熟,天地只是包裹许多气在这里无出处,滚一番便生一物。"②又如,朱熹用"气"作类比,以此解释大地悬于宇宙之中。他认为:"天包乎地,其气极紧,试登极高处验之,可见形气相催,紧束而成体。但中间稍宽,所以容得许多品物。"③由于"气"包紧大地,地才不会下坠,而天空中的"气"比较宽松,才有天体往来。在考察自然界风霜雨雪雷电等自然现象产生的原因时,朱熹也广泛使用了类推的方法,比如关于雷的形成,朱熹用鞭炮作类比,认为"雷如今之爆杖,盖郁积于地作而迸散者也"④。再如,关于月光的解释,朱熹也以水为类,他说:"月常有一半光。月似水,日照之,则水面光倒射壁上,乃月照也。"⑤他认为月好比水面,日光照射在如水一样的月表,发出的反光就是月光,形象地说明日照与月光之间的关系。又如霜、露、雪的形成,朱熹根据日常对自然的观察,提出了天才般的想象和推理,他认为"霜只是露结成,雪只是雨结成"⑥。高山上霜露不凝是因为"上面气渐清,风渐紧,虽微有雾气,都吹散了,所以不结。若雪,则只是雨遇寒而凝,故高寒处雪先结也"⑦。朱熹还形象地描述了雪花形状产生的原因,"雪花所以必六出者,盖只是霰下,被猛风拍开,故成六出。如人掷一团烂泥于地,泥必溃开成棱瓣也"⑧。这些认识虽然有很多猜测的成分,但是与朱熹对自然深入细致的观察研究,以及他运用类推的科学方法分不开。凡此种种,不一而足。通过运用类推的方法,朱熹在长期的自然研究中,获得了对自然的认知,为其自然观的形成奠定了坚实的基础。

① 朱熹,撰,黎靖德,编.朱子语类:卷九十八[M].武汉:崇文书局,2018:1899.
② 朱熹,撰,黎靖德,编.朱子语类:卷五十三[M].武汉:崇文书局,2018:961.
③ 朱熹,撰,黎靖德,编.朱子语类:卷二[M].武汉:崇文书局,2018:13.
④ 朱熹,撰,黎靖德,编.朱子语类:卷二[M].武汉:崇文书局,2018:17.
⑤ 朱熹,撰,黎靖德,编.朱子语类:卷二[M].武汉:崇文书局,2018:15.
⑥ 朱熹,撰,黎靖德,编.朱子语类:卷二[M].武汉:崇文书局,2018:17.
⑦ 朱熹,撰,黎靖德,编.朱子语类:卷二[M].武汉:崇文书局,2018:17.
⑧ 朱熹,撰,黎靖德,编.朱子语类:卷二[M].武汉:崇文书局,2018:17.

第五章　朱熹自然观的主要内容
及现代价值

在朱熹理学思想体系中,他对自然长期关注、研究而形成的自然科学思想是其理论体系中的重要组成部分,建立在其丰富的自然科学思想之上的自然观,是朱熹对自然界、对人与自然关系的基本看法和总的观点,是其世界观不可分割的组成部分。朱熹自然观的形成,有其坚实的自然科学思想基础。朱熹的自然科学思想是其自然观的前提和依据,全面了解朱熹自然科学思想,有助于我们正确理解朱熹的自然观。

第一节　朱熹自然观形成的自然科学思想基础

中国自然科学曾在一个相当长的历史时期居于世界领先地位。宋代自然科学被认为是中国古代自然科学发展的高峰。沈括的《梦溪笔谈》、邵雍的《渔樵问答》、张载的《正蒙》、蔡发的《天文星象总论》等都是这个时期自然科学的重要成果。而代表这一时期理学最高成就的朱熹,在吸取邵雍、张载、沈括和蔡发等人的自然科学思想的基础上,对他们的自然科学思想作了进一步的阐发。如,他说:"康节之言(天地自相依附之说),大体固如是矣。然历家之说,亦须考之,方见其细密处,如《礼记·月令疏》及《晋天文志》皆不可不读也。"[①]又说,"横渠曰'天左旋,处其中者顺之,少迟则反右矣'。此

---

① 朱熹.答李敬子余国秀[M]//朱杰人,等编.晦庵先生朱文公文集:卷六十二.上海:上海古籍出版社,合肥:安徽教育出版社,2010:3032.

说最好"[1],"横渠《正蒙》论风雷云雨之说最分晓"[2]。

一、天文学思想

(一)在天文学的研究方面,朱熹提出了基于"气"的宇宙演化学说

朱熹认为,天地未辟之前有过一段混沌不分的状态。这个状态下,"未有物,只是气塞"[3],"浑沦未判,阴阳之气,混合幽暗,阒暗无声"[4],"及其既分,中间放得宽阔光朗,而两仪始立"[5],只是在气分阴阳之后,方才有了光朗。可见,天地初间只是阴阳之气。

关于天地生成模式,朱熹是这样表述的:"天地初间只是阴阳之气。这一个气运行,磨来磨去,磨得急了,便拶出许多渣滓,里面无处出,便结成个地在中央。气之清者便为天,为日月,为星辰,只在外,常周环运转。地便只在中央不动。不是在下。"[6]在朱熹看来,宇宙阴阳之气运动导致气团之间互相摩擦并发生分化;其中"清刚者为天,重浊者为地",重浊之气聚合为"渣滓"为地,清刚之气则在地的周围形成天和日月星辰。这就是朱熹的元气漩涡假说。对此,席泽宗院士肯定了朱熹的天体演化学说,他在《朱熹的天体演化思想》一文中,认为朱熹"较前人的思想有很大进步"[7]。

朱熹提出的"天地生成模式"的观点,与 18 世纪的康德和拉普拉斯极为相似。1755 年,康德提出了太阳系起源星云说,1796 年,拉普拉斯提出了星云说,他们都认为太阳系内的天体是由同一原始星云形成。因此,我国天文史家陈美东说,朱熹的元气漩涡假说"是中国古代最精彩的天地生成说,与近代康德、拉普拉斯星云说有相似之处"[8]。

相比较而言,朱熹的宇宙生成说比西方早了 600 年;虽然这一认识缺乏足够的科学依据,但其超前的思辨能力是前人所远不能及的。朱熹的以

① 朱熹,撰,黎靖德,编.朱子语类:卷二[M].武汉:崇文书局,2018:10.
② 朱熹,撰,黎靖德,编.朱子语类:卷二[M].武汉:崇文书局,2018:17.
③ 朱熹,撰,黎靖德,编.朱子语类:卷四十五[M].武汉:崇文书局,2018:865.
④ 朱熹,撰,黎靖德,编.朱子语类:卷九十四[M].武汉:崇文书局,2018:1794.
⑤ 朱熹,撰,黎靖德,编.朱子语类:卷九十四[M].武汉:崇文书局,2018:1794.
⑥ 朱熹,撰,黎靖德,编.朱子语类:卷一[M].武汉:崇文书局,2018:4.
⑦ 席泽宗.朱熹的天体演化思想[N].光明日报,1963-08-09(2).
⑧ 陈美东.中国科学技术史:天文学卷[M].北京:科学出版社,2003:503.

"气"为起点的宇宙演化学说,是其以地为中心的宇宙结构论的基础。

(二)在天文学上,朱熹提出了天有九重以及天体运行轨道的思想

朱熹说:"《离骚》有九天之说,注家妄解,云有九天。据某观之,只是九重。盖天运行有许多重数。里面重数较软,至外面则渐硬。想到第九重,只成硬壳相似,那里转得又愈紧矣。"[1]在这里,朱熹明确提出天有九重,反对一些注家将"《离骚》有九天之说",解释为有九种不同方位的天。如《吕氏春秋》中就把"九天"注释为"钧天""苍天""变天""玄天""幽天""颢天""朱天""炎天""阳天"等九天,[2]这九天分别按照地理方向从中央、东方、东北、北方、西北、西方、西南、南方、东南等九个方位进行一一对应。

在朱熹的宇宙结构中,自地之外分为九重,第九重,与硬壳相似;"星不是贴天"[3],而是在九重天之间,随天而转。朱熹说:"天无体,只二十八宿便是天体。"[4]因此,日月五星是在二十八宿以下的各重天中运行。[5] 在朱熹看来,"天无体",日月五星都是由"清气"构成,"只在外,常常周环运转"。对此,科学史家陈美东说:"从朱熹已有的论述,兼及他所推崇的张载左旋说来看,朱熹所说已经涉及了如下思想:天体是分层次分布的,计有九重。第九重为天壳,第八层为恒星,其下依次是土星、木星、火星、太阳、金星和水星、月亮。"[6]

关于日月五星等的天体运动,朱熹认为太阳的运动速度比月亮快,他认为:"盖天行甚健……日行速,健次于天……比天进一度,则日为退一度……月行迟……比天为退了十三度有奇。进数为顺天而左,退数为逆天而右。"[7]在运动方向上,《朱子语类》记载朱熹和弟子的讨论:"问:'经星左旋,纬星与日月右旋,是否?'曰:'今诸家是如此说。横渠说天左旋,日月亦左旋。看来横渠之说极是。只恐人不晓,所以《诗传》只载旧说。'或曰:'此亦易见。如以一大轮在外,一小轮载日月在内,大轮转急,小轮转慢。虽都是左转,只有急有慢,便觉日月似右转了。'曰:然。但如此,则历家'逆'字皆着

①　朱熹,撰,黎靖德,编.朱子语类:卷二[M].武汉:崇文书局,2018:17.

②　吕氏春秋:第十三卷:有始[M]//四部丛刊初编:子部.毕氏灵岩山馆刊本:144.

③　朱熹,撰,黎靖德,编.朱子语类:卷二[M].武汉:崇文书局,2018:12.

④　朱熹,撰,黎靖德,编.朱子语类:卷二[M].武汉:崇文书局,2018:11.

⑤　乐爱国.朱子格物致知论研究[M].长沙:岳麓书社,2010:220-221.

⑥　陈美东.中国科学技术史:天文学卷[M].北京:科学出版社,2003:506.

⑦　朱熹,撰,黎靖德,编.朱子语类:卷二[M].武汉:崇文书局,2018:10.

改做'顺'字,'退'字皆着改作'进'字。"①由此可知,朱熹认为太阳和月亮向左旋转。

这里所说的"经星"是指"恒星","纬星"是指"行星"。所谓的"经星左旋,纬星与日月右旋"是指一些学者把天体由东向西旋转称为左转,天体由西向东旋转称为右转。朱熹赞同张载所谓"天左旋,处其中者顺之,少迟则反右矣"的说法,反对"日月五星右行"之说。"大轮"是指行星、恒星运行的大轨道,"小轮"是指日、月运行的小轨道。朱熹这种"天左旋,日月亦左旋",就把日月五星的旋转方向与天的旋转方向统一起来。对此,李约瑟认为,朱熹"谈到'大轮'和'小轮',也就是日、月的小'轨道'以及行星和恒星的大'轨道'"。因此,"不能匆匆忙忙地假定中国天文学家从未理解行星的运动轨道"。②

另外,朱熹还专门研究了北极星。他说:"所谓以其所建于十二辰者,自是北斗。"③他认为北极星也是运动的,提出:"极星也动。只是它近那辰后,虽动而不觉……转得不觉。今人以管去窥那极星,见其动来动去,只在管里面,不动出去。"④

(三)在对天文学的研究过程中,朱熹对许多天文现象作过解释

在自然科学上,朱熹不仅对天体演化、宇宙结构、天体运行轨道、大地形成与地表变化等做过探讨外,而且对许多天文现象做过考察,有着独特的看法。

关于月盈月缺的现象,朱熹解释道:"月体常圆无阙,但常受日光为明。"⑤"月无盈阙,人看得有盈阙。"⑥朱熹认为,月亮是不发光体,太阳才是发光体,月亮是受日光而明。地球上的人看月亮有圆有缺,是由于月亮受日光照射的角度不同而产生的现象。对此,朱熹进一步具体分析认为,由于日光照射在月亮上的角度不同,人从地面看月亮就会有盈亏的感觉,"月形如

---

① 朱熹,撰,黎靖德,编.朱子语类:卷二[M].武汉:崇文书局,2018:12.

② 李约瑟.中国科学技术史·第4卷:天学:第二分册[M].北京:科学出版社,1990:547.

③ 朱熹,撰,黎靖德,编.朱子语类:卷二十三[M].武汉:崇文书局,2018:404.

④ 朱熹,撰,黎靖德,编.朱子语类:卷二十三[M].武汉:崇文书局,2018:404.

⑤ 朱熹,撰,黎靖德,编.朱子语类:卷二[M].武汉:崇文书局,2018:14.

⑥ 朱熹,撰,黎靖德,编.朱子语类:卷二[M].武汉:崇文书局,2018:14.

弹圆,其受光如粉涂一半;月去日近则光露一眉,渐远则光渐大"①。"初三四是日在下照,月在西边明,人在这边望,只见在弦光。十五六则日在地下,其光由地四边而射出,月被其光而明。月中是地影。"②"方合朔时,日在上,月在下,则月面向天者有光,向地者无光,故人不见。及至望时,月面向人者有光,向天者有光,故见其圆满。若至弦时,所谓'近一远三',只合有许多光。"③当"合朔"(阴历初一)时,日月会合,人看不见月亮,当"望时"(阴历十五)时,地在日月之间,人们看到的就是满月。朱熹还假设,如果人能升到空中,置身于日月之间,那么即使在晦朔之日也能见到满月。

在解释日食和月食的现象时,朱熹说:"窃尝观之,日月亏食,随所食分数,则光没而魄存,则是魄常在而光有聚散也……日月之说,沈存中《笔谈》中说得好,日食时亦非光散,但为物掩耳。若论其实,须以终古不易者为体,但其光气常新耳。"④"日所以蚀于朔者,月常在下,日常在上,既是相会,被月在下面遮了日,故日蚀。"⑤日食发生的原因就是由于日月会合,月亮、太阳、地球成一直线,月亮遮住了太阳的光线。

对于月食的解释,朱熹则说:"月蚀是日月正相照。伊川谓月不受日光,意亦相近。盖阴盛亢阳,而不少让阳故也。"⑥当地球位于太阳与月亮之间,地球遮盖了太阳照到月亮上的阳光产生月食,这就是"日月交蚀"。

二、宇宙结构学思想

在宇宙结构学上,朱熹提出地处于宇宙之中央,天包着地说。关于地如何悬空在宇宙中央? 古代早期主要有宣夜说、盖天说和浑天说三种。据《晋书·天文志》记载,宣夜说认为:"日月众星,自然浮生虚空之中,其行其止皆须气焉。"⑦此说没有一个固定的"天穹",天是无边无涯的气体,日月星辰等

---

①　朱熹,撰,黎靖德,编.朱子语类:卷七十九[M].武汉:崇文书局,2018:1533.

②　朱熹,撰,黎靖德,编.朱子语类:卷二[M].武汉:崇文书局,2018:14.

③　朱熹,撰,黎靖德,编.朱子语类:卷二[M].武汉:崇文书局,2018:15.

④　朱熹.答吕子约[M]//朱杰人,等编.晦庵先生朱文公文集:卷四十七.上海:上海古籍出版社,合肥:安徽教育出版社,2010:2178.

⑤　朱熹,撰,黎靖德,编.朱子语类:卷二[M].武汉:崇文书局,2018:9.

⑥　朱熹,撰,黎靖德,编.朱子语类:卷二[M].武汉:崇文书局,2018:16.

⑦　晋书:卷十一:志第一:天文上[M].北京:中华书局,1974:279.

都是漂浮于气体中的。而盖天说认为,"天员如张盖,地方如棋局"①。天就像是一个大碗一样,倒盖在地上,日月星辰黏在天盖上移动。浑天说则认为,"天如鸡子,地如鸡中黄,孤居于天内,天大而地小。天表里有水,天地各乘气而立,载水而行"②。

浑天说因有着比较完善的历法计算,在古代早期天文学中占主导的地位。但是,浑天说遇到的一个问题,当天半绕地下时,日月星辰如何从水中通过? 这是早期浑天说无法解决的理论难题。因而,朱熹不赞同浑天说"天表里有水""地载水而浮"的观点。他认为地的悬空,是由于宇宙中气的运转,宇宙中气的运转使得地能够悬空于宇宙中央。朱熹的这一思想,是具有物理机制的动力学系统因素。

朱熹认为天体的运转"但如劲风之旋","地则气之渣滓,聚成形质者;但以其束于劲风旋转之中,故得以兀然浮空,甚久而不坠耳"③,他提出地是以"气"悬空于宇宙之中。他说:"天运不息,昼夜辗转,故地㩐在中间。使天有一息之停,则地须陷下。惟天运转之急,故凝结得许多渣滓在中间。"④"天以气而依地之形,地以形而附天之气。天包乎地,地特天中之一物尔。天以气而运乎外,故地确在中间,隤然不动。使天之运有一息停,则地须陷下。"⑤对此,杜石然认为朱熹"把浑天说的传统理论提高到新的水平"⑥,中国科学院自然科学史研究所研究员董光璧说:"事实上,正是朱熹推进了中国物理天文学的发展。"⑦

朱熹还用气的不断运动来解释地可以悬空于宇宙之中的原因,由于地以"气"悬空于宇宙之中,日月行星有了运行的空间。朱熹说:"天积气,上面劲,只中间空,为日月来往。地在天中,不甚大,四边空。"⑧

在地是否运动的问题上,朱熹说过地"在中央不动,不是在下",但这里

① 晋书:卷十一:志第一:天文上[M].北京:中华书局,1974:279.
② 晋书:卷十一:志第一:天文上[M].北京:中华书局,1974:281.
③ 朱熹.楚辞集注:卷三[M].上海:上海古籍出版社,2001:51.
④ 朱熹,撰,黎靖德,编.朱子语类:卷一[M].武汉:崇文书局,2018:5.
⑤ 朱熹,撰,黎靖德,编.朱子语类:卷一[M].武汉:崇文书局,2018:5.
⑥ 杜石然,等编.中国科学技术史稿:下册[M].北京:科学出版社,2003:106.
⑦ 董光璧.作为科学家的朱子[C]//武夷山朱熹研究中心,编.朱子学与 21 世纪国际学术研讨会论文集.西安:三秦出版社,2001:332.
⑧ 朱熹,撰,黎靖德,编.朱子语类:卷二[M].武汉:崇文书局,2018:13.

所谓"不动"可能是指地不下坠。据《朱子语类》载："问：何谓'四游'？曰：'谓地之四游升降不过三万里……今历家算数如此，以土圭测之，皆合。'儡曰：'譬如大盆盛水，而以虚器浮其中，四边定四方。若器浮过东三寸，以一寸折万里，则去西三寸。亦如地之浮于水上，差过东方三万里，则远去西方三万里矣。南北亦然。然则冬夏昼夜之长短，非日晷出没之所为，乃地之游转四方而然尔。'曰：'然。'"①可见，朱熹是赞同"地之四游"说的。②

综上所述，朱熹将天体演化、宇宙结构和气的运动变化三者紧密结合起来，组成了完整的，在当时可以说是比较先进的宇宙学说。

三、地理学思想

(一)在地学理论上，朱熹提出大地形成与地表变化的规律

古代以水火为大地形成之始，来自《易经》中"天一生水，地六成之"和"地二生火，天七成之"的思想。到了北宋，周敦颐以"阳变阴合而生水火木金土"的阴阳五行思想，解释地的形成。朱熹对周氏的这一思想作了阐发，认为："天地始初混沌未分时，想只有水火二者。水之滓脚便成地。今登高而望，群山皆为波浪之状，便是水泛如此……水之极浊便成地，火之极清便成风霆雷电日星之属。"③朱熹根据直观的经验推断，大地是在水的作用下通过沉积而形成的。

这种以自然力的作用去解释自然现象，在当时是一种新观点。当代科学史学家杜石然认为朱熹的见解虽然不乏幼稚，但他大胆尝试以自然力的作用解释自然现象，与我们今天关于沉积岩生成的认识有共同之处，因此，"是对客观事实的粗略观察与思辨性推理的产物……这些看法是很可贵的"④。席泽宗院士在《中国科学思想史的线索》一文中亦说：朱熹"关于高山和化石成因的论述和关于天地起源的论述，都有独到之处"。这些都充分肯定了朱熹天体演化学说的科学价值。

后来，在18世纪，西方地质学在地壳形成问题上有"水成说"与"火成

① 朱熹,撰.黎靖德,编.朱子语类:卷八十六[M].武汉:崇文书局,2018:1678.
② 乐爱国.朱子格物致知论研究[M].长沙:岳麓书社,2010:220.
③ 朱熹,撰.黎靖德,编.朱子语类:卷一[M].武汉:崇文书局,2018:5.
④ 杜石然,等编.中国科学技术史稿:下册[M].北京:科学出版社,2003:106.

说"这两个相互对立的地质学观点。德国地质学家维尔纳是"水成说"的主要代表,他认为,"地球生成的初期,表面被原始海洋所掩盖,溶解在其中的矿物质通过结晶,逐渐形成了岩层"[①]。很明显,朱熹的大地形成的观点与西方"水成说"极为相似。

朱熹对地表升降变化也做出过独特的解释。他对地壳的物性状态、生物演化等问题有仔细的观察与认真的分析。他看到:"今高山上多有石上蛎壳之类,是低处成高。又蛎须生于泥沙中,今乃在石上,则是柔化为刚。天地变迁,何常之有?"[②]而且还说:"常见高山有螺蚌壳,或生石中,此石即旧日之土,螺蚌即水中之物。下者却变而为高,柔者变而为刚,此事思之至深,有可验者。"[③]朱熹对高山上发现螺蚌壳蛎壳化石的说法,是对沈括所说"山崖之间,往往衔螺蚌壳及石子如鸟卵者,横亘石壁如带。此乃昔之海滨,今距东海已近千里。所谓大陆者,皆浊泥所湮耳"[④]的阐发。

朱熹从高山上有蛎壳化石和螺蚌壳化石的现象,联想到沧海桑田、地壳变化和山岳成因,并悟出"低地成高""柔化为刚"的道理,即地表升降变化的规律。这一认识被后来西方学者所认同。英国著名科学史家李约瑟认为,"朱熹是第一个辨认出化石的人"[⑤],英国科学家梅森充分肯定朱熹对于地表升降变化的研究与推论具有重要的科学价值,认为"朱熹的这一段话代表了中国科学最优秀的成就,是敏锐观察和精湛思辨的结合"[⑥]。

(二)在地学研究中,朱熹对许多天气现象作过解释

朱熹除了对天文现象的研究外,还对天气现象也进行了考察。如对于潮汐现象,朱熹认为"潮,海水以月加子午之时,一日而再至者也,朝曰潮,夕曰汐"[⑦]。"潮之迟速大小自有常。旧见明州人说,月加子午则潮长,自有此理。"[⑧]在月球和太阳引力的作用下,海水会发生周期性的涨落,当月亮位于

① 本刊编辑部.地质学上三大论战的焦点和代表人物[J].西部资源,2011(4):44-45.
② 朱熹,撰,黎靖德,编.朱子语类:卷九十四[M].武汉:崇文局,2018:1795.
③ 朱熹,撰,黎靖德,编.朱子语类:卷九十四[M].武汉:崇文局,2018:1794.
④ 沈括.梦溪笔谈:卷24:杂志一[M].上海:上海书店出版社,2003:199.
⑤ 潘吉星,主编.李约瑟文集[M].沈阳:辽宁科学技术出版社,1986:115.
⑥ 斯蒂芬·梅森.自然科学史[M].周煦良,等译.上海:上海译文出版社,1980:75.
⑦ 朱熹.楚辞集注[M]//朱杰人,严佐之,刘永翔,主编.朱子全书:第十九册.上海:上海古籍出版社,合肥:安徽教育出版社,2010:115.
⑧ 朱熹,撰,黎靖德,编.朱子语类:卷二[M].武汉:崇文局,2018:21.

上中天或下中天的时候，便会发生海潮。白天发生称为潮，夜间发生称为汐。每天有一潮一汐，这是朱熹对北宋科学家沈括"月正临子午则潮生"观点的继承和发展。

对于霜雪的形成，朱熹说："霜只是露结成，雪只是雨结成。……露只是自下蒸上。……高山无霜露，却有雪。……其理如何？曰：上面气清，风渐紧，虽微有雾气，都吹散了，所以不结。若雪，则只是雨遇寒而凝，故高寒处雪先结了。"①

在气象学史上，朱熹第一次用数的观点对雪花的六角晶体形成问题进行了说明。他说："雪花所以必出六者，盖只是霰下，被猛风拍开，故成六角。如人掷一团烂泥于地，泥必溃开成棱瓣也。又，六者阴数，太阴玄精石亦六棱，盖天地自然之数。"②太阴玄精石就是现代所说的硫酸钙的半透明六角晶体，它是一种透明的石膏。朱熹充满意趣地把雪花与矿物这两种物质进行了比较，是对后来播云技术发展的预示。这个认识比西方天文学家开普勒对雪花六角形的发现要早四五百年。李约瑟认为，朱熹的这个发现是"非凡的认识"③。

在论及雨的形成时，朱熹说："凡雨者，皆是阴气盛，凝结得密，方湿润下降为雨。且如饭甑，盖得密了，气郁不通，四畔方有温汗。"④"气蒸而为雨，如饭甑盖之，其气蒸郁而汗下淋漓；气蒸而为雾，如饭甑不盖，其气散而不收。"⑤在朱熹看来，"雨自是阴阳气蒸郁而成……密云不雨……盖止是下气上升，所以未能雨。必是上气蔽盖无发泄处，方能有雨⑥。"阳气正升，忽遇阴气，则相持而下为雨。"⑦而对于人们常说"虹"能止雨，朱熹则反驳说："虹非能止雨也，而雨气至是已薄，亦是日色射散雨气了。"⑧

在解释雷的形成时，朱熹说："盖阳气轻，阴气重，故阳气为阴气压坠而

①　朱熹，撰，黎靖德，编.朱子语类：卷二[M].武汉：崇文书局，2018：17.

②　朱熹，撰，黎靖德，编.朱子语类：卷二[M].武汉：崇文书局，2018：17.

③　李约瑟.雪花晶体的最早观察[M]//潘吉星，主编.李约瑟文集.沈阳：辽宁科学技术出版社，1986：527.

④　朱熹，撰，黎靖德，编.朱子语类：卷七十[M].武汉：崇文书局，2018：1755.

⑤　朱熹，撰，黎靖德，编.朱子语类：卷一百[M].武汉：崇文书局，2018：1931.

⑥　朱熹，撰，黎靖德，编.朱子语类：卷二[M].武汉：崇文书局，2018：17.

⑦　朱熹，撰，黎靖德，编.朱子语类：卷九十九[M].武汉：崇文书局，2018：1921.

⑧　朱熹，撰，黎靖德，编.朱子语类：卷二[M].武汉：崇文书局，2018：18.

下也。'阴为阳得,则飘扬为云而升。'阴气正升,忽遇阳气,则助之飞腾而上为云也。……阳气伏于阴气之内不得出,故爆开而为雷也。"①"雷如今之爆杖,盖郁积之极而迸散者也。"②可见,雷亦"是气聚而成"。

在谈及雹的形成时,朱熹说:雹是阴阳交争的产物,"今雹之两头皆尖,有棱道。凝得初间圆,上面阴阳交争,打得如此碎了。'雹'字从'雨',从'包',是这气包住,所以为雹也"③。

对于雾霾现象,朱熹解释说:"阴气凝结于内,阳气欲入不得,故旋绕其外不已而为风。至吹散阴气尽乃已也。'和而散,则为霜雪雨露;不和而散,则为戾气曀霾。'戾气,飞霜之类;曀霾,黄雾之类;皆阴阳邪恶不正之气,所以雹水秽浊,或青黑色。"④

在解释佛光现象时,朱熹说:"今所在有石,号'菩萨石'者,如水精状,于日中照之,便有圆光。想是彼处山中有一物,日初出,照见其影圆,而映人影如佛影耳。"⑤

对于瑞雪兆丰年的说法,朱熹也曾有过解释。他认为"所以大雪为丰年之兆者,雪非丰年,盖为凝结得阳气在地,来年发达生长物"⑥。

四、自然科学研究方法

在自然科学研究的方法上,朱熹提出"格物穷理"的认识方法。古代中国的思想家们对宇宙生成论和哲学本体论区分的不是太分明,常常混淆在一起讨论。正如李约瑟所指出的:"参与对话的人似乎思想有点模糊,因为他们把宇宙生成论的问题和形而上的问题轻易地混淆在一起。"⑦这里所说的"参与对话的人"是指宋代理学家。

在理气问题上,朱熹也存在宇宙生成论与哲学本体论相互印证的现象。

① 朱熹,撰,黎靖德,编.朱子语类:卷九十九[M].武汉:崇文书局,2018:1921.
② 朱熹,撰,黎靖德,编.朱子语类:卷二[M].武汉:崇文书局,2018:17.
③ 朱熹,撰,黎靖德,编.朱子语类:卷二[M].武汉:崇文书局,2018:18.
④ 朱熹,撰,黎靖德,编.朱子语类:卷九十九[M].武汉:崇文书局,2018:1921.
⑤ 朱熹,撰,黎靖德,编.朱子语类:卷一百二十六[M].武汉:崇文书局,2018:2305.
⑥ 朱熹,撰,黎靖德,编.朱子语类:卷二[M].武汉:崇文书局,2018:17.
⑦ 李约瑟.中国科学技术史·第2卷:科学思想史[M].北京:科学出版社、上海:上海古籍出版社,1990:513.

朱熹说："未有天地之先,毕竟也只是理。有此理,便有此天地;若无此理,便亦无天地。……有理,便有气流行,发育万物。"①他又解释说:"且如天地间人物草木禽兽,其生也,莫不有种。"②这些言及天地万物形成的理气问题,是对宇宙生成论的阐述。

而对哲学本体论问题,朱熹说:"理未尝离乎气。然理形而上者,气形而下者,自形而上下言,岂无先后!"③又说:"理气本无先后之可言,然必欲推其所从来,则须说先有是理。然理又非别为一物,即存乎是气中,无是气,则是理亦无挂搭处。"④可见,朱熹在本体论上,主张理先气后;在宇宙论上,主张理气相互统一,不分先后。

就宇宙生成论而言,朱熹认为,天地未形成之前有气的存在,"天地初间只是阴阳之气"⑤。又认为,理本身"不会造作",气是形成天地万物的"种"。当然,朱熹也说:"未有天地之先,毕竟也只是理。""有是理,方有这物事。如草木有个种子,方生出草木。"⑥在朱熹看来,天地之先的理与气统为一体,理气无先后之可言。可见,理气观是朱熹宇宙生成论的的起点。

朱熹研究天地万物的发生、发展过程,形成的宇宙生论思想,虽然带有本体论上的一些东西,但基本上是客观的。所以,李约瑟认为,朱熹"理学的世界观和自然科学的观点极其一致,这一点是不可能有疑问的"⑦。这是李氏从宇宙论的角度看待朱熹自然科学思想。

朱熹把自然之物看作是格物的对象,并积极地研究,成为格自然之物的实践者。格物本是儒家"三纲八目"的起点,也是理学家体验"天理"的出发点,但最终的目的不是为了探讨自然科学规律。然而,"格物"经过朱熹的诠释后,包含了格自然之物,即研究自然之物。对此,钱穆先生说:"朱子言格物,涵义深广。……但自然科学方面之探究,亦在朱子所言格物范围内,则

---

①　朱熹,撰,黎靖德,编.朱子语类:卷一[M].武汉:崇文书局,2018:1.

②　朱熹,撰,黎靖德,编.朱子语类:卷一[M].武汉:崇文书局,2018:3.

③　朱熹,撰,黎靖德,编.朱子语类:卷一[M].武汉:崇文书局,2018:2.

④　朱熹,撰,黎靖德,编.朱子语类:卷一[M].武汉:崇文书局,2018:2.

⑤　朱熹,撰,黎靖德,编.朱子语类:卷一[M].武汉:崇文书局,2018:4.

⑥　朱熹,撰,黎靖德,编.朱子语类:卷十三[M].北京:中华书局,1986:176.

⑦　李约瑟.中国科学技术史·第2卷:科学思想史[M].北京:科学出版社、上海:上海古籍出版社,1990:527.

无异疑义。"①

从《朱子语类》记载朱熹有关格物穷理的言论看,其包含了很多格自然之物的内容。如,朱熹说:"学者须当知夫天如何而能高,地如何而能厚,鬼神如何而为幽显,山岳如何而能融结,这方是格物。"②"上而无极、太极,下而至于一草、一木、一昆虫之微,亦各有理……一事不穷,则阙了一事道理;一物不格,则阙了一物道理,须著逐一件与他理会过。"③"虽草木亦有理存焉。一草一木,岂不可以格,如麻、麦、稻、粱,甚时种,甚时收,地之肥,地之跷,厚薄不同,此宜植某物,亦皆有理。"④可见,"格物穷理"是朱熹研究自然科学的一种路径。但是,朱熹"就这形而下之器,穷得那形而上之道理而已"⑤,其目的还在于求得"形而上之道"。

朱熹之后,许多理学家正是在"格物穷理"的名义下开展科学研究,如王廷相、高攀龙以及王夫之等都深化了"格物穷理"的科学内涵,引申出"格物穷理"之学,推动了科学的发展,并且最后使科学从理学中分离出来。

特别是明末的徐光启把西方传教士带来的学说,分为两类,即"大者修身事天"和"小者格物穷理"。⑥ 对于"格物穷理"之学,徐光启说:"凡世间世外、万事万物之理,叩之无不可河悬响答,丝分理解;退而思之,穷年累月,愈见其说之必然而不可易也。格物穷理之中,又复旁出一种象数之学。象数之学,大者为历法,为吕律;至其他有形有质之物,有度有数之物,无不赖以为用,用之无不尽巧级妙者。"⑦在这里,徐光启从科学的角度发挥了朱熹的"格物穷理"思想。他从一般的学问分离出其中"格物穷理"之学,然后进一步分离出"象数之学"。实际上,这里的"象数之学"就是指自然科学。徐光启把科学从一般的学问中分离出来,归属于"格物穷理"之学,对于后来的科学发展产生了重要的作用。

---

① 钱穆.朱子新学案:下[M].成都:巴蜀书社,1986:1858-1859.
② 朱熹,撰,黎靖德,编.朱子语类:卷十八[M].武汉:崇文书局,2018:299.
③ 朱熹,撰,黎靖德,编.朱子语类:卷十五[M].武汉:崇文书局,2018:221.
④ 朱熹,撰,黎靖德,编.朱子语类:卷十八[M].武汉:崇文书局,2018:315.
⑤ 朱熹,撰,黎靖德,编.朱子语类:卷六十二[M].武汉:崇文书局,2018:1124.
⑥ 徐光启.刻《几何原本》序[M]//徐光启集:卷二.上海:上海古籍出版社,1984:74.
⑦ 徐光启.《泰西水法》序[M]//徐光启集:卷二.上海:上海古籍出版社,1984:66.

第二节　朱熹自然科学思想的历史影响

朱熹在自然科学上提出许多很有价值的思想,对后来的学者提供了有益的思想资源。如元代的赵友钦所撰的《革象新书》,就依朱熹之主张日月五星皆顺天左转的观点,明确提出:"日月行于天虽悬空而不附着天体,意其必须凭托天地之气。天体左旋,而气亦左旋,日月之行以绕地而言之,是见其左旋矣。"①又如史伯璿所撰的《管窥外篇》在论及天文科学时,对朱子的宇宙结构理论多有吸收。其中所论:"天地是活物事。天以及健至劲之气运乎外,而束水与地于其中。地虽甚大极重,然天之气亦未尝不行乎其中,地惟容受得天之气在内,故能浮于积水之上而不沉耳。"②"天是动物,日月又是动物上的动。天非有体,二十八宿与众经星即其体也。此二十八宿与众星皆绕地左旋,一昼一夜适一周而又过一度,日月亦与之同行。""日月五星亦是天象,不应独与众星背而右旋,故以左旋为顺耳。"③

明末清初的天文学家游艺撰《天经或问》(共 4 卷),在研究中西天文学时,吸收了不少朱熹的天文学思想。如该书说:"天体如碧璃透映而浑圆,七曜列宿层层运旋以裹地。地如弹丸适天之最中永静不动,而四面人居焉。最上一层常静,天为诸天主宰;其次为宗动之天,带转下诸重天也,此天之运……其次为恒星天,在七曜之上,此天之本动也……其次土星、木星、火星天;其次太阳之天,照映世界万象取光,故在七曜之中也;其次金、水二星天,皆从太阳天,行而太阴天最近地。"④"天虚昼夜运旋于外,地实确然不动于中。……天裹着地,运旋之气升降不息,四面紧塞不容展侧,地不得不凝于

---

① 赵友钦.革象新书:卷三:五纬距合.转引自李申.中国科学史:下篇[M].桂林:广西师范大学出版社,2018:883.

② 史伯璿.管窥外篇:卷上:杂辑[M]//文渊阁四库全书:子部.上海:上海古籍出版社,1987:624.

③ 史伯璿.管窥外篇:卷上:杂辑[M]//文渊阁四库全书:子部.上海:上海古籍出版社,1987:624.

④ 游艺.天经或问:卷二:天体[M]//文渊阁四库全书:子部.上海:上海古籍出版社,1987:586-587.

中以自守也。"①这些回答宇宙结构、地球何以"能浮空而不坠"的观点,都吸取了朱熹宇宙结构理论关于天有九重及天体运行以气的旋转支撑地球旋于空中的思想。②

在解释地震原因时,游艺引用朱熹的宇宙结构理论说:"地本气之渣滓聚成形质者,束于元气旋转之中,故兀然浮空而不坠,为极重亘中心以镇定也。"③在日月的旋转方向上,游艺主朱熹的左旋之说,认为"天体本一而各政居有上下,然共一心同为一制,诸政皆左旋而有自行轮"④,并明确指出:"日月之行,宋儒言之甚详。"⑤

另一明末清初的天文学家揭暄所撰的《璇玑遗述》,其中也吸取了朱熹的天文学思想。该书指出:"天体浑圆,中心一丸,骨子是地。天以刚风,一日滚转一周,以运包此地。地亦圆形,虚浮,适天之最中,非有倚也。所倚者,周围上下,惟气耳。"⑥"朱子云:地居中央,惟天地转不息,故拶结许多渣滓而成地。夫地既可以拶结而居中,况水与人物皆附地而成形者,独不可以拶结而居中乎?此乃确乎不易之理。"⑦

清初历算家梅文鼎所撰的《历学疑问》,亦引用朱子有关宇宙结构的观点。他虽然认为日月五星右旋之说与左旋之说"皆是也",但更为推崇朱子的左旋之说。在《历学疑问》中说:"右旋者已然之故,而左旋者则所以然之理也。"甚至说:"朱子以轮载日月之喻,兼可施诸黄、赤。与西说之言层次者实相贯通。"⑧

————————

① 游艺.天经或问:卷二:地体[M]//文渊阁四库全书:子部.上海:上海古籍出版社,1987:587.

② 乐爱国.朱子格物致知论研究[M].长沙:岳麓书社,2010:224.

③ 游艺.天经或问:卷四:地震[M]//文渊阁四库全书:子部.上海:上海古籍出版社,1987:634.

④ 游艺.天经或问:卷一[M]//文渊阁四库全书:子部.上海:上海古籍出版社,1987:567.

⑤ 游艺.天经或问:卷二:日月右行[M]//文渊阁四库全书:子部.上海:上海古籍出版社,1987:597.

⑥ 揭暄.璇玑遗述:卷二:天地悬处[M]//续四库全书:子部.上海:上海古籍出版社,2002:528.

⑦ 揭暄.璇玑遗述:卷二:地圆[M]//续四库全书:子部.上海:上海古籍出版社,2002:532-533.

⑧ 梅文鼎.历学疑问:卷二:论左旋[M]//梅氏丛书辑要.清同治十三年刻本:卷四十七:16.

从现代科学的观点来看,朱熹有关自然科学上的见解和解释,大多数是对的,而有些推测则是非科学的。但是,他毕竟对一些天文、地学和气象现象等作了科学的研究。他的一些见解尽管有非科学的,但的确代表了当时自然科学的水平,并有所创新和超前。不少科学史的著作凡论及中国古代科学史,都对朱熹在古代天文学、地学和气象学上的贡献予以肯定,并给予很高的评价。应该说,朱熹是我国古代最重视自然科学的思想家之一。

第三节　朱熹自然观的主要内容

朱熹自然观的形成与发展离不开中国古代科学技术的发展,两宋蓬勃发展的自然科学成就是朱熹自然观产生与发展的基础。朱熹自然观的形成,也离不开朱熹自己对自然科学的热爱和研究,在对自然现象长期观察、研究和思考的基础上,朱熹通过"格物致知"、"本心求理"的认识途径,构造起他对于宇宙、生命和天人关系的总的看法和根本观点。

一、宇宙观

何谓宇宙?朱熹认为:"这个太极,是个大底物事。'四方上下曰宇,古往今来曰宙。'无一个物似宇样大;四方去无极,上下去无极,是多少大?无一个物似宙样长远;亘古亘今,往来不穷!"[①]朱熹对于宇宙的研究有许多重要的见解,宇宙观是其自然观的重要组成,主要包括他对于宇宙的演化、宇宙的构造、宇宙的运动等的思考。

关于宇宙的演化。在朱熹哲学体系中,"理"是其最高的哲学范畴。他的宇宙观首先是"理"借助"气",以"气"为起点生成天地万物的宇宙演化思想。朱熹继承了北宋五子关于宇宙演化的思想,同时进行了改造和发展。他认为:"天地初间只是阴阳之气。这一个气运行,磨来磨去,磨得急了,便拶许多渣滓;里面无处出,便结成个地在中央。气之清者便为天,为日月,为

---

① 朱熹,撰,黎靖德,编.朱子语类:卷六[M].武汉:崇文书局,2018:79.

星辰，只在外，常周环运转。地便只在中央不动，不是在下。"①由此可看出，朱熹认为宇宙是由阴阳之气相互作用演化生成的。宇宙的初始只是阴阳之气构成的气团，气团不断旋转运动，阴阳二气相互作用，"磨来磨去"，有了许多"渣滓"，"清轻者为天，重浊者为地"，"水之极浊便成地，火之极清便成风霆雷电日星之属"②，由此形成天地、日月、星辰。这种关于天地、日月星辰演化生成的猜测，描绘了宇宙发生发展的过程，充满了理性思辨的色彩，在当时的历史条件下，是一种有价值的见解，有其合理的科学内涵，并为其宇宙结构理论奠定基础。同时，在宇宙生成与演化的认识上，朱熹认为宇宙的演化过程是无穷无尽的，没有开端，也没有结束。《朱子语类》记载："'动静无增，阴阳无始。'曰：'这不可说道有个始，他那有始之前，毕竟是个甚么？他自是做一番天地了，坏了后，又怎地做起来，那个有甚穷尽？'"③"'不知人物消磨尽时，天地坏也不坏？'曰：'也须一场鹘突。既有形气，如何得不坏？但一个坏了，又有一个。'"④可见，朱熹关于宇宙生成天地之始的观点，具有朴素的辩证思想。

关于宇宙的构造。中国古代关于宇宙构造有各种学说，最具代表性的是盖天说、宣夜说、浑天说。盖天说认为天圆地方，天是一个旋转的圆盖子，地是一个方形的棋盘。宣夜说则认为，宇宙是一个充满了"气"的无限存在，日月星辰依气而动，各有运行规律。浑天说在古代是一种影响比较深远的关于宇宙结构的学说。它认为天像鸡蛋，地是鸡蛋中的蛋黄，天的表面有水，地浮在水中央。相较而言，朱熹反对盖天说，赞同浑天说，并对浑天说做了继承与改造。朱熹认为，天是气，地也由气构成，宇宙中充满了气。"盖天只是气，非独是高。只今人在地上，便只见如此高。要之，他连那地下亦是天。天只管转来转去，天大了，故旋得许多渣滓在中间。事间无一个物事凭地大，故地大，地只是气之渣滓，故厚而深。"⑤他还认为："天却四方上下都周匝无空阙，逼塞满皆是天。地之四向底下却靠着那天。天包地，其气无不通。"⑥"盖天之形虽包乎地之外，而其气实透乎地之中。地虽是一块物事在

---

① 朱熹，撰，黎靖德，编.朱子语类:卷九十四[M].武汉:崇文书局,2018:1796.

② 朱熹，撰，黎靖德，编.朱子语类:卷一[M].武汉:崇文书局,2018:4.

③ 朱熹，撰，黎靖德，编.朱子语类:卷一[M].武汉:崇文书局,2018:5.

④ 朱熹，撰，黎靖德，编.朱子语类:卷九十四[M].武汉:崇文书局,2018:1801.

⑤ 朱熹，撰，黎靖德，编.朱子语类:卷六十五[M].武汉:崇文书局,2018:865.

⑥ 朱熹，撰，黎靖德，编.朱子语类:卷十八[M].武汉:崇文书局,2018:295-296.

天之中,然其中实虚,容得天许多气。"①可见,在朱熹那里,宇宙是充满了气,地只是宇宙之气中的一物。同时,气的分布不均匀,高处的气较紧密,中间的气较宽松,人和动物可以容纳存在。"天积气,上面劲,只中间空,为日月往来。地在天中,不甚大,四边空。"②但是,天何以与地附著?地浮在气中为什么不会坠下?朱熹回答:"天包乎地,地特天中之一物耳。天包乎地,天之气又行乎地之中。天以气而依地之形,地以形而附天之气……天以气而运乎外,故地推在中间,然不动。使天之运有一患停,则地须陷下。"③也就是说,朱熹认为地在天中,四边是空的,天以运动之气使地不下坠。这种观点是对浑天说"天表里有水"和地"载水而浮"缺陷的纠正,从动态的形态来描述宇宙的结构,具有一定的合理性。

此外,朱熹还认为天有九重,他说:"《离骚》有九天之说。注家妄解,云有九天。据某观之,只是九重。盖天运行有许多重数。里面重数较软,至外面则渐硬。想到第九重,只成硬壳相似,那里转得愈紧矣。"④又说:"世说天九重,分九处为号,非也。只是旋有九重,上转较急,下面气浊,较暗。上面至高处,至清且明,与天相接。"⑤可见,从天有九重的认识可以看出朱熹在当时就已经认识到天体是分层次分布的,九重天的结构处于无穷的虚空中。

关于宇宙的运动。朱熹认为:"太极只是一个气,迤逦分做两个气,里面动底是阳,静底是阴,又分做五气,又散为万物。"⑥在他的宇宙观中,他认为气生万物,气是宇宙的根源。一气分为"阴阳"二气,"阴阳"动静又分成"五气",如此不断运转流通产生万物。因此,宇宙的运动就是气的运动,通过动与静、化与变来体现。在动与静的问题上,朱熹提出"动静无端,阴阳无始",认为运动和静止都没有开端,都是一个无限连续的过程。他明确表示:"道有个始,他那有始之前,毕竟是个甚么?他自是做一番天地了,坏了后,又恁地做起来,那个有甚穷尽。"⑦同时,朱熹还指出动静是相互循环的,"动静无

---

① 朱熹,撰,黎靖德,编.朱子语类:卷一[M].武汉:崇文书局,2018:5.
② 朱熹,撰,黎靖德,编.朱子语类:卷六十五[M].武汉:崇文书局,2018:1208.
③ 朱熹,撰,黎靖德,编.朱子语类:卷二[M].武汉:崇文书局,2018:13.
④ 朱熹,撰,黎靖德,编.朱子语类:卷一[M].武汉:崇文书局,2018:5.
⑤ 朱熹,撰,黎靖德,编.朱子语类:卷二[M].武汉:崇文书局,2018:17.
⑥ 朱熹,撰,黎靖德,编.朱子语类:卷四十五[M].武汉:崇文书局,2018:865.
⑦ 朱熹,撰,黎靖德,编.朱子语类:卷三[M].武汉:崇文书局,2018:30.

端,阴阳开始,说道有,有无底在前;说道无,有有底在前,是循环物事"①。
这种朴素辩证法思想是他吸收了当时自然科学知识成果的结果。基于其
"动静说",朱熹还论述了运动的两种形态,即"化"与"变",也即"渐化"与"顿
变",并阐述了"动静"与"渐化""顿变"的关系。他认为二者之间是相互联系
的,"变是自阴而阳,自静而动;化是自阳而阴,自动而静,渐渐化将去,不见
其迹"②。

二、生命观

生命问题是中国古代自然哲学探讨的重要问题,朱熹以理气为核心,对
生命的本原、本质、过程和价值等一系列问题进行了深入思考和研究,形成
了关于生命问题的基本观点,构建了具有自然主义色彩的理性生命观。

人的生命从而何而来?在朱熹的生命观中,理作为具有本体意义的最
高哲学范畴,为万物本原,气为化生万物的中介,理与气合成万物。生命是
理气合力作用的结果。朱熹指出:"人之所以生,理与气合而已"③,万物皆
为理气化生,所以朱熹又说:"天地之间,有理有气。理也者,形而上之道也,
生物之本也;气也者,形而下之器也,生物之具也,是以人物之生,必禀此理,
然后有性,必禀此气,然后有形。"④同时,朱熹还特别强调"气"是化生生命
的重要载体,他说:"是人物之始,以气化而生者也。气聚成形,则人形交气
感,遂以形化,而人物生生,变化无穷矣。"⑤气化是生命发生的过程,气的聚
散交感就是人与物生生不息、变化无穷的原因和动力,在朱熹看来,"天地之
初,如何讨个人种?自是气蒸。结成两个人后,方生许多万物"⑥,人类生命
的最初产生也是个自然变化的过程。"且如天地间人物草木禽兽,其生也,

---

① 朱熹,撰.黎靖德,编.朱子语类:卷九十四[M].武汉:崇文书局,2018:1801.

② 朱熹,撰.黎靖德,编.朱子语类:卷九十四[M].武汉:崇文书局,2018:1801.

③ 朱熹,撰.黎靖德,编.朱子语类:卷四[M].武汉:崇文书局,2018:49.

④ 朱熹.晦庵先生朱文公文集[M]//朱杰人,严佐之,刘永翔,主编.朱子全书:第二十
三册.上海:上海古籍出版社,合肥:安徽教育出版社,2010:2755.

⑤ 朱熹.太极图说解[M]//朱杰人,严佐之,刘永翔,主编.朱子全书:第十三册.上海:
上海古籍出版社,合肥:安徽教育出版社,2010:72.

⑥ 朱熹,撰.黎靖德,编.朱子语类:卷九十四[M].武汉:崇文书局,2018:1803.

莫不有种,定不会无种子白地生出一个物事,这个都是气。"①朱熹继承和发展了张载的"气论",他将"气"比作生命的种子,认为生命发生的过程就是"气化",人物之所以生生不息、变化无穷归根结底来自"气"的聚散和交感。朱熹还认为,"太极"是与理同等的范畴,人的生命来源与"太极"息息相关,太极是"天地万物之根",人人有一太极,物物有一太极,在天地之间它表现为阴阳,阴阳化生五行,生养万物。因此,当理为"太极"也即宇宙本体时,太极就有了化生万物的能力。

　　自然及自然中的生命都是理气结合的产物,理是生命的本原,理体现为生的精神,也即生之理。从根本上说,理是生命创造的本原,而生即生命的创造,它是理的根本内容。正如朱熹所言:"天地之心,别无可做,'大德曰生',只是生物而已。"②"生"正是天地自然界的根本意义之所在,"天地之心"就是化生万物的"天地之理",天以"生"为德,以"生"为心,这就是生命的本质。朱熹继承并发展了传统儒家阴阳生育万物仁德的观点,认为"生底意思便是仁"③,"仁者天地生物之心"④,"'天地之大德曰生',人受天地之气而生,故此心必仁,仁则生矣也"⑤,"仁是个生底物事,既是生底物事,便是生之理"⑥。朱熹以生论心,以心论仁,归根到底是以生论仁,他将"天地以生物为心"与仁直接联系,说明仁不是别的,就是"天地生物之心"。朱熹指出:"天地之心只是个生。凡物有是生,方有此物,如草木之萌芽,枝叶条干,皆是生方有之。人物所以生生不穷者,以其生也。才不生,便干枯杀了。这是统论一个仁之体。"⑦"心,生道也,心乃生之道。恻隐之心,人之生道也,乃是得天之心以生,生物便是天之心。"⑧在朱熹看来,"心"的根本意义就是"生",以"生"为心,也就是以"生"为仁,心即是仁。以"生"释仁,是朱熹自然哲学的重要特点。自然界是一个"生生不息"的有机体,是人类生命与价值的源泉,人之所以为人,就在于得天地生物之心以为心,就是具有仁心。天地创

---

① 朱熹,撰,黎靖德,编.朱子语类:卷一[M].武汉:崇文书局,2018:3.

② 朱熹,撰,黎靖德,编.朱子语类:卷七十四[M].武汉:崇文书局,2018:1416.

③ 朱熹,撰,黎靖德,编.朱子语类:卷六十九[M].武汉:崇文书局,2018:1303.

④ 朱熹,撰,黎靖德,编.朱子语类:卷六[M].武汉:崇文书局,2018:81.

⑤ 朱熹,撰,黎靖德,编.朱子语类:卷九十五[M].武汉:崇文书局,2018:1837.

⑥ 朱熹,撰,黎靖德,编.朱子语类:卷五[M].武汉:崇文书局,2018:64.

⑦ 朱熹,撰,黎靖德,编.朱子语类:卷一百零五[M].武汉:崇文书局,2018:1995.

⑧ 朱熹,撰,黎靖德,编.朱子语类:卷九十五[M].武汉:崇文书局,2018:1849.

生万物延绵不绝,既是生的表现,也自有一种仁的意蕴,生命的本质在于仁。

朱熹认为,生命的过程是自然而然、有理有序的,春生、夏长、秋收、冬藏是草木生命的大节奏。"如一树,春荣夏敷,至秋乃实,至冬乃成。虽曰成实,若未经冬,便种不成。方其自小而大,各有生意。到冬时,疑若树无生意矣,不知却自收敛在下,每实各具生理,更见生生不穷之意。这个道理直是自然,全不是安排得。只是圣人便窥见机缄,发明出来。"①朱熹通过草木、果实、种子的荣华来描述生命的过程,春种一粒粟,秋收万颗种,春华秋实,秋收冬藏,生命就是在这样的周而复始中新陈代谢,生生不息。儒家文化的根基是对生命的把握,强调生命是一个生生不息的过程。

生命来来往往,死生聚散都有一个过程。在朱熹看来,生命是理与气的统一。生命的内在本质即为形上的理,生命的外在形体即为形下的气。人之生死不过是气之聚散。他指出,"生之理谓性"②,"天道流行,发育万物,有理而后有气。虽是一时都有,毕竟以理为主,人得之以有生"③。生命的产生是天地之间生生不息的生命之理的体现,所以生命的消亡也是天地之理的决定的,"人之所生,精气聚也。人只有许多气,须有个尽时;尽则魂气归于天,形魄归于地而死矣"④。"死生有命,当初禀得气时便定了,便是天地造化。"⑤生命是一个有生有死的过程,也是一个自然而然的过程,这是天地之理,宇宙法则。因此,朱熹认为死亡是一种自然现象,应该坦然面对。朱熹有云:"欧公尝言,老氏贪生,释氏之失畏死,其说亦好。气聚则生,气散则死,顺之而已,释老则皆悖之者也。"⑥这反映了朱熹在面对自然生死问题上的生命态度。

与生死密切相关的是具有神秘主义色彩的"鬼神"观念,朱熹在鬼神问题上总体上持一种理性和自然主义的态度,他对于鬼神问题的诠释,"是以理本论为前提,以理—气二元结构为基础的"⑦。朱熹认为"鬼神"不过是阴阳之气及其往来屈伸的运动情状,是一种自然。他反复说道:"神,伸也;鬼,

①　钱穆.朱子学提纲[M].北京:生活·读书·新知三联书店,2002:52-53.
②　朱熹,撰,黎靖德,编.朱子语类:卷五[M].武汉:崇文书局,2018:62.
③　朱熹,撰,黎靖德,编.朱子语类:卷三[M].武汉:崇文书局,2018:27.
④　朱熹,撰,黎靖德,编.朱子语类:卷三[M].武汉:崇文书局,2018:27.
⑤　朱熹,撰,黎靖德,编.朱子语类:卷三[M].武汉:崇文书局,2018:32.
⑥　朱熹,撰,黎靖德,编.朱子语类:卷一百一十[M].武汉:崇文书局,2018:2054.
⑦　冯兵,李亚东.朱子论生死与鬼神[J].中州学刊,2020(7):107-112.

屈也。如风雨雷电初发时,神也;及至风止雨过,雷住电息,则鬼也。""鬼神不过阴阳消长而已。亭毒化育,风雨晦冥,皆是。在人则精是魄,魄者鬼之盛也;气是魂,魂者神之盛也。精气聚而为物,何物而无鬼神!'游魂为变',魂游则魄之降可知。""鬼神只是气。屈伸往来者,气也。天地间无非气。"①他认为鬼神只是一种气,是阴阳二气在"理"的主导下合构而成的,"鬼神不过阴阳消长而已"。朱熹继承了张载把鬼神说成是"二气之良能"的说法,把"良能"解释为"二气之屈伸往来"②的能力;同时,他又认可了程颐把鬼神说成是"造化之迹"的说法,把"造化"解释为"盈天地之间,所以为造化者,阴阳两气之终始盛衰而已"③,如此作为"造化之迹"的鬼神就与日月星辰、四季寒暑、风雨雷电、开花结实等自然现象一样,"造化之妙不可得而见,于其气之往来屈伸者足以见。微鬼神,则造化无迹矣"④。因此,他认为鬼神"只是这个天地阴阳之气,人与万物皆得之。气聚则为人,散则为鬼"⑤,所以,鬼神的实质就是"气",就是"天地之间,只是此一气耳。来者为神,往者为鬼。譬如一身,生者为神,死者为鬼,皆一气耳"⑥。朱熹以自然的"气"来阐释鬼神的本质,认为鬼神就是自然界阴阳之气的运动,对于人而言就是形成生命存在的精气而已,将鬼神赋予自然的含义,体现了他的自然主义的理性精神。

与鬼神相对应的还有关于"魂""魄"的概念,从生命观看,鬼神与魂魄两对范畴是朱熹对于人死生过程中气的运动变化的思考。朱熹认为,"物生始化曰魄"⑦,"人生初间是先有气,既成形,是魄在先"⑧,"先有魄而后有魂,故魄常为主干"⑨。他把人体的阴气部分归结为魄,阳气部分归结为魂,认为"魄者,形之神;魂者,气之神。魂魄是神气之精英,谓之灵"⑩,当人活着的

①　朱熹,撰.黎靖德,编.朱子语类:卷三[M].武汉:崇文书局,2018:25.

②　朱熹,撰.黎靖德,编.朱子语类:卷六十三[M].武汉:崇文书局,2018:1162.

③　朱熹.晦庵先生朱文公文集:卷七十六[M]//朱杰人,严佐之,刘永翔,主编.朱子全书:第二十四册.上海:上海古籍出版社,合肥:安徽教育出版社,2010:3647.

④　朱熹,撰.黎靖德,编.朱子语类:卷六十三[M].武汉:崇文书局,2018:1163.

⑤　朱熹,撰.黎靖德,编.朱子语类:卷三[M].武汉:崇文书局,2018:34.

⑥　朱熹,撰.黎靖德,编.朱子语类:卷六十三[M].武汉:崇文书局,2018:1162.

⑦　朱熹,撰.黎靖德,编.朱子语类:卷三[M].武汉:崇文书局,2018:31.

⑧　朱熹,撰.黎靖德,编.朱子语类:卷三[M].武汉:崇文书局,2018:31.

⑨　朱熹,撰.黎靖德,编.朱子语类:卷三[M].武汉:崇文书局,2018:31.

⑩　朱熹,撰.黎靖德,编.朱子语类:卷八十七[M].武汉:崇文书局,2018:1714.

时候与魄统一于一体,人死了,魂与魄四处消散,"人生时魂魄相交,死则离而各散去,魂为阳散上,魄为阴而降下"①。魂与魄是构成人生命的形与气的关键,也是形成生命的最灵动之因素。在解释魂魄如何产生时,朱熹说:"魄是一点精气,气交时便有这神;魂是发扬出来底,如气之出入息。魄是如水,人之视能明听能聪心能强记底。有这魄便有这神,不是外面入来。"②同时,他对气和魂魄、鬼神之间的有关系也做了阐述,认为"精气聚则成物,精气散则气为魂,精为魄。魂升为神,魄降为鬼"③。"在人则精是魄,魄者鬼之盛也;气是魄,魂者神之盛也。精气聚而为物。"④总的来说,朱熹以"气"对传统魂魄观念进行了全新阐释,认为魂与魄都是气的不同运动形式,体现了他在探究生命时所具有的自然主义的精神。

朱熹的生死与鬼神观带有一种自然主义的色彩,把鬼神自然化,把生死和鬼神都视作平常的自然事物。他以阴阳二气的运动属性来解释生死、鬼神和很多本来很可能归之于超自然原因的异常现象,将之归结为"气"的性质与活动,使这些现象的存在和发生"合理化"了,为儒家提供了关于生死与鬼神的较为系统的知识和学问,"他尤其坚定地反对,在组成世上一切的'气'的属性与活动之外,还存在着什么超自然物和超自然力量"⑤,形成了较为丰富的朴素自然哲学与自然科学观念,凸显了其自然主义特质。"而无论是这种自然主义特质还是其面对生死与鬼神的自然主义态度,相对当时民间社会的浓厚迷信风气,无疑都是一剂令人清醒的良药。"⑥

在生命的价值和意义上,朱熹特别重视"人之生"的意义。他说:"人是天地间最灵之物,天能覆而不能载,地能载而不能覆。"⑦人具备仁、义、礼、智、信"五常"之性,"故人为最灵,而备有五常之性,禽兽则昏而不能备,草木枯槁则又并与知觉者而亡焉"⑧,因而人应该具有所有生物中最高的价值标

---

① 朱熹,撰,黎靖德,编.朱子语类:卷八十七[M].武汉:崇文书局,2018:1713.
② 朱熹,撰,黎靖德,编.朱子语类:卷三[M].武汉:崇文书局,2018:30.
③ 朱熹,撰,黎靖德,编.朱子语类:卷八十七[M].武汉:崇文书局,2018:1715.
④ 朱熹,撰,黎靖德,编.朱子语类:卷三[M].武汉:崇文书局,2018:25.
⑤ 金永植.朱熹的自然哲学[M].潘文国,译.上海:华东师范大学出版社,2003:112.
⑥ 冯兵,李亚东.朱子论生死与鬼神[J].中州学刊,2020(7):107-112.
⑦ 朱熹,撰,黎靖德,编.朱子语类:卷二十一[M].武汉:崇文书局,2018:375.
⑧ 朱熹.晦庵先生朱文公文集[M]//朱杰人,严佐之,刘永翔,主编.朱子全书:第二十三册.上海:上海古籍出版社,合肥:安徽教育出版社,2010:2854.

准。朱熹吸收了孟子的"性善论",又继承了张载和二程将人性分为"天命之性"与"气质之性"的论断,以理气为核心阐发其人性论思想,认为人性是"天命之性"与"气质之性"的统一。"天命之性"是人禀赋天理而成,与粹然至善、生生不息的天理同一;"气质之性"是一种现实的人性,既取决于气禀,又取决于后天的修养。当"天命之性"被气禀的昏浊所遮蔽,就会出现恶的情况。因此,人要修身养德以存养"气质之性"中善的成分,排除"气质之性"中的"气禀物欲之私",以实现成圣的价值理想和目标追寻。因此,朱熹在继承传统儒家生命价值观的基础上,着眼于现实的生命,立足于生的角度来思考生命,探索生命的意义,确立了"内圣外王"的生命价值观。

三、天人观

天人观就是关于人在宇宙中的地位和人对自然的态度问题。"明天人之蕴,推性命之源"[1],朱熹的哲学体系,始终贯穿着天人关系的思维模式,体现了"天人合一"的精神。朱熹天人观的基本特征是强调天人一体,包含了天人本只一理、人道即天道、天人所为各自有分、天人相辅等内容。

(一)天人本只一理

韩国学者金永植先生认为,中国古代"天"的含义可以分成四种:"(1)实际的'天空';(2)自然世界,包括万事万物;(3)自然与人间背后的'理';(4)统治与主宰着世界的某种概念或实际存在。"[2]朱熹思想体系中的"天"具有多重含义,它是自然之天、主宰之天,还是道德之天。他说:"要人自看得分晓,也说苍苍者,也有说主宰者,也有单训理时。"[3]在其天人观中,"天"也主要指的是自然之天,即自然界。"苍苍之谓天。运转周流不已,便是那个。"[4]"苍苍"是从空间视角对宇宙自然界的描述,中国古代人们对于天的理解,很多是缘于对自然的观察,朱熹继承了这一观念,首先肯定"苍苍者天"。朱熹认为天是包括理和气、形而上和形而下的全体,是生命整体,"天固是理,然苍苍者亦是天,在上而有主宰者亦是天。各随他所说。虽说不

---

① 朱熹.晦庵先生朱文公文集[M]//朱杰人,严佐之,刘永翔,主编.朱子全书:第二十一册.上海:上海古籍出版社,合肥:安徽教育出版社,2010:1303.

② 金永植.朱熹的自然哲学[M].潘文国,译.上海:华东师范大学出版社,2003:126.

③ 朱熹,撰,黎靖德,编.朱子语类:卷一百二十六[M].武汉:崇文书局,2018:2289.

④ 朱熹,撰,黎靖德,编.朱子语类:卷一[M].武汉:崇文书局,2018:4.

同,又却只是一个"①。

二程把"人"抽象为一种主体性精神存在,他们认为,"理则天下只有一个理,故推至四海而皆准,须是质诸天地,考诸三王不易之理。故敬则只是敬此者也,仁是仁此者也,信是信此者也"②。二程认为宇宙的本原是"理","理"包括了对世界万物抽象的物之"理"和对人抽象的人之"理"。"天人本无二,不必言合"③,世界就是一个"理"的普遍性的精神存在。朱熹继承了二程思想,进一步把"理"明确为一种先验的绝对的精神存在,"未有天地之先,毕竟也只是理。有此理,便有此天地;若无此理,便亦无天地,无人无物,都无该载了。有理,便有气流行,发育万物"④。从自然观的角度出发,朱熹所指的"理",应是指"生理"或"性理"、善(太极之理)两种含义。对于"理"是"生理"或"性理",朱熹赋予"理"以生气的特性和生命的价值。朱熹指出:"保合大和即是保合此生理也,天地氤氲乃天地保合,此生物之理造化不息,及其万物化生之后,则万物各自保合其生理,不保合则无物矣。"⑤朱熹对"保合大和"的解释,说明世间万事万物是充满生意、活泼泼的充满生命力的有机整体。"生理"就是生生不息的生命之理;而"性理"是"天所赋于人物,人物所受于天"⑥,是人之所生、所以存在的价值和意义所在。而天地之间只有一个至善的"太极之理","即阴阳而在阴阳,即五行而在五行,即万物而在万物,只一个理而已"⑦。朱熹认为,在活泼泼的宇宙世界中,天地万物具有统一的理——"太极";而它们又具有独自的具体规律,即物物各有一个"太极"。

"理"之前"无人无物",因此"理"先于人而存在,"人"只是"理"的体现。依据其理气论,朱熹认为天地万物的形成都是理与气的聚合,人作为自然界的一部分也不例外。他指出,宇宙天地,有理也有气。"理也者,形而上之道

① 朱熹,撰,黎靖德,编.朱子语类:卷七十九[M].武汉:崇文书局,2018:1540.
② 程颢,程颐.河南程氏遗书:卷二[M]//二程集.北京:中华书局,1981.
③ 程颢,程颐.河南程氏遗书:卷六[M]//二程集.北京:中华书局,1981.
④ 朱熹,撰,黎靖德,编.朱子语类:卷一[M].武汉:崇文书局,2018:1.
⑤ 朱熹.晦庵先生朱文公文集:卷三九[M]//朱杰人,严佐之,刘永翔,主编.朱子全书:第二十二册.上海:上海古籍出版社,合肥:安徽教育出版社,2010:1775-1776.
⑥ 朱熹,撰,黎靖德,编.朱子语类:卷九十四[M].武汉:崇文书局,2018:1797.
⑦ 朱熹,撰,黎靖德,编.朱子语类:卷九十四[M].武汉:崇文书局,2018:1797.

也,生物之本也;气也者,形而上之器也,生物之具也。"①所以人和万物的化生,必然禀受于不同的气,呈现各自不同的特点。"人之所以生,理与气合而已。天理固浩浩不穷,然非是气,则虽有是理而无所凑泊。故必二气交感,凝结生聚,然后是理有所附著。"②理作为万事万物的根据,人之生便是天理流行的结果,天与人在本质上并无不同。因此他提出天即人,人即天,"天人本只一理"③,天与人从根源上具有一致性。

(二)人道即天道

从"天人本只一理"出发,朱熹将天道与人道统一起来,认为天道就是人道。他提出"天地以生物为心",并且直接与仁联系起来,说明仁就是"天地生物之心"。他说:"天地以生物为心者也,而人物之生,又各得夫天地之心以为心者也。故语心之德,虽其总摄贯通无所不备,然一言以蔽之,则曰仁而已矣。"④在朱熹看来,心的根本意义就是生,他用程颐"心如谷种"的比喻,说明心是"生之道"。他说:"心性以谷种论,则包裹底是心,有秫种有粳种,随那种发出不同,这便是性,心是个发出底,他只会生。"⑤"生"不仅是自然界的生命创造,而且是价值的创造,具有道德的意义,因此,以"生"为心,就是以"生"为仁,心即是仁。就天理的表现形态而论,则"以天道言,为'元亨利贞';以四时言之,为春夏秋冬;以人道言之,为仁义礼智"⑥,"在天只是阴阳五行,在人得之只是刚柔五常之德"⑦。朱熹在此将天道的"元亨利贞"比做人的"仁义礼智"之性,人道本于天道,天道是人道的根据,天理与人事合一,人事依乎天理。这样,朱熹通过"仁"就将天道与人道统一了起来。同时,朱熹又说:"心,生道也,心乃生之道。恻隐之心,人之生道也,乃是得大之心以生,生物便是天之心。"⑧以创造生命的"生物"为"天地之心",而"恻

---

① 朱熹.晦庵先生朱文公文集[M]//朱杰人,严佐之,刘永翔,主编.朱子全书:第二十三册.上海:上海古籍出版社,合肥:安徽教育出版社,2010:2755.

② 朱熹,撰,黎靖德,编.朱子语类:卷一[M].武汉:崇文书局,2018:4.

③ 朱熹,撰,黎靖德,编.朱子语类:卷四[M].武汉:崇文书局,2018:49.

④ 朱熹.晦庵先生朱文公文集:卷六十七[M]//朱杰人,严佐之,刘永翔,主编.朱子全书:第二十三册.上海:上海古籍出版社,合肥:安徽教育出版社,2010:3279.

⑤ 朱熹,撰,黎靖德,编.朱子语类:卷九十五[M].武汉:崇文书局,2018:1848.

⑥ 朱熹,撰,黎靖德,编.朱子语类:卷六十八[M].武汉:崇文书局,2018:1272.

⑦ 朱熹,撰,黎靖德,编.朱子语类:卷六[M].武汉:崇文书局,2018:79.

⑧ 朱熹,撰,黎靖德,编.朱子语类:卷九十五[M].武汉:崇文书局,2018:1849.

隐"是人之生道,人的"恻隐之心"又来源于"天地生物之心","仁者天地生物之心",仁是天地万物共有的特质。如此,天人之间就完全贯通了,天人合一、和谐共生。

(三)天人相辅

朱熹虽然强调"天理"的绝对性,但是他也承认人的活动对实现"天理"的重要性。他认为人是天地自然中的最灵者,具有"生生之仁",能体贴"生生之理",因此,他说:"天只生得你,付得这道理。你做与不做,却在你。做得好,也由你;做得不好,也由你。所以又为之立君师以作成之,既抚养你,又教导你,使无一夫不遂其性。如尧舜之时,真个是'宠绥四方'。只是世间不好底人,不定叠底事,才遇尧舜,都安帖平定了。所以谓之'克相上帝',盖助上帝之不及也。"①可见,朱熹特别强调主体的道德实践活动,认为人的主观能动性对实现天理具有重要作用。因此,在天人合一的思维框架下,朱熹阐释了天人相辅的积极意义,展示了天人合一的理想境界。

朱熹说:"天只生得许多人物,与你许多道理。然天却自做不得,所以生得圣人为之修道立教,以教化百姓,所谓'裁成天地之道,辅相天地之宜'是也。盖天做不得底,却须圣人为他做也。"②又说:"'赞天地之化育。'人在天地中间,虽只是一理,然天人所为,各自有分,人做得底,却有做不得底。如天能生物,而耕种必用人;水能润物,而灌溉必用人;火能爇物,而薪爨必用人。裁成辅相,须是人做,非赞助而何?"③从上面两段叙述中,可以看到朱熹充分重视人的作用,他指出"盖天做不得底,却须圣人为他做",由于"天人所为,各自有分","天之生物,其理固无差别,但人物所禀形气不同"④,各物有各自的规则。在人与天地的关系中,人介于天地之间,具有"裁成辅相"之能力,地位和作用独特,没有人的能动的活动,也不可能实现天命生生不息的流行。因此,天、地、人三者是一种互补关系,要通过天人相辅,达到天人合一。

朱熹认为,人"裁成辅相"能力的实现,必须通过"参天地,赞化育"。"参天地,赞化育"一说来自于《中庸》的表达:"唯天下至诚,为能尽其性;能尽其性,则能尽人之性;能尽人之性,则能尽物之性;能尽物之性,则可以赞天地

---

① 朱熹,撰,黎靖德,编.朱子语类:卷十三[M].武汉:崇文书局,2018:172.
② 朱熹,撰,黎靖德,编.朱子语类:卷十四[M].武汉:崇文书局,2018:194.
③ 朱熹,撰,黎靖德,编.朱子语类:卷六十四[M].武汉:崇文书局,2018:1181.
④ 朱熹.晦庵先生朱文公文集[M]//朱杰人,严佐之,刘永翔,主编.朱子全书:第二十三册.上海:上海古籍出版社,合肥:安徽教育出版社,2010:2767.

之化育；可以赞天地之化育，则可以与天地参矣。"①这段话阐述了人与天地自然的关系，说明人在自然中通过"至诚""尽性"等道德实践活动，参与天命流行的过程，在天地万物化生养育中，实现天、地、人三才并立，达到人与自然的和谐，这其中蕴含着明显的现代生态思想。朱熹对"赞天地之化育"作了进一步阐释，体现了其天人关系上鲜明的自然观特征。所谓"裁成辅相"，源自《易·泰卦·大象传》中"财成天地之道，辅相天地之宜"，一直以来是儒家追求的成己成物的圣人境界。关于"裁成辅相"，朱熹有一段解释，"问：'财成辅相'字如何解？曰：'裁成，犹裁截成就之也，裁成者，所以辅相也。'又问：'裁成何处可见？'曰：'眼前皆可见。'且如君臣父子兄弟夫妇，圣人便为制下许多礼数伦序，只此便是裁成处。至大至小之事皆是。固是万物本自有此理，若非圣人裁成，亦不能如此齐整，所谓'赞天地化育而与之参'也"②。他同时还说："'财成'是截做段子底，'辅相'是佐助他底。天地之化，儱侗相续下来，圣人便截作段子。如气化一年一周，圣人与他截做春夏秋冬四时。"③可见，朱熹把"裁成辅相"解释为"赞天地化育而与之参"，而"赞，犹助也"。④ 因此，人作为自然界的最灵之物，应该积极地参与自然的生化过程，辅助自然的发展；因为"天人所为，各自有分"，所以人还要以自己主动的活动去弥补自然之不足，通过人与自然的互补，顺应自然，实现与天地万物协调并进。

第四节　朱熹自然观的现代价值

朱熹自然观总体上呈现的是"自然之理"和"生生之理"，他重视自然研究，探索宇宙生命奥秘，穷究"天人之际"，认为人与宇宙万物有着共同的"天命之性"，人的作用在于使天地正常运转，万物健康发育，通过成己成物，达到"赞天地之化育""与天地参"。朱熹自然观充分估计了人在宇宙中的作

---

①　朱熹.四书章句集注[M].金良年，今译.上海：上海古籍出版社，2006：41.
②　朱熹，撰.黎靖德，编.朱子语类：卷七十[M].武汉：崇文书局，2018：1326.
③　朱熹，撰.黎靖德，编.朱子语类：卷七十[M].武汉：崇文书局，2018：1326-1327.
④　朱熹.四书章句集注[M].金良年，今译.上海：上海古籍出版社，2006：41.

用,又不同于人类中心主义,把宇宙万物发育运行同人类的健康发展结合起来,将人类的伦理道德情感扩展到自然生态领域,体现出具有现代价值的以人与自然和谐为中心的生态意蕴。

一、天人合一与万物一理

朱熹自然观从整体上呈现一种天人合一、万物一理的生态思想,他认为"天地之间,理一而已"①,"有理,便有气流行,发育万物"②,理是天地万物的自然法则和宇宙万物的本体。朱熹这一思想深受理学先驱张载的影响,张载《乾称篇》有云:"乾称父,坤称母,予兹藐焉,乃混然中处。故天地之塞,吾其体;天地之帅,吾其性。民,吾同胞;物,吾与也。"③张载认为,乾为父,坤为母,人与万物皆由天地所生,这一思想带有鲜明的天人合一、物我一体的特征。朱熹非常认同这一观点,并在此基础上进行了发展。他提出:"万物虽皆天地所生,而人独得天地之正气,故人为最灵,故民同胞,物则亦我之侪辈。"④对"民胞物与"进行了新的诠释,并用"理一分殊"来进一步解释"民胞物与",指出"盖以乾为父,以坤为母,有生之类,无物不然,所谓理一也。而人物之生,血脉之属,各亲其亲,各子其子,则其分亦安得不殊哉?"⑤"西铭一篇,始末皆是'理一分殊'……'民吾同胞,物吾与也',理一而分殊"⑥,由此说明一理与万物之间的关系。这种人与万物共生一理,理一而分殊的思想,隐含了现代人类与自然是生命共同体,人与自然和谐共生的生态文明理念。

二、尊重自然与仁爱万物

朱熹强调天地生物的主宰之义,"心,主宰之谓也"⑦。"主宰之原动,来

① 朱熹,撰,黎靖德,编.朱子语类:卷十一[M].武汉:崇文书局,2018:145.
② 朱熹,撰,黎靖德,编.朱子语类:卷一[M].武汉:崇文书局,2018:1.
③ 张载.张载集[M].章锡琛,校.北京:中华书局,1978:62.
④ 朱熹,撰,黎靖德,编.朱子语类[M].武汉:崇文书局,2018:1910.
⑤ 张载.张载集[M].章锡琛,校.北京:中华书局,1978:145.
⑥ 朱熹,撰,黎靖德,编.朱子语类[M].武汉:崇文书局,2018:1912.
⑦ 朱熹,撰,黎靖德,编.朱子语类[M].武汉:崇文书局,2018:71.

自何处？天地之心是也。"①朱熹认为："天地以生物为心，天包着地，别无所为，只是生物而已。亘古亘今，生生不穷。"②又说："天地以此心普及万物，人得之，遂为人之心，物得之，遂为物之心，草木禽兽接着，遂为草木禽兽之心。只是一个天地之心尔。"③在这里，天地之心指的是宇宙之心，是世上万物之心的本源，生物是天地最重要的活动，因而天地生物之心永远不会停止。在朱熹看来，"天地别无勾当，只是以生物为心。一元之气，运转流通，略无停间，只是生出许多万物而已"④。"春气温厚，乃见天地生物之心。到夏是生气之长，秋是生气之敛，冬是生气之藏。"⑤此心"无停无息，春生冬藏，其理未尝间断"⑥。由此可见，朱熹所言"天地之心"可以理解为自然天地之规律，他认为自然界的变化有其内在固有的规律即以天地之心为主宰，天地生之力量，至刚至健，不以人的意志为转移，"天地之心，只是个生。凡物皆是生，方有此物。如草木之萌芽，枝叶条干，皆是生方有之。人物所以生生不穷者，以其生也"⑦。人与自然万物相处，应尊重自然，敬畏自然，探究和利用自然规律，但不能违背自然万物存在的方式和规律，这应该是人类对待自然的基本态度。同时，他还认为，"仁者，天地生物之心也"，仁是"天地生物之心"的内在德性，"心，生道也。恻隐之心，人之生道也，乃是得天之心以生，生物便是天之心"⑧。因此，人类应将仁爱的道德情感由己及物，对自然万物普施以爱，实现人与自然"同体"。

三、顺应自然与保护自然

在人与自然即宇宙天地的关系中，儒家倡导的是天地人和谐相处，如《中庸》所言："可以赞天地之化育，则可以与天地参矣。"朱熹则在《中庸章

①　陈荣捷.朱熹[M].上海：东方出版中心，2020：61.
②　朱熹，撰.黎靖德，编.朱子语类[M].武汉：崇文书局，2018：960.
③　朱熹，撰.黎靖德，编.朱子语类[M].武汉：崇文书局，2018：4.
④　朱熹，撰.黎靖德，编.朱子语类[M].武汉：崇文书局，2018：4.
⑤　朱熹，撰.黎靖德，编.朱子语类[M].武汉：崇文书局，2018：351.
⑥　朱熹，撰.黎靖德，编.朱子语类[M].武汉：崇文书局，2018：526.
⑦　朱熹，撰.黎靖德，编.朱子语类[M].武汉：崇文书局，2018：1995.
⑧　朱熹，撰.黎靖德，编.朱子语类[M].武汉：崇文书局，2018：1849.

句》中将其解释为"与天地并立为三也"①,即天地人三才。要实现人与天地三才并立和谐相处,需要人与自然互动,推己及物,顺应自然,保护自然。他赞同程颐"天人所为,各自有分"的说法,指出:"'赞天地之化育。'人在天地中间,只是一理,然天人所为,各自有分,人做得底,却有天做不得底。如天能生物,而耕种必用人;水能润物,而灌溉必用人;火能爆物,而薪爨必用人。裁成辅相,须是人做,非赞助而何?"②天地人三者关系基本上是一种互补关系,天地做不了的事需要人替它做,明确"赞,犹助也"③,并进一步将"赞"解释为"裁成辅相"。朱熹认为:"天只生得许多人物,与你许多道理。然天却自做不得,所以生得圣人为之修道立教,以教化百姓,所谓'裁成天地之道,辅相天地之宜'是也"。④可见,从"天人所为,各自有分"⑤出发,朱熹认为在与自然的相处中,人对自然要起到辅助的作用,人应顺应自然的要求,积极主动地弥补自然之不足,而不是消极被动地适应自然,更不能破坏自然。

同时,朱熹还认为,要做到"赞天地之化育,与天地参",还要能"尽物之性"。所谓尽物之性,在朱熹看来就是"知之无不明而处之无不当"⑥,"至于尽物,则鸟兽虫鱼,草木动植,皆有以处之,使之各得其宜"⑦。也就是顺天应时,让自然之物顺其性,得其宜,恰如朱熹所言:"圣贤出来抚临万物,各因其性而导之。如昆虫草木,未尝不顺其性,如取之以时,用之有节:当春生时'不夭夭,不覆巢,不杀胎;草木零落,然后入山林;獭祭鱼,然后虞人入泽梁;豺祭兽,然后田猎'。所以能使万物各得其所者,惟是先知得天地本来生生之意。"⑧因此,"知得天地本来生生之意","取之以时,用之有节",使万物各得其所,才能最终实现人与自然的和谐。

---

① 朱熹.四书章句集注[M].金良年,今译.上海:上海古籍出版社,2006:41.

② 朱熹,撰.黎靖德,编.朱子语类[M].武汉:崇文书局,2018:1180-1181.

③ 朱熹.四书章句集注[M].金良年,今译.上海:上海古籍出版社,2006:41.

④ 朱熹,撰.黎靖德,编.朱子语类[M].武汉:崇文书局,2018:194.

⑤ 朱熹,撰.黎靖德,编.朱子语类[M].武汉:崇文书局,2018:1181.

⑥ 朱熹.四书章句集注[M].金良年,今译.上海:上海古籍出版社,2006:41.

⑦ 朱熹,撰.黎靖德,编.朱子语类[M].武汉:崇文书局,2018:1180.

⑧ 朱熹,撰.黎靖德,编.朱子语类[M].武汉:崇文书局,2018:191.

中　篇
从自然观到生态伦理：
朱熹生态伦理思想阐释

朱熹重视自然研究，对人与自然的关系有许多论述，自然知识在朱熹整个思想体系中具有重要的作用。朱熹把"格物"理解为穷究"物之理"，认为凡"物"皆有"理"，即唯一普遍的"天理"。朱熹"格物"的背后关注的是社会和道德伦理，其自然研究的目的归根结底是为了探讨自然界秩序背后的道德伦理秩序，建立"道德的宇宙基础"。① 因此，在其自然观中内蕴着与现代生态学相一致的生态伦理思想。

生态伦理学扩大了道德关怀和调节的范围。现代社会人与物的关系日趋紧张，生态危机日益突出，根本原因在于人们在价值取向上，片面追求经济发展导致环境问题频出，不少地方生态危机严重。发展经济和环境保护的双重要求，促使理论工作者深入思考人与自然的关系，提出解决人与自然关系恶化、实现可持续发展的理论方案。尽管生态伦理学问世于 20 世纪中期的西方，但在以儒、道、佛为主干的东方文化传统中，特别是在中国古代农耕文化和农业文明中，蕴藏着丰富的生态伦理思想。它们扎根于中华五千年文明史中，是当代开展生态道德教育的无穷宝藏。杜维明先生说："在当前有关对待自然的态度、人类的作用和环境伦理的讨论中，儒家思想提供了重要的理智上及精神上的资源。"②他在《超越启蒙心态》中提出了三类可供我们参考和利用的生态文化资源，而中国的儒家思想便是其中的一种。中国古代社会没有出现过系统的生态哲学理论，古人没有提出如今天我们所

---

① 金永植.朱熹的自然哲学[M].潘文国，译.上海：华东师范大学出版社，2003：8-9.

② 杜维明.超越启蒙心态[J].哲学译丛，2001(1)：55.

看到的生态哲学理论，他们的有关生态环境的思想还是分散的而非综合的，或者说，还不是哲学的、体系的。但他们的思想观念和价值追求却多有暗合生态伦理之处，蕴含着丰富多彩的生态伦理方面的精神资源，为当代人正确认识和处理人与自然的关系，确立尊重、顺应、保护自然的生态文明观提供了有益的思想启示。

儒家生态伦理的精神主要表现为"天人合一"，追求与自然和谐，这种精神源自于古代中国人辽远的生活智慧，凝结了人们对宇宙和自身关系认识的思想结晶，实际上建立了一种贯通天人的宇宙和人生哲学。宋代大儒朱熹上接孔孟儒学，又集宋代儒学之大成，在学术思想上，"主敬以立其本，穷理以致其知，反躬以践其实。而博极群书，自经史著述而外，凡夫诸子、佛老、天文、地理之学，无不涉猎而讲究也"①。他不仅发展了先秦儒学，而且弘扬了先秦儒家讲究人与自然和谐相处的思想，由此开发出以人与自然和谐为中心的生态观。朱熹的自然观中蕴藏着能够使当代人恰当地认识和处理自己与自然的关系的丰富资源，需要我们去深入地挖掘。蒙培元先生认为："朱熹哲学既是生命哲学，也是深层的生态哲学。"②他提出，朱子哲学的根本使命就是实现"天理流行"的境界，也就是"人与自然的完全统一，生生不息，万物的生命因而行以畅遂，人则尽到人的责任，完成人的使命，从而体验到生命的意义，感受到人生的快乐"③。朱熹生态伦理思想作为中华优秀传统文化，要如何与现代社会接轨，如何实现创造性转化和创新性发展，使传统文化精神转化为现代文化精神，这是理论工作者需要关注的课题。因此，研究朱熹生态伦理思想，考察其生态伦理思想形成的历史条件、理论来源、主要内容，从中寻求当代生态道德建设的理论渊源和传统文化支持，是中华优秀传统文化创造性发展、创新性继承的需要，也是推动当代生态道德建设现实要求。

———————————

① 黄宗羲，原著，全祖望，补修.宋元学案：卷四十八[M].陈金生，梁运华，点校.北京：中华书局，1986：1505.

② 蒙培元.人与自然：中国哲学生态观[M].北京：人民出版社，2004：340.

③ 蒙培元.人与自然：中国哲学生态观[M].北京：人民出版社，2004：321.

第六章　朱熹生态伦理思想产生的社会历史条件

任何一个时代哲学的出现都具有其由以产生的物质条件和思想条件。恩格斯说："思想、观念、意识的生产最初是直接与人们的物质活动，与人们的物质交往，与现实生活的语言交织在一起的。观念、思维、人们的精神交往在这里还是人们物质关系的直接产物。"①这段话告诉我们，必须从社会经济的变化、物质关系的发展以及民族矛盾的状况等来考察那个时代的社会思想意识。朱熹理学思想是时代脉搏的体现和时代精神的精华，其中包含对人与自然关系的深邃思考和认知，所蕴含的生态伦理思想同样是时代境况的折射，其生态伦理的产生也是社会各方面状况的反映，应当把它放在当时的社会政治、经济、思维结构的环境中来审视其理论思维的价值和意义。

第一节　紧张尖锐的社会矛盾造成了生态环境的破坏

朱熹生活的 12 世纪，正是中国社会矛盾十分尖锐激烈的时代，整体政治局面是一个大动荡期，战争连绵不断，农民起义此起彼伏。这种动荡不安的政治局面也给自然环境造成了一定程度的影响。

北宋时期，居住在中国北部的金族发展起来，不断入侵中原。1126 年，在农民起义和金兵进攻的双重打击下，北宋灭亡。宋朝王室退居长江以南，

---

① 马克思恩格斯选集：第一卷[M].北京：人民出版社，1995：30.

南宋王朝建立。从北宋灭亡到南宋初建,百年来国家内部矛盾和斗争尖锐复杂,表现为民族斗争、阶级矛盾和上层统治阶层的倾轧交织在一起,此起彼伏。南宋的大部分时期,由于金兵不断南下入侵,对南宋政权构成巨大的威胁,宋金战争不断发生,战争规模大,持续时间长,涉及范围广,不但危害人民生命财产安全,使老百姓生活在水深火热、颠沛流离的状态中,造成了人口的大量而频繁的迁徙,破坏经济的发展,也对生态环境造成很大的影响。连绵不断的战争,导致防御任务艰巨,为了巩固边防和战事的需要,朝廷安排了数量庞大的驻兵。为了确保驻兵的粮食供应,一些自然形势险要、交通不利、粮食转运困难的地区往往通过水运的办法解决粮食转运问题,造成大量木材消耗,导致大片森林被砍伐,对生态环境造成了破坏。同时,由于军队在驻地周边大规模屯田以解决军粮短缺问题,遍野种植麦稻,以致出现"汉中沃野如关中,四五百里烟漾漾。黄云连天夏麦熟,水稻漠漠吹秋风"[①]的现象,使得部分地区大片天然护地水土植被被毁,造成当地生态失衡,水土流失,自然灾害频发,农业生产衰退。

持续不断的战争也导致了人口的大规模迁徙,南宋时期出现了中国历史上人口的第三次大规模南迁。随着金兵的深入,为了躲避战乱,大量北方民众纷纷向南迁徙。人口的迁徙,一方面会促进经济社会的发展,但是另一方面也客观上增加了自然生态环境的负担,对自然生态环境带来了一定程度的不利影响。随着人口数量的激增,土地并没有增加,土地问题日益突出。南宋时期,地主阶级大肆兼并和购买土地。当时田地私相贸易,富者贪于有余,厚价以规利,致使"势官富姓,占田无限"[②],加剧了社会贫富两极分化,农民日益失去土地,加之连年灾荒,广大人民陷于水深火热之中,阶级矛盾极端尖锐。为了缓解人多地少的状况,人们开始毁林造田,耕山填海,滥砍林木,对自然资源过度索取,加剧了水土流失和对自然生态环境的破坏。

---

① 黄裳.汉中行[M]//许吟雪,许盂青,编著.宋代蜀诗辑存.成都:四川大学出版社,2000:171.

② 高令印,高秀华.朱子学通论[M].厦门:厦门大学出版社,2007:13.

第二节 兴旺发达的经济科技提高了 对自然世界的认知水平

尽管两宋时期社会矛盾激烈,政治局面不稳,但总体上这一时期是中国经济科技快速发展的时期。李约瑟说:"每当人们研究中国文献中科学史或技术史的任何特定问题时,总会发现宋代是关键所在。"[①]纵观我国经济文化发展的总过程,可以看到,宋代的社会经济空前发展,科学技术也获得了前所未有的进展。科学技术发展的水平也体现了人们认识自然和改造自然的水平和程度,这一时期涌现了大批杰出人才和享誉世界的科技发明。在天文学方面,苏领、韩公廉等创制"水运仪象台"、姚舜辅制《纪元历》、黄裳绘制天文图、杨忠辅制《统天历》等;在数学方面,贾宪著《黄帝九章算法细草》、泰九韶著《数书九章》、杨辉著《详解九章算法》等;在地学方面,乐史著《太平寰宇记》、杜绾著《云林石谱》等;在医学方面,王惟一著《铜人腧穴针灸图经》、钱乙著《小儿药证直诀》、庞安时著《伤寒总病论》、唐慎微编《经史证类备急本草》、赵佶撰《圣济经》、宋慈著《洗冤集录》、陈自明著《妇人大全良方》等;在农学方面,陈旉撰《桐谱》、陈撰《陈旉农书》、璃撰《耕织图》、韩彦直撰《橘录》等;在技术方面,发明了指南针、毕昇发明活字印刷术、李批编《营造法式》、薛景石编《梓人遗制》、曾公亮著《武经总要》等。[②]此外,被誉为中国古代百科全书式人物的著名科学家沈括,他在天文、历法、数学、物理学、地学、医药学上都有杰出的建树,对朱熹自然观的形成影响巨大。在农业生产上,这一时期出现了一系列提高生产的措施,促使生产工具及技术向前发展,创制了翻车、筒车等先进工具。通过进行农垦改革,扩大耕地面积,开展水利工程兴修,培育许多农产品新品种,农业经营方式发生转变,开始由广种薄收的粗放式经营向精耕细作的集约经营的方式发展。至南宋时期,江浙地区广泛出现梯田,还出现了专门总结耕作的《农书》。科学技术的发展

---

① 李约瑟.中国科学技术史:第一卷[M].北京:科学出版社,上海:上海古籍出版社,1990:139.

② 乐爱国.宋代的儒学与科学[M].北京:中国科学技术出版社,2007:2.

客观上推动了朱熹自然哲学思想的发展,对自然科学知识和技术的掌握和运用,使朱熹能更好地认识与把握人与自然之间的关系,在自然科学发展的基础上建立起其生态伦理体系。

两宋时期科学技术的发展,在一定程度上促进了生产力水平的进步和经济的持续发展,但与此同时,科技的双刃剑效应也得以体现,经济发展过程中环境代价开始显现。特别是手工业在这一时期得到快速发展,火药技术更加成熟,造船技术、冶金技术、制瓷技术、建筑与桥梁技术、纺织技术等也都达到了相当高的水平。飞速发展的手工业伴随着人们对自然资源的扩张式开发,从而给自然环境带来比较大的影响。生产过程需要消耗大量的自然资源,比如造纸业、烧炭业、造船业、纺织业等需要消耗大量木材原料,破坏了森林资源,而冶炼、采矿等行业,则会释放出废水、废气等,对自然环境造成了比较严重的污染和破坏。

科技领域的成就被广泛地应用于生产生活,指南针用于航海,促进了对外贸易和船运的发达,印刷术促进了造纸业的发展,火药被用于武器制造,制瓷及纺织较前代有显著提升,城镇改造使得商业活动更加频繁,南宋首都临安人口达到 124 万,远超北宋"汴京",海外贸易可至日本、东南亚、阿拉伯等国家和地区。农业手工业的发展,促进了商品交换,①工商业贸易日趋繁荣,商业性农业生产获得较快发展,经济作物商品化的水平超过了以往任何时期,城市形成了贸易市场网络,刺激了消费,也刺激对科技的需求。当然,飞速发展的工商业也会在一定程度上对自然环境造成破坏,从而引起理学家们去思考如何解决经济发展带来的种种环境问题。

总之,宋代不断发展的自然科学技术,帮助了人们不断认知和把握客观世界,也为两宋时期理学的发展提供科学的依据。经济和科技的发展进步,提高了人们对自然世界的认知水平,使得朱熹在构建自己的哲学体系的过程中,关注自然,观察和研究自然界,并在宋代发达的自然科学研究的基础上,思考人与自然的关系问题,以丰富和充实其自然哲学思想,形成自己独特的生态伦理思想。

---

① 宋阳.宋代科技繁荣的社会因素探究[D].成都:成都理工大学,2019:12.

第三节　繁荣兴盛的文化孕育了
生态伦理思想

　　学术界普遍认为,宋代的文化,是中国封建社会历史时期文化发展的最高峰。著名学者陈寅恪先生指出:"华夏民族之文化,历数千载之演进,造极于赵宋之世。"①宋代文化的繁荣兴盛与其开明的政治文化氛围分不开,"唯有当思想不去追寻别的东西而只是以它自己——也就是最高尚的东西——为思考的对象时,即当他寻求并发现它自身时,那才是它的最优秀的活动"②。文化的勃兴必以思想解放和自由为条件,宋代繁荣兴盛的文化得益于当时开明宽松自由的文化氛围。在哲学、社会科学和文化艺术各领域,宋代文化全面发展和繁荣,体现出兼容并蓄、多元并存的精神。

　　由于活字印刷术、指南针和火药等三大发明的完善,社会生产力得到进一步发展,经济得到进一步繁荣。伴随着城镇商品市场的兴起,理论形态的转型也开始酝酿。汉唐经学讲究崇圣遵经,"疑经""破注"被视为非法和大逆不道,其烦琐主义和宗派主义严重桎梏和束缚文人的学术自由和思想创造。北宋宋太祖赵匡胤革故鼎新,制定了具有人性光辉的祖宗家法,宋代的文人士大夫具有了一个相对宽松、宽容、宽厚的文化环境,文人士大夫普遍具有学术思想自由和文字自由。学术思想界萌发了一股新鲜的、生气勃勃的空气,文人思想解放,文化活跃。这一时期各家学派竞相涌现,各种学术观点争相涌流,异彩纷呈。学派并立,学派之间争奇斗艳、兼容并蓄,观点主张虽不尽相同,但都能实事求是地肯定和评价对方的学术思想和理念。中国思想史上出现了继春秋战国"百家争鸣"之后,罕见的繁荣局面。在儒学复兴思潮的激荡下,涌现了以周敦颐濂学、二程洛学、邵雍象数学、张载关学、朱熹理学等为代表的各大学派,造就了中国历史上继春秋战国之后第二次百家争鸣的盛况。各学派之间自由辩论,各执师说,相互辩难。两宋时期以儒学为主体,以佛、道为辅翼的文化格局最终形成,完成了儒、释、道三教

---

①　陈寅恪.金明馆丛稿二编[M].北京:生活・读书・新知三联书店,2001:277.

②　黑格尔.哲学史讲演录:第一卷[M].贺麟,王太庆,译.北京:商务印书馆,1959:10.

从长期冲突到融合的过程,实现了儒、释、道三教之学在理论形态上的转生,
宋明理学得以产生。理学借助儒家伦理思想的基本内核、道家宇宙生成和
万物化生、佛教精致的逻辑思辨构架完成了自己的理论体系的建构,这种在
三教兼容并蓄基础上提出的理学,以天理为基础,以性命义理为核心,对儒
家伦理道德学说进行了思辨化的改造,尤其是吸收佛道本体论思想重构了
天人关系的新图景,蕴含了丰富的关于人与自然关系的认知。

第四节　频繁发生的自然灾害催生了
环境保护意识的觉醒

自然灾害是生态环境遭到破坏的另一个重要因素,两宋时期也是我国
古代自然灾害频繁发生的时期。根据《宋史》及相关史料记载,两宋时期共
发生自然灾害 1739 次,各类灾害包括水灾、旱灾、雪灾、风灾、冰雹、雷电、霜
冻、虫灾及饥荒、瘟疫等,朱熹生活的南宋,从高宗 1127 年到后帝 1279 年的
152 年间,就发生了各类自然灾害 300 多次。根据地方史料记载:"绍兴二
年二月,大风雪雹,扑屋杀人。雪雹如桃李,平地盈尺,坏屋舍五百家,禾、
麻、蔬、果皆损。……淳熙四年,大雨三日,漂屋瓦数千。"[①]"绍兴六年十二
月,大雪深数尺,查源洞寇张海起,民避入山者多冷死。……淳熙四年五月
庚子,大雨至壬寅,漂民庐数千家。"[②]南宋高宗建炎年间(1127—1132 年),
福建建瓯一带旱涝相继,天灾不断,农业连年不收,百姓生活难以为继。自
然灾害频繁发生,并给人民的生产、生活和生命财产安全造成了严重的危
害,对自然环境产生严重的后果。这也使得朱熹从一个新视角去思考人与
自然的关系。

由此可见,两宋时期自然生态环境已遭破坏,生态失衡现象已有发生,
这些问题开始引起了理学家们的高度关注。理学家们在追寻社会理想、生

---

① (康熙)建安县志:卷 10:祥异.转引自《朱子文化大典》编委会,编.朱子文化大典:中
文[M].福州:海风出版社,2011:9.

② (嘉靖)建宁府志:卷 21:杂记.转引自《朱子文化大典》编委会,编.朱子文化大典:中
文[M].福州:海风出版社,2011:9.

命理想,关注政治、社会现实的同时,也将目光转向生态理想,探求人与自然的关系,产生了许多关于自然环境、自然科学的认识。自北宋开始,儒家学者大都对自然感兴趣,以周敦颐、邵雍、张载、二程为代表的理学一脉更是对自然有着深入的研究。[①] 如邵雍在其《皇极经世书》里就有关于宇宙起源论、自然观等问题的探究;张载《西铭》中指出,"予兹藐焉,乃混然中处。天地之塞吾其体,天地之帅吾其性,民吾同胞,物吾与也"[②],指出自然万物与人一体,人应该善待自然;程颢在《河南程氏遗书》卷二上提出"天之以生为道"[③],说明天地万物都在循环运动不止的状态之中,万物都有其存在的价值;农学家陈旉撰写的《陈旉农书》蕴含着深厚的生态学思想,他提出在农业生产中处理生物与自然物关系时,强调系统性、有机性,要求地宜、物宜、时宜的高度有机配合,还提出了节俭、适度的消费观,"以谓理财之道,在上以率之,民有侈费妄用则严禁之,夫是之谓制得其宜矣"[④]。这种适度消费的观念,讲究消费的可持续发展,是一种值得提倡和发扬的生态消费观。朱熹结合两宋时期自然科学发展的成果,从宇宙、天文、气象等方面对自然环境做了许多有益的深入的科学探索,对于自然界事物的研究,成为朱熹一生中非常重要的工作,他的格物致知说反映出他对自然研究的重视,是其生态伦理思想的重要内容。

---

① 乐爱国.宋代的儒学与科学[M].北京:中国科学技术出版社,2007:37-49.

② 张载.张载集[M].章锡琛,校.北京:中华书局,1978:62.

③ 程颢,程颐.二程集[M].北京:中华书局,1981:13.

④ 万国鼎.陈旉农书校注[M].北京:农业出版社,1963:38.

第七章 朱熹生态伦理思想的理论来源

中国传统生态伦理思想丰富多彩,中国人民在与自然的长期交往过程中,创造、发现、积累了丰富的生态学知识和理论,对人与自然的关系有自己独到的见解,形成了博大精深的中华传统生态伦理文明。从先秦、两汉及至宋明,儒家生态伦理思想既有一脉相承,又有革新变化。朱熹生态伦理思想吸收、继承和发展了先秦两汉传统儒家生态伦理精神,整合了北宋五子生态伦理思想,批判地汲取了道家、佛教生态伦理思想,是在融合发展前代思想家们的生态伦理思想精华的基础上形成的一种独具特色的生态伦理思想。

第一节 继承发展传统儒家的
生态伦理思想

传统儒家思想主要论述人与人的关系,即人们的社会关系问题,但也有一部分是关于如何调节人与自然关系的。从总体上看,朱熹的生态伦理思想是对传统儒家思想的继承和发扬,在朱熹有关自然生物与环境关系的论述中,我们可以很容易见到孔子、孟子、荀子、董仲舒等先贤大儒思想的影子。朱熹将这些思想融会贯通,在此基础上进行创造发展,达到了一个新的历史高度。

一、继承和发展了传统儒家整体论哲学的"天人合一"思想

中国传统哲学的一个基本特征是整体论,它主张人类与宇宙万物同根同源、生命在本质上是同一的、人类与自然是一体的,这种认识是建立在对

外部世界直觉意识的基础上,通常被概括为"天人合一"。"天人合一"是儒家生态伦理的基本精神和哲学根据。儒家的"天"自孔子起就有"义理之天"和"自然之天"等义,在处理人与自然关系时,"天"为自然之天,《论语·阳货第十七》记载:"子曰:'予欲无言。'子贡曰:'子如不言,则小子何述焉?'子曰:'何言哉?四时行焉,百物生焉,天何言哉?'"①又《论语·泰伯第八》:"唯天为大,唯尧则之。"②显然,这里的"天"是自然宇宙间的客观规律和客观必然性,是自然之天。孔子认为,自然界存在着不以人的意志为转移的客观规律,人们无法改变它;对于这样的规律,孔子主张"知"和"畏",即先去认识、了解和掌握自然界的客观规律,"不怨天,不尤人,下学而上达,知我者其天乎?"③又说"不知命,无以为君子"④,在掌握规律后,就要遵从客观规律,按规律办事,《论语·为政第二》记载:"吾十有五而志于学,三十而立,四十而不惑,五十而知天命,六十而耳顺,七十而从心所欲不逾矩。"⑤又《论语·季氏第十六》:"君子有三畏:畏天命,畏大人,畏圣人之言。小人不知天命而不畏也,狎大人,侮圣人之言。"⑥孔子已经认识到如果不按客观规律办事,其后果将是灾难性的,"获罪于天,无所祷也"⑦。这些论述表明了孔子"知命畏天"的生态伦理意识,他将其作为君子所应具备的美德。既然"天命"是指包括"天""地""人"在内的自然规律,那么"知天命"也就是对自然规律的了解和掌握,君子能够遵循天地自然的变化规律,不违背时宿,不逆日月而行,体现了一种"天人合一"的生态伦理意识。孔子有了"知命畏天"的生态伦理意识,并将其作为君子人格的重要方面,身体力行,培养起一种"乐山乐水"的生态伦理情怀,自觉地与大自然融为一体,体味大自然化生万物的无限魅力。《论语·雍也第六》记载:"子曰:知者乐水,仁者乐山。知者动,仁者静。知者乐,仁者寿。"⑧这种"乐山乐水"的生态伦理情怀对后世儒者的影响极大,可以说,宋明儒者普遍都具有这种山水旨趣和情怀,并将其作为

---

① 论语[M].程昌明,译注.太原:山西古籍出版社,2001:187.

② 论语[M].程昌明,译注.太原:山西古籍出版社,2001:78.

③ 论语[M].程昌明,译注.太原:山西古籍出版社,2001:149.

④ 论语[M].程昌明,译注.太原:山西古籍出版社,2001:217.

⑤ 论语[M].程昌明,译注.太原:山西古籍出版社,2001:10.

⑥ 论语[M].程昌明,译注.太原:山西古籍出版社,2001:179.

⑦ 论语[M].程昌明,译注.太原:山西古籍出版社,2001:20.

⑧ 论语[M].程昌明,译注.太原:山西古籍出版社,2001:53.

"圣贤气象"的理想人格的一种重要标志。"乐山乐水"是一种与大自然融为一体的理想的人生境界,它体现在孔子"吾与点也"的思想论述之中。《论语·先进第十一》记载:"莫春者,春服既成。冠者五六人,童子六七人,浴乎沂,风乎舞雩,咏而归。"[①]可见,孔子认为理想的君子人才不仅能治世,还必须有"乐山乐水"的生态伦理情怀,要追求人与自然和谐一体的精神境界,只有这样才能实现"老者安之,朋友信之,少者怀之"[②]的儒家社会理想。

孟子继承了孔子关于"天"的理解,他在不同的场合使用过"道德之天"、"义理之天"和"自然之天"等几种表述,在论及人与天地万物关系时是"自然之天",表达的是自然界和天地万物的规律。孟子说:"天油然作云,沛然下雨,则苗浡然兴之矣。"[③]又说:"天之高也,星辰之远也,苟求其故,千岁之日至,可坐而致也。"[④]可以看出来,这里的"天"具有"自然之天"的意味。孟子认为天意不可违,它是不以人的意志为转移的,他认为"莫之为而为者,天也;莫之致而至者,命也"[⑤],还说"天不言,以行与事示而已矣"[⑥]。孟子认为,违背客观规律的后果是严重的,它甚至关乎生死存亡,"虽有天下易生之物也,一日暴之,十日寒之,未有能生者也"[⑦],"顺天者存,逆天者亡"[⑧]。因此,从生态伦理的角度,在天人关系上,孟子主张知天、顺天、与天地同流,由此达到天人合一。因此,孟子提醒人们要"思诚、尽心、知性",他说:"诚者,天之道也;思诚者,人之道也。"[⑨]诚为自然之道,而追求诚是做人的基本道理。诚是天人共有的道德原则,"尽心、知性"从而"知天"。"尽其心者,知其性也。知其性,则知天矣。存其心,养其性,所以事天也。"[⑩]最终达到圣人君子的要求,即"天人合一""与天地同流","君子所过者化,所存者神,上下与天地同流"。[⑪]

---

① 论语[M].程昌明,译注.太原:山西古籍出版社,2001:111.

② 论语[M].程昌明,译注.太原:山西古籍出版社,2001:40.

③ 李志敏,主编.四书五经:卷一:孟子·梁惠王上[M].北京:京华出版社,2003:137.

④ 李志敏,主编.四书五经:卷二:孟子·离娄下[M].北京:京华出版社,2003:190.

⑤ 李志敏,主编.四书五经:卷二:孟子·万章上[M].北京:京华出版社,2003:195.

⑥ 李志敏,主编.四书五经:卷二:孟子·万章上[M].北京:京华出版社,2003:195.

⑦ 李志敏,主编.四书五经:卷二:孟子·告子上[M].北京:京华出版社,2003:208.

⑧ 李志敏,主编.四书五经:卷一:孟子·离娄上[M].北京:京华出版社,2003:175.

⑨ 李志敏,主编.四书五经:卷一:孟子·离娄上[M].北京:京华出版社,2003:179.

⑩ 李志敏,主编.四书五经:卷二:孟子·尽心上[M].北京:京华出版社,2003:220.

⑪ 李志敏,主编.四书五经:卷二:孟子·尽心上[M].北京:京华出版社,2003:224.

相比于孔孟之"天"的多种理解,荀子将天直接理解为"自然之天",或是自然界的客观规律。台湾学者蔡仁厚先生指出:"荀子的天为自然,则根本是实然的,而不是形而上的。"①是以荀子提出"天行有常,不为尧存,不为桀亡"②,也就是说自然界有自己的规则,不会因为贤能的尧而存在,也不会因残暴的桀而灭亡。荀子又说"天不为人之恶寒也,辍冬;地不为人之恶辽远也,辍广"③,上天不会因为令人厌恶的严寒而停止冬天的到来,大地不会因为人们憎恶辽阔远大就缩小它的面积。"天地合而万物生,阴阳接而变化起"④,自然万物从天地中孕育而出,天地和谐,万物生长,阴阳相接,自然变化。"天地者,生之始也"⑤,"天地者,生之本也"⑥,天地是生命创造的开端和根本。"列星随旋,日月递熠,四时代御;阴阳大化,风雨博施。万物各得其和以生,各得其养以成……皆知其所以成,莫知其无形,夫是之谓天。"⑦由此可见,荀子的生态伦理观表现为"天行有常",而天道运行之所以有自己的规则,就在于"至其诚者也",大自然运行变化有规律,乃是因为达到了真诚的缘故。"天地为大矣,不诚则不能化万物,圣人为知矣,不诚则不能化万民。"⑧"圣人"与"天地"、"天之道"与"人之道"是通过"诚"而达到了合一。在天人关系上,荀子的基本思想也是"天人合一",其所以将天、人相区别,主要在于他认为自然界的客观规律是不以人的意志为转移的,所以荀子要求人们"明于天人之分"⑨,明晰天人之间的区别,做好为人之本分。"不与天争职",不去超越人的职责范围而做那些违背自然规律的事,只有这样才能使天下太平,百姓和乐。相反,若与天争职,逆天而行,就会天灾人祸不断,民不聊生。当然,在天人关系上,荀子非常重视人的主观能动性,把人看作是与天地并立的三大要素之一,"天有其时,地有其材,人有其治,夫是之谓

---

① 蔡仁厚.孔孟荀哲学[M].台北:台湾学生书局,1984:369.
② 荀子[M].方勇,李波,译注.北京:中华书局,2015:265.
③ 荀子[M].方勇,李波,译注.北京:中华书局,2015:265.
④ 荀子[M].方勇,李波,译注.北京:中华书局,2015:300.
⑤ 荀子[M].方勇,李波,译注.北京:中华书局,2015:114.
⑥ 荀子[M].方勇,李波,译注.北京:中华书局,2015:300.
⑦ 荀子[M].方勇,李波,译注.北京:中华书局,2015:265.
⑧ 荀子[M].方勇,李波,译注.北京:中华书局,2015:25.
⑨ 荀子[M].方勇,李波,译注.北京:中华书局,2015:266.

能参"①,"君子者,天地之参也"②,"天有常道矣,地有常数矣,君子有常体矣"③。而且,人的特点和优点就是善于利用外在的事物为己所用,"君子生非异也,善假于物也"④,以此提出人可以"制天命而用之",也就是人可以掌握自然规律并利用它。在对待和利用自然资源的方式上,荀子提出了以时禁发的"圣王之制",他提出:"圣王之制也。草木荣华滋硕之时,则斧斤不人山林,不夭其生,不绝其长也。鼋鼍鱼鳖鳅鳝孕别之时,罔罟毒药不入泽,不夭其生,不绝其长也。春耕夏耘,秋收冬藏,四者不失时,故五谷不绝而百姓有余食也。污池渊沼川泽,谨其时禁,故鱼鳖优多而百姓有余用也。斩伐养长不失其时,故山林不童,而百姓有余材也。"⑤可见,荀子非常讲究"时"的观念,农作物耕种要不违农时,索取和利用各种资源也要讲究时令,从而达到对自然资源的可持续利用,达到天时、地利、人和相统一的生态境界。

及至汉代,在继承提炼先秦儒家生态伦理的基础上,汉儒董仲舒立足于汉武帝"求天命与情性"的政治需要,充分吸取和继承的先秦"天人合一"思想,建立起了"天人感应"的儒家政治理论体系。董仲舒所言的"天"既是自然之天,也是道德之天、神灵之天,他将上天发生的灾异现象与皇帝的过失行为联系起来,所谓"天令之谓命,命非圣人不行"⑥,人受命于天,道德、行为就必须要符合上天所规定的准则,"法天道","顺天命"。他又说天道是"任德不任刑",主生不主杀,仁爱天下众生,所以作为天的代言人——天子,就必须法天道。他用天道之仁和灾异警告的方式来制约提醒统治者的行为,是一种天、人、社会和谐统一的整体思想,使得"天"被神秘化,这种思想总体上是为了适应封建统治的需要而提出的。但是从"天人合一"思想的发展演变历程看,董仲舒的"天人感应"思想是其中重要的发展阶段和表现形式,对于儒家"天人合一"思想的发展有承上启下的作用,对后世儒家尤其是宋明时期理学家们的思想产生了重要的影响。后儒在"天人合一"伦理思想的建构,可以说就是循着汉代董仲舒这一路径而行的。

董仲舒在《春秋繁露·王道》中描绘了这样一幅图景:"五帝三王之治天

---

① 荀子[M].方勇,李波,译注.北京:中华书局,2015:265.

② 荀子[M].方勇,李波,译注.北京:中华书局,2015:114.

③ 荀子[M].方勇,李波,译注.北京:中华书局,2015:265.

④ 荀子[M].方勇,李波,译注.北京:中华书局,2015:3.

⑤ 荀子[M].方勇,李波,译注.北京:中华书局,2015:114.

⑥ 汉书:卷五十六:董仲舒传第二十六[M].北京:中华书局,1962:2515.

下,不敢有君民之心,什一而税,教以爱,使以忠,敬长者,亲亲而尊尊,不夺民时,使民不过岁三日。民家给人足,无怨望忿怒之患、强弱之难,无谗贼妒嫉之人,民修德而美好,被发衔哺而游,不慕富贵,耻恶不犯,父不哭子,兄不哭弟,毒虫不螫,猛兽不搏,抵虫不触。故天为之下甘露,朱草生,醴泉出,风雨时,嘉禾兴,凤凰、麒麟游于郊,囹圄空虚,画衣裳而民不犯,四夷传译而朝,民情至朴而不文。"①这是董仲舒心目中理想的生态社会。孔子理想的大同社会主要讲人,而董仲舒的理想社会中增加了"天"的因素,"毒虫不螫,猛兽不搏,抵虫不触。故天为之下甘露,朱草生,醴泉出,风雨时,嘉禾兴,凤凰、麒麟游于郊",展现了人与自然和谐的美好景象,构建了理想生态社会的愿景。此外,董仲舒是天人合一思想的倡导者,基于先秦儒家天人合一思想,他提出"天地人一体"说。董仲舒说:"何为本?曰:天、地、人,万物之本也。天生之,地养之,人成之……三者相为手足,合以成体,不可一无也。"②即所谓"天人之际,合而为一"③。天地人三者合为一体,缺一不可,构成了万物生化之根本,也就是说天地人是相互联系的一个生态系统,三者有机联合才能使天地间的自然万物欣欣向荣,繁茂兴盛。在此基础上,董仲舒还通过分析人的命运和天地相连的关系,提出了"行为伦理副天地"的天地伦理观,明确将人类的伦理视野推广到天地之间,认为道德伦理不仅存在于人与人之间。

朱熹以阐述宇宙自然观为基础,通过对"太极""理气""道"等哲学范畴的阐释,在继承《中庸》"尽性参天"等思想的基础上,把人和自然看成统一的整体,把"理"作为其生态伦理思想的核心范畴,用"天人一理"的形式对"天人合一"这个古老的命题进行新的诠释,并进行了创造性的发挥,形成了其"天人合一"的生态伦理思想。人也存在于天地生态系统之间,天地"与人俱生",人类的命运与天地相连。

二、对"仁"学的继承与发展

"仁"是以孔子为代表的传统儒家思想的核心,从生态哲学的角度看,

---

①　董仲舒.春秋繁露[M].张世亮,钟肇鹏,周桂钿,译注.北京:中华书局,2020:103.

②　董仲舒.春秋繁露[M].张世亮,钟肇鹏,周桂钿,译注.北京:中华书局,2020:193.

③　董仲舒.春秋繁露[M].张世亮,钟肇鹏,周桂钿,译注.北京:中华书局,2020:172.

"仁也是儒家生态文化的重要概念,生态的态度是其中重要的内涵。儒家文化的发展有几千年的历史,仁的生态维度也经历了一个不断丰富发展的过程"①。因此,"仁"也是人类与自然相处的基本准则。可以说,儒家生态伦理思想体系就是以"仁"为核心建立和展开的。关于"仁",子曰"克己复礼为仁"②,人只有克制自己的私欲,使言语行为都符合礼,才能称为仁德。从生态的维度上看,"克己复礼为仁"是孔子生态伦理思想的价值追求。他要求人们磨炼意志,克制不合理的欲望,对生态资源取用有度,维护生态的合理有序。孔子说:"仁者,人也,亲亲为大。"③"夫仁者,己欲立而立人,己欲达而达人。"④仁的自然基础就是亲亲之情。但仁爱虽然始于亲,却不终于亲,儒家的仁学不仅主张爱人,而且还要爱物。不仅爱人,而且爱动植物,爱自然生命,也就是要"爱所有的人和物"⑤。孔子的仁爱是一种"泛爱",他主张将爱推衍扩展到自然万物,仁德厚及鸟兽昆虫。他反对细网捕鱼、射杀巢鸟这种不仁的行为,主张"子钓而不纲,弋不射宿"⑥。从自然中获取物质生活资料,要以"仁"为底线,也即"无伤",对自然不伤害,不侵扰,这种对自然的态度也反映了孔子"泛爱众而亲仁"⑦,为了大多数人的生存利益而反对毁灭野生资源的生态伦理思想。

孟子进一步提出"亲亲而仁民,仁民而爱物"的思想。孟子说:"君子之于物也,爱之而弗仁;于民也,仁之而弗亲。亲亲而仁民,仁民而爱物。"⑧朱熹对此进行释意,认为"物,谓禽兽草木;爱谓取之有时,用之有节"⑨。语意解释疏宽恰当、精炼准确。孟子的"仁爱"是有层次性的,从对亲人之间"亲亲",到对百姓的"仁民",再到对待自然界生命的"爱物","仁爱"的价值等级有三种不同的层次,从对人的"亲"和"仁"逐步扩展和过渡到对万物的"爱"。他继承和发展了孔子"泛爱众而亲仁"的思想,同时又批驳了墨家"爱无差

① 乔清举.泽及草木恩至水止:儒家生态文化[M].济南:山东教育出版社,2011:203.

② 论语[M].程昌明,译注.太原:山西古籍出版社,2001:125.

③ 李志敏,主编.四书五经:卷一:中庸[M].北京:京华出版社,2003:15.

④ 论语[M].程昌明,译注.太原:山西古籍出版社,2001:53.

⑤ 钱耕森,沈素珍.孔孟"仁者爱人"说与生态文明[J].齐鲁学刊,2016(2):8.

⑥ 论语[M].程昌明,译注.太原:山西古籍出版社,2001:65.

⑦ 论语[M].程昌明,译注.太原:山西古籍出版社,2001:1.

⑧ 李志敏,主编.四书五经:卷一:孟子·尽心上[M].北京:京华出版社,2003:220.

⑨ 朱熹.四书章句集注[M].金良年,今译.上海:上海古籍出版社,2006:457.

等"的主张,明确了爱人和爱物的差异性,发展了儒家"仁民爱物"的思想。由于孟子主张"爱"应扩展到天地间的自然万物,所以他大加赞赏齐宣王不忍杀牛祭祀的"仁术",并慨叹:"君子之于禽兽也,见其生,不忍见其死;闻其声,不忍食其肉。是以君子远庖厨也。"[1]

"仁民爱物"这一思想扩大了"仁"的道德关怀范围,把"仁爱"的对象从人类推广到了宇宙万物,将适用于人类社会的殷殷之爱投向一切生命。从"仁民"到"爱物",是儒家仁学的内在逻辑诉求,这种"仁爱"的精神发端于孔子,成熟于孟子,体现了儒家一贯追求的仁爱万物的博大道德情怀。此后,宋明理学家们继承并发展了先秦儒家"仁"的思想。比如二程对"仁"进行了新的诠释,延续了孟子从心性论仁的方向并进行拓展,分别了体用、性情等,赋予了仁的形上本体意义,二程将仁视为体,在孟子"仁,人心"所体现的仁的固有性的思想基础上,扩展到体用范畴,如程颢所言"仁者体也,义者用也"[2],在对"仁"的理解上还提出了"仁者以天地万物为一体"的观点,认为人与天地万物是共生共在的关系;又如张载《西铭》提出了"民胞物与"说,将天地看作父母,将人民看作同胞,视万物为朋友,体现了一种博大宏远的道德精神和圣贤气象。朱熹作《西铭解》,深入解读了张载的"民胞物与"思想,提出:"'民吾同胞,物吾与也。'万物虽皆天地所生,而人独得天地之正气,故人为最灵,故民同胞,物则亦我之侪辈。"[3]由此说明,人在天地间最灵最贵,与自然万物虽同根同源,但还有差别。人和自然万物是同伴、同辈的关系,人应当根据自然万物的特殊性,像看待同伴那样对待自然万物。经过历代儒学大师的传承,"仁民爱物"思想成了儒家的一个重要思想传统,对儒家生态伦理思想的发展起了重要的推动作用,尤其是对朱熹生态伦理思想的发展具有重要的启迪作用。

此外,朱熹在继承先秦"仁"说的同时,对先秦儒学"仁"说还有一个发展就是将包括"仁义礼智"在内的"仁"上升到了"天理"的高度,"天理"是仁义的根据。朱熹认为仁不仅是道德概念,更具有本源的意义,将儒家伦理思想与哲学本体论统一了起来,这一发展发扬光大了孔孟"仁"学思想。

---

[1]　李志敏,主编.四书五经:卷一:孟子·梁惠王上[M].北京:京华出版社,2003:132.

[2]　程颢,程颐.二程集[M].北京:中华书局,1981:74.

[3]　朱熹,撰.黎靖德,编.朱子语类:卷九十八[M].武汉:崇文书局,2018:1910.

第二节　融合吸收"北宋五子"的生态伦理思想

　　周敦颐、张载、邵雍、程颢、程颐是理学先驱人物和北宋新儒学的创建者,被后人称为"北宋五子"。他们提出了许多理学重要概念、范畴和思想,对朱熹理学思想的产生起到了独特的作用。理学讲天道性命之学,把人性的本原归之于天道,是一种天人合一的哲学,同时也是强调人类与自然和谐共生的生态哲学。"北宋五子"生态伦理思想是朱熹生态伦理思想的直接理论来源。

一、朱熹对周敦颐宇宙本体论的继承与改造

　　周敦颐是宋明理学的开山鼻祖,其著名的代表作《太极图说》以"无极—太极—阴阳五行—万物化生"的思维路径,从宇宙论的角度论述人生社会道德心性,开天道性命相贯通之先河,奠定了宋明理学的基调。他建立了以"太极"为本源的系统宇宙论、以"诚"为本体的生态道德论和以"立诚"为核心的生态价值论;并以圣人作为中介,将天道与人道贯通一体,在追求圣人境界的同时对天人合一的思想进行了论证,表现出一种生态伦理意境。周敦颐对"太极"化生万物的阐释,集中于《太极图说》。《太极图说》提出"无极而太极"。无极太极都是宇宙的本源、世界演化的最初根基,起点是无极,接下来是太极。"太极动而生阳,动极而静,静而生阴,静极复动。一动一静,互为其根,分阴分阳,两极立焉。"[①]"阴阳"二气在万物化生的过程中相辅相成,由此形成了不同物性的金木水火土"五行",而"五行"在时间上的分布产生了春夏秋冬"四时"。这就是周敦颐"无极而太极"的宇宙生成论。周敦颐的《太极图说》还提出了"以太极立人极"的天人合一的道德本体论,他赋予了"天人合一"两种内涵:即人与宇宙万物不可分割,人来源于宇宙,天道与人道具有一致性、关联性与包容性;人要"与天地参"与自然达到统一,"赞天地之化育"。

---

　　①　周敦颐.周敦颐集[M].陈克明,点校.北京:中华书局,1990:4.

朱熹推崇周敦颐的《太极图说》，继承了"太极"这一概念，并以"无极""太极""动静""主静"等为基本范畴对之进行逐章注解。朱熹对周敦颐的宇宙生成论进行了形而上和形而下的区分，指出太极隐藏着动静阴阳之理。太极的动静生生，不是太极自身的动静，而是太极所乘气的动静。理随气动而动，气的动静则是理的外在表现，太极与阴阳的关系是"理"与"气"的关系，所谓"一阴一阳之谓道"是气在理的支配下运动的过程。由太极阴阳动静伸展开来，朱熹将太极动静生阴阳之理贯穿到五行运行中："盖五行之变，然无适而非阴阳之道。至其所以为阴阳者，则又无适而非太极之本然也。"[①] 阴阳五行的运行变化，内在地具有太极之本然，此所谓各具其性。朱熹宗奉二程，认为"天理"是最高范畴的宇宙本体，它包含百理，也可以把"诚"包含在内。在二程学说的基础上，朱熹提出"太极即理"，将"太极"等同于"理"，认为它是宇宙世界的最高主宰，实现了对"太极"范畴的理学化改造。他还从"理一分殊"的角度，指出太极作为宇宙万物的本体，是"理之极至"，即"理一"，每个具体事物都禀受了太极（理）作为自己的性理。而一物各具一太极，各个事物各有其特殊的表现形态，就是分殊。

从周敦颐的"太极""诚体"到朱熹的"阴阳""理气""动静"，他们的宇宙本体论都蕴涵了"天道生生不息"这一有机论的内容，把人对自然万物的关爱作为其道德本体论的重要组成部分，蕴含着深刻的生态伦理思想。

二、朱熹对张载"天人合一"生态伦理思想的吸收与诠释

张载揭示了天地万物同体同源，正式提出"天人合一"命题。从"气一元论"的认知出发，张载提出了天性与人性、天道与人道相统一的"天人合一"思想，这一思想包含着"体天下物"和"寡欲"的道德原则，具有"乾坤父母"的道德情感和"民胞物与"的道德理想。从生态角度思考"天"与"人"的密切关系，表达了人类对自然的敬畏以及泛爱万物的道德情怀。

张载的思想以"气"为核心，用"气"解释天地自然、社会万象，因此，他的"天人合一"理论来源于"气一元"的哲学认识论。他提出"虚空即气"的思想，认为"太虚不能无气，气不能不聚为万物，万物不能不散为太虚"[②]。气

---

① 周敦颐.周敦颐集[M].陈克明,点校.北京:中华书局,1990:6.
② 张载.张载集[M].章锡琛,校.北京:中华书局,1978:62.

是包括人在内的万物的本原,张载以此论述宇宙天地的结构、日月五星的运行以及月亮之变化与大地之升降,构筑起自己的自然观体系,进而说明人与天在本质上是同一的。从"气一元论"出发,张载天人合一思想论证了天性与人性的统一、天道与人道的统一。张载天人合一思想在其《正蒙·乾称篇》得到突出体现。他说:"乾称父,坤称母;予兹藐焉,乃混然中处。故天地之塞,吾其体;天地之帅,吾其性。民,吾同胞;物吾与也。"①在《诚明篇》中又说"天人异用,不足以言诚;天人异知,不足以尽明。所谓诚明者,性与天道不见乎小大之别也……义命合一存乎理,仁智合一存乎圣,动静合一存乎神,性与天道合一存乎诚"②。由此可见,张载的"乾父坤母""民胞物与"观念是其"天人合一"思想的集中表达,他代表着宋代理学家对"天人合一"理想境界的追求,"性与天道合一存乎诚",也体现了张载在天道与人道相统一问题上的认识。张载以为人与自然万物都是出于"太虚",是"气"的聚合而生成,因而人与人的关系是同胞兄弟关系,人与物的关系则是同类伙伴关系,即所谓"民吾同胞,物吾与也",这蕴含着深刻的儒家生态伦理思想。

张载的"民胞物与"思想是对孟子"仁民爱物"思想的进一步发展,他从人与物有着共同本原思想出发,强调人与物的同类伙伴关系,更重视人与物的平等。朱熹对张载的"民胞物与"思想高度赞赏,并对此进行了深入的诠释,他说:"人物并生于天地之间,其所资以为体者,皆天地之塞。其所得以为性者,皆天地之帅也。然体有偏正之殊,故其于性也,不无明暗之异。惟人也得其形气之正,是以其心最灵而有以通乎性命之全体,于并生之中,又为同类而最贵焉,故曰同胞。则其视之也,皆如已之兄弟矣。物则得夫形气之偏,而不能通乎性命之全,故与我不同类,而不若人之贵。然原其体性之所自,是亦本之天地而未尝不同也,故曰吾与。则其视之也,亦如已之侪辈矣。惟同胞也,故以天下为一家,中国为一人,如下文所云。惟吾与也,故凡有形于天地之间者,若动若植、有情无情,莫不有以若其性、遂其宜焉。此儒者之道,所以必至于参天地、赞化育,然后为功用之全,而非有所强于外也。"③

---

① 张载.张载集[M].章锡琛,校.北京:中华书局,1978:62.

② 张载.张载集[M].章锡琛,校.北京:中华书局,1978:20.

③ 朱杰人,严佐之,刘永翔,主编.朱子全书:第十三册[M].上海:上海古籍出版社,合肥:安徽教育出版社,2002:141-142.

朱熹还根据"理一分殊"说对张载"民胞物与"进行了诠释,从"民胞物与"所体现的"理一",强调人与物皆为同辈,提出要保护自然;又从"民胞物与"所蕴含的"分殊",强调物与人的差别、爱物与爱人的不同。在朱熹看来,张载的"民胞物与"既讲人与物有共同的本原而属于同类,又讲人不同于物而为同类中最贵者,而且物与物之间也是各不相同的。因此,对于不同的物,要给予不同的对待,应当"若其性、遂其宜",也就是要根据自然物的特殊性,合理地予以对待,并且只能采取辅助的方式,而不是外在的强加。

三、宗承二程,继承和发展了二程生态伦理思想

宋代是儒家生态哲学发展的一个高级阶段,程颢、程颐兄弟作为新儒学的代表人物,在处理和协调前代人与自然的生态关系上,比前人的观念更丰富更具体。二程共同创立了"天理"论的天道性命哲学,二程的天理观强调人与万物同源,天理是宇宙本体,也是道德本体。人与天地万物同处于"理","天即理"。它是人与天地万物同源的天人合一的根据。"生生之仁"是天理,开启了"仁民爱物"的生态伦理。人性出自天理,从理论上确定了人类的道德伦理必然包括保护自然、关爱自然的生态行为准则。尽管二程共同将理学发展成为一种完备的理论形态,但二人的哲学思想并不完全相同。在理论上,程颢是开创者,程颐是发展者。

程颢的"生生之仁"弘扬儒学"仁民爱物"的仁学精神,他的"天理"论发展了周敦颐的太极"诚体"论以天道释人性的道德形而上学,其理论偏向"心"的研究,包含着非常深沉而强烈的宇宙情怀,对自然界充满了热爱,他的"仁者以天地万物为一体"既表现了"仁者"上下与天地同流的高远的人生境界,又表现了关爱自然万物的生态情怀,是其生态伦理思想的深刻展现。程颢的生态伦理思想是建立在其"天理"道德本体论的基础上的,程颢说"天者,理也"[①],认为"天理"是宇宙之本,"天理云者,这一个道理,更有甚穷已?不为尧存,不为桀亡。人得之者,故大行不加,穷居不损。这上头来,更怎生说得存亡加减?是佗原无少欠,百理具备"[②]。天理贯通人性,"性与天一"。为了说明天理即是道德本体,程颢构建了德、诚、礼、性的天理道德本体论,

---

① 程颢,程颐.二程集[M].北京:中华书局,1981:32.
② 程颢,程颐.二程集[M].北京:中华书局,1981:31.

"有德者,得天理而用之"①。说明德性来自天理,德即是天理。"天地之大德曰生,天地絪缊,万物化醇。生之谓性。万物之生意最可观,此元者善之长也,斯所谓仁也。人与天地一物也,而人特自小之,何哉?"他认为天地正是有了大德,才会有"生",人作为德性主体,肩负的重要使命便是"参赞"天地之化育。德性将人与自然和谐统一于一体。总的来说,程颢的生态伦理思想主要内容可以概括为:一是天人一体论的生态宇宙观。程颢提出"天人本无二,不必言合"②,即"天人本一"。人通过识"仁"则可以达到天人合一的境界,"学者须识仁。仁者,浑然与物同体"③,程颢将"仁"推广到人与自然中,并将宇宙本体论思想赋予了"仁",让"仁"更具有了宇宙情怀,从而在天理论中为传统儒家"仁民爱物"找到一个哲学本体论的根据,并赋予它生态伦理学的意境。程颢还提出:"仁者,以天地万物为一体,莫非已也。"④他认为人具有完整德性的唯一办法就是与天地万物成为一体,也只有这种德性才能使人达到"万物与我为一"的自由境界。由此可见程颢追求和向往的是一种包容达观、圆融洒脱的精神境界。要想达到这种自由自在的境界,做到心怀宽广的程度,就只有具有与天地万物为一体的仁者情怀。二是"生生之仁"的生态价值观。程颢从其仁学自然观出发,论证了"天道生生"即是仁、"生生之德"即是仁、"与物同体"即是仁。这种仁者关爱万物生态价值观,使得程颢的哲学伦理学引向了生态伦理领域。三是"天人本无二"的生态伦理思想。他认为人与万物为一体,人类与自然万物的关系就如同天与人本就是一个本体的关系一样不可分离,因为它们本就是一个整体。人对自然万物施以的仁爱就是"赞天地之化育"之德,而在生态伦理实践上,程颢大力提倡"孔颜乐处",向往和追求"以天地万物为一体",憧憬"鸢飞鱼跃"的自然之乐。

与程颢不同的是,程颐偏向"理"的研究,强调了儒家伦理原则的绝对性,并将其进一步提升为不可撼动的"天理",以"天理"论来统一宇宙本体。程颐注重"理"与"气"的分析,提倡"性即理",从而形成了他"格物穷理"的认知论和"居敬主一"的道德修养论,并最终建立起"性与天道合一"的理学思

想体系。在生态伦理观念上,他提出"循理之乐",与程颢的"仁者与天地万物一体"之乐不相同,程颐则主张天道与人道的统一性,把性与天紧密联系在一起,将人与自然的统一作为对"天人合一"观的最高认识。他更强调自然与社会的秩序,"理即是礼"。因而他的伦理思想带有更多的政治伦理特色,当然并没有脱离"仁民爱物"的生态关怀。程颐建立起以"理"为中心的道德本体论,将"惟理为实"作为自己的哲学命题。他认为,"天下只有一个理","理者,实也,本也","理"是最高的实体范畴,是天地万物存在的根据。程颐提出"理"一元论的"天理"观,说:"天者,理也",将"天理"作为哲学体系的最高范畴,把"天理"绝对化,认为人类在自然界乃至社会生活中都必须遵循天理,这是程颐"天人合一"思想的理论前提。天理作为天下之理,普遍适用于天下所有自然物。世界上的一切事物都产生于"理",只要有"理"就有万物,"天理"将人类道德准则扩展成为人与自然万物共有的道德准则。关于天人合一,程颐有自己的看法,他认为,"道未始有天人之别,但在天为天道,在地则为地道,在人为则人道"①,"天地人只一道也","道合内外"是天人合一的身心性命之道,人与天合实际上就是"体合",是合内外,合天人,"圣人之心,未尝有在,亦无不在,盖其道合内外,体万物"②。关于"理",二程还提出了"存天理,遏人欲"的道德伦理命题。在阐述"道心"与"人心"关系时,程颐把"天理"与"人欲"对立起来。他说:"人心私欲,故危殆。道心天理,故精微。灭私欲则天理明矣。"③排除政治伦理上的因素,从生态伦理角度看,这一思想具有一定的合理性。在生态伦理实践上,程颐与周敦颐、程颢一样,弘扬孔颜之乐,不同的是程颐提倡的是"循理"之乐,认为人类做任何事只有符合事物发展规律、道德规范,才能称之为"乐","孔颜之乐"只有与"理"完全合一,达到完全的德性和理性后,人类才能从内心深处感受到真正的快乐。

朱熹的思想受二程影响最深,主要是对二程理学的继承,因而并称"程朱理学"。朱熹继承了"二程"关于"理"的思想,认为理是天地万物的道理,"理也是实实在在的理,并非虚无","理"是宇宙万物的本源,人应当发挥其作为"万物之灵"的作用。在此基础上,朱熹给传统的天人合一的思想赋予

---

① 程颢,程颐.二程集[M].北京:中华书局,1981:81.

② 程颢,程颐.二程集[M].北京:中华书局,1981:59.

③ 程颢,程颐.河南程氏遗书:卷十五[M]//二程集.北京:中华书局,1981:143.

了"理一分殊"的新意,这一观点使得我国古代对于天人关系的认识更加严密与完整。

此外,邵雍的宇宙生成演化模式也对朱熹产生了影响。邵雍认为"万物各有太极、两仪、八卦之次,亦有古今之象"①。他认为万物均在"太极"之内,但万物又各有其各自"太极",故而"变化生成,动植类起,人在其间,最灵最贵"②,强调万物生命的产生,人是万物中"最灵最贵"。邵雍的这些思想观点对朱熹思想的形成也产生了很大的影响。

朱熹的生态伦理思想通过他对"天人合一"命题的论述而展开,朱熹集周敦颐与二程思想之所学,博张载与邵雍思想之所长,集濂学、洛学、关学三家之精髓,以"天人一理"的形式对"天人合一"这个古老命题进行了新的阐述,建立起了自己独具一格的生态伦理思想体系。

第三节　批判汲取佛教和道家的
生态伦理思想

清代史学家全祖望曾说过:"两宋诸儒,门庭径路半出于佛老。"③结合中国古代思想发展的历史进程,理学的发展确是融合了儒、佛、道三家的产物。朱熹理学不仅是儒学的恢复和发展,它和佛、道思想亦有深刻的渊源关系。朱熹生态伦理思想吸取了不少佛教和道家、道教的自然发展观。朱熹生态伦理思想的产生不仅是基于以往儒家生态伦理思想的成果,更是在这一基础上对其进行了全面的综合、总结和阐发,融合了儒、释、道三家生态伦理思想,在很多方面体现了对佛家和道家生态伦理思想的吸收融合。

---

① 邵雍.皇极经世书:卷十四:观物外篇[M].郑州:中州古籍出版社,2007:522.

② 邵雍.邵雍集:伊川击壤集:卷十七:观物吟[M].北京:中华书局,2010:453.

③ 鲒埼亭集外编:卷三一[M]//全祖望,撰,金铸禹,汇校集注.全祖望汇校集注.上海:上海古籍出版社,2000:1373.

一、对佛教生态伦理思想的批判吸收

佛教在西汉末期进入中国,在与中国玄学合流的过程中开始中国化,并得到巨大的发展。佛教思想以缘起论为核心,认为世间万物都是因缘和合的相状,事物随着因缘的变化而变化,万物皆变,没有不变的实体。佛教"缘起论"认为世界是瞬息万变的,万法无常无我,没有绝对的、永恒的东西,人们要去除对世间万事万物的执着心,以达到"无我"的状态。佛教把世界作为一个整体来把握,认为宇宙就是一个因缘和合的聚合体。在人与自然的关系上,佛教主张"众生平等",其"三界众生共同体"和"六道轮回"的基本教义,体现了佛教的生态伦理智慧。

佛教明确提出了生态伦理理想,其生态理想社会是"佛国净土,极乐世界"。佛教由"缘起论"出发,突出强调宇宙众生平等,得出"天地与我同根,万物与我一体"的结论,人与自然相融相合,人和自然界不是征服与被征服的关系。众生平等观念比较鲜明地反映了佛教生态伦理观,这一观念认为宇宙的一切生命和存在都是平等的,人类要与众生和谐共存,平等相处。在对待生命体与所处环境之间关系的问题上,佛教还提出了万物一体、依正不二,诸法无我、自他不二的基本准则。万物一体、依正不二,是从众生皆有佛性来说,一切生命皆有成佛的可能性,我们必须公平地对待和保护自然界众生,建造一个相互依存、和谐共生的世界。从诸法无我、自他不二的原则来看,人与自然万物是因缘和合关系,没有自然便没有人,因此,人要学会感恩,扶济众生。为此,佛教提出了普度众生的宏大理想。这一思想与儒家"亲亲、仁民、爱物"的推己及人的思想是一致的。

总体上看,佛教生态伦理思想丰富,其生态理念主要表现在两个方面:"一是承认万物皆有佛性,都具有内在的价值,这就是'郁郁黄花无非般若,青青翠竹皆是法身'。二是尊重生命,强调众生平等,反对任意伤害生命,因而提倡素食,认为'诸罪之中,杀罪最重;诸功德中,不杀尤要'。"[①]佛教生态伦理观的意义在于使人们重新审视人与自然的关系。

朱熹构建的"理体气用"的本体论思想,以太极为理,以阴阳为气,这一本体论学说与佛教的思想学说极为相似。佛教认为万事万物是由"一真法

---

① 李培超.自然的伦理尊严[M].南昌:江西人民出版社,2001:234.

界"之缘而产生,此乃是一种理体之现,这种理就蕴含于事物中。朱熹在阐述"理一分殊"这个基本命题时引用佛教禅宗玄觉的"一月普照一切水,一切水月一月摄",来说明"理"与万事万物的关系。而佛教华严宗宣扬的"一即一切"的思想与朱熹"理一分殊"亦有相通之处。朱熹所谓"人人有一太极,物物有一太极"即华严宗的"一一事中,理皆全通"。可以看出,朱熹的"理一分殊"命题借鉴了华严宗论证"理与事"的关系的方法。当然,朱熹在汲取佛教理论建构自己思想体系的时候,是以正统儒家身份来继承道统的,对佛教生态伦理思想是持批判态度的,是与佛教划清界限的,如他在评析儒家之"理"与佛教之"理"时就有"释氏虚,吾儒实;释氏二,吾儒一"①和"吾儒万理皆实,释氏万理皆空"②的论断。另外,朱熹"心统性情"之说也是借鉴了佛教"一心开二门"的模式,朱熹"如统性情"之方式解释了心、性、情三者之间的关系。当然,这种方式与佛教也是有一定区别,如佛教禅宗在谈到"心"和"性"之时,是将二者看作一体的,而朱熹之说却有不同,认为"心"和"性"是不同的,因为"心"属"气","性"属"理"。

二、对道家生态伦理思想的批判吸收

在朱熹的理学思想中也可以清楚地看到道家和道教思想的影响,朱熹学说在形成过程中,道教对其产生过不可忽视的深刻影响。道家以"道"为核心,从天道运行的基本逻辑入手,以自然义、中性义为主要特点,其哲学思想极具自然主义精神。道家关于人与自然关系的思考和论述,蕴含着丰富的生态伦理思想。美国物理学家卡普拉认为:"在各种伟大的传统中,据我看来,只有道家提供了最深刻而且完整的生态智慧,它强调在自然的循环过程中,个人和社会的一切现象和潜在的本质两者的基本一致。"③道家生态伦理思想对朱熹生态伦理思想的形成产生了重要的作用。

(一)老子的生态伦理思想

老子,姓李名耳,又称老聃,春秋时期楚国人,后人称其为老子,是道家

---

① 朱熹,撰,黎靖德,编.朱子语类:卷一百二十六[M].武汉:崇文书局:2018:2291.

② 朱熹,撰,黎靖德,编.朱子语类:卷一百二十四[M].北京:崇文书局:2018:2261.

③ Fritjof Capra. Uncommon Wisdom:Conversations with Remarkable People[M]. New York:Simon & Schuster,1988:36.

学派的创始人,其思想中蕴含着丰富的生态伦理内容。蒙培元先生指出:"老子在中国哲学史上第一次明确提出'自然'这一重要范畴,讨论了人与自然界的关系问题。"①蒙培元先生认为老子哲学的根本宗旨是"回归自然",在中国古代生态哲学的发展上作出了重大贡献。"道"是老子哲学最高的也是最根本的范畴,是天地万物之母。老子说:"有物混成,先天地生,寂兮寥兮,独立不改,周行而不殆,可以为天下母。吾不知其名,字之曰道,强为之名曰大。大曰逝,逝曰远,远曰反,故道大、天大、地大、人亦大。域中有四大,而人居其一焉。人法地,地法天,天法道,道法自然。"②这个浑然一体的东西就是"道","道生一,一生二,二生三,三生万物"③。老子认为道不可用言语来表达,"道可道,非常道,名可名,非常名"④,"道"不同于现实世界中的任何事物,它无形无象,无声无色,看不见、摸不着、听不到。道是宇宙世界的本源,产生和养育了天地万物,"道"最基本的法则是"道法自然","道常无为,而无不为,侯王若能守之,万物将自化"⑤。

老子认为宇宙间的"道大、天大、地大、人亦大",因此万物是平等的,这体现了老子生态伦理思想的生态平等观,因为天地万物与人一样"大","自然"是人与生态系统万物的共同规律,自然而生,自然而长。要以慈爱的心善待天地万物,老子说:"我有三宝,持而保之。一曰慈,二曰俭,三曰不敢为天下先。"⑥慈即慈爱,慈爱的对象包括人类在内的天地万物。俭即有而不尽用,老子主张的是一种节俭的适度消费,反对铺张浪费的奢靡生活,在平常生活中,应该"见素抱朴,少私寡欲"⑦,保持质朴,减少私欲。

(二)庄子的生态伦理思想

庄子,名周,战国时期宋国蒙人,道家学派的代表人物。庄子以老子"道"的根本精神为归依,继承和发展了老子的哲学思想,后人将其思想与老子并称为"老庄哲学"。庄子作为道家思想的集大成者,其哲学思想中闪耀着生态伦理的光芒。庄子生态伦理思想的一个特征就是"道"统万物的生态

①　蒙培元.人与自然:中国哲学生态观[M].北京:人民出版社,2004:191.
②　王弼,注.老子道德经注校释[M].楼宇烈,校释.北京:中华书局,2008:62-63.
③　王弼,注.老子道德经注校释[M].楼宇烈,校释.北京:中华书局,2008:117.
④　王弼,注.老子道德经注校释[M].楼宇烈,校释.北京:中华书局,2008:1.
⑤　王弼,注.老子道德经注校释[M].楼宇烈,校释.北京:中华书局,2008:90.
⑥　王弼,注.老子道德经注校释[M].楼宇烈,校释.北京:中华书局,2008:170.
⑦　王弼,注.老子道德经注校释[M].楼宇烈,校释.北京:中华书局,2008:45.

整体论。庄子说:"夫道,未始有封。"①"夫道,有情、有信、无为、无形……生天生地。"②"道者,万物之所由也。"③"天地者,万物之父母也。"④可以看到,庄子认为,道不仅是万物之源、生养万物,而且所有得道之物、之人无不繁荣昌盛,兴旺强大。反之,失道的人和事物无不死亡衰败。"道者,万物之所由也。庶物,失之者死,得之者生;为事,逆之则败,顺之则成。"⑤庄子认为,"道"不仅存在于万事万物中,而且"道"对万事万物的作用是均等的,"天地虽大,其他均也"⑥,从"道"的角度看,自然万物是没有高低贵贱之分的,都是平等的,"以道观之,物无贵贱"⑦。世间所有大小、美丑以及各种千奇百怪的事物都是可以贯通一体的,"道"无始无终,在"道"的统摄下,万物自生自灭。宇宙间的所有的事物都是一个有机的整体,万物皆出于"道",因"道"而产生、生长、运转、转化、消亡,循环往复,无始无终。

庄子继承并发挥了老子"复归"的生态道德理想,主张人类要顺应自然,做到自然无为。他认为人若是有所为去改变自然,反而会损害自然的本性。他说:"天地固有常矣,日月固有明矣,星辰固有列矣,禽兽固有群矣,树木固有立矣。"⑧万物有常,都依循自己的客观规律生长变化,没有人的干预才能正常运转,所以,人应该放弃对自然的改造,以"无为"的态度面对天地万物,建立原始本真的"至德之世"。"至德之世"是庄子的理想社会,构建"至德之世"首要原则是"无为",对道家"无为"的认识和理解,英国的李约瑟博士认为"无为"就是"不做违反自然的活动"⑨;其次要"绝圣弃智",认为圣智是社会朴真之德退化的总根源;最后强调"法自然","循天之理"⑩,顺应自然,让万物依照天理和本性自由生长。"至德之世"强调天人和谐,"物我同一",提出"人与天一""物无贵贱""顺物自然"。"人与天一"强调人与自然环境的相

① 杨柳桥.庄子译注[M].上海:上海古籍出版社,2006:33.
② 杨柳桥.庄子译注[M].上海:上海古籍出版社,2006:97.
③ 杨柳桥.庄子译注[M].上海:上海古籍出版社,2006:537.
④ 杨柳桥.庄子译注[M].上海:上海古籍出版社,2006:282.
⑤ 杨柳桥.庄子译注[M].上海:上海古籍出版社,2006:537.
⑥ 杨柳桥.庄子译注[M].上海:上海古籍出版社,2006:169.
⑦ 杨柳桥.庄子译注[M].上海:上海古籍出版社,2006:249.
⑧ 杨柳桥.庄子译注[M].上海:上海古籍出版社,2006:197.
⑨ 李约瑟.中国科学技术史:第二卷[M].北京:科学出版社,1990:76.
⑩ 杨柳桥.庄子译注[M].上海:上海古籍出版社,2006:238.

互依存,万物离不开自然环境,人类也是如此。"人与天一"的观点是庄子"物我同一"思想的基点,庄子从"人与天一"自然推出"物无贵贱",认为从道的角度看,万物都是道的造化所致,各有各的长处,各有各的价值,一切都是平等的,没有贵贱之分,顺应自然就行,也就是尊重客观规律,顺应事物本性。庄子还从"物我同一"的生态伦理情怀出发,提出"万物不伤",强调对自然万物要热爱和保护的生态爱护观念,"圣人处物而不伤物,不伤物者,物亦不能伤也。唯无所伤者,为能与人相将迎。山林与,皋壤与,使我欣欣然而乐与!"①他认为人类和自然万物是伙伴关系,人类不去损伤自然,自然也不会伤害人类,人类爱护自然就是爱护人类自身。

朱熹的生态伦理思想吸收和融合了庄子的思想精华,从"万物一理"到仁爱万物,再到"即物而穷其理",肯定了天地万物的内在价值。"从形而上宇宙本体论方面上看,朱子理学对庄子本体论思维模式有吸收和发挥。在心性论方面,朱子理学与道家互相排斥,又互相渗透。朱子心统性情理论的形成,与对庄子思想的批判与吸收是分不开的。"②朱熹的"理"可以从庄子"庖丁解牛"中找到渊源,庄子"万物殊理,道不私"③的观点与朱熹"理一分殊"思想有共通之处。在思维方法上,朱熹吸收和融合了庄子整体思维方法,认为"万物一理",宇宙万物的本原就是"理",这也可说是体现了一种整体思维的方法。另外,朱熹还汲取了庄子的天人观思想。他认为,万物化生于天地之间,人与自然万物以形气为体,同源并生,以理为性,"人与天一"④。他说:"圣贤出来,抚临万物,各因其性而导之,如昆虫草木,未尝不顺其性,如取之以时,用之有节,当春生时不夭灭;不覆巢,不杀胎,草木零落,然后入山林。"⑤朱熹所表达的这种爱物惜物,顺物自然的思想,与庄子所说的"以道观之,物无贵贱;以物观之,自贵而相贱;以俗观之,贵贱不在己"⑥具有相通之意。

朱熹理学的最高范畴"理""太极"以及"理在事先"的基本命题,其渊源

---

①　杨柳桥.庄子译注[M].上海:上海古籍出版社,2006:169.

②　徐刚,张丽雪.道家生态智慧与理学生态伦理的交融——从庄子走向朱子[J].朱子学刊,2016(2):147.

③　杨柳桥.庄子译注[M].上海:上海古籍出版社,2006:424.

④　杨柳桥.庄子译注[M].上海:上海古籍出版社,2006:306.

⑤　朱熹,撰.黎靖德,编.朱子语类:卷十四[M].武汉:崇文书局,2018:191.

⑥　杨柳桥.庄子译注[M].上海:上海古籍出版社,2006:15.

可通过宋代理学开创者周敦颐的《太极图说》上溯到老子的"道"。道家认为,道是宇宙万物的本源和根据,是自然与人存在的共同依据,也是观察天地万物的根本出发点。自然界的万物,是自然而然地生成的,道、天、地、人都是自然而然存在着的,天地自然界的万物运动变化是有规律的,按照自然的本性存在和运动,且无时无刻不在变化之中。道家这种以"道"为宇宙本体,道法自然的思想对朱熹生态伦理思想体系的构建产生了重要的影响。朱熹"天人合一"的生态伦理思想就是通过以"理""太极""道"这一本体论概念将人与万物统一了起来,人与天地万物互相联系的源头就是"理""太极""道"。因此,徐复观先生说:"老子思想最大贡献之一,在于对自然性的天的生成、创造,提出了新的、有系统的解释。在这一解释之下,才把古代原始宗教的残渣,涤荡得一干二净;中国才出现了由合理思维所构成的形上学的宇宙论。"①

朱熹博采众家学说,兼收并蓄了儒、释、道思想的精华,以"天人一理"阐释"天人合一",将伦理道德从人与人的关系扩展到人与自然的范围,主张节欲爱物,"取之有时,用之有节",以获得物质生活资料的满足,实现对美好生活和生命价值的追求。只有人和自然和谐共生,人类才能从感受到人与自然和谐之美与天理流行之趣。

---

① 徐复观.中国人性论史:先秦篇[M].上海:上海三联书店,2002:92.

第八章　朱熹生态伦理思想的多维阐释

　　如上篇"格自然之物：朱熹的自然观"所述，朱熹重视自然研究，他的自然观体现了对宇宙、生命和天人关系的基本观点和看法，自然观是其哲学思想不可忽视的重要组成部分，其中蕴含着丰富的生态价值。研究和阐释朱熹自然观中的生态伦理意蕴，对于全面把握朱熹生态伦理思想的内容及其所具有的现实价值具有重要意义。本章梳理了朱熹生态伦理思想的基本要义，分析了朱熹"理一分殊"说的生态特质，阐述了"格物致知"论的生态实践进路，辨析了"存天理、灭人欲"思想的生态伦理价值，对朱熹生态伦理思想的内涵进行了多维阐释，进而提出在当代社会挖掘朱熹生态伦理思想的精髓，对确立人与自然是生命共同体意识，构建当代生态文化和进行生态道德教育具有重要的启示和意义，从而为当代生态道德建设提供思想资源和理论借鉴，并赋予解决现代生态环境问题的可适用性。

第一节　朱熹生态伦理思想的基本要义①

　　人类社会诞生之时，人与自然就发生了关系，就有生态问题。中国的生态文化是一种人文生态。中国人不仅把"天人合一"作为自己基本的宇宙观，而且将其作为自己最高的人生理想。追求人与自然的和谐，是中国几千年传统文化的主流。

　　早在春秋以前，人与自然关系是一种经验宗教神学上的意义，即"神人交通"观。如《尚书·皋陶谟》曰"天聪明自我民聪明，天明畏自我民明威"，

---

　　①　张品端.朱熹思想的生态意蕴及其时代意义[J].朱子文化，2021(1)：10-16.

《诗经·大雅》云"天生烝民",《孝经·圣论章》谓"天地之性人为贵",等等。春秋以后,人与自然关系由以前宗教神学意义上升到具有哲学意义。人们把追求人与人、人与自然和谐作为人生最高目标、最高境界。

儒家学说创始人孔子主张通过人的努力,达到天与人的和谐。他说:"不怨天,不尤人,下学而上达,知我者其天乎!"①他这种不怨天,不尤人,靠人的主观努力去应付天,达到天人合一,具有主体意向性思维方式。孔子还把保护自然作为"孝"的道德行为的标准,把孝的伦理行为拓展到保护生物之中。曾子曾引用孔子的话说:"树木以时伐焉,禽兽以时杀焉。夫子曰:'断一树,杀一兽,不以其时,非孝也。'"②孟子在继承孔子思想的基础上,强调"心"的作用,"尽其心者,知其性也。知其性,则知天矣"③。孟子还提出:"君子之于物也,爱之而弗仁;于民也,仁之而弗亲。亲亲而仁民,仁民而爱物。"④通过"亲亲"—"仁民"—"爱物",把道德扩展到宇宙万物。荀子则主张"天人相分"。他认为,"天"和"人"各有其运行规律,而"天"没有目的和意志,"人"则是有目的和意志的。人虽然不能改变"天"的运行,但可以利用"天"的运行规律来为人类谋福利,即"制天命而用之"。人类和天地万物共处于和谐的整体之中,"各得其和以生,各得其养以成"⑤。所以,荀子提出"天养说",认为人类利用大自然养活了自己。

宋代理学将人与人、人与社会间的道德原则向人与万物间拓展。张载说:"乾称父,坤称母,予兹藐焉,乃混然中处。故天地之塞吾其体,天地之帅吾其性。民吾同胞,物吾与也。"⑥这就将伦理道德感情贯注入人与万物的关系间,人不仅对他人,同时对万物也承担着某种伦理责任。程颢提出,"仁者,浑然与物同体"⑦,"仁者,以天地万物为一体"⑧,人与万物是自然界的生

① 朱熹.论语:卷之七:宪问第十四[M]//四书集注.长沙:岳麓书社,1987:229.
② 礼记:卷八[M]//四书五经:下卷.北京:北京古籍出版社,1995:925.
③ 朱熹.孟子集注[M]//四书章句集注.金良年,今译.上海:上海古籍出版社,2006:438.
④ 朱熹.孟子集注[M]//四书章句集注.金良年,今译.上海:上海古籍出版社,2006:457.
⑤ 荀子[M].方勇,李波,译注.北京:中华书局,2015:266.
⑥ 张载.正蒙:乾称篇[M]//张载集.章锡琛,校.北京:中华书局,1978:62.
⑦ 程颢,程颐.河南程氏遗书:卷二上[M]//二程集.北京:中华书局,1981:16.
⑧ 程颢,程颐.河南程氏遗书:卷二上[M]//二程集.北京:中华书局,1981:15.

命共同体,"万物无一失所,便是天理时中"①。在"天理"之下,人与万物各得其所。

道家认为,"天"是自然,而人是自然的一部分。老子提出:"人法地,地法天,天法道,道法自然。"②老子思想的核心是一切都是自然发生的,人不能违背自然。"德"应该顺从"道",人应顺应自然,自然无为。所谓"道法自然",指的是"道"按照自然法则独立运行,而宇宙万物皆有超越人主观意志而运行规律。老子还将"道"视为宇宙万物的本原。他说:这个"道"是"有物混成,先天地生","可以为天地母"。③ 老子认为,由道产生万物,由"德"构成人们思想、言论和行为的准则,"德"应顺从"道"。庄子亦认为,"天地与我并生,而万物与我为一"④。可见,道家的人、地、天、道都统一于自然。

中国佛家提出"佛性"为万物之本原。宇宙万物的千差万别,都是"佛性"的不同表现形式,其本质仍是佛性的统一。而佛性的统一,就意味着众生平等,万物皆有生存的权利。

从上述可知,中国传统文化,无论是儒家、道家或中国佛家,尽管他们的解释略有不同,但从现代意义上去理解,无非都是把人和自然的关系看成一个整体的关系,强调"天道"和"人道"的合一,或"自然"和"人为"的合一。朱熹在总结、吸取前人思想的基础上,形成了自己的独特的生态伦理观。

一、"天地万物一理"的生态精神境界

朱熹确立了"天地万物一理"的基本观点,他说:"人、物之生,同得天地之理以为性,同得天地之气以为形。"⑤又说:"天人本只一理。若理会得此意,则天何尝大,人何尝小也。"⑥在朱熹看来,人作为自然界之派生物,体现了自然界的一般规律,人与自然界必须保持一种动态的平衡。同时,人要实现自然天地的生生之理,必须实现并完成自己的人性,才能回归到自然界本

① 程颢,程颐.河南程氏遗书:卷五[M]//二程集.北京:中华书局,1981:77.
② 王弼,注.老子道德经注校释[M].楼宇烈,校释.北京:中华书局,2008:64.
③ 王弼,注.老子道德经注校释[M].楼宇烈,校释.北京:中华书局,2008:63.
④ 杨柳桥.庄子译注[M].上海:上海古籍出版社,2006:31.
⑤ 朱熹.孟子集注[M]//四书章句集注.金良年,今译.上海:上海古籍出版社,2006:366.
⑥ 朱熹,撰,黎靖德,编.朱子语类:卷十七[M].武汉:崇文书局,2018:290.

体之存在,也即天之所以为天,人之所以为人,只有一"理","理会得"天人一理,才能达到人与自然和谐之目的。

朱熹在充分肯定自然界的价值时,也意识到人类的主观能动性的作用。他认为,人是自然规律、自然法则的主动者,人与自然的协调发展,并不是无主体的发展,也不是以人与自然的"联合主体"发展,而是以人类为主体的人与自然的协调发展。所以,朱熹认为,"人之始生,得于天也;既生此人,则天又在人矣"①。这也就是说,人要实现"万物与我为一,自然其乐无涯"②的和乐理想世界,就必须努力完成自己的人性修养,回归到自然界本体之存在,也即天之所以为天,人之所以为人,只有一理,"理会得"天人一理,才能达到人与自然和谐之目的。

二、"天地生物之心"的生态基本原则

程颢说:"天只是以生为道",所以万物有"生意"。朱熹则提出,"天地以生物为心",并说:"天地以生物为心,而所生之物因各得夫天地生物之心以为心,所以人皆有不忍之心也。"③人心即由此而来,因此人有仁心。什么是"仁"? 朱熹认为,"仁者,生之理。"他说:"仁是个生底物事。既是生底物,便具生之理。生之理发出便是爱。"④可见,仁就是"天地生物之心",自然界的"生生之道",天地的生生之德。"天地生物之心"就是"仁心",人有了"天地生物之心",就会对自然万物心怀"不忍之心",对自然万物无所不尊,无所不爱,就会努力实现与自然万物和谐相处,共同发展。

朱熹又说:"盖谓仁者,天地生物之心,而人物所得以为心,则是天地人物莫不同有是心,而心德未尝不贯通也。虽其为天地,为人物,各有不同,然其实则有一条脉络相惯。"⑤人与万物通过"天地生物之心"相互贯通,人心之理来自天地之理,人心之仁本于天地之仁,天地万物充满生意,只是人心一片。而人身也是生气团聚,不忍之心自然流露,如此识得仁者,能将自己人心之生、之仁与天地自然之生、之仁相接触、相感同,这就达到了"仁者与

---

① 朱熹,撰.黎靖德,编.朱子语类:卷十七[M].武汉:崇文书局,2018:290.
② 朱熹,撰.黎靖德,编.朱子语类:卷六十[M].武汉:崇文书局,2018:1078.
③ 朱熹.四书章句集注[M].金良年,今译.上海:上海古籍出版社,2006:305.
④ 朱熹,撰.黎靖德,编.朱子语类:卷二十一[M].武汉:崇文书局,2018:375.
⑤ 朱熹,撰.黎靖德,编.朱子语类:卷九十五[M].武汉:崇文书局,2018:1837.

万物一体"的生态境界。

　　人之所以为贵,就在于人有仁心,而仁心的本质,就在于"爱物",而不是无限制的掠夺万物。"天地生物之心"所强调的是仁的生态内在化。这对于人们培育内在德性,无疑是大有裨益的。

三、"仁民爱物"的生态伦理观

　　自孟子提出"仁民爱物"的思想之后,"爱物"就成为儒家生态哲学的最重要的内容。朱熹对"仁民爱物""民胞物与"作了新诠释。他说:"人物皆己之兄弟一辈,而人当尽事亲之道以事天地。"[①]"故民同胞,物则亦我之侪辈。"[②]这一观点是对张载《西铭》思想的阐发。朱熹注《西铭》曰:"此篇论乾坤一大父母,人物皆己之兄弟一辈,而人当尽事亲之道以事天地。"在《西铭注》中,他诠释"民吾同胞,物吾与也"之"吾与"为"则其视之也,亦如己之侪辈",[③]"物吾与也"是人对万物要"若其性,遂其宜"。这种"尽事亲之道以事天地""物则亦我之侪辈",是一种普爱众生、泛爱万物的生态伦理思想。亦是对孟子"亲亲而仁民,仁民而爱物"思想的继承和发展。

　　朱熹不但重视人际道德,而且把道德扩展到宇宙万物,从而提出了"以事亲之道以事天地""视万物如己之侪辈"的生态道德。朱熹的这一思想,在他晚年教学时还经常重复着讲。他的门人徐寓所录朱熹 61 岁后(光宗元年庚戌以后)语:"《西铭》本不是说孝,只是说事天,但推事亲之心以事天耳。"[④]叶贺孙所录朱熹 62 岁后(光宗二年辛亥以后)语:"《西铭》大要在'天地之塞吾其体,天地之帅吾其性'两句。'塞'是说气……自一家言之,父母是一家父母;自天下言之,天地是天下之父母;通是一气,初无间隔。'民吾同胞,物吾与也',万物虽皆天地所生,而人独得天地之正气,故人为最灵,故民同胞,物则亦我之侪辈……大抵即事亲以明事天。"[⑤]这就表明,朱熹将人际道德向生态道德拓展,是他的一贯主张。

---

①　张载.张子全书:卷一[M].朱熹,注,朱轼,段志熙,校.高安朱氏藏本:2.

②　朱熹,撰,黎靖德,编.朱子语类:卷九十八[M].武汉:崇文书局,2018:1910.

③　朱熹.西铭解[M]//朱杰人,严佐之,刘永翔,主编.朱子全书:第三十册.上海:上海古籍出版社,合肥:安徽教育出版社,2010:142.

④　朱熹,撰,黎靖德,编.朱子语类:卷九十八[M].武汉:崇文书局,2018:1911.

⑤　朱熹,撰,黎靖德,编.朱子语类:卷九十八[M].武汉:崇文书局,2018:1910.

　　人类的生存,所需要的资源都来源于自然界。为使自然资源能被永续利用,朱熹根据动植物依时(季节)变化而发育成长的生态规律,提出了"取之有时,用之有节"的生态道德。他认为,"爱物"就是尊重自然、善待自然的伦理立场,人要做到对物取之有时,用之有节,不能因满足人们的物质欲望,而肆无忌惮地去占有和掠夺自然资源。人若能以"仁民爱物"的胸怀,以"万物一理"的境界对待自然界,那么利用和开发自然就是建设性的,而不是破坏性的。

　　朱熹既主张人们关爱自然、顺应自然、保护自然资源,同时他也提倡合理地利用自然资源,其基本原则是"取之有时,用之有节",强调的是由"仁民"到"爱物"。这有益于人们树立尊重自然、善待自然的伦理立场。

四、"中和"的生态和谐观

　　朱熹将人道与天道、人性与天道贯通,追求天人和谐。他说:"中和在我,天人无间,而天地之所以位,万物之所以育,其不外是矣。"①朱熹认为,"中"是天地万物生长发育的一种常态,人们对待自然的行为,要符合这种常态,才不会违背天理。这就是《中庸》所言:"中也者,天下之大本也;和也者,天下之达道也。致中和,天地位焉,万物育焉。"②"中和"是由人内在的心性和谐而达至人类与自然万物和谐。

　　朱熹的"中和"思想,从生态哲学角度看,寻求的是人与自然的平衡,在人类的价值利益与自然的承受能力之间达到一种平衡。这可以说是朱熹"中和"思想中包含的生态智慧,它带给人们的一种深刻的思考和有益的启示。

　　朱熹从理气论和心性论角度提出的"天地万物一理"的思维模式,是构建现代生态伦理学的重要思想来源之一。所谓"天地万物一理",是说人与动物、植物同出一理,同源于天地之理以为性,同源于天地之气以为形。天理流行,气化流行,天地万物构成一个有机性的世界。朱熹的"天地万物一理"之说,认为天地万物之间有一个共生共存的"理一",大地上的植物和动

---

　　①　朱熹.中庸首章说[M]//朱杰人,等编.晦庵先生朱文公文集:卷六十七.上海:上海古籍出版社,合肥:安徽教育出版社,2010:3265.

　　②　朱熹.四书章句集注[M].金良年,今译.上海:上海古籍出版社,2006:23.

物都有自己的内在价值和生存权利。在万物之中,人既是禀受天地之秀气而成为万物之灵,人应自觉地要求把天赋的仁爱之心,由人际道德向生态伦理拓展,从而构成现代生态伦理学的重要理论基石之一。所以,美国当代生态伦理学权威,国际环境协会主席科罗拉多教授指出:建构当代生态伦理学的契机和出路在中国传统的哲学思想中。

近代以来,科学技术的突飞猛进和工业文明的巨大发展,使人类从大自然中获取物质财富的能力空前提高,人们生活日益丰裕。然而,当人们在享受前所未有的文明成果时,也感受到环境污染、资源枯竭和灾害频繁等生态危机。这种生态环保危机给人类自身的生存带来了严重的威胁。要解决这一生态危机,除了发展科学技术和制定有关法律外,更重要的是解决好人的生态道德问题,使人类在不超越资源与自然承载能力下保持资源使用,才能实现人与自然的和谐共存。

这里值得特别提及的是,对于保护生态环境问题,早在八百多年前朱熹的弟子问"天地会坏否",他回答说:"不会坏。只是相将人无道极了,便一齐打合,混纯一番,人物都尽,又重新起。"①这就是说,人类要是不讲道德、不讲理性,人类所居的这个地球就会被破坏成原始的混沌状态。朱熹这个思想是很有远见的。现在,人们已感到生态环境的危机,而提出保护地球——我们的生存家园。

第二节　朱熹"理一分殊"说的生态特质

伴随着现代工业的快速发展,人类社会的生态问题空前凸显,并在全球化进程中,持续快速地恶化,对人类的生存造成直接的现实的威胁。生态灾难已成为全球化的生态伦理问题。在严峻的现实面前,应当重新反思人类文化。中国哲学的基本问题是"究天人之际"的问题,作为新儒学的重要代表人物,理学集大成者的朱熹,其思想体系中的很多命题、概念都包含有丰富的生态伦理内涵。"理一分殊"是朱熹哲学的重要命题,朱熹借以解释太极(理一)及阴阳感合所化生成的万物(分殊)。朱熹通过对周敦颐、张载等

---

① 朱熹,撰,黎靖德,编.朱子语类:卷十五[M].武汉:崇文书局,2018:6.

人思想的改造,深入地考察了"理一分殊"这个重要的哲学命题。"理一分殊"所蕴含的生态意蕴对我们探讨朱熹生态伦理思想具有重要的启示。

一、朱熹对"理一分殊"说的继承和发展

"理一分殊"四字最早见于程颐对张载《西铭》的评论,程颐认为"西铭""理一而分殊,墨子则二本而无分。分殊之处,私胜而失仁;无分之罪,兼爱而无义。分立而推理一,以止私胜之流,仁之方也。无别而迷兼爱,至于无父之极,义之贼也"①。此说的提出是程颐对门人杨时怀疑《西铭》"民胞物与"的提法有混同于墨家兼爱论的弊病的回答。程颐以"理一分殊"的概念为杨时释疑。程颐的"理一分殊"是一个伦理学命题,他指出仁体本一而义用有殊。"理一"指一切分殊之德同本于同一的仁体,有同一的道德本源。"分殊"指本于仁体,在伦理情境中针对不同的对象而采用不同的伦理本分,"仁"是一切人的基本道德原则,但仁的具体实施则有等级差别,比如事父曰孝,事兄曰悌。以仁爱之心对待所有人,这是理一;但爱的程度和内容因所爱对象的不同而有差别,这是分殊。因此,程颐认为张载的"民胞物与"是对"理一分殊"的完整理解。他强调爱有差等,虽然对一切人都应该仁爱,但是在具体实施时又各有差别。前者为"理一",后者为"分殊"。墨家无差等的兼爱说,只讲"理一"而不讲差别,流于"兼爱而无义"的"义之贼",从另一方面说,如果道德人伦的实践只讲"分殊"而不讲"理一",则"私胜而失仁",难以推己及人。程颐对《西铭》的注解,是对《西铭》万物一体说的肯定,承认个人面对不同的对象所具有的道德义务不同,但另一方面,也体现了程颐认为即普遍的道德原理可以通过特殊的具体道德规范来表现,各种特殊的具体道德规范中又包含有共同的普遍的道德原理。

二程关于"理一分殊"的思想通过"道南之传",由杨时、罗从彦、李侗等一脉相承,到朱熹把它发展到了一个崭新的高度,成为朱熹理学建构的基本方法。朱熹对二程"理一分殊"思想进行了继承和发展,并将"理一分殊"从原来的伦理学意义发展成为形上学及宇宙发生论。朱熹对张载《西铭》作了详细的注解,其中指出:"天地之间,理一而已。然乾道成男,坤道成女,二气

① 程颢,程颐.河南程氏文集:卷九[M]//二程集.北京:中华书局,1981:609.

交感,化生万物,则其大小之分,亲疏之等,至于十百千万而不能齐也。"①天地一理,万物由阴阳二气交感化生,朱熹进一步注解:"盖以乾为父以坤为母,有生之类,无物不然,所谓理一也。而人物之生,血脉之属,各亲其亲,各子其子,则其分亦安得而不殊哉!"②他在《孟子或问》还指出:"天地之间,人物之众,其理本一,而未尝不殊也。以其理一,故推已而可以及人。以其分殊,故立爱必自亲始。"③朱熹对"分"所做的阐释意指本分或等分,并无分开之意,"一"与"殊"说明的是"理"的普遍性与差异性。他还明确指出:"西铭大纲是理一而分自尔殊,然有二说:自天地言之其中固自有分别;自万殊观之,其中亦自有分别。不可认是一理了,只滚作一看,这里各自有等级差别。"④等级差别即指等分的差别。朱熹继承的程颐"理一分殊"说的伦理学意义,同时又将这一命题的意义扩大,将其向形上学及宇宙发生论意义发展。

朱熹吸收了前人关于"一与多"的思维形上学方法,针对杨时"万物各具一理,而万理同出一源,此所以可推而无不通也"的问题,朱熹回答说:"'释氏云:一月普现在一切水月,一切水月一月摄。'这是那释氏也窥见得这些道理。"⑤这从总体上论证了宇宙本体与万物之性的同一性。朱熹把"理一分殊"形象化比喻为"月印万川",认为天底下终极的理只有一个,但它派生了万事万物,第一个事物中又蕴含了这个终极的理,就好像天上只有一个月亮,但所有的江海湖泊中都有一轮明月,水中的每一轮明月都分有了天上那一轮明月。朱熹以此来说明宇宙本体所具有的普遍的理与万物具体之性的同一性,论证了一般与具体、共性与个性的关系,阐明了理与具体事物的关系。一理摄万理,万理归一理。理只有一个,但万事万物分享了此理而成为自身。朱熹指出:"万物皆有此理,理皆同出一原。"⑥"然虽各自有一个理,

————————

　　① 朱杰人,严佐之,刘永翔,主编.朱子全书:第十三册[M].上海:上海古籍出版社,合肥:安徽教育出版社,2010:145.

　　② 朱杰人,严佐之,刘永翔,主编.朱子全书:第十三册[M].上海:上海古籍出版社,合肥:安徽教育出版社,2010:145.

　　③ 朱熹.四书或问[M].黄坤,校点.上海:上海古籍出版社,合肥:安徽教育出版社,2001:421.

　　④ 朱熹,撰.黎靖德,编.朱子语类:卷九十八[M].武汉:崇文书局,2018:1913.

　　⑤ 朱熹,撰.黎靖德,编.朱子语类:卷十八[M].武汉:崇文书局,2018:298.

　　⑥ 朱熹,撰.黎靖德,编.朱子语类:卷十八[M].武汉:崇文书局,2018:298.

又却同出于一个理尔。"①

朱熹受周敦颐《太极图说》和《通书》的影响,将"理一分殊"的意涵指向了宇宙发生论。周敦颐虽然没有直接讲"理一分殊",然而他在《太极图说》中的关于"太极元气"变化的理论,隐含着"理一分殊"的宇宙论模式。周敦颐《太极图说》说:"无极之真,二五之精,妙合而凝。乾道成男,坤道成女。二气交感,化生万物;万物生生而变化无穷焉。"②可以看到,《太极图说》的宇宙发生论已隐含了从本体的"一"到现象的"万物"的派生关系的"理一分殊"论。周敦颐还在其另一本著作《通书》中指出:"二气五行,化生万物。五殊二实,二本则一。是万为一,一实万分。万一各正,小大有定。"③其中,"一"指的就是太极,它是化生万物的宇宙本源,统摄万分,而万物都是由"一"抑或太极派生出来的。万物禀受二气五行得以生发,其质量差异结构不同,就产生了千差万别的万事万物。但就本源之"一"和派生的"万物"的关系而言,"一"内在于万中,彼此相互统摄。

周敦颐《太极图说》中蕴含了"理一分殊"思想,朱熹将其进行了进一步的阐扬和发挥,他指出:"一实万分,万一各正,便是'理一分殊'。"④他说:"总天地万物之理,便是太极。"⑤他解释周敦颐"无极而太极",认为"上天之载,无声无息,而实造化之枢纽,品汇之要柢也。故曰无极而太极,非太极之外复有无极也"⑥。朱子把"太极"视为"理",太极与万物的关系就表现为一与多的关系。"合而言之万物统体一太极也;分而言之,一物各具一太极也。"⑦"人人有一太极,物物有一太极。"⑧"宇宙之间,一理而已。天得之为天,地得之为地,而凡生于天地之间者,又各得之而为性。其张之为三纲、纪之为五常。盖皆此理之流行,无所适而不在。"⑨一旦以"天理"为核心的哲

① 朱熹,撰,黎靖德,编.朱子语类:卷十八[M].武汉:崇文书局,2018:298.

② 周敦颐.太极图说[M]//周敦颐集.陈克明,点校.北京:中华书局,1990:5.

③ 周敦颐.通书[M]//周敦颐集.陈克明,点校.北京:中华书局,1990:32.

④ 朱熹,撰,黎靖德,编.朱子语类:卷九十四[M].武汉:崇文书局,2018:1825.

⑤ 朱熹,撰,黎靖德,编.朱子语类:卷九十四[M].武汉:崇文书局,2018:1800.

⑥ 周敦颐.太极图说[M]//周敦颐集.陈克明,点校.北京:中华书局,1990:4.

⑦ 周敦颐.太极图说[M]//周敦颐集.陈克明,点校.北京:中华书局,1990:6.

⑧ 朱熹,撰,黎靖德,编.朱子语类:卷九十四[M].武汉:崇文书局,2018:1797.

⑨ 朱杰人,等编.晦庵先生朱文公文集卷七十:读大纪[M].上海:上海古籍出版社,合肥:安徽教育出版社,2010:3376.

学本体论与儒家伦理相结合，"天理"也流行发用到人间世界，发展出了以"三纲五常"为核心的人伦秩序。

二、朱熹"理一分殊"中的宇宙论

朱熹在阐释"四书"中涉及万物化生及相互关系时，主要运用了"理一分殊"的概念。《论语集注·里仁篇》记载："至诚无息者，道之体也，万物之所以一本也。万物各得其所者，系理一分用也。一本之所以万殊。"①朱熹将一本与万殊的关系用形而上的体用关系来解释，可以说是对"理一分殊"的一种阐释。他在《中庸章句》中说道："天覆地载，万物并育于其间而不相害；四时日月，错行代明而不相悖。所以不害不悖者，小德之川流；所以并育并行者，大德之敦化。小德者，全体之分；大德者，万殊之本。"②在这里，朱熹以全体与万殊解释敦化之大德与川流之小德的关系。

朱熹在解读周敦颐太极图时，也应用了"理一分殊"说来阐释宇宙的生生不息。《朱子语类》记载："自下推而上去，五行只是二气，二气又只是一理。自上而推而下来，只是此一个理，万物分之以为体。万物之中又各具一理，所谓'乾道变化，各正性命'。然总又只是一个理。此理处处皆浑沦，如一粒粟生为苗，苗便生花，花便结实，又成粟，还复本形。一穗有百粒，每粒个个完全。又将这百粒去种，又各成百粒。生生只管不已，初间只是这一粒分去。物物各有理，总只是一个理。"③朱熹用一穗表示一理，一穗之百粒表示物物各有其理，百料凭借各自所禀受的一理又各生百粒。由一穗至百粒，百粒至百穗的无穷历程来诠释宇宙的生生不息和自然万物的循环连贯的过程。在本原上，太极是万物的究竟本原。先有理，后有气，然后有万物。太极是本根，宇宙万物之理都源出于太极，又都统一于太极。作为本原的太极同派生出来的宇宙万物中的太极，就如同自然界中播种一粒种子而生成的累累果实，结出更多的种子，更多的种子还会产生更多的果实，如此一代又一代接力相续，生生不息，无止无尽，而每一代种子都是最初那一粒种子产生的，它们都具有共同的基因。由此可以看出，朱熹在宇宙论上关于本原与

①　李志敏，主编.四书五经：卷一[M].北京：京华出版社，2003：40.
②　李志敏，主编.四书五经：卷一[M].北京：京华出版社，2003：21.
③　朱熹，撰；黎靖德，编.朱子语类：卷九十四[M].武汉：崇文书局，2018：1799.

派生者之间的理一分殊关系。

朱熹以"理一分殊"的思维方法来阐释他的宇宙论,他用"理一"解释"太极""道",用"分殊"解释"阴阳"、"器"和"气"。《易经·系辞上》言:"一阴一阳之谓道。"朱熹对其注曰:"阴阳迭连者,气也。其理则所谓道。"①他阐释了"易有太极,是生两仪",说:"易者,阴阳之变。太极者其理也。两仪者,始为一画以分阴阳。"②并用体用关系解释太极阴阳关系。他认为"体"是"太极"或"道",是万殊的根源;"用"是阴阳二气及阴阳五行交感化生的万殊。太极与阴阳就是一本与万殊的关系。而后,他进一步指出:"自太极至万物化生,只是一个道理包括,非是先有此而后有彼。但总是一个大源,由体而达用,从微而至著耳。"③"由体而达用"表明了由阴阳至万物化生,是太极自身的客观实现,即"天命流行"。两者没有时间的先后差异,只有在本体逻辑上,太极优先于阴阳。如朱熹所言:"易说'一阴一阳之谓道',这便兼理与气而言。阴阳,气也;一阴一阳,则是理矣。"④太极是规范阴静阳动之理,阴阳二气交感互动而化生出千差万别的万物,太极与万物之间就是理一分殊的关系。因此,从宇宙本原与万物之性关系的角度上来看,理一分殊指的是万物之性来源于宇宙本原,宇宙本原是万物之性的根据,具体万物中的"理"与宇宙本原的理在根本性质上是相同的。

三、"理一分殊"说的生态伦理价值

朱熹用"理一分殊"说明一理与万物的关系,使其论域更为广泛地涉及一般存在。"理"是宇宙万物的本源,也是具体事物的法则。"盖天下之事皆谓之物,而物之所在莫不有理,且如草木禽兽,虽是至微至贱,亦皆有理。上而无极太极,下而至于一草一木一昆虫之微,亦各有理。"⑤。因此,"理一分殊"具有了理解人与自然关系的方法论意义,进而也成为儒家生态哲学的一个核心命题。

"理一"在朱熹生态伦理中强调的是万物一理,人与天地万物紧密联系

---

① 朱熹,注.周易本义[M].上海:上海古籍出版社,1986:56.
② 朱熹,注.周易本义[M].上海:上海古籍出版社,1986:63.
③ 朱熹,撰,黎靖德,编.朱子语类:卷九十四[M].武汉:崇文书局,2018:1797.
④ 朱熹,撰,黎靖德,编.朱子语类:卷七十四[M].武汉:崇文书局,2018:1430.
⑤ 朱熹,撰,黎靖德,编.朱子语类:卷十五[M].武汉:崇文书局,2018:221.

相互贯通,人性与物性同根同源。朱熹一方面在理论上着力从宇宙观和人性论的角度上对"理一"进行了阐释,另一方面他又极力主张推人及物,在实践上追求和力行人与自然相融一体的境界。他认为,"人物之生,同得天地之理以为性,同得天地之气以为形"①。"同得"即为"同源"之意,"天地之理"为人性与物性之共同根源。无形无态非物质,只有与气之结合方能成形被人感知。"天之生物,有血气知觉者,人兽是也。有无血气知觉而但有生气者,草木是也。有生气已绝,而便有形质臭味者,枯槁是也,是虽其分之殊,其理则未尝不同。"②在这里,人兽、草木各自表现了不同之性质,然而其根源之"理"是相同的,这就体现了人类与自然环境万事万物在总根源上的联系。朱熹将整个宇宙看作是一个生生不息的生命有机体,太极是宇宙万物的本原,人与自然都是"天道"的创造物,在宇宙生生不息、永无止境的创化过程中,万物各安其生、各得其宜,人类和大自然的万千生命皆各美其美,生命共同体得以成全。

"天地之大德曰生",人对天地万物的尊重、关怀和辅育,究其原因在于人天生禀赋了天地对万物生化的好生之德。朱熹说:"人皆有不忍人之心者也,是得天地生物之心为心也。"③朱熹《仁说》中提道:"天地以生物为心者也。而人物之生,又各得天地之心以为心者也。故语心之德,虽其总摄贯通,无所不备,然一言以蔽之,则曰仁而已矣!"④朱熹提出"天地以生物为心",自然之理是一种"物我一体"的仁爱之心的延伸,人爱物惜生的仁性来自天,这是天同仁的"理一"。天地本好生之德化生分殊万物,人的仁性既承接了天地好生之仁德,在天人同一仁德的基础上,人以爱物惜生的恻隐之心,尊重、爱惜和辅育天地万物。他说:"目前事事物物皆有至理,如一草一木,一禽一兽,皆有理。草木春生秋杀,好生恶死,'仲夏斩阳木,仲冬斩阴木',皆是顺阴阳之理。自家知得万物均气同体,'见生不忍见死,闻声不忍食肉',非其时不伐一木,不杀一兽,'不杀胎,不夭夭,不覆巢',此便是合

---

① 朱熹.四书章句集注[M].金良年,今译.上海:上海古籍出版社,2006:372.
② 朱熹.答余方叔[M]//朱杰人,等编.晦庵先生朱文公文集:卷五十九.上海:上海古籍出版社,合肥:安徽教育出版社,2010:2854.
③ 朱熹,撰,黎靖德,编.朱子语类:卷五十三[M].武汉:崇文书局,2018:960.
④ 朱熹.仁说[M]//朱杰人,等编.晦庵先生朱文公文集:卷六十七.上海:上海古籍出版社,合肥:安徽教育出版社,2010:3279.

内外之理。"①因此,人与自然的关系就是一种伦理关系,人和万物的存在都被赋予了道德内涵。这一思想对于当前的生态伦理建设来说,人应当本着"理一"的生生仁德,不伤害自然生态系统中的一切生命,还应该尽天所赋予的参赞化育的生生之德,以平等齐物的仁心善意对待自然万物,实现人与自然和谐共生。

从"分殊"方面来看,人与物"理同而气异",人相对于自然物具有构成上的优越性与价值上的优先性,肩负着"参赞天地化育"的使命。朱熹认为"论万物之一原,则理同而气异;观万物之异体,则气犹相近而理绝不同也。气之异者,粹驳之不齐。理之异者,偏全之或异。"②人与物虽同出于一源,但两者气禀有粹与驳之差别,由于之阴阳五行之差异而导致了人性物性之差异。朱熹用气禀之异来解释人和物之别,他说道:"人物之生,其赋形偏正,固自合下不同。然随其偏正之中,又自有清浊昏明之异。"③天地间只有人才能够充分发扬道德本性,将道德本性转化为道德实践,并主动参与到天道创造生命的活动中来。人类是自然界进化的最高级生物,以什么样的态度对待自然万物,这正是给具有"仁义礼智之禀"的人类提出了一个现实问题。人类应本着共存共荣的整体平衡观,抑制人的贪婪、私欲和人类中心主义的优越感,提升人格境界,以平等的态度对待生态系统的万物,参与协助天地造化,以实现自然的可持续发展,进而达到《中庸》描绘的理想图景:"唯天下至诚,为能尽其性;能尽其性,则能尽人之性;能尽人之性,则能尽物之性;能尽物之性,则可以赞天地之化育;可以赞天地之化育,则可以与天地参矣。"④

第三节　朱熹"格物致知"论的生态实践途径

宋明理学是究心性、践道德、成圣贤的德性之学,诸儒在道德的本源问

---

① 朱熹,撰.黎靖德,编.朱子语类:卷十五[M].武汉:崇文书局,2018:221.

② 朱杰人,等编.晦庵先生朱文公文集:卷四十六[M].上海:上海古籍出版社,合肥:安徽教育出版社,2010:3130.

③ 朱熹,撰.黎靖德,编.朱子语类:卷四[M].武汉:崇文书局,2018:42.

④ 李志敏,主编.四书五经:卷一[M].北京:京华出版社,2003:18.

题上大致有所认同,但在道德修养的工夫上则有"尊德性"与"道问学"之分。朱熹推崇二程,对程颐"格物穷理"的修养论尤为重视,并在程颐的理论基础上,对"格物穷理"做了更为严密的论证,形成了完整的"格物致知"学说,成为朱熹哲学思想的重要内容。朱熹对自然的研究,也与其"格物致知"学说密切相关。"在朱熹看来,格物在于即凡天下之物而穷其理,包括了格自然界事物,即自然研究。而且他认为包括自然研究在内的格物是心性修养的重要组成部分,是'入于圣贤之域'所不可或缺的重要环节。"[1]"格物穷理"之"理","核心是自然之生理"[2]。从生态哲学的角度看,"格物致知"的根本目的是实现仁的自觉,以爱心对待万物,以天地万物为一体。因此,考察朱熹"格物致知"说之源,研究其"格物穷理"之理的意蕴,发掘"格物致知"学说中蕴藏的生态思想,对今天的生态伦理建设具有重要的现实意义。

一、"格物致知"溯源及其对朱熹德性修养论的重要性

"格物致知"一词来源于《大学》"三纲领""八条目"中的"格物"和"致知"。《大学》曰:"古之欲明明德于天下者,先治其国;欲治其国者,先齐其家;欲齐其家者,先修其身;欲修其身者,先正其心;欲正其心者,先诚其意;欲诚其意者,先致其知;致知在格物。物格而后知至,知至而后意诚,意诚而后心正,心正而后修身,修身而后家齐,家齐而后治国,国治而后平天下。"《大学》的这段话,把儒家哲学从自然观到社会观、人生观、价值观都概括了,虽然它的八条目提出了以格物致知为修齐治平的基础,但没有对"格物致知"给出明确解说,因此,对它的解释便成为当时论争的重要问题。

"格物致知"的命题提出后,许多学者对它作诠释,汉代郑玄为之作注,唐代孔颖达为之作疏,韩愈强调《大学》之重要,把它看成如同《孟子》《易经》那样的儒家典籍。不过,韩愈只讲"正心诚意",未及"格物致知"。他沿着《大学》所强调的思维路向,把治平原理和个人道德修养联系起来,并把治国平天下看成道德修养的必然结果。到了宋代,司马光开其先,著成《大学广义》,其中对"格物致知"详加诠释。他指出:"《大学》曰'致知在格物',格,犹

---

① 乐爱国.走进大自然的宋代大儒:朱熹的自然研究[M].深圳:海天出版社,2014:43.
② 蒙培元.朱熹哲学生态观:上[J].泉州师范学院学报,2003(5):15.

扞也,御也。能扞御外物,然后能知至道矣。"①他把"格物"诠释为"扞御外物"。二程步其后,对《大学》推崇备至,撰《改正大学》,并认为人通过"格物致知"就能获得对天理的知识。其"格物致知"论围绕着对天理的体认而展开,指出:"'致知在格物'。格,至也。物,事也。事皆有理,至其理,乃格物也。"②并且还说:"格,犹穷也;物,犹理也。犹曰穷其理而已也。穷其理,然后足以致之,不穷则不能致也。"③二程有不少关于"格物致知"的论述,成为朱熹"格物致知"论的思想来源。道南学派的杨时,把格物致知作为明善之要,认为:"为是道者,必先于明善,然后知所以为善也。明善在致知,致知在格物,号物之数至千万,则物盖有不可胜穷者。反身而诚,则举天下之物在我矣。"④这些关于"格物致知"的阐释,为后来朱子"格物致知"论的形成提供了必要的思想基础和理论思维的启示。

"格物致知"是朱熹《大学》思想的核心概念,朱熹终其一生诠释《大学》并构建"格物致知"论,就是为了解决如何穷理的问题。朱熹在继承二程格物致知思想的过程中,对于"格物致知"在《大学》中的地位,不仅通过"格物致知"补传而使之得以加强,而且还将其提升到最为根本的高度。他为《大学章句》作了补传:"所谓致知在格物者,言欲致吾之知,在即物而穷其理也。盖人心之灵莫不有知,而天下之物莫不有理。惟于理有未穷,故其知有不尽也。是以大学始教,必使学者即凡天下之物,莫不因其已知之理而益穷之,以求至乎其极。至于用力之久,而一旦豁然贯通焉,则众物之表里精粗无不到,而吾心之全体大用无不明矣。此谓物格,此谓知之至也。"⑤这就是说,致知格物是在即物穷理,通过格物的体认方法,而获得吾之知,达到穷理的目标。格物穷理何以可能?是因为人心的"灵明"是有知的,天下的万物都是有理的,必须通过"格物","穷极"事物的"理",久而久之,就能"豁然贯通",达到对"理"的体认。

在"四书"中,朱熹对《大学》用功为甚,他曾说:"某于大学用功夫甚多,

---

① 司马光.司马温公文集:卷十三[M].清正谊堂全书本:390.
② 程颢,程颐.河南程氏外书:卷二[M]//二程集.北京:中华书局,1981:365.
③ 程颢,程颐.河南程氏遗书:卷二十五[M]//二程集.北京:中华书局,1981:316.
④ 黄宗羲,原著,全祖望,补修.宋元学案[M].陈金生,梁运华,点校.北京:中华书局,1986:939.
⑤ 朱熹.四书章句集注[M].金良年,今译.上海:上海古籍出版社,2006:9-10.

温公作《通鉴》,言生平精力尽在此书,某于《大学》亦然,论、孟、中庸却不费力。"①由此可见《大学》对朱熹的重要性。《大学》对朱熹而言,是"入德之门",因此朱熹站在修养论的立场来阐释《大学》,其中核心就是格致与诚意。朱熹说:"《大学》所谓知至意诚者,必须知至,然后能诚其意也。"②能知得真切恰当,才能有诚挚的心意和行事,因此格致是知的层面,诚意则为行之事。格致与诚意的关系,即知与行的关系,能贯彻知与行,方能有具体的道德实践。所以朱熹说:"格物是梦觉关,格得来是觉,格不得只是梦;诚意是善恶关,诚得来是善,诚不得只是恶。"③格致与诚意,虽同为《大学》修养论中的关键,但在朱熹看来,格物致知较诚意更重要。《朱子语类》卷十八记载:"'先生问《大学》看得如何?'曰:'大纲只是明德,而著力在格物上。'"④"这个道理自孔孟既没,便无人理会得,只有韩文公曾说来,又只说到正心诚意而遗了格物致知。及至程子,始推广其说,工夫精密,无复遗虑。然程子既没,诸门人说得更差,都说从别处去,与致知格物都不相干,是不曾精晓得程子之说耳。"⑤可见,格物致知在朱熹德性修养论中具有极端重要的地位,朱熹吸取了二程的思想,通过《大学章句》格物致知补传,形成了体系化的格物致知说。陈来先生指出:"朱熹的格物致知思想直接关系到一切理学体系的着眼点——为学之方,又是他全部哲学的一个最终归宿,因而有着不容忽视的重要意义。"⑥

二、格物致知的内涵

朱熹《答江德功第二》中记载:"格物之说,程子论之详矣。而其所谓'格,至也,格物而至于物则物理尽'者,意句俱到,不可移易。……夫天生蒸民,有物有则。物者形也,则者理也,形者所谓形而下者也,理者所谓形而上者也。人之生也,固不能无是物矣,而不明其物之理,则无以顺性命之正而处事物之当。数必即是物以求之。知求其理矣,而不至夫物之极,则物之理

① 朱熹,撰,黎靖德,编.朱子语类:卷十四[M].武汉:崇文书局,2018:193.
② 朱熹,撰,黎靖德,编.朱子语类:卷十五[M].武汉:崇文书局,2018:223.
③ 朱熹,撰,黎靖德,编.朱子语类:卷十五[M].武汉:崇文书局,2018:223.
④ 朱熹,撰,黎靖德,编.朱子语类:卷十八[M].武汉:崇文书局,2018:315.
⑤ 朱熹,撰,黎靖德,编.朱子语类:卷十八[M].武汉:崇文书局,2018:316.
⑥ 陈来.朱子哲学研究[M].上海:华东师范大学出版社,2000:284.

有未穷,而吾之知亦未尽,故来至其极而后已。此谓格物而至于物则物理尽者也。物理皆尽,则吾之知识廓然贯通、无有最再,而意无不诚、心无不正矣。此《大学》本经之意,而程子之说然也。其宏纲实用固已洞然无可疑者,而细微之间,主宾次第,文义训话,详密精当,亦无一毫之不合。"①此处即可看出,朱熹认为"格物"有三个层次:"即物"—"穷理"—"至极"。认识事物要在三个层次上用功,格物功夫方才完成。

朱熹后来在补传中把格物致知分成了两个阶段,第一个阶段就是"格物穷理"。他认为合天地万物而言只是一个理,格物而穷理,他从穷理的方面理解"格物"的基本意义。他说:"格物只是穷理,物格即是理明。"②"格,至也。物,犹事也。穷至事物之理,欲其极处:无不到也。"③不止于此,他还说道:"格物者,格,尽也,须是穷尽事物之理。若是穷得三两分,便未是格物,须是穷尽得到十分,方是格物。"④可见,朱熹把穷理作为格物的核心思想,但是他又认为穷理包括穷具体事物的理,不能离开具体事物,只有穷至其极方能说是穷理。

朱熹格物的"物"是理一分殊的天下万物,包括了一切自然现象和社会现象。"天道流行,造化发育,凡有声色貌象而盈于天地之间者,皆物也。"⑤格物的范围十分广泛,这其中也包括自然界事物。他说:"天地中间,上是天,下是地,中间有许多日月星辰、山川草木、人物禽兽,此皆形而下之器也。然这形而下之器中,便各自有个道理,此使是形而上之道。所谓格物,便是要就这形而下之器,穷得那形而上之道理而已。"⑥可见,朱子讲的格物包括日月星辰、山川草木、人物禽兽等,涵盖天地万事万物,无所不包,无所不格,既格自然之理也格伦理之理。就格自然之理而言,朱熹认为:"上而无极、太极,下而至于一草、一木、一昆虫之微,亦各有理。一书不读,则阙了一书道

① 朱熹.答江德功第二[M]//朱杰人,等编.晦庵先生朱文公文集:卷四十四.上海:上海古籍出版社,合肥:安徽教育出版社,2010:2037.

② 朱熹.答汪尚书[M]//朱杰人,等编.晦庵先生朱文公文集:卷三十.上海:上海古籍出版社,合肥:安徽教育出版社,2010:1298.

③ 朱熹.四书章句集注[M].金良年,今译.上海:上海古籍出版社,2006:6.

④ 朱熹,撰,黎靖德,编.朱子语类:卷十五[M].武汉:崇文书局,2018:212.

⑤ 朱熹.四书或问·大学或问下[M]//朱杰人,严佐之,刘永翔,主编.朱子全书:第六册.上海:上海古籍出版社,合肥:安徽教育出版社,2010:526.

⑥ 朱熹,撰,黎靖德,编.朱子语类:卷六十二[M].北京:中华书局,1986:1496.

理；一事不穷，则阙了一事道理；一物不格，则阙了一物道理。须著逐一件与他理会过。"①"大而天地阴阳，细而昆虫草木，皆当理会。一物不理会，这里便缺此一物之理。"②这里明确把包括鸟兽草木在内的"天地之间物理"当作格物的对象。就格伦理之理而言，朱熹认为："格物，是穷得这事当如此，那事当如彼，如为人君，便当止于仁；为人臣，便当止于敬。又更上一著，便要穷究得为人君如何要止于仁，为人臣如何要止于敬，乃是。""君臣、父子、兄弟、夫妇、朋友，皆人所不能无者，但学者须要穷格得尽。事父母，则当尽其孝；处兄弟，则当尽其友，如此之类。"③在这里，朱熹还从宗法伦理纲常的要求上对于"格物"进行了规定。

格物就能致知，朱熹格物致论的第二个阶段就是"致知"，就是推致先在固有的知识。他说："致，推致也；知，犹识也。推极吾之知识，欲其所知无不尽也。"④"知至者，吾心之所知无不尽也。"⑤就是说，"致知"是从已知之理推之于未知，以达到对事物的透彻认识。知至是天下事物之理知无不到，表里精粗无不尽。知至作为致知的终极境界，也是指心之所知无有不尽。因此，从朱熹对"致知"所做的解释可以看到，"致知"是指人们在考察和探究事物之理过程中获得的知识的扩充，"格物"要达到的目的和结果是"致知"，所以"致知"是在"格物"之后，它不是一种独立的可以离开"格物"或与格物并行的认识活动或修养方法。如果没有即物而后穷其理，人们的知识是无法得到扩充的。

朱熹在阐述"格物致知"时，把"格物致知"与"理一分殊"联系在一起。他说："近而一身之中，远而八荒之处外，微而一草一木之众，莫不各具此理。然虽各自有一个理，又却同出于一个理尔。如排数器水相似；这盂也是这样水，那盂也是这样水，各各满足，不待求假于外。然打破放里，却也只是个水。此所以可推而无不通也。所以谓格得多后自能贯通者，只为是一理。"⑥从这段论述中可以看出，朱熹认为天下万物各有不同的理，万物各自的理同出于一个理，万物各有一太极。在朱熹那里，万物既有各自不同的

---

① 朱熹，撰，黎靖德，编.朱子语类：卷十五[M].北京：中华书局，1986：295.

② 朱熹，撰，黎靖德，编.朱子语类：卷一百一十七[M].北京：中华书局，1986：2817.

③ 朱熹，撰，黎靖德，编.朱子语类：卷十五[M].武汉：崇文书局，2018：213.

④ 朱熹.四书章句集注[M].金良年，今译.上海：上海古籍出版社，2006：6.

⑤ 朱熹.四书章句集注[M].金良年，今译.上海：上海古籍出版社，2006：6.

⑥ 朱熹，撰，黎靖德，编.朱子语类：卷十八[M].北京：中华书局，1986：398-399.

理,又源自并具有一个共同的"总天地万物之理"。与此同时,朱熹认为"心具众理"①,由于"气禀所拘,人欲所蔽",所以要穷理。格物致知实际上是要通过即物穷理而明白心中所具的众理。

"致知"和"格物"是互相联系的,"致知,是自我而言;格物,是就物而言。若不格物,何缘得知"②,"知"是通过格物得来的,"格物所以致知",一方面格物的最终目的是致知,另一方面离开格物的过程,致知也无法实现。格物就是要穷究物之至理,致知则要达到吾心无所不知,两者是理与心的关系。也就是说致知在格物之中,非格物之外另有致知。关于如何"致知",朱熹提出了类推的方法。他说:"格物非欲尽穷天下之物,但于一事上穷尽,其他可以类推。"③"万物各具一理,而万理同出一源,所以可推而无不通也。"④通过类推,穷尽事物先在的"理"。

三、格物致知的生态面向

从生态哲学层面看,朱熹"格物致知"思想表现出明确的生态实践途径。学者魏云涛撰文指出:"在朱熹思想中,道德共同体的范围包括天地、人、物、鬼神等方面,它们各自都有被加以道德关怀的资质。人对自然事物的道德行为之实现,主要有两个要点:其一是公。人心唯有去私存公,廓然大公,方能超越小我,关怀自然万物。其二是仁。唯仁,方能接通天地,进而达到天地万物一体。这一道德行为的实现路径即格物致知。"⑤

在朱熹的格物对象中,自然界事物是其重要的方面,二程已经把自然界事物当做格物的对象之一,明确指出"一草一林皆有理,须是察","'多识于鸟兽草木之名',所以明理也",朱熹则把格物的对象扩展到所有自然界事物,并且随着其"格物致知"论的成熟,越来越多地强调格自然界事物。"格

---

① 朱熹.问张敬夫[M]//朱杰人,等编.晦庵先生朱文公文集:卷三十二.上海:上海古籍出版社,合肥:安徽教育出版社,2010:1395.

② 朱熹,撰,黎靖德,编.朱子语类:卷十五[M].武汉:崇文书局,2018:218.

③ 朱熹.大学或问[M]//朱杰人,严佐之,刘永翔,主编.朱子全书:第六册.上海:上海古籍出版社,合肥:安徽教育出版社,2010:525.

④ 朱熹.大学或问[M]//朱杰人,严佐之,刘永翔,主编.朱子全书:第六册.上海:上海古籍出版社,合肥:安徽教育出版社,2010:525.

⑤ 魏云涛.朱熹哲学的生态面向[N].中国社会科学报,2020-09-01(2).

物"是即物而穷其理,以至穷到"极至"处,至极之理是最高标准,也是终极目的,在朱熹哲学中,称之为太极。朱熹认为,人人有一太极,物物有一太极,而太极只有一个。通过"格物",我们知道太极无所不在的道理,知道万物统一性的道理。这个道理,其实就是至善。因为太极不是别的,只是"极好至善的表德","表德"是"极好至善"之德,也就是"天地之大德曰生"之德,说明"生"之德是"极好至善"的。事物之理和心中之知皆有"极至处",这个"极处"就是"仁"。由此可以说,将"格物穷理"的范围推至到用仁爱之心来对待世间万物,这是朱熹"格物致知"论的根本目的所在。从本质上看,这一学说其实就是德性之学。仁、义、礼、智之性最终又被归结为"只是一个心,一个根柢出来"①。所谓这个"根柢"、这个"心"就是"仁"。一句话,"格物"之学就是"爱物"之学。

"致知"就是推致"德性之知",它的来源在于天道,天道生生,以仁为本。因此,德性之知的本质含义就是宇宙生生不息的大化之理,当事物被人赋予了道德的意识,其内在的生命意义就能获得更为完整的表现。"致知"是对生命本身价值的体认,每一生命都有内在的珍贵和高贵的价值,人们要以"致知"来体认每一生命本身的价值。生命的珍贵在于它化育于天地,生命的高贵在于与天为一,致知就是使事物在人的扶助中实现生命的完善,从而推致天德良知。因此,从功夫论角度看,"格物致知"体现了人的心性修养,从生态哲学角度看,"格物致知"贯彻了人类的生态德性。

"即物而穷其理"是格物致知的方法论,朱熹认为有一物便有一理,每一物之理是不同的。因此,要一物一物地去"格",直到穷尽天下万物之理,因为可以"类推",即"触类而通之"。对任何一个认识对象,如果只是对其孤立地加以思考,那是想不出什么名堂来的,必须将该事物与其他事物乃至整个世界的关系联系起来思考,方能找出该事物存在之根据。这种认识方法具有普适性,可以"类推"至自然界万事万物,自然界与人类社会是统一的、和谐的、有秩序的生命共同体,违反了客观规律必然会引起整个自然界与人类社会秩序的混乱,统一而和谐的自然与社会平衡被破坏,人类就会遭到自然的惩罚。同时,作为格物对象的自然界事物,即使是草木禽兽,它们也与其他事物一样有存在的天理,因此,人类在对待自然界其他生命的时候,应该本着一视同仁的态度,认识到自然界生命之间无轻重、贵贱之分。人类应

---

① 朱熹,撰.黎靖德,编.朱子语类:卷十五[M].武汉:崇文书局,2018:220.

当尊重自然、顺应自然、保护自然,按客观规律办事,形成人与自然和谐相处的新理念。

<h1 style="text-align:center">第四节　朱熹"天理人欲"思想的
生态伦理价值</h1>

在朱熹的理学思想体系中,"存天理,灭人欲"是其伦理思想的核心。围绕这一思想,长期以来学者哲人们进行了褒贬不一的论争和探索。朱熹认为:"天地之间,有理有气。理也者,形而上之道也,生物之本也。气也者,形而下之器也,生物之具也。"①在朱熹那里,"天理"具有了合乎规律的自然法则的意义。"欲"则可以理解为人类集体或个体的欲望。从这个角度看,天理和人欲的关系可以理解为自然发展的普遍规律与人类各种欲望之间的关系。当前人类的活动越来越多地触及生态环境的边界和底线,从生态伦理的视角,重新审视朱熹"存天理,灭人欲"思想的生态伦理价值,对于全面加快生态文明建设,实现人与自然的和谐共生,正确理解"天理"和"人欲"的含义,具有十分重要而普遍的意义。

一、朱熹"存天理,灭人欲"思想的儒家哲学渊源

先秦时期的思想家们关于理欲问题都各有论述,在春秋战国时期的百家争鸣中,义利之辨是其中的重要论题,这成为宋明时期理欲之争的源头。至两宋,"天理""人欲"关系成为理学家们探讨的一个至关重要的问题。朱熹集以往思想家"理""欲"论争之大成,提出了"明天理,灭人欲"的主张,并使之成为其伦理思想的核心。

在"理""欲"问题上,孔子、孟子和荀子都提出过各具特色的看法,是先秦儒家理欲观的典型代表。孔子理欲观中并没有一个"理"字,他主要通过仁、义、礼等概念来阐发与"欲"相对立的"理"。孔子说:"富与贵,是人之所

---

① 朱熹.晦庵先生朱文公文集:卷五十八:答黄道夫书[M]//朱杰人,严佐之,刘永翔,主编.朱子全书:第二十三册.上海:上海古籍出版社,合肥:安徽教育出版社,2010:2755.

欲也。不以其道得之,不处也;贫与贱,是人之所恶也。不以其道得之,不去也。"①他对个体追求正当的物质欲望是肯定的,并不反对"食不厌精,脍不厌细"②的生活。但是他认为欲望的获得要"以其道得之",主张节欲,人们对欲望要有节制,要求人们"欲而不贪"。③ 他提出"克己复礼为仁"④,也就是要克制自身不正当的私欲,使之符合礼所要求的社会规范,从而达到仁的理想境界。要求用仁、义、礼等社会规范制约放纵的"欲",要见利思义,认为礼义是在物质生活欲望之上更高的价值追求,如其所曰"不义而富且贵,于我如浮云"⑤。

孟子继承了孔子的义利观,提出了"理义"这一概念。他说:"心之所同然者何也,谓理也、义也,圣人先得我心之所同然耳,故理义之悦我心,犹刍豢之悦我口。"⑥在"欲"的问题上,孟子也肯定人的基本欲望的正当性,他说"富,人之所欲也"⑦,"与富贵者,人之同心"⑧。追求物质利益是人类生存的基本需要和保障,是治国安邦的基础,孟子主张"制民之产",创造更多的财富,使百姓"仰足以事父母,俯足以畜妻子,乐岁终身饱,凶年免于死亡"⑨。对待理欲关系,从个人修养的角度,孟子明确提出"寡欲观"。他说:"养心莫善于寡欲,其为人也寡欲,虽有不存焉者寡矣。其为人也多欲,虽有存焉者寡矣。"⑩认为人的欲望太多就会丢失善良的本性,所以要减少物质欲望,做到"无为其所不为,无欲其所不欲,如此而已矣"⑪。他强调精神生活的高尚性,认为"人之有道也,饱食暖衣、逸居而无教,则近于禽兽"⑫。在义欲关系上,孟子指出"鱼,我所欲也,熊掌,亦我所欲也,二者不可得兼,舍鱼而取熊

① 李志敏,主编.四书五经:卷一[M].北京:京华出版社,2003:40.
② 李志敏,主编.四书五经:卷一[M].北京:京华出版社,2003:128.
③ 李志敏,主编.四书五经:卷一[M].北京:京华出版社,2003:84.
④ 李志敏,主编.四书五经:卷一[M].北京:京华出版社,2003:56.
⑤ 李志敏,主编.四书五经:卷一[M].北京:京华出版社,2003:208.
⑥ 李志敏,主编.四书五经:卷二[M].北京:京华出版社,2003:182.
⑦ 李志敏,主编.四书五经:卷二[M].北京:京华出版社,2003:208.
⑧ 李志敏,主编.四书五经:卷二[M].北京:京华出版社,2003:132.
⑨ 李志敏,主编.四书五经:卷二[M].北京:京华出版社,2003:237.
⑩ 李志敏,主编.四书五经:卷二[M].北京:京华出版社,2003:220.
⑪ 李志敏,主编.四书五经:卷二[M].北京:京华出版社,2003:162.
⑫ 李志敏,主编.四书五经:卷二[M].北京:京华出版社,2003:208.

掌者也;生,亦我所欲也,义,亦我所欲也,二者不可得兼,舍生而取义者也"①,强调"舍生取义",突出了对道德精神生活的追求。

荀子在孔、孟重"理"轻"欲"的基础上,将礼义与理统一起来,提出"义者,循理"②,对理欲关系做了更为深入的阐述。他认为人的欲望与生俱来,具有合理性、正当性,"人生而有欲,欲而不得,则不能无求,求而无度量分界,则不能不争。争则乱,乱则穷。先王恶其乱也,故制礼义以分之,以养人之欲,给人之求。使欲必不穷乎物,物必不屈于欲,两者相持而长,是礼之所起也"③。在这里,荀子指出了礼义道德的作用在于调节人们的欲望要求,而不是用来压制人的欲望,具有"理存于欲"思想的萌芽。"饥而欲食,寒而欲暖,劳而欲息","好荣恶辱,好利恶害,是君子、小人之所同也"。④"夫贵为天子,富有天下,是人情之所同欲也。"⑤人们对物质欲望的追求,无论是君子还是小人都是一样的,因此,不能去欲、寡欲,而应该"养人之欲,给人以求"。荀子虽然肯定了欲的先天性、正当性,但是他也反对不加节制的纵欲,认为"天下害生纵欲"⑥,应当"以道制欲,则乐而不乱;以欲忘道,则惑而不乐"⑦,从而使人的欲望得到合理的满足,以维护社会的稳定。

先秦儒家的理欲观具有明显的理欲和义利相融合的特点,理欲问题主要表现为义利问题。"义者,天理之所宜。利者,人情之所欲。"⑧他们虽然谈到了理、义、欲的关系,但都没有提出"天理"和"人欲"的范畴。朱熹继承了先秦儒家义利观,并在构建和完善其理欲观的过程中,起到了不可忽视的作用。

汉代儒学家董仲舒,在"理""欲"问题上,不否定欲望,提出"极理以尽情性之宜,则天容遂矣"⑨的理欲观,即人的情感欲望在合理的状态之中,就能

①　李志敏,主编.四书五经:卷二[M].北京:京华出版社,2003:210.
②　荀子[M].方勇,李波,译注.北京:中华书局,2015:239.
③　荀子[M].方勇,李波,译注.北京:中华书局,2015:300.
④　荀子[M].方勇,李波,译注.北京:中华书局,2015:37.
⑤　荀子[M].方勇,李波,译注.北京:中华书局,2015:37.
⑥　荀子[M].方勇,李波,译注.北京:中华书局,2015:138.
⑦　荀子[M].方勇,李波,译注.北京:中华书局,2015:300.
⑧　朱熹.四书章句集注[M].金良年,今译.上海:上海古籍出版社,2006:92.
⑨　董仲舒.春秋繁露[M].张世亮,钟肇鹏,周桂钿,译注.北京:中华书局,2018:181.

达到天行顺遂。他认为"天之生人也,使之生义与利。利以养其体,义以养其心"①,物质利益和欲望是保证生存发展的条件,"故圣人之治民,使之有欲,不得过节;使之敦朴,不能无欲。无欲有欲,各得以足,而君道得矣"②,统治者应该保障百姓追求一定的物质欲望,不能过于节制,扼杀他们的欲望。

　　至两宋,"天理""人欲"关系成为理学家们共同关注的问题。"宋代道学中天理人欲之辨,发端于张子,成立于二程子,至朱子而大成。"③张岱年先生认为,北宋时期关于"天理""人欲"问题的讨论源于张载,最早主张"天理人欲说"并明确区分了"天理"和"人欲"。张载在其《正蒙·诚明篇》中指出:"上达反天理,下达徇人欲者与!""所谓天理也者,能悦诸心,能通天下之志之理也。"④他认为"天理"是能使人心喜悦、贯通众人意志的道理。因此,"天理者,时义而已。君子教人,举天理以示之而已。其行己也,述天理而时措之也"⑤。天理是随时适应的义理,君子必须以"天理"来教化人民。同时,他还说:"只为天理常在,身与物均见,则自不私,已亦是一物,人常脱去已身则自明。"⑥天理是常在的,人们要用天理照见自身,就能去私欲。张载明确将"天理"和"人欲"相对起来,提出"烛天理如向明,万象无所隐;穷人欲如专顾影间,区区于一物之中尔"⑦,认为"今之人灭天理而穷人欲,今复反归其天理。古之学者便立天理,孔孟而后,其心不传,如荀扬皆不能知"⑧,要求人们追求天理,反对人欲。但是张载并不是一般地反对人欲,对于那些合理的需求,他并不反对,认为"饮食男女皆性也,是乌可灭?然则有无皆性也,是岂无对?庄、老、浮屠为此说久矣,果畅真理乎?"⑨也就是说,吃饭穿衣男女之欲这是人的本性,不能灭除,这肯定了人的自然需求的合理性。总

---

① 董仲舒.春秋繁露[M].张世亮,钟肇鹏,周桂钿,译注.北京:中华书局,2018:330.
② 董仲舒.春秋繁露[M].张世亮,钟肇鹏,周桂钿,译注.北京:中华书局,2018:203-204.
③ 张岱年.中国哲学大纲[M].北京:中国社会科学出版社,1982:455.
④ 张载.张载集[M].章锡琛,校.北京:中华书局,1978:23.
⑤ 张载.张载集[M].章锡琛,校.北京:中华书局,1978:23-24.
⑥ 张载.张载集[M].章锡琛,校.北京:中华书局,1978:285.
⑦ 张载.张载集[M].章锡琛,校.北京:中华书局,1978:26.
⑧ 张载.张载集[M].章锡琛,校.北京:中华书局,1978:273.
⑨ 张载.张载集[M].章锡琛,校.北京:中华书局,1978:63.

体上看,张载的理欲观表现为"尊崇理性,反对私欲"①。

二程承袭了张载的理欲观,并将其进一步展开。二程认为"人心私欲,故危殆。道心天理,故精微,灭私欲则天理明矣"②,并且认为"人心,私欲也,危而不安;道心,天理也,危而难得。惟其如是,所以贵于精一也。精之一之,然后能执其中,中者极至之谓也"③。"天理"是二程哲学的形而上本体,也是最高的社会的伦理道德原则和理想境界。在二程学说中,"天理"和"人欲"是完全对立的,程颐明确指出,人欲就是私欲,与天理相对。他指出:"视听言动,非理不为,即是礼,礼即是理也。不是天理,便是私欲。人虽有意于为善,亦是非礼。无人欲即皆天理。"④这里所说的"人欲"就是私欲、物欲,"人之为不善,欲诱之也。诱之而弗知,则至于天理灭而不知反"⑤,因此"明天理"就要"去私欲"。二程将"人欲"一概斥之于"私欲",并与"天理"相对立,显然有失偏颇,因为人的欲望中包含了维持生命存续的物质需要和自然属性,截然对立则有禁欲主义倾向。如何"去私欲""明天理",二程提出"损人欲,以复天理"⑥,并深入阐发了"居敬集义"和"克己复礼"的修养功夫论。⑦

朱熹是理学集大成者,二程理欲观是朱熹"存天理,灭人欲"思想直接的理论来源,但朱熹对二程"人心""人欲"概念做了修正和补充,认为"人心"不完全是"人欲"。他以性心说为基础,把理欲观和天理论联系在一起,更为明确细微地分析了"天理"和"人欲"的道德伦理关系,整体建构了"存天理,灭人欲"思想,并使之成为其理学思想的核心。

二、朱熹对"天理"和"人欲"的阐发

"理"和"欲"的问题,在理学思想家那里是伦理道德规范和物质欲望的

① 张瑞元.张载"存天理灭人欲"思想在明末清初的影响及其意义[J].宝鸡文理学院学报,2016(12):39-44.

② 程颢,程颐.二程集[M].北京:中华书局,1981:312.

③ 程颢,程颐.二程集[M].北京:中华书局,1981:1261.

④ 程颢,程颐.二程集[M].北京:中华书局,1981:144.

⑤ 程颢,程颐.二程集[M].北京:中华书局,1981:319.

⑥ 程颢,程颐.二程集[M].北京:中华书局,1981:906.

⑦ 张立文.宋明理学研究[M].北京:人民出版社,2002:330.

关系问题。《说文解字》对"理"的最初含义做了说明："理,治玉也,从王里声。"①理主要指玉石的纹理或者治理玉石,没有道德规范的意思。"天理"一词最早见于《庄子·养生主》,曰:"依乎天理,批大郤,导大窾,因其固然。"②这里的"天理"指的是解牛的道理,也没有后来的伦理道德的含义。作为伦理道德范畴的"天理""人欲"最早见于《礼记·乐记》,其中说道:"人生而静,天之性也;感于物而动,性之欲也。物至知知,然后好恶行焉,好恶无节于内,知诱于外,不能反躬,天理灭矣。人化物也者,灭天理而穷人欲者也。于是有悖逆诈伪之心,有淫佚作乱之事。"③它对程朱"存天理,灭人欲"思想的形成具有启迪作用。朱熹总结前代儒学家关于"理""欲"的论争,归纳儒家典籍的"理""欲"问题,将其理欲观集中概括为"存天理,灭人欲"。朱熹指出,"圣人千言万语,只是教人明天理,灭人欲"④,这就是朱熹"存理灭欲"思想的代表性阐述。

(一)何谓"天理""人欲"?

朱熹在二程提出的"道心""人心"就是"天理""人欲"的思想的基础上,对二者的同异进行了修正和发展,他从"性心说"出发,对"天理""人欲"概念进行了深入的阐发。他认为,"性者,人所受之天理"⑤,"性者,人生所禀之天理也"⑥,因此"性即天理","性"是包括草、木、禽、兽和人类在内的一切生物的"天理"。朱熹继承张载、二程"性两分"说,认为"性"分为"天命之性"和"气质之性"。"天命之性"是纯粹至善的"天理","性即天理,未有不者善也"⑦。"然其本然之理,则纯粹至善而已,所谓天地之性也。"而"论天地之性,则专指理言;论气质之性,则以理与气杂而言之"⑧,决定了"气质之性"具有善恶两重性,朱熹说:"天地之是只是一个道理,性便是理,人之所以有善有不善,只缘气质之禀,各有清浊。"⑨根据"性两分"的逻辑,朱熹认为人

①　段玉裁.说文解字段注:上册[M].成都:成都古籍书店,1981:16.
②　杨柳桥.庄子译注[M].上海:上海古籍出版社,2006:46.
③　礼记[M].王学典,编译.北京:蓝天出版社,2007:192.
④　朱熹,撰.黎靖德,编.朱子语类[M].武汉:崇文书局,2018:1518.
⑤　朱熹.四书章句集注[M].金良年,今译.上海:上海古籍出版社,2006:284.
⑥　朱熹.四书章句集注[M].金良年,今译.上海:上海古籍出版社,2006:472.
⑦　朱熹.四书章句集注[M].金良年,今译.上海:上海古籍出版社,2006:322.
⑧　朱熹,撰.黎靖德,编.朱子语类[M].武汉:崇文书局,2018:2173.
⑨　朱熹,撰.黎靖德,编.朱子语类[M].武汉:崇文书局,2018:1517.

具有"两心",也即"道心"和"人心","知觉从耳目之欲上去,便是人心;知觉
从义理上去,便是道心"①,"人心便是饥而思食、寒而思衣底心。饥而思食
后,思量当食与不当食;寒而思衣后,思量当着与不当着,这便是道心"②。
因此,与"天命之性"纯粹至善、气质之性有善恶两重性相一致,道心是善的,
而人心则有善有恶。由此,朱熹认为不能把"人心"简单地等同于"人欲",他
指出:"人心亦不是全不好底,故不言凶咎,只言危。"③"盖人心不全是人欲,
若全是人欲,则直是丧乱,岂止危而已哉!"④"'人心,人欲也',此语有病。"⑤
在这里,朱熹不仅对"道心""人心"做了细致的区分,而且修正了二程笼统地
将"人心"看作"人欲"的偏颇,指出:"此心之灵,其觉于理者,道心也。其觉
于欲者,人心也。"⑥"人心是此身有知觉有嗜欲者,感于物而动。"⑦"道心则
是义理之心,可以为人心之主宰。"⑧"然此又非有两心也,只是义理与人欲
之辨尔。"⑨"只是一心,合道理底是天理,循情欲底是人欲。"⑩

那么,究竟什么是"天理"? 在朱熹那里,"天理"蕴含了自然、社会、人类
思维的规律和法则。可以从三个方面进行考察:其一,于自然而言,"天理"
是合乎规律的自然法则。它是万物的本源,"未有天地之先,毕竟也只是理。
有此理,便有此天地;若无此理,便亦无天地,无人无物,都无该载了! 有理,
便有气流行,发育万物"⑪。天地万物都由理承载,没有理,则天地万物都无
挂搭,都无承载。这是朱熹"天理"概念中的自然哲学思想,将人与自然联系
在一起,具有生态伦理意义。其二,于社会关系而言,"天理"是处理人与人
之间关系的伦理道德原则,这种伦理道德原则就是"三纲五常"。朱熹为此
作了专门阐述:"所谓天理,复是何物? 仁、义、礼、智岂不是天理? 君臣、父

① 朱熹,撰,黎靖德,编.朱子语类[M].武汉:崇文书局,2018:1117.
② 朱熹,撰,黎靖德,编.朱子语类[M].武汉:崇文书局,2018:1117.
③ 朱熹,撰,黎靖德,编.朱子语类[M].武汉:崇文书局,2018:1117.
④ 朱熹,撰,黎靖德,编.朱子语类[M].武汉:崇文书局,2018:1117.
⑤ 朱熹,撰,黎靖德,编.朱子语类[M].武汉:崇文书局,2018:1518.
⑥ 朱熹,撰,黎靖德,编.朱子语类[M].武汉:崇文书局,2018:1.
⑦ 朱熹,撰,黎靖德,编.朱子语类[M].武汉:崇文书局,2018:174.
⑧ 朱熹,撰,黎靖德,编.朱子语类[M].武汉:崇文书局,2018:149.
⑨ 朱熹,撰,黎靖德,编.朱子语类[M].武汉:崇文书局,2018:1354.
⑩ 朱熹,撰,黎靖德,编.朱子语类[M].武汉:崇文书局,2018:168.
⑪ 朱熹,撰,黎靖德,编.朱子语类[M].武汉:崇文书局,2018:101.

子、兄弟、夫妇、朋友岂不是天理？"①"父子兄弟夫妇，皆是天理自然。人皆莫不自知家敬。君臣虽亦是天理，然是义合。"②其三，"天理"是思维规律。朱熹认为："盖天理者，心之本然，循之其心则公而且正。"③"心之本然"是什么？朱熹说："盖此心本自如此广大，但为物欲隔塞，故其广大有亏；本自高明，但为物欲所累，故于高明有亏。"④也就是说，我们要保持理性清明的思维，不为物欲所蒙蔽，不为感性所阻隔，格物而穷其理，认清事物的内在的本质规定性，找出事物发展的规律。如此，就是遵循"天理"了。

朱熹认为"天理"是"心之本然"，是"善"，然而"天理有未纯，是以为善常不能充其量，人欲有未尽，是以除恶常不能去根"⑤，所以要"天理纯"，"人欲尽"。那么什么是"人欲"？朱熹对"人欲"是这样论证的：首先，"人欲"是私欲。朱熹说："人欲者，此心之疾疢，循之则其心私而且邪。"⑥"天理人欲，同行异情。循理而公于天下者，圣贤之所以尽其性也；纵欲而私于一己者，众人之所以灭其天也。"⑦其次，"人欲"是恶欲。他指出，"众人物欲昏蔽，便是恶底心"⑧，"不为物欲所昏，则浑然天理矣"⑨，"只为嗜欲所迷，利害所逐，一齐昏了"⑩，所以，"人欲"就是被物质欲望迷惑产生的恶欲。可见，朱熹的"人欲"是那些违反"天理"的不正当的私欲、恶欲，并不包括人生的一切欲望。他肯定人们正常的物质欲望，说"若是饥而欲食，渴而欲饮，则此欲亦岂能无"。二程说："人心，人欲；道心，天理。"⑪朱熹认可"道心"即"天理"，但

① 朱熹.晦庵先生朱文公文集：卷五十九：答吴斗南[M]//朱杰人，严佐之，刘永翔，主编.朱子全书：第二十三册.上海：上海古籍出版社，合肥：安徽教育出版社，2010：2837.

② 朱熹，撰，黎靖德，编.朱子语类[M].武汉：崇文书局，2018：1517.

③ 朱熹.晦庵先生朱文公文集：卷十三：延和奏答二[M]//朱杰人，严佐之，刘永翔，主编.朱子全书：第二十册.上海：上海古籍出版社，合肥：安徽教育出版社，2010：639.

④ 朱熹，撰，黎靖德，编.朱子语类[M].武汉：崇文书局，2018：167.

⑤ 朱熹.晦庵先生朱文公文集：卷十四：延和奏答五[M]//朱杰人，严佐之，刘永翔，主编.朱子全书：第二十册.上海：上海古籍出版社，合肥：安徽教育出版社，2010：662.

⑥ 朱熹.晦庵先生朱文公文集：卷十三：延和奏答二[M]//朱杰人，严佐之，刘永翔，主编.朱子全书：第二十册.上海：上海古籍出版社，合肥：安徽教育出版社，2010：639.

⑦ 朱熹.四书章句集注[M].金良年，今译.上海：上海古籍出版社，2006：191.

⑧ 朱熹，撰，黎靖德，编.朱子语类[M].武汉：崇文书局，2018：1517.

⑨ 朱熹，撰，黎靖德，编.朱子语类[M].武汉：崇文书局，2018：1517.

⑩ 朱熹，撰，黎靖德，编.朱子语类[M].武汉：崇文书局，2018：2288.

⑪ 程颐，程颢.二程集[M].北京：中华书局，2004：364.

却不赞同把"人心"简单地归为"人欲",认为"'人心,人欲也',此语有病"。
《朱子语类》记载:"问:'人心惟危',程子曰'人心,人欲也'。恐未便是人欲。
曰:'人欲也未便是不好。'"①那些符合天理的人欲应当肯定,不符合天理,
超出正当要求的私欲才要去除。因此认为:"饮食者,天理也;要求美味,人
欲也。"②"如口鼻耳目四肢欲,虽人之所不能无,然多而无节,未有不其本心
者。"③朱熹反对的是沉溺于人的欲望之中,认为"如'口之于味,目之于色,
耳之于声,鼻之于臭,四肢之于安佚',圣人与常人皆如此,是同行也。然圣
人之情不溺于此,所以与常人异耳",并说:"谓之危者,危险,欲堕未堕之间,
若无道心以御之,则一向入于邪恶,又不止于危也。"④他认为只要有"道心
以御之",人欲就"未便是不好"。⑤ 此外,朱熹反对佛教的禁欲主义,说"佛
氏只是空豁豁然,和有都无了,所谓'终日吃饭,不曾咬破一粒米;终日著衣,
不曾挂著一条丝'"⑥,"此寡欲,则是合不当如此者,如私欲之类"⑦,违背了
人的延续生存的正当物质需求。由此可见,朱熹提倡以理节欲,他所讲的
"灭人欲"实际上指的是"灭私欲""灭恶欲",即灭除人们心中不合"天理"的
自私邪恶的欲望,并不是如批评者们认为的"灭人欲"就是灭绝人的一切
欲望。

(二)"天理"与"人欲"的关系

在"天理"和"人欲"关系上,朱熹认为"天理"与"人欲"既相互对立,又相
互联系,"从人的道德修养来说,则是'去人欲',以'天理'去克服'人欲'"⑧。

"天理"与"人欲"是对立的。朱熹认为,"人之一心,天理存,则人欲亡;
人欲胜,则天理灭。未有天理人欲夹杂者"⑨,"天理人欲,不容并立"⑩,"天
理人欲之间,每相反而已矣"⑪。

---

① 朱熹,撰,黎靖德,编.朱子语类[M].武汉:崇文书局,2018:1828.

② 朱熹,撰,黎靖德,编.朱子语类[M].武汉:崇文书局,2018:167.

③ 朱熹.四书章句集注[M].金良年,今译.上海:上海古籍出版社,2006:372.

④ 朱熹,撰,黎靖德,编.朱子语类[M].武汉:崇文书局,2018:167.

⑤ 朱熹,撰,黎靖德,编.朱子语类[M].武汉:崇文书局,2018:167.

⑥ 朱熹,撰,黎靖德,编.朱子语类[M].武汉:崇文书局,2018:167.

⑦ 朱熹,撰,黎靖德,编.朱子语类[M].武汉:崇文书局,2018:167.

⑧ 张立文.朱熹思想研究[M].北京:中国社会科学出版社,1981:531.

⑨ 朱熹,撰,黎靖德,编.朱子语类[M].武汉:崇文书局,2018:783.

⑩ 朱熹.四书章句集注[M].金良年,今译.上海:上海古籍出版社,2006:24.

⑪ 朱熹.四书章句集注[M].金良年,今译.上海:上海古籍出版社,2006:457.

"天理"和"人欲"是相互依存互为安顿的。朱熹说："有个天理,便有个人欲。盖缘这个天理,须有个安顿处,才安顿得不恰好,便有人欲出来。"①这里的"安顿"指的就是"天理"和"人欲"的相互依存,"天理人欲有多少,天理本多,人欲便也是天理里面做出来"②。因此,两者不可分离,相互包涵,"天理人欲,几微之间","虽是人欲,人欲中自有天理"。③

由于"天理"和"人欲"既相互联系又尖锐对立,因此从道德伦理视角,朱熹特别强调要"遏人欲而存天理",只有"革尽人欲",才能"复尽天理",也就是"克己复礼"。他指出："克得那一分人欲去,便复得这一分天理来;克得那二分己去,便复得这二分礼来。"④如果人欲上多了一分,那么天理上便克去一分。所以,"去人欲存天理"就和"克己复礼"一样,需要不断提高自我道德修养,从而达到自我道德完善。

(三)如何"存理灭欲"?

关于如何落实"存天理,灭人欲"这一思想,在《朱子语类》卷十三中,朱熹有过专门而详尽的阐述。他认为首先要明天理,要"认取那个是天理,那个是人欲","天理人欲,几微之间"⑤,并说："自一念之微,以至事事物物,若静若动,凡居处饮食言语,无不是事,无不各有个天理人欲,须是逐一验过。虽在静处坐,亦须验个敬、肆。敬便是天理,肆便是人欲。"可见,朱熹认为要"存理灭欲",就要先区分天理和人欲,只有明天理,才能灭除私欲。其次,要学会存养。"未知学问,此心浑为人欲。既知学问,则天理自然发见,而人欲渐渐消去者,固是好矣。然克得一层,又有一层,大者固不可有,而纤微尤要密察。"⑥

三、朱熹"天理""人欲"范畴的生态内涵

朱熹构建了以理为核心的思想理论体系,其在天人关系上进行的深入探索,蕴含了丰富的以人与自然和谐为中心的生态伦理思想。

---

① 朱熹,撰,黎靖德,编.朱子语类[M].武汉:崇文书局,2018:167.
② 朱熹,撰,黎靖德,编.朱子语类[M].武汉:崇文书局,2018:215.
③ 朱熹,撰,黎靖德,编.朱子语类[M].武汉:崇文书局,2018:167-168.
④ 朱熹,撰,黎靖德,编.朱子语类[M].武汉:崇文书局,2018:100.
⑤ 朱熹,撰,黎靖德,编.朱子语类[M].武汉:崇文书局,2018:290.
⑥ 朱熹,撰,黎靖德,编.朱子语类[M].武汉:崇文书局,2018:1281.

　　"理"在朱熹哲学中是运用最普遍和最高的概念,其含义相当广泛,涉及哲学、政治、经济、自然、天文等各个方面。在相对于"人欲"这个概念时,朱熹称"理"为"天理"。如前所述,朱熹对"天理"做了充分的解释,阐述了"天理"的多种含义,包括"本然之理""自然之理""生生之理(性理)"等等,其中"自然之理"中的自然就是天,天是自然的代名词。因此,自然之理即"天理",它是自然界的秩序和法则。朱熹说"天地生物本乎一源;人与禽兽草木之生,莫不具有此理"①,"夫子之一理浑然而泛应曲当,譬则天地之至诚无息,而万物各得其所也"②。"天理"是自然万物发育、生命造化流行的法则,它是自然界本身所固有的基本规则,对此,朱熹曾说,"道者,天理之当然,中而已矣"③,"天命即天道之流行而赋于物者,乃事物所以当然之故"④。还说:"天固是理,但苍苍者亦是天,在上而有主宰者亦是天,各随他所说。虽说不同,又却只是一个。"⑤从生态的角度,"天理"包含了整个自然界。"生生之理"则是对"自然之理"意含的进一步阐释。"生生之理"说明自然界是一个不断创造生命,充满生命活力的有机整体,与人的生命息息相关,如此一来,作为"生生之理"的"天理",就包含了天人关系问题,充满了生态学意蕴,在人与自然之间确立了一种内在的价值关系。人在与自然相处时,应遵循作为自然法则的"天理",在向自然界索取的同时要承担相应的义务;对待自然应秉承尊重、顺应和保护,而不是高高在上的征服和统治,以悲悯之心对待天地万物。

　　朱熹言"圣贤千言万语,只是教人明天理,灭人欲","天理"在一定意义上就是自然发展的规律和规则,"欲"是人类的欲望,因此,"天理"与"人欲"的关系,就是自然界发展规律与人类欲望的关系。朱熹在《中庸章句》中指出:"天下至诚,谓圣人之德之实,天下莫能加也。尽其性者德无不实,故无人欲之私,而天命之在我者,察之由之,巨细精粗,无毫发之不尽也。"⑥朱熹认为,在人和自然的关系中,"圣人"起主导作用,而只有具备"至诚"之德、能够"尽其性"从而"无人欲之私"的人才能成为"圣人",才"可以赞天地之化

---

① 朱熹.延平答问[M].上海:上海古籍出版社,1987:664.

② 朱熹.四书章句集注[M].金良年,今译.上海:上海古籍出版社,2006:92.

③ 朱熹.四书章句集注[M].金良年,今译.上海:上海古籍出版社,2006:26.

④ 朱熹.四书章句集注[M].金良年,今译.上海:上海古籍出版社,2006:67.

⑤ 朱熹,撰,黎靖德,编.朱子语类[M].武汉:崇文书局,2018:1180.

⑥ 朱熹.四书章句集注[M].金良年,今译.上海:上海古籍出版社,2006:41.

育,则可以与地参矣"。人类须灭掉多余的、过分的私欲,关爱万物,做到人和自然和谐共处。朱熹将"至诚""尽其性""无人欲之私"与天地自然的关系联系在一起,蕴含着我们今天的生态思想,具有生态学意义。

四、朱熹"存天理,灭人欲"思想的生态伦理价值

过去,人们对朱熹的"存天理,灭人欲"的主张大都持反对意见,但是,从时代背景看,朱熹存理灭欲观点的提出,与他所处的南宋统治阶层醉生梦死、苟且偷安、人欲横流的社会现实分不开,是对当时社会现实的批判与揭露。从生态伦理视角看,这一哲学命题蕴含有更深刻的哲理,其合理内核在当今仍具有理论价值和现实意义。"存天理,灭人欲"倡导人类应抑制物欲,修心节欲,以减少对资源的过度消耗,减轻对生态环境的破坏,实现人与自然的和谐发展。这一思想深刻地反映了朱熹在人与自然关系上秉持平等的道德原则,是生态伦理观的初步体现,具有重要的生态伦理价值,可以为解决当代严重的生态危机困扰提供深厚的传统文化的精神和价值支持。

（一）确立了一种以人与自然和谐为中心的生态观,构建人与自然生命共同体

人与自然的关系,是实现人类社会和谐发展的基本关系,从生态视野审视,朱熹的"存天理,灭人欲"思想观照的是当今人与自然的和谐关系。在朱熹那里,"天理"是大自然运行的规律,"人欲"是"嗜欲所迷",是被过度物欲蒙蔽而产生的恶欲。当代社会的发展,要求处理好人与自然之间的关系,明确人与自然是不可分割的生命共同体,追求"理"与"欲"的和谐,以生态文明新理念实现人与自然的和谐发展。

人与自然平等是当代生态文明的基本要求,这一理念将道德对象从人类社会扩展到整个自然界,人的利益不再是唯一的尺度,它将自然和人一起放在协同进化与发展的共同体内,认为自然与人在存在与发展的权利上是平等的,强调人与自然的平等关系,赋予自然应有的地位。包括人在内的任何生物,为了使自己的物种能够生存与延续,都会选择自我中心,这种利己性是生命存续的内在要求。人与一般动物不同在于,"人类中心"意识是人的基本价值观,这种价值观的产生是自觉的。人类中心主义认为,人是大自然中唯一具有内在价值的主体,把人类的利益置于首要地位,在处理人类与生态关系时,人类自身的利益是唯一的价值尺度,这种观点鼓励了人类对自

然的剥夺和榨取,从而导致了全球性的生态平衡的破坏,最终会造成自然界的退化和毁灭。为了防止全球性的生态灾难,人类必须转向一种新的文明,即人与自然和谐相处、共同进化的生态文明,超越人类中心主义,确立一种以人与自然和谐为中心的生态观,构建人与自然共生共荣的生命共同体。朱熹的观点还启示了我们,要摆脱人类中心主义的思维惯性,建立起人与自然平等和谐的观念,需要人类自身有更大的自觉性,要充分发挥人的主观能动性,改变过去盲目征服自然的经济模式,正确认识和对待自然,因为相对于人类对自然改造和创造的巨大力量,自然是被迫的、无奈的。

(二)对当代消费主义生活方式的批判,有利于实现生活方式的绿色转型

朱熹的"存天理,灭人欲"思想,还是对当前存在的物质主义和消费主义生活方式的批判,有利于实现生活方式的绿色转型。"饮食之间,孰为天理孰为人欲?"曰:"饮食者,天理也;要求美味,人欲也。""饥食,渴饮……这是天教我如此,饥便食,渴便饮,只得顺他,穷口腹之欲,便不是。"①朱熹认为穷口腹之欲,过分追求美味就是需要扼制的人欲。这一思想,对探讨当前生活方式与生态环境的内在关系,特别是深刻反思物质主义、消费主义生活方式的生态影响,从而推动生态文明建设,推进绿色生活,具有现实的价值和参考意义。

生活方式是人的存在方式,它与生态环境息息相关,对生态环境产生重要影响。消费主义生活方式是造成生态危机的重要原因。19世纪中叶以来,工业文明催生了消费主义生活方式,它通过对物欲的无限度追求来达到感官的满足和人生价值的实现,符号化、标签化消费行为,使人的生活方式异化。当前,中国正在由传统的生产型社会向消费型社会转变,社会的消费水平显著提升,根据国家统计局数据,2018年社会消费品零售总额同比增长9.0%,2019年增长8.0%,2020年,由于疫情的影响,社会消费品零售总额比上年下降3.9%,达到391981亿元,但全国网上零售额117601亿元,比上年增长了10.9%。② 与此同时,消费主义生活方式在社会上也不断扩大,具体表现为:过度性消费,消费剩余严重,如餐桌浪费现象;奢侈性消费,把消费作为身份的象征,麦肯锡2019中国奢侈品报告表明,2018年,中国人

---

① 朱熹,撰.黎靖德,编.朱子语类[M].武汉:崇文书局,2018:1874.
② 2019年社会消费品零售增长总额8.0%[EB/OL].(2020-01-17)[2021-05-30].
http://www.stats.gov.cn/tjsj/zxfb/202001/t20200117_1723391.html.

在境内外的奢侈品消费额占全球奢侈品消费总额的三分之一,从2012年至2018年,中国占据了全球奢侈品市场超过一半的增幅;①攀比性消费,将消费作为追赶潮流和互相攀比的手段。这些畸形的消费主义生活方式是造成自然资源巨大消耗、环境污染严重的重要推手,而由于大量废弃物产生引起的垃圾过剩,超出了生态系统的自我修复能力,使得自然资源的有限性与人类物质消费欲望的无限性之间的矛盾加剧,从而导致当今球严重的生态危机。

绿色生活是当前大力倡导的一种生态主义生活方式,是实现人与自然平等和谐的必由之路。近年来,《人民日报》发文多次推荐"极简主义"的生活方式,可以说是主流媒体对绿色生活方式在人们精神层面的引领。这一生活方式目前已被越来越多的中国青年群体接受与认可,反映了人们对商品经济下物欲横流的消费主义的厌倦与抵制。国际公益组织野生救援(WildAid)的一个著名口号是"没有买卖就没有伤害",这一环保组织通过国际政商领袖、名人明星的影响力,广泛地向公众宣传野生动物保护,号召公众拒绝购买濒危野生动物制品,引导和鼓励公众选择可持续的绿色生活方式。2015年,环境保护部发布的《关于加快推动生活方式绿色化的实施意见》中指出:"到2020年,生态文明价值理念在全社会得到推行,全民生活方式绿色化的理念明显加强,生活方式绿色化的政策法规体系初步建立,公众践行绿色生活的内在动力不断增强,社会绿色产品服务快捷便利,公众绿色生活方式的习惯基本养成,最终全社会实现生活方式和消费模式向勤俭节约、绿色低碳、文明健康的方向转变,形成人人、事事、时时崇尚生态文明的社会新风尚。"

近年来,生态文明理念日渐深入人心,生活方式的革命性变革已然到来,绿色生活、生态主义消费模式是生态文明发展的基本要求,朱熹"存理灭欲"思想从生态伦理、消费伦理的角度,超出了历史的局限性,为我们构建"勤俭节约、绿色低碳、文明健康"的绿色生活方式,提供了理论借鉴和价值参考。

(三)确立生态道德规范,有利于推动资源节约型、环境友好型社会的建设

在资源和环境的严峻挑战面前,建设资源节约型、环境友好型社会是我

---

① 麦肯锡:2019 中国奢侈品报告［EB/OL］.（2019-04-29）［2021-05-30］. http://www.199it.com/archives/868486.html.

国生态文明建设的重要内容和目标,要实现这一目标就必须大力倡导生态道德教育,将人伦道德扩展到生态道德。他认为理生万物,天地生物本乎一源,人与天地万物共生于自然之中,要遵循自然固有的规律。在其生态哲学思想中,他主张"革尽人欲,复尽天理",摒弃不合理、无节制的欲望,遵循宇宙自然之理,以达到人与自然的和谐。朱熹在其"存理灭欲"观点中所显现的尊重自然、爱物惜物的生态思想,可以为我们当下构建人与自然之间健康的生态伦理关系提供理论基础,在生态伦理层面拓展人与自然的关系。从道德修养的意义看,这一思想对当前我们加强生态道德教育,确立生态道德规范,增强全民环保意识,以理节欲,在全社会形成尊重自然、顺应自然、保护自然、节用爱物的生态道德观念,具有积极的合理因素。

(四)倡导绿色低碳生活,推动实现碳达峰、碳中和目标

"十四五"时期是我国实现高质量发展,开启全面建设社会主义现代化国家新征程的关键时期,重点是要坚持绿色发展,建设人与自然和谐共生的现代化。2021年3月15日,习近平在主持召开中央财经委员会第九次会议上强调,"要把碳达峰碳中和纳入生态文明建设整体布局,拿出抓铁有痕的劲头,如期实现2030年前碳达峰、2060年前碳中和的目标"。实现这一目标,关系到中华民族的永续发展和人类命运共同体的构建,意义重大。而实现碳达峰、碳中和是一场广泛而深刻的经济社会变革,是一项全方位的系统性工程,政府和社会都要为实现这一目标、打赢这一场硬仗而努力。从思想意识层面而言,朱熹"存天理,灭人欲"思想所倡导的"以理节欲""以理制欲"观念,无疑对当前这一生态文明建设目标的实现,推动人们环保意识的提升,具有积极的现实意义。经历了新冠肺炎疫情的肆虐,越来越多的人意识到,美好生活与外部环境紧密相连,自然环境变化和野生动物的生存状况与我们的生活高度相关,要克制自己无度的欲望,不应为了自己的利益去损害环境已逐渐成为人们的共识,这些共识的形成,客观上反映了朱熹"存天理,灭人欲"思想的当代价值,顺应了当前生态文明建设的新要求。因此,我们要倡导简约适度、绿色低碳的生活方式,反对奢侈浪费,不放纵自己的欲望,鼓励勤俭节约,绿色出行,使绿色低碳生活成为社会新时尚。

中国传统文化提倡的节欲、制欲,有效抑制了人们过度的欲望和需求,培养了中华民族崇尚节俭的美德,减少了人类对生态环境的破坏。在建设资源节约型、环境友好型社会的过程中,我们可以借鉴朱熹以理节欲的主张,强调道德自律,完善道德品格,重视生态道德修养,培养生态道德情感,自觉履行生态道德义务,将人与自然和谐共生的生态道德观树立在每一个人心中,并贯穿于人与自然相处的每一个环节,从制度上、法律上确立生态道德规范的有效性和权威性,对那些不符合生态道德的行为予以禁止和矫正,使环境保护的各项法律规章得以有效贯彻落实,最终实现人与自然的共生共荣。这可以说是当代生态文明建设的必然要求,也是朱熹"存天理,灭人欲"思想的理性价值光芒。

下 篇
启示与借鉴:当代生态道德建设的理论与实践探索

中华优秀传统文化宝库中蕴含着丰富的生态道德资源。当代生态道德建设,需要充分挖掘和借鉴传统生态道德资源的深刻内涵及当代价值,结合时代要求,推动形成具有中国特色、时代特点的生态道德。

朱熹集前人之大成,认真审视了人与自然之间的关系,形成了具有鲜明特点的自然观。朱熹自然观穿越历史的尘埃传承至今,受各种主客观条件的限制难免有其不足之处,但瑕不掩瑜,其中闪耀着的智慧的光芒仍然无法被轻易掩盖,对当代生态道德建设具有重要的启示与借鉴作用。在当代生态道德建设过程中,我们既要坚持从当代生态道德建设的现实出发,又要懂得到朱熹的自然观中找寻智慧的支援,结合朱熹自然观中的生态伦理思想,提出构建当代生态道德建设的内容和途径,实现朱熹自然观、朱熹生态伦理思想与当代生态道德建设的有机融合与良性互动,这也是实现中国优秀传统生态文化资源创造性转化、创新性发展的现实要求。

第九章 当代生态道德建设的
理论基础及现状

生态兴则文明兴,生态衰则文明衰。[①] 生态文明建设与人类福祉紧密相连,是"美丽中国"的应有之意,是建设人与自然和谐共生的现代化的必然要求,更是中华民族永续发展的重要保障。生态道德建设是生态文明建设的重要组成部分,是对传统道德的继承和发展。对当代生态道德建设的理论基础及现状等的研究与梳理,是做好朱熹自然观与当代生态道德建设结合研究的重要起点。

第一节 生态道德的内涵与特点

生态道德是应用伦理学的重要研究内容之一,兴起于 20 世纪 70 年代,其产生有着丰富的理论基础和现实依据,是对原有道德范畴的发展和补充。生态道德既有传统道德的一般特征,也展现出了其与原有道德不同的特质。生态道德的内涵和特点研究能够为当代生态道德建设提供重要的理论依据和价值参考。

一、伦理与道德释义

在解释生态道德的内涵之前,有必要对"伦理"与"道德"的概念及关系

---

① 中共中央文献研究室,编.习近平关于社会主义生态文明建设论述摘编[Z].北京:中央文献出版社,2017:6.

进行厘清。"伦理"与"道德"是伦理学中的一对核心概念,对于二者概念的厘定一直以来都是伦理学研究中最基础、最重要又最为难解的。一般来说,道德被视作是"道"和"德"的组合,在伦理学上,"道"指的是行为主体的基本准则,"德"指的是行为主体对"道"的获得,即行为主体的品质、品德。道德是一种社会意识形态,它是一定社会调整人与人之间、人与社会之间的关系的行为规范总和。伦理则是"伦"和"理"的统一,"伦"即"人伦",是君臣、父子等人与人之间的关系;"理"有"道理"、"规矩"之意。余仕麟认为,伦理"是指社会和个人经过一定方式的治理、协调,使社会生活和人际关系符合一定的秩序和准则(即所谓'道'或'伦')"①。所以伦理就是符合一定社会关系的秩序和准则。

严格来说,"伦理"与"道德"二者的内容和侧重点有不同,例如,"伦理"更多强调客观他律性,而"道德"则更多强调主观自律性,但二者的关系又是密不可分的,伦理学以道德现象作为研究对象,二者互为依托,相互依存,谁也离不了谁。在很多时候,人们习惯将"伦理"与"道德"当作是含义相同的同一概念,互换进行使用。② 故在本研究中,未将"伦理"与"道德"两个概念作明显的区分以交叉使用之。

二、生态道德的缘起

开始于 18 世纪 60 年代的以机器的发明与使用为标志的第一次科技革命,揭开了人类工业文明的大幕。工业化时代的到来,生产力及科学技术水平得到了长足的进步和发展,人类对自然的开发与利用变得越来越"得心应手"。在人类对自然资源的需求得到极大满足的同时,人类企图征服自然、战胜自然、主宰自然的野心也逐渐膨胀。越来越多的不科学、不合理、超出自然环境承载力的行为变得泛滥,自然界逐渐失去了平衡,随之而来的是环境污染、资源枯竭、能源危机、土地荒漠化、生物多样性锐减、气候变化等生态灾难。人类活动给自然界带来了难以承受的重负,自然生态系统变得脆

---

① 余仕麟.伦理学概论[M].北京:民族出版社,2004:4.

② 关于伦理和道德的概念界分,罗国杰教授认为:"无论在中国还是外国,'伦理'和'道德'这两个概念,在一定的词源含义上可以视为同义异词,指的都是社会道德现象。"参见罗国杰,等编.伦理学教程[M].北京:中国人民大学出版社,1986:2.

弱不堪,各种频繁的自然灾难给人类敲响了警钟。人与自然之间的矛盾也愈发凸显,成了无法回避的问题,迫使人类不得不重新思考和正视人与自然之间的关系,开始寻求人与自然之间矛盾的化解之道。

　　长期以来,道德都被作为调解人与人之间、人与社会之间关系的重要工具。随着生态危机的爆发,人与自然之间的关系变得岌岌可危,人类开始将善恶、仁爱、公平等道德要求用来处理人与自然之间的矛盾,不再把自然当成是冷冰冰的、任凭人类随意"宰割"的对象,而是将自然看作是道德关注的对象,赋予其更多的道德关怀。由此,传统道德领域的界限及使命被打破,由调解人与人之间、人与社会之间的关系拓展到人与自然之间。在这样的背景与环境之下,生态道德应势而生。①

三、生态道德的概念和特点

　　何为生态道德？主要指的是以达到人与自然和谐共生为目标,以审视和调整人与自然的关系、确立人与自然的道德关系为内容,以道德规范和行为准则约束人的生态行为为手段的一种新的社会道德形态。一方面,生态道德展现的是人类对人与自然关系在道德领域的重新思考,强调了人类对自然应具备道德关怀,培育生态道德素质、生态道德意识、生态道德情感。另一方面,强调的是在处理人与自然关系时所开展的道德实践,即人类应严格遵守生态道德规范和行为准则,将源于实践的生态道德又真正的还于实践。

　　作为一种全新的社会道德形态,生态道德与道德是个别与一般、个性与共性、特殊与普遍的关系。生态道德具有道德的基本特性,例如自律性、现实性、广泛性等,但与普通道德相比,也有其独特之处。

　　一是实践性。从产生与发展来看,任何一种理论的产生都是来源于实践,又能够指导实践,只有真正在实践中得以应用、检验、发展,理论才能真正焕发出光芒。如前所述,生态道德是在对生态实践活动的反思与总结中形成,并在生态实践中得以运用、检验、发展与完善。从目的与意义来看,生态道德的意义不仅仅是构建了一种新的理论,更重要的是在人类与自然相处的实践中,引导人类以正确的生态道德理念,做出符合生态道德要求的生

　　① 参见陈寿朋,等.生态道德建设论[M].北京:中央文献出版社,2011:4-5.

态道德行为。从内容与手段来看,生态道德旨在通过相应的道德规范和准则来约束和调整人类的生态道德实践活动,回答人类在生态实践中"怎么做"的问题。由此可以看出,实践性是生态道德的重要特性。

二是综合性。在学科构成方面,生态道德涉及的学科众多,由生态学、伦理学、经济学、社会学、教育学等多种学科交互综合而成。在理论渊源方面,生态道德得以构建有着较为深厚的理论基础,中国传统的"天人合一"、"取用有度"等生态道德思想,近代西方的人类中心主义、生物中心主义等生态道德理论,马克思、恩格斯的生态伦理思想等,都为生态道德提供了坚实且全面的理论支撑。在实践的范围方面,生态道德涵盖了社会公共生活、家庭生活等综合领域,涉及社会关系复杂,覆盖范围较广。在实践的方法方面,生态道德综合应用了宣传教育、规范建设、社会管理、考核评价等方式,确保生态道德能够落实到实践中。生态道德中涉及的不同学科、不同理论、不同领域、不同方法相互渗透、相互交织,使得生态道德变得更加综合且立体。

三是发展性。如前所述,生态道德的产生源于对实践中人与自然关系发展变化的反思。生态道德将原有道德关系由人与人之间拓展至人与自然之间,是对原有道德理念、原则、规范等的继承与发展,因此生态道德是理论与实践发展的产物。生态道德在发展中产生,又在发展中完善,继续向前发展。随着时代的发展、社会的进步,生态道德也会立足现实情况,适应现实所需,补充新的养分和活力,在实践中不断发展变化,壮大自己。这充分说明生态道德不是封闭僵化、一成不变、停滞不前的,而是开放的、包容的、进步的、发展的。从诞生起,生态道德就以实践为基础,充分借鉴、吸收、整合一切可以利用的资源于一身,以进一步推动和实现自身从实践到理论再到实践的循环往复的发展。

第二节　当代生态道德建设取得的成效

新中国成立70多年来,历任党和国家领导集体都十分重视环境保护及生态文明建设工作。生态道德建设作为生态文明建设重要组成部分,与生态文明建设同步,先后经历了萌芽、发展、完善和成熟等几个阶段。

新中国成立初期,面对频发的自然洪涝灾害,毛泽东同志就提出"一定要根治海河",开展了治理淮河、黄河等四大水利治理工程。在这一时期,毛泽东同志还提出"绿化祖国""要使我们祖国的河山全都绿起来,要达到园林化,到处都很美丽,自然面貌要改变过来",在全国上下掀起了影响至今的植树造林的浓烈氛围。1973 年,在第一次全国环保会议上,我国制订了以"全面规划,合理布局,综合利用,化害为利,依靠群众,大家动手,保护环境,造福人民"为内容的第一个环保工作指导方针。这一阶段,同我国其他领域建设状况一样,生态道德建设也处于起步发展时期,一系列的方针、政策、措施,都充分体现了党和国家领导人最为质朴的生态道德情怀。

改革开放后,我国在短时间内就赶上了世界上许多发达国家上百年的工业化进程,与工业化快速发展相伴的却是生态问题的恶化。重视生态环境保护,成了这一时期不可或缺的主题,生态道德建设的重视程度在这一时期也得到了持续提升,生态道德建设得到了快速的发展。1979 年 2 月,五届全国人大常委会六次会议通过了将 3 月 12 日定为我国植树节的决议;1981 年 12 月 13 日,五届全国人大四次会议讨论通过了《关于开展全民义务植树运动的决议》,全民义务植树运动开始作为一项法律在全国实施;1989 年 12 月 26 日,七届全国人大常委会十一次会议通过并公布施行《中华人民共和国环境保护法》,环境保护被确立为我国的一项基本国策。在这一阶段,国家制定并实施可持续发展战略,开始探索新型工业化道路和循环经济发展的新模式。2007 年,党的十七大全面阐述了科学发展观的理论内涵,并将"生态文明"作为全新理念首次写入党代会报告;2012 年,党的十八大报告将"生态文明"写入中国特色社会主义"五位一体"的总体布局。党的十九大,把"坚持人与自然和谐共生"作为新时代坚持和发展中国特色社会主义基本方略之一,把"绿色"作为新发展理念,把"美丽"作为社会主义现代化强国的建设目标之一。新时代,生态文明建设被摆在更加突出的位置,党和国家提出了一系列新思想、新理念、新举措,形成了习近平生态文明思想。"绿水青山就是金山银山"凸显了生态伦理内蕴,"美丽中国"的生态道德实践正在如火如荼地开展,生态道德建设日渐完善和成熟,实现了较大的发展与进步,取得了较为丰硕的成果。

改革开放以来我国生态文明建设历程,无不彰显了中国共产党为追求人与自然协调发展的生态道德目标而进行的伟大的生态道德实践。从"绿化祖国"到"绿水青山就是金山银山",从"协调发展"到"可持续发展",从"科学发展观"到"新发展理念",面对温室气体汇集、全球变暖、冰川融化、气候异常、生物多样性减少等一系列无法回避的现实,让青山常在、绿水长流、空气常新,推动人与自然和谐共生,已经成为硬核的生态道德共识和全民行为准则。

一、生态道德教育有序开展

生态道德教育是生态道德建设的重要内容及途径,对生态道德建设有着无可替代的作用。联合国《21世纪议程》指出"教育是促进可持续发展和提高人们解决环境与发展问题的能力的关键。……教育对于改变人民态度是不可缺少的,可使人民具有估计和处理他们关心的持续发展问题的能力。……对培养符合可持续发展和社会大众有效参与决策的价值观和态度、技术和行为也是必不可少的。"①加强生态道德教育,是唤醒人类生态道德意识和责任,提升人类生态道德品质和修养,重构生态道德秩序的重要基础。

在生态道德建设过程中,我国高度重视生态道德教育的基础性作用,在各个领域、多个层面,通过不同的内容和方式方法开展生态道德教育。经过多年的探索与实践,我国搭建起了集学校教育、社会教育、职业教育等于一体的更为完善的生态道德教育体系,拓展了更加多元的生态道德教育渠道。在学校教育中,首先是加强了顶层设计。教育部出台了《中小学生环境教育专题教育大纲》《中小学环境教育实施指南》等文件;福建、海南、天津等地教育部门也制定下发了《关于深入开展学校生态文明教育活动的通知》《关于大力推行生态文明教育的实施意见》《天津市关于进一步加强生态文明教育的实施意见》等通知、意见,为学校生态道德教育活动的开展指明了方向。其次是在具体的实施中,能够根据不同学段的特点,循序渐进的开展具有针对性的课程教学及活动,向学生传授生态道德知识,在学生心里埋下了生态道德的种子,引导学生养成良好的生态道德习惯,践行正确的生态道德行为。在社会教育中,努力推动生态道德教育进家庭、进社区、进工厂、进机关、进农村,通过社区宣传栏、电视、报纸、新媒体等途径,利用"3·12中国

---

① 联合国环境与发展大会.21世纪议程[R].中国国家环境保护局,译.北京:中国环境科学出版社,1993:297.

植树节""4·22世界地球日""6·5环境日"等节日,加强对公众环境保护知识、生态道德规范等内容的宣传、普及。例如,山东省推出了"公民十条"生态文明教育课程、湖北宜昌编写了《长在宜昌·生态好公民》地方教材,通过这些行动和计划有效推动了各类人群的生态道德教育。在职业教育中,主要是利用职业培训,将生态道德教育融于其中,使得生态道德知识、情感、规范等都能在不同的职业、岗位上发光发热。以土木建筑领域为例,工程师们在工作中无法避免与自然打交道,生态道德素养成了土建工程师们的必备素养之一。当前在土木工程专业人才培养及职业继续教育、职业道德规范建设中,都加大了对生态道德教育的要求。总的说来,学校、社会、职业等各个领域能够坚守各自的阵地、发挥各自的优势,相互配合、相互补充,形成了强有力的生态道德教育合力,推动了生态道德教育的有序展开。

二、生态道德意识水平有效提升

生态道德建设需要以生态道德教育活动为基础,以生态道德规范、制度、理论等作为保障,更需要以生态道德意识作为灵魂和精神动力。生态道德意识是一个综合的概念,包括了生态道德认知、情感、意志、信念等内容。它反映的是人们关于如何认识及对待人和自然间的生态道德关系的理解和把握,对于确保生态道德行为符合生态道德的要求和规范具有重要的指导意义,是人们养成良好生态道德行为习惯的思想前提。[①] 生态道德意识的唤醒、培育和养成,主要通过生态道德教育得以实现。

为了更好了解公众对生态文明的认知、态度、行为等状况,2013年环境保护部宣传教育司开展了首次全国生态文明意识调查研究,并发布了《全国生态文明意识调查研究报告(2013)》。调查通过随手关灯和水龙头、不乱扔垃圾、不践踏草坪等3个问题考查公众的生态道德意识。根据报告结果显示,三个问题的答案符合生态道德比例分别为75.5%、93.6%、37.1%,公众生态道德意识表现出良莠不齐的状况。[②] 为了解我国公众生态环境行为基本状况,2019年、2020年,生态环境部环境与经济政策研究中心进行了公民

---

① 参见陈寿朋,等.生态道德建设论[M].北京:中央文献出版社,2011:62.
② 环境保护部宣传教育司,编.全国公众生态文明意识调查研究报告:2013年[R].北京:中国环境出版社,2015:44.

生态环境行为调查。虽然两份调查,针对的分别是生态文明意识和生态环境行为,但从调查的内容和结果来看,仍有许多相似之处,对本研究的开展同样具有重要参考价值。参照《全国生态文明意识调查研究报告(2013)》中对生态道德意识的考查指标,本研究对 2019 年、2020 年《公民生态环境行为调查报告》中的相关指标及内容进行分析,以验证公民生态道德意识的发展变化情况。在 2019 年的调查中,有 78.7% 的人认为"随手关灯、及时关闭电器电源"对生态环境保护是重要的,有 89.2% 的人能够做到"总是"或"经常"随手关灯、及时关闭电器电源。作出这样的选择的原因,有 54.1% 是出于"节约能源资源"考虑,26.1% 和 19.0% 是"为安全考虑"和"为节省开支"。[①] 与 2013 年的对相关问题的调查结果相比,2019 年符合生态道德要求的答案比例上升了 13.7%,提升效果明显。除了上述的测量指标外,公众对生态环境信息的关注度也能在一定范围内反映出公众生态道德意识水平的高低。2019 年的调查结果显示,75.3% 的受访者认为"个人关注政府、企业或其他机构发布的生态环境信息"对于保护生态环境是重要的。[②] 2020 年对该问题的调查,人数占比提升至 94.4%,提升了 20% 左右。[③] 从上述几个问题的调查结果分析来看,公民的生态道德意识有显著的变化和提升。公民生态道德意识的发展,大体上经历了从重点关注自己切身利益的朴素的生态道德意识,到如今能够更加积极主动关注生态文明信息、关心公共领域生态道德问题,更为自觉的一种生态道德意识的发展和变化的历程。

三、生态道德建设机制逐步完善并得到落实

生态道德建设的良性发展,离不开自上而下的顶层设计,从国家层面上看,国家出台了一系列推进生态文明建设的政策法规和制度规范,为生态文明和生态道德建设保驾护航。党的十八大以来,以习近平同志为核心的党中央把生态文明建设摆在了更加突出的位置,制定出台了一系列有关文件

---

① 生态环境部环境与经济政策研究中心课题组.公民生态环境行为调查报告(2019年)[J].环境与可持续发展,2019(3):6.

② 生态环境部环境与经济政策研究中心课题组.公民生态环境行为调查报告(2019年)[J].环境与可持续发展,2019(3):5.

③《公民生态环境行为调查报告(2020 年)》发布[EB/OL].(2020-07-14)[2021-11-09].https://www.mee.gov.cn/ywgz/xcjy/gzcy_27007/202007/t20200714_789277.shtml.

和制度，为生态道德建设作出了国家层面的顶层设计和制度安排。生态环境部、中央文明办、教育部、共青团中央、全国妇联等部门及各级地方党组织、政府也在各自职权范围内，根据工作实际需要颁布出台了相关政策及措施，为生态道德建设保驾护航。党和国家的高度重视系列法律、制度、政策、规范的出台和落实，为生态道德建设指明了方向，提供了强有力的保障和动力。

首先，党和国家的总体布局精准到位。2015 年，我国首个生态文明建设的纲领性文件——《关于加快推进生态文明建设的意见》发布，成为生态道德建设的基本遵循。2019 年，中共中央、国务院印发实施了《新时代公民道德建设实施纲要》，其中就指出"绿色发展、生态道德是现代文明的重要标志，是美好生活的基础、人民群众的期盼……要推动全社会共建美丽中国，引导人们树立尊重自然、顺应自然、保护自然的理念……引导人们做生态环境的保护者、建设者。"①这是党和国家专门针对生态道德建设提出的要求和任务，为生态道德建设提供了基本遵循。其次，法治建设更加健全、有力。在立法层面，2014 年修订了被誉为"史上最严"的《中华人民共和国环境保护法》，为环境保护领域法治建设奠定了坚实的基础。随后，又相继修改和制定了土壤污染防治法、大气污染防治法、环境影响评价法、环境噪声污染防治法等法律。截至目前，我国生态环境保护领域现行有效的法律共计 13 部。在司法层面，建立了专门审判涉及自然生态环境案件的生态法庭，生态环境相关案件审理数量增多，为我国生态道德建设提供更加有力的司法服务和保障。再次，政策、规范更加具体、落地。2018 年，生态环境部、中央文明办、教育部、共青团中央、全国妇联等五部门联合发布了《公民生态环境行为规范（试行）》，从关注生态环境、践行绿色消费、共建美丽中国等十个方面作出了具体的规范。2018 年起连续三年，五部门还联合开展了"美丽中国，我是行动者"主题实践活动。为了解我国公众生态环境行为基本状况以及规范实施的效果，生态环境部于 2019 年、2020 年专门组织开展了公民生态环境行为问卷调查。为进一步做好"十四五"期间生态文明宣传教育工作，更好推动生态文明建设，2021 年 2 月，生态环境部、中央宣传部、中央文明办、教育部、共青团中央、全国妇联等部门联合发布了《"美丽中国，我是行动

---

① 中共中央国务院印发《新时代公民道德建设实施纲要》[EB/OL].（2019-10-27）[2021-11-09].http://www.gov.cn/zhengce/2019-10/27/content_5445556.htm.

者"提升公民生态文明意识行动计划(2021—2025 年)》。北京市、甘肃省、福建省等省市也纷纷根据各自的实际情况制定出台并实施了相应的行动计划。

四、生态道德理论研究不断深化

生态道德理论产生和发展于人类的生态道德实践过程之中,是对生态道德实践活动经验的总结和概况。同生态道德一样,生态道德理论也具有综合性,是生态学、伦理学、教育学、社会学等多学科理论交叉融合的结晶。生态道德理论对生态道德建设有着重要的支撑作用,没有生态道德理论的积淀,生态道德建设就会如无源之水、无本之木,难以持续、深入、健康发展。因此,我们要做好生态道德理论研究,坚持以马克思主义的生态观和自然观为指导,充分吸收中华优秀传统文化中的生态道德资源,借鉴西方生态道德理论的合理因素,立足现实、把握重点,积极探索构建有中国特色的生态道德理论体系。

生态道德理论研究作为新兴的研究领域,具有较大的理论价值和现实意义,是近些年来专家学者们关注和研究的重点之一。经过多年的摸索与积累,我国生态道德理论研究也经历了从最初的几乎空白到如今花繁叶茂的发展变化,在基础理论研究、生态道德内容建构、生态道德实践研究等领域,广大专家学者都进行了较为深入的研究与探索,积累了丰富的生态道德理论资源。在基础理论研究方面,专家学者们主要围绕生态道德的内涵、理论基础、构建生态道德的必要性和可能性等方面展开,取得了如《马克思主义生态伦理学导论》(聂长久、韩喜平)、《生态伦理及道德建设研究》(李丽娜、周宇宏)、《重建天人观:生态伦理研究》(涂可国)、《生态伦理的现实反思与终极关切:乌托邦视角下人与自然伦理关系建构研究》(张彭松)等最新的理论成果。在中国传统生态道德思想及其现代化研究上,学者们从儒家、道家等代表性思想入手,对中华传统文化中的生态道德思想的哲学基础、基本内容、当代价值等进行分析研究,产生了如《朱熹生态伦理简论》(乐爱国)、《韩愈生态伦理简论》(张圆圆)、《中国传统生态伦理智慧对当代生态文明建设的启示研究》(陈悦)、《先秦儒家生态伦理思想及其对当代生态文明建设的启示》(徐寒露)、《先秦道家思想的生态伦理意蕴研究》(江琦)、《淮南子生态伦理观研究》(李杰)等著作和论文。这些研究成果为当前的生态道德建设提供了深厚的传统文化资源,也让传统生态道德思想在当代重新焕发光彩。也有学者结合我国少数民族地区特点,对少数民族的生态伦理思想进行挖掘和整理,例如雷伟红、黄艳撰写的《畲族生态伦理研究》,谢仁生撰写的《西南少数民族传统生态伦理思想研究》,袁礼辉撰写的《论仡佬族生态价值观及其现实意义》,肖平、徐万苏撰写的《羌族人的生态价值观》等论著,为我国生态道德理论研究拓展了新的视野。在生态道德实践研究层面,大多数学者以"美丽中国"建设、生态文明建设、新型城镇化建设等为背景,以大学生、农民、领导干部、中小企业等为对象,围绕生态道德教育、行为养成、环境营造等内容提出了生态道德实践的方法和路径,撰写了如《"美丽中国"建设的生态伦理路径思考》(李冉)、《新时代大学生的生态道德实践性研究》(刘夏怡)、《社会主义新农村生态道德建设中的困境与对策》(梁利平)、《加强领导干部生态道德建设》(周银珍)等论文。从上述分析不难看出,当前我国在生态道德理论研究呈现出基础深、视野新、领域广、方法多、成果丰等特点,这些都为构建中国特色生态道德理论体系、推动生态道德建设继续提供了强大智力支持。

第三节　当代生态道德建设存在的问题

生态道德建设是一项系统工程,需要政府、企业、学校、家庭、公民个人等全社会通力协作才能完成。如前一部分所论述,近年来,随着生态文明建设的发展,生态道德建设也受到了广泛关注,生态道德建设的重要性得到了广泛认同。当前,我国生态道德建设虽然取得了阶段性成果,但是因受各种主客观条件的制约和限制,在生态道德建设中也面临着一些不容忽视的困难和挑战,生态道德建设不充分、不平衡的矛盾亟待化解。结合当前现实情况及相关研究成果,本研究认为当代生态道德建设存在的问题主要涉及生态道德践行、生态道德教育、生态道德规范、生态道德评价等几个方面,这些问题严重阻碍了生态道德建设的顺利推进。

一、生态道德践行能力及自觉性等有待提升

生态道德践行是生态道德主体将生态道德观念、情感、意志等转化为实

际道德行为、付诸实践的过程,是生态道德建设的重要环节,是检验生态道德教育成效的重要途径。在生态道德的践行中,生态道德主体要坚持用正确的意识来指导自己的实践,做到自觉、自律,使自己的行为能够符合生态道德的规范和要求。只有将生态道德意识落实到具体的生态道德行为之中,确保思行一致,生态道德建设才算是真正的"功德圆满"。否则,光在生态道德意识层面形成了正确的认识,而在实践中却又将其抛之脑后,那么哪怕付出再多的努力,一切也都只是徒劳。

在当前的生态道德建设中,就存在着在部分领域生态道德认知与生态道德行为不匹配的问题,生态道德主体在践行能力及自觉性等方面还有很大的提升空间。从《公民生态环境行为调查报告(2020 年)》的结果来看,调查者大多赞成"公民自身环境行为对保护生态环境重要"这一答案,但是在具体的实践中,又在不同领域表现出明显的差异。例如,对于选择公共交通绿色出行、节约能源等方面行为表现较好,基本能够做到认识与实践一致。对于参加环保志愿服务、监督举报破坏生态自然的行为等,整体表现是积极可取的。对于践行绿色消费、分类投放垃圾、减少使用塑料袋等一次性制品等环保行为,大众的表现相对不够理想,"高认知度、低践行度"的现象较为突出。以"分类投放垃圾"为例,有 92.6% 的受访者认为该行为对生态环境保护重要,仅有 54.2% 的人会经常践行。再如"购物时自带购物袋",88.4% 的受访者认为该行为对生态环境保护重要,选择经常践行的人数占比只有 48.4%。[①] 由此可以看出,公民在生态道德践行中还存在着"知行不一"的情况,公众对生态环境保护的重要性已经基本形成共识,但在不同领域之间,个体与个体之间的行为自觉性和有效性上还存在参差不齐的现象,需进一步提高。此外,生态道德主体的实际践行能力也较弱。主要表现是当公众面临问题需要作出选择和决策时,会无所适从或觉得事不关己。例如面对企业环境污染问题,37.0% 受访者选择"什么也没做、忍着",在这其中有 45.8% 的人是因为"不了解反映渠道或渠道不畅通",8.4% 的人是因为"不关我的事,应该由政府解决"才作出这样的一种选择。[②] 透过这个现象可以

① 《公民生态环境行为调查报告(2020 年)》发布[EB/OL].(2020-07-14)[2021-11-09].https://www.mee.gov.cn/ywgz/xcjy/gzcy_27007/202007/t20200714_789277.shtml

② 生态环境部环境与经济政策研究中心课题组.公民生态环境行为调查报告(2019年)[J].环境与可持续发展,2019(3):11.

看出,有不少人在生态环境保护的知识积累、应用能力等方面都还存在短板,践行能力较弱,同时还缺乏责任和担当,需要引起有关部门的重视,及时采取行动予以改进和提升。

二、生态道德教育内容、形式及效果等有待改善

生态道德教育作为一种新的教育范式,倡导的是通过教育活动引导受教育者自觉树立热爱自然、尊重自然、保护自然的生态道德意识,并养成良好的行为习惯。生态道德教育与生态教育、道德教育有着紧密的关系,是二者交叉融合的产物,既兼具和继承了二者的某些性质和特点,又是对二者的超越和发展。因此,在教育的内容、形式等方面,生态道德教育有着自身特殊的要求和规范。正如在当代生态道德建设取得的成效中所分析的,当前我国生态道德教育有序开展,生态道德教育体系已基本完善,但从教育的内容、形式以及公众的生态道德践行情况调查分析来看,都呈现出"表层化"的现象,有待改善。

首先是生态道德教育内容的完整性、现实性、针对性不足。生态道德教育内容应包括基础知识、情感、规则、理想、方法等,是开展生态道德教育活动的重要依托和支撑。在现行的生态道德教育中,内容上往往更侧重对生态保护知识、理论和统一规则的普及,更加注重对理想状态的追求,不够完整和系统。教育内容中问题意识有待加强,与现实的联系不够紧密,敢于直面现实矛盾、直接指导实践的内容不多,造成教育内容不够系统、全面,较为空泛、笼统、陈旧,出现了教育内容与现实需要失衡的状况,难以吸引学习者的兴趣和重视。同时,针对少年、青年、中老年等不同年龄层,工人、农民、学生等不同的群体的知识储备、认知能力、道德素质等的不同,缺乏具有针对性的教育内容,无法满足不同群体的需要。其次是生态道德教育形式较为单一、传统,实践性、灵活性、创新性不足。在生态道德教育中,仍旧以知识的灌输教育方式为主,受教育者缺少参与生态道德实践教育的机会,忽视了受教育者的主体性和主动性。在这样的教育方式下,受教育者只能被动接受相关内容,而不能真正唤醒内心的意识和共鸣,也无法在实践活动中锻炼和提升自己的生态道德践行能力。在开展实践教育活动时,"形式主义"的问题也不容小觑,容易出现简单化、模式化、形式大于内容等的问题,导致生态道德实践教育活动表面看起来风光热闹,但却难以实现预期目标、达到真

正的育人效果。此外,在生态道德教育开展过程中,还存在着学校、公益组织、政府有关部门、媒体等教育活动实施主体权责分工不明、实践教学基地建设滞后、师资力量不足等问题,需要尽快解决。

三、生态道德规范及评价体系有待健全

生态道德秩序的有序运转需要科学的生态道德规范和有效的生态道德评价对有关行为进行引导、约束和调整。生态道德规范是在实践中,对生态道德践行主体的意识、行为等作出的规定和要求,帮助生态道德践行主体明确哪些意识和行为是可取的,哪些意识和行为是不可取的,指导生态道德践行主体该如何开展实践。生态道德评价是根据生态道德规范的内容和准则,由他人或自我对生态道德践行主体的行为作出"好"或"坏"、"善"或"恶"、"应当"或"不应当"等评价与判断。生态道德规范与生态道德评价二者相辅相成,生态道德规范为生态道德评价的开展提供了内容与标准,生态道德评价的开展为生态道德规范作用的发挥提供了平台与载体,二者需要相互配合才能真正展现出各自的价值和作用。

我国生态道德建设进程的不断深入,也对生态道德规范、生态道德评价等都提出了更高的标准。现行的生态道德规范及生态道德评价体系建设情况落后于生态道德建设整体发展进程,与生态道德建设要求不符的矛盾逐渐凸显。在生态道德规范建设方面,现行的更多的是内容较为宏观、适用群体较广的倡导性、鼓励性的规范,这类规范主要是提供一种"应当"或"不应当"的标准,如《新时代公民道德建设实施纲要》中提及的"积极践行绿色生产生活方式"相关内容。专门针对机关、行业、家庭等不同领域和工人、农民、学生等不同群体的可操作性强和具有一定强制力的操作性、禁令性的规范十分缺少。这类规范会作出具体的"可为"或"不可为"、"必须为"或"必须不可为"等规定,对人们某种行为有直接具体的指导作用。如《公民生态环境行为规范(试行)》,对人们就直接作出了"合理设定空调温度,夏季不低于26度,冬季不高于20度""积极参与和监督生态环境保护工作,劝阻、制止或通过12369平台举报破坏生态环境及影响公众健康的行为"等要求。在生态道德评价体系建设方面,完整的生态道德评价体系应包括生态道德评价标准、评价方法、评价反馈等几部分内容。目前我国尚未建立起系统完备的生态道德评价体系,生态道德评价缺少可量化的、体现不同评价对象特点

的评价标准;评价方法以舆论评价和自我评价为主,评价方法的多样性、有效性需要加强;评价反馈不够到位,评价结果的应用有待进一步落实。总之,生态道德规范和生态道德评价体系要尽量做到科学、客观、完善、有效,这样才能与生态道德建设发展的步伐保持一致。

第十章　朱熹生态伦理思想对当代生态道德建设的启示

　　中华优秀传统文化宝库中蕴含着丰富的生态道德资源。当代生态道德建设,需要充分挖掘和借鉴传统生态道德资源的深刻内涵及当代价值,结合时代要求,推动形成具有中国特色、时代特点的生态道德建设新局面。朱熹自然观饱含了朱熹对宇宙、生命、天人关系的思考与探索,其中提出的"天地万物一理""天地生物之心""仁民爱物""中和"等哲学思想,内蕴着丰富的与当代生态道德建设要求相一致的生态伦理观念,对如何认识以及协调处理人与自然的关系具有十分重要的借鉴意义和指导作用,为当代生态道德建设提供了宝贵的精神资源。

第一节　朱熹生态伦理思想的当代意义

　　朱熹生态伦理思想的根本精神,是与自然界及其万物之间建立内在的价值关系,在人的主体性上提倡"内外合一""物我合一""天人合一"。作为农业文明时期人与自然和谐相处的思想样本,朱熹生态伦理思想强调人与自然是一个生命整体,从生命的意义上理解人与自然界的和谐关系,以实现"与天地合德"。当今人类面临着十分严重的生态环境问题,气候变化、生物多样性丧失、荒漠化加剧、极端气候事件频发,在日益严重的生态危机面前,人们开始觉醒和反思人类的生存方式和现有的生态价值观。从文化的角度而言,反思文化传统,重新认识与看待自然生态,重新审视人和自然间的关系,重新确立人在自然界的地位和具有的权利及应承担的义务,从中吸取生存与发展的精神资源,探求人文与科学的统一,重建人文价值是一个重要的时代课题。朱熹生态伦理思想蕴藏了关于人与人、人与社会、人与自然的宝贵思想财富,在当代社会挖掘探讨其生态伦理思想精髓,对于正确处理人与自然之间的关系、克服生态危机具有重要的意义和价值借鉴。

一、从"万物一理"的生态整体观,理解和确立人与自然是生命共同体的意识

朱熹生态伦理思想的一个鲜明特点是关于人与自然和谐共生的生态整体意识。朱熹在哲学思想上表现为"理一元论",他认为理是宇宙本体,儒家伦理与宇宙本体统一于天理。在人与天地关系上,他提出:"天地之间,万物之众,其理本一,而其分未尝不殊也。"[①]又说,"天人本只一理"[②],"天即人,人即天。人之始生,得于天也;既生此人,则天又在人矣。凡语言动作视听,皆天也"[③]。在朱熹那里,天生人,这是天地的生生之理,他从"理一"出发,延续儒家哲学的"整体性"原则,认为人要承担起保护自然的义务和责任,也就是要实现并完善自己的人性,以回归到自然界的本体之存在。"万物一理"将人与自然、万物都融为一体,把天、人与"理"相联系,"理"是最高范畴,人与自然、万物的发展变化相辅相成,从而实现"万物并育而不相害,道并行而不相悖"。

人和自然是生命共同体,山、水、林、田、湖、草、沙的每一个部分都是这个生态系统中不可或缺的重要环节,作为一个完整的自然系统,它们是整个自然链条中重要的一环。将自然看作生命共同体,就是将自然看作一个有机生命躯体。"生命共同体"理念的诞生有着深刻的时代背景和实践基础。人和自然生态之间本就是一个和谐相处、共荣共生的"生命共同体",它说明人和自然生态之间存在着互相依赖、互相影响、互相成就的密不可分的关系,人与自然在相互作用中只能走向共生、共荣,而绝非你死我活或两败俱伤。人与自然生命共同体是我们认识和处理人与自然关系的新的共生性的世界观,把人与自然看成是一个生命整体,而不是二元对立的两个世界。它

①　朱熹.四书或问[M].黄坤,校点.上海:上海古籍出版社,合肥:安徽教育出版社,2001:421.
②　朱熹,撰,黎靖德,编.朱子语类:卷十七[M].武汉:崇文书局,2018:290.
③　朱熹,撰,黎靖德,编.朱子语类:卷十七[M].武汉:崇文书局,2018:290.

从人与自然相互依存的角度认识人与自然的关系并从事实践改造活动,也是朱熹"天地万物一理"自然观生动体现。这种生态整体观,对我们确立生命共同体意识,自觉树立生态文明新理念具有重要的指导意义。

二、以"仁是心之德,爱之理"的生态感情和"致中和"的生态理性,厚植当代的生态文化

人与自然是一个生命共同体,人类要向大自然索取,从自然中获取物质生活资料才能生存,但是索取必须是"取之有度、取之有时、取之有法",人类需要承担起保护自然的义务和责任,因此,这样的索取是理性的,体现了生态理性。同时,在符合生态理性的索取中,人类还怀有与此相关的感情,对大自然或自然物怀有感恩和爱护之心,这就是生态感情。朱熹的生态伦理思想中,集中体现了我国古代生态思想中生态感情和生态理性的结合,为构建当代的生态文化提供了重要的思想资源。

(一)仁是"心之德,爱之理"的生态感情

仁是儒学的核心,充分体现了儒家的生态观。朱熹《仁说》指出:"天地以生物为心者也,而人物之生,又各得夫天地之心以为心者也。故语心之德,虽其总摄贯通,无所不备,然一言以蔽之,则曰仁而已矣。请试详之。盖天地之心,其德有四,曰元、亨、利、贞,而元无不统。其运行焉,则为春、夏、秋、冬之序,而春生之气无所不通。故人之为心,其德亦有四,曰仁、义、礼、智,而仁无不包。其发用焉,则爱恭宜别之情,而恻隐之心无所不贯。故论天地之心者,则曰乾元、坤元,则四德之体用亦不待遍举而该。盖仁之为道,乃天地生物之心,即物而在。情之未发,而此体已具;情之既发,而其用不穷。诚能体而存之,则众善之源、百行之本莫不在是。"①又说"此心何心也?在天地则块然生物之心,在人则温然爱人利物之心,包四德而贯四端者也。"②朱熹在其《仁说》中将"天地以生物为心"与仁联系起来,指出仁不是别的,就是"天地生物之心"。朱熹以生论仁,在他看来,自然界是一个"生生

---

① 朱杰人,等编.晦庵先生朱文公文集:卷六十七[M].上海:上海古籍出版社,合肥:安徽教育出版社,2010:3279.

② 朱杰人,等编.晦庵先生朱文公文集:卷六十七[M].上海:上海古籍出版社,合肥:安徽教育出版社,2010:3280.

不息"的有机体,是人类生命与价值的根源,生是天地自然界的根本意义所在,天以生为德,以生为心。人在自然界中的地位和作用是由仁心决定的,仁的根本内容是爱、恻隐之心、不忍之心。

仁是"心之德",心德包含了仁、义、礼、智"四性",而"仁包四德",即包含了其他三德,也即一个仁。仁是"爱之理",这是朱熹对仁的独特的解释,说明仁不能离爱而存在,仁的根本内容就是爱。对于人来说,爱是一种最普遍的生命情感,是人类生命价值的需要。将仁定位于爱上,是对仁的终极解释,具有生态道德情怀上的意义。仁是爱之理,因此,在人与自然关系上,对物、对事要心存仁念,运用人性之仁善待天地万物。朱熹认为,要将仁的德性主动推广到天地万物中,即所谓"以己及物,推己及物",他赞成程颢"以己及物,仁也;推己及物,恕也"①的说法,认为"仁是恻隐之母"②,"仁是根,恻隐是萌芽,亲亲、仁民、爱物,便是推广到枝叶处"③。还说:"以己及物,是自然及物,己欲立,便立人;己欲达,便达人。推己及物,则是要逐一去推去。如我欲凭地,便去推与人也合凭地,方始有以及之。"④他主张对待周围事物要有恻隐之心,从向善的立场出发"以己及物",主动地"推己及物",达到"生生不穷""物我贯通"的状态,自然万物都呈现出了勃勃生机,如此才能最终实现"天地万物为一体"的"仁"的目标。把人与人之间伦理道德情感向人与自然之间推及,承认和尊重自然万物存在的权利和价值,"以事亲之道以事天地","视万物如已之侪辈",实现人对自然万物的仁爱之情。

同时,在关于"亲亲、仁民、爱物"上,朱熹强调了爱有差等,他说:"亲亲、仁民、爱物,三者是为仁之事。亲亲是第一件事。"⑤又说:"自亲亲而仁民,自仁民而爱物,其爱有差等,其施有渐次,而为仁之道,生生而不穷矣。"⑥在朱熹看来,亲亲、仁民、爱物三者是一致的,都是"为仁之道",但是各自有差等,有先后次序。他说:"天地之性人为贵,故人之与人,又为同类而相亲。

---

① 程颢,程颐.河南程氏遗书:卷十一[M]//二程集.北京:中华书局,1981:124.
② 朱熹,撰.黎靖德,编.朱子语类:卷六[M].武汉:崇文书局,2018:85.
③ 朱熹,撰.黎靖德,编.朱子语类:卷六[M].武汉:崇文书局,2018:89.
④ 朱熹,撰.黎靖德,编.朱子语类:卷二十七[M].武汉:崇文书局,2018:520.
⑤ 朱熹,撰.黎靖德,编.朱子语类:卷二十[M].中华书局,1986:461.
⑥ 朱熹.四书或问[M]//朱杰人,严佐之,刘永翔,主编.朱子全书:第六册.上海:上海古籍出版社,合肥:安徽教育出版社,2010:613.

是以恻隐之发,则于民切而于物缓;推广仁术,则仁民易而爱物难。"①还说:"骨肉之亲,本同一气,又非但若人之同类而已。故古人必由亲亲推之,然后及于仁民,又推其余,然后及于爱物。皆由近以及远,自易以及难。"②由此可见,朱熹的道德系统是由人际道德和生态道德两部分所构成的一个完整的思想体系,他认为无论是对人还是对物,都要有爱,但是"爱有差等",由"亲亲""仁民""爱物"依次上升,即由人际道德扩展到宇宙万物的道德,这种由人及物的爱物之心,就是我们当下生态文化建设中强调的生态道德情感。

(二)"致中和"的生态理性

人类的一切生活资源都来自自然,人类是依靠自然界所提供的资源生活。那么"爱物"何以实现?人类应如何合理开发利用自然资源?朱熹对此提出"取之有时,用之有节"生态伦理准则,他在《孟子集注》中说:"物,谓禽兽草木;爱,谓取之有时,用之有节。"③"爱物"指的就是对动植物"取之有时,用之有节",人类要依据物的"道",从尊重自然出发,合理利用自然资源。"食之有时,用之有节;见生不忍见死,闻声不忍食肉;如仲春之月,牺牲无用牝,不麛,不卵,不杀胎,不覆巢之类,如此而已。"④可见,朱熹所言"爱物",不仅有对自然之物"取之有时,用之有节"的爱,还有由"仁人之本心"发出的对自然之物"见其生,不忍见其死;闻其声,不忍食其肉"的爱,充满了对自然的尊重和爱护。

在处理人与自然关系的方法上,朱熹提出了"致中和"的生态理性思维方法。"致中和"源自《中庸》:"中也者,天下之大本也;和也者,天下之达道也。致中和,天地位焉,万物育焉。"⑤中和也即"中庸之道",主张凡事不要过度,强调适度和过犹不及。朱熹在《中庸章句》中注解:"中者,不偏不倚、无过不及之名。"⑥根据朱熹的理解,他认为,喜怒哀乐未发之时,心处于无

---

① 朱熹.孟子集注:卷一[M]//四书章句集注.金良年,今译.上海:上海古籍出版社,2006:457.

② 朱熹.孟子集注:卷一[M]//四书章句集注.金良年,今译.上海:上海古籍出版社,2006:457.

③ 朱熹.孟子集注:卷一[M]//四书章句集注.金良年,今译.上海:上海古籍出版社,2006:457.

④ 朱熹,撰,黎靖德,编.朱子语类:卷一百二十六[M].北京:中华书局,1986:3014.

⑤ 朱熹.中庸章句[M]//四书章句集注.金良年,今译.上海:上海古籍出版社,2006:23.

⑥ 朱熹.中庸章句[M]//四书章句集注.金良年,今译.上海:上海古籍出版社,2006:23.

偏无倚、无过无不及的"中"的状态,喜怒哀乐情感发出的时候,都能恰如其分,符合一定的节度,无过无不及。他还认为:"中和在我,天人无间,而天地之所以位,万物之所以育,其不外是矣。"①中是万物生长发育的常态,要按照这种常态对待自然,才不会违背天理。作为一种理性思维方式,"中"的最终目的是要实现"和"。这里的"和"是和而不同,是多样性的统一和整体的协调发展,使"物各得其宜,不相妨害",从而达到"万物并育于其间而不相害,四时日月,错行代明而不相悖"②。朱熹"致中和"的思维方法,告诉我们在面对人与自然关系时,要兼顾人类和自然生态的价值和利益,正确处理人和自然之间的差异和矛盾,要尽可能在两者之间寻求一种平衡点,使万物各遂其性,各得其宜,达到"中和"的平衡境界。

三、从生态实践层面看,朱熹生态伦理思想可以成为当代生态道德教育的重要内容

当今世界,生态破坏带来的威胁和挑战已经成为全人类不得不克服的危机,也是威胁中华民族生存与发展的主要难题之一。要改变现状就必须改变人们的观念和行为,在人与自然关系上确立正确的价值取向。由此,生态德育应运而生。通过在全社会开展生态德育教育活动,引导人们逐渐成为具有生态理性、生态智慧和生态能力的理性生态人。中华优秀传统文化是生态德育的重要组成部分,也是德育的重要载体。朱熹生态伦理思想在方向上很自然地与现代生态学吻合,又具有当代西方生态哲学所缺少的内在优势,它建立在本然的情感与深刻的体认之上,重视人与天地万物之间的伦理关系,因此,发掘和阐扬其合理内核,对于普及生态德育,推动我国生态环境教育,从根本上改变人们的环境意识和道德观念,使之适应生态文明的需要具有现实意义。

(一)朱熹生态伦理思想为生态德育研究提供哲学基础

朱熹生态伦理思想,为当代生态德育提供了丰厚的哲学根基。一是提供了生态德育的思想渊源。朱熹生态伦理从"天人合一"的角度思考人与自

---

①　朱熹.朱文公文集:卷六十七[M]//朱杰人,严佐之,刘永翔,主编.朱子全书:第二十三册.上海:上海古籍出版社,合肥:安徽教育出版社,2010:3265.

②　朱熹.中庸章句[M]//四书章句集注.金良年,今译.上海:上海古籍出版社,2006:46.

然的关系,认为人类是自然生态系统的重要组成,在道德目标层面强调"天人共生共荣",人与自然和谐共处。二是为生态德育提供了重要的方法论。中国传统文化在价值指向上的一个特点是"境界论"而非"知识论",朱熹哲学具有深刻的哲学思辨精神,它强调"理一分殊",通过"格物致知""修养功夫""知行合一",不断提高自己的道德修养和精神境界,为生态德育提供了哲学方法论基础。

(二)朱熹生态伦理思想为生态德育研究提供价值向度

中国传统文化是一种重德行的文化,朱熹的生态伦理,重直觉感悟和形象思维,体现了对生命统一的悟性体验和经验感受,挖掘其内在的生态德育资源,可以为在物欲横流的当今社会的人们,提供一种人文价值的精神追求;它所包含的价值向度、思想理念、行为准则,应该成为高校生态德育的理论借鉴。

(三)朱熹生态伦理可以成为生态德育理论体系的重要内容

朱熹生态哲学表达了天、地、人和谐相处的伦理道德情怀。总体来看,其宇宙观、生命观、天人观中体现了天人合一、生态平等、万物相系、节欲知足等理念,可以为当前生态德育理论体系的建构提供重要的内容支撑。

第一,天人共生一体的宇宙观。这种宇宙观旨在说明人于茫茫宇宙里是何种定位,人和自然生态是和谐共生的整体,人类和自然该怎么样进行物质、能量等的传递和互换,生态系统和社会系统之间该怎么样维持良性有机循环等。由此帮助学生正确认识和确立人与自然的关系,明确人既不是自然的奴隶,也不是自然的主人,人与自然要共存共荣,协调发展。

第二,热爱生命热爱自然的普爱情怀。人是地球生物圈的组成部分,生物之间存在着生态竞争,也存在着相互依存和平共处,保护生物圈是人类迫切的任务。生态德育的一项重要内容就是要教会学生去探索生命的来源、本质、归宿等生命存在的终极问题,懂得以仁爱之心来关注现实的生命存在,培养热爱生命、善待生命的普爱情怀,在对自然释放善意的过程中获得人性的改良与生命价值的提升。

第三,参与创造赞助化育的生态义务。人者天地之心,人要自觉融入自然的造化过程之中,积极主动地在与自然的互动中,充分发挥人的主观能动性,使自然变得更加美好。这种参赞天地的使命感也应成为生态德育的实践价值取向。

第四,天人和谐相适的价值追求。"方物并育而不相害,道并行而不相悖",天人和谐是生态德育的核心价值,生态德育的重要内容就是要传递科学的生态价值观和幸福观,使人重新认识人与自然的关系,并以天人相互适应、和谐共处当作社会发展最首要的目标。

第五,人与人的和谐同人与自然的和谐相一致的社会观。当前生态危机、环境污染是全球性的,在生态问题上我们要建立全球一家的人类命运共同体的世界意识,以求同存异和而不同的开放心态加强国际间的协作,理顺和保持人与人、人与自然的和谐关系。

第二节　朱熹生态伦理思想融入当代 生态道德建设的途径

一、培养"天人一理"的生态道德认知

人类在征服与改造自然的过程中,都会形成对外部世界的认知,并对人与自然的关系形成特定的理解,以此指导人类生活。[①] 生态道德认知就是道德主体将自然生态作为道德认识的对象,对人与自然生态之间的关系纳入道德的范畴进行认识和把握,从而形成道德认识上的"得"。它的产生是生态道德主体对外在的道德规范等认识的基础上,将生态道德认识内化的结果。生态道德认知是生态道德理念、情感、意志和生态道德行为产生和发展的出发点和动力,决定着生态道德建设的发展和走向。这是因为,生态道德理念、情感、意志等的产生要以生态道德认知为基础,对人与自然生态之间的道德关系有了客观、正确的认识,才能推动形成正确的生态道德理念、情感和意志,正确的生态道德行为也需要正确生态道德认知作为指导和规范,才能确保生态道德行为的践行不变形、不走样。反之,从一开始就没有形成客观、正确的生态道德认知,也就无法形成正确的生态道德理念、情感和意志,更无法养成良好的生态道德行为习惯。

---

① 李丽娜,周宇宏.生态伦理及道德建设研究[M].北京:首都经济贸易大学出版社,2021:58.

"天人合一"既是中国传统生态道德思想中对人与自然关系的基本认知，也是其终极追求。朱熹在继承"天人合一"思想的基础之上，提出了"天人一理"的思想。"理"为朱子思想的核心，贯穿始终。朱熹曾言"天人本只一理"①。他认为，"理"为天地万物之根，"人物皆禀天地之理以为性，皆受天地之气以为形"②。"理"寓于人、禽、兽、草、木等万事万物之中。他通过作为世间万物产生总根源的"理"，把天与人即自然与人紧密地联系在一起。从其观点来看，"理"还可被理解为世间一切事物变化发展的规律和法则。他曾把"理"比作是"阴阳五行"错综变化所遵循的规律，指出"如阴阳五行，错综不失条绪，便是理"③。他还指出："盖天下之事，皆谓之物，而物之所在，莫不有理。且如草木禽兽，虽是至微至贱，亦皆有理。"④即作为"规律"的"理"同样存在于万事万物当中。朱熹主张在人与自然相处的过程中，要循"理"而为，人与自然才能和谐共生，世间万物才能生生不息。在循"理"的过程中人发挥着不可替代的作用。朱熹强调人与自然相互依存，人的生存和发展离不开自然，自然界演变也需要人在其中发挥应有的作用，"人在天地中间，虽只是一理，然天人所为，各自有分，人做得底，却有天做不得底"⑤。"裁成辅相，必须是人。"⑥朱熹主张的"天人一理"是朱熹生态伦理思想的理论起点，也是作为道德主体的人类应当树立的道德认知。在"天人一理"理念的引导之下，人类理应站在人与自然万物皆为一体的高度，正确看待和有效处理好自身与自然界之间的关系，自觉肩负起参赞天地万物生命化育的重大责任和伟大使命。

在当代生态道德建设过程中，首先面对的问题就是该如何认识人与自然的关系。朱熹的"天人一理"理念对这个问题的解决给出了很好的答案。在过去的很长一段时间里，人类都是以征服者、统治者的身份来"俯视"自然，认为自己是万物的灵长，是大自然的主宰，以战胜自然作为自己的目标。受到这种错误认知的影响，人类的生态道德理念、情感、意志、行为也都随之产生偏差，给人与自然之间的关系带来恶劣影响，一度到了濒临"决裂"的境

---

① 朱熹，撰，黎靖德，编.朱子语类:卷十七[M].武汉:崇文书局,2018:290.

② 朱熹，撰，黎靖德，编.朱子语类:卷四[M].武汉:崇文书局,2018:43.

③ 朱熹，撰，黎靖德，编.朱子语类:卷一[M].武汉:崇文书局,2018:2.

④ 朱熹，撰，黎靖德，编.朱子语类:卷十五[M].武汉:崇文书局,2018:221.

⑤ 朱熹，撰，黎靖德，编.朱子语类:卷六十四[M].武汉:崇文书局,2018:1180.

⑥ 朱熹，撰，黎靖德，编.朱子语类:卷六十四[M].武汉:崇文书局,2018:1181.

地。在这过程中人类应该意识到人与自然的关系实际上就如朱熹所阐释的"天人一理",人与自然万物是平等的,是你中有我、我中有你的生命共同体。但人与自然万物又各有不同的"分殊",在与自然的相处过程中,人类要充分认识到自身具有的主观能动性,将其合理地发挥和利用,而不是像传统"人类中心主义"所主张的只从人类私利的角度出发,过分夸大人类主观能动性,企图凌驾于自然之上。人与自然和谐相处是人类所追求的目标,只有以这样一种生态道德认知为起点,人与自然才能够更好地共生共存,生态道德建设的进程才能顺利、持续、有效、深入地推进。

二、陶冶"仁爱万物"的生态道德情感

苏霍姆林斯基说过:"情感是道德信念、原则和精神力量的心脏和血肉,没有情感,道德就会变成枯燥无味的空话,只能培养出伪君子。"[①]道德情感是道德主体在对主客体道德关系形成认知的基础上,所产生的情绪和感觉上的体验,例如同情心、敬畏心、认同感等。道德情感对道德行为具有指导、激发和规范等作用。生态道德情感是道德情感在生态领域的扩展,是生态道德主体以一定的生态道德认知为依据,对人与自然的关系所形成的内在体验和心理感受,包括了对自然的敬畏之心、爱护之情和感恩之意等内容。它的形成对生态道德的形成与发展起催化、强化作用。[②] 在生态道德建设中,要着力培养人的生态道德情感,以美好的生态仁心,看待世间一切生命,使自己成为一个在生态道德良知引导下从事生态道德行为的理性生态人。

"仁"是儒家伦理学说中最为核心的内容,原指人与人之间互相关心、爱护的情感。朱熹在前人的基础上,继承和发展了关于"仁"的学说,将"仁"的范畴由人与人之间延伸至人与自然万物。朱熹对"仁"曾作出过"仁者,天地生物之心"[③]和"仁者,心之德,爱之理"[④]等解释。在朱熹看来,"仁"是天地间万物生发的"生物之心",是"生生不息"之理;也是人心的根本德性,是人们"酬酢万变之主"。他曾指出:"仁属春,属木。暂且看春天里天地万物的

---

①　苏霍姆林斯基.给教师的建议[M].北京:教育科学出版社,2000:80.

②　陈寿朋,等.生态道德建设论[M].北京:中央文献出版社,2011:73.

③　朱熹,撰.黎靖德,编.朱子语类:卷九十五[M].武汉:崇文书局,2018:1837.

④　朱熹,撰.黎靖德,编.朱子语类:卷五十一[M].武汉:崇文书局,2018:914.

生长,茂密繁盛,比如草木的萌芽生长,最初仅有一根针的大小,隔不多时便渐渐长大,再到后来枝叶花果繁茂,可谓是变化万状,由此可以看出其中的生生不息之意。如果不是仁爱的话,怎么可以做到这样?① "仁"该如何实施呢?朱熹曾言:"亲亲、仁民、爱物,三者为仁之事。"②在"仁"的施行上,他将爱人及爱物联系在了一起。他又指出:"仁如水之源头,孝第是水流底第一坎,仁民是第二坎,爱物则三坎也。"③他提出"行仁"要"由亲亲推之,然后及于仁民;又推其余,然后及于爱物,由近以及远,自易以及难"④。也就是将"仁爱"从亲爱自己的亲属开始,推广至仁爱黎民百姓,再将其余的仁爱继续拓展,直至推广到仁爱世间万物。"仁爱万物"所想要表达的是人类在对待人与人、人与自然万物时应持有的情感态度,充分展现了朱熹的生态道德情怀。朱熹试把人类间的伦理亲情迁移应用至人与自然上,旨在唤醒人类对待自然应有的生态道德良知,提倡人类应从狭隘的利己主义中走出,将仁爱的范围由"仁民"小爱扩大为"仁爱万物"的世间大爱,给予自然万物更多的道德关怀及呵护,善待自然、敬爱自然。

在人与自然的互动中,有越来越多的人与自然和谐共生的美丽景象展现在我们面前。例如,在四川卧龙、福建武夷山、贵州梵净山、黑龙江扎龙等自然保护区里,活跃着一批常年坚守在自然保护区深处的护林员、饲养员,他们用爱、用心、用情守护绿水青山、鸟语花香,构筑起了生态保护的屏障,奏响了人与自然和谐共处的美妙乐章。但不能忽略的是,许多令人痛心的画面和事件也屡屡发生。因为缺少对待自然万物、对待生命所需的基本的爱护、敬畏和感恩等生态道德情感,很多人在很多时候都将自然万物,甚至自己的生命视如草芥,导致"飞车虐狗""高跟鞋虐猫""硫酸泼熊""滥伐林木""盗猎野生动物""轻生自杀"等恶性事件频发。何种图景的呈现,最为关键的是作为生态道德主体的人,对待自然生态的情感态度。道德主体的情感态度在生态道德实践中扮演着"催化剂"的角色,影响着道德行为的发生及结果的走向。朱熹"仁爱万物"的思想提倡自然万物都应是被赋予道德情感的对象,都应得到作为万物之灵的人类的仁爱友善的对待,要"以事亲之

① 朱熹,撰,黎靖德,编.朱子语类:卷十七[M].武汉:崇文书局,2018:287.

② 朱熹,撰,黎靖德,编.朱子语类:卷二十[M].武汉:崇文书局,2018:346.

③ 朱熹,撰,黎靖德,编.朱子语类:卷二十[M].武汉:崇文书局,2018:348.

④ 朱熹.四书章句集注[M].金良年,今译.上海:上海古籍出版社,2006:274.

道以事天地""视万物如已之侪辈"。① 这其中体现的是对待自然何其朴素而又真挚的价值情怀。在对人类生态道德情感的培育中,我们可以充分借鉴朱熹的"仁爱万物"观,帮助人类以正确的情感态度对待世间所有的生命,将爱与呵护施予自身和自然万物,时刻保有一份对自然、对生命的敬畏之心、敬爱之情和感恩之意,在人类心中深埋下"仁爱万物"的情感种子。

三、锻炼"明理制欲"的生态道德意志

所谓道德意志,指的是道德主体在履践道德义务时,通过自觉地确立道德目的、引导道德行动、克服障碍等行为所展现出的能动的实践精神。② 道德意志是道德认识、道德情感转化为道德行为的催化剂,能够引导道德主体自己自觉树立正确动机,抵御来自内心以及外部的不良诱惑,始终坚守自己已经认定的道德认知和情感,并将其坚决地予以执行。同道德意志一样,生态道德意志是生态道德主体在处理人与自然关系的实践中,将"人与自然和谐共生"自觉地确立为动机和目标,并通过自制、自律克制内心对自然无度的欲望和外部的种种诱惑、干扰,自决作出"理应如此"的选择和判断,并自控、自主完成相应的生态道德行为、履行相应的生态道德义务时所展现出的精神特质。生态道德意志主要表现在行为动机的确定、行为判断和选择、行为的执行等几个阶段,自觉性、自主性、自制性、自律性、自控性是生态道德意志的重要特性。生态道德意志是克服各种困难的力量之源,是将生态道德认知和情感转化为生态道德行为并坚持到底的关键,是提高人们生态道德素质的重要条件。③

"明天理,灭人欲"是朱熹道德修养论的重要纲要。朱熹曾以"饮食"为例来说明天理和人欲的关系,他认为"饮食者,天理也;要求美味,人欲也"④。在朱熹看来,"饥而欲食,渴而欲饮"⑤,这是人类生存的本能,朱熹称之为"天理"。如果再进一步奢求"山珍海味"等"美味",则属于过度的欲望。

————————

①　姚进生.朱熹生态伦理思想及其对构建当代生态文明的启示[J].福建论坛(人文社会科学版),2013(11):77.

②　参见唐凯麟.伦理学[M].北京:高等教育出版社,2001:252.

③　参见陈寿朋,等.生态道德建设论[M].北京:中央文献出版社,2011:83.

④　朱熹,撰,黎靖德,编.朱子语类:卷十三[M].武汉:崇文书局,2018:167-168.

⑤　朱熹,撰,黎靖德,编.朱子语类:卷九十四[M].武汉:崇文书局,2018:1828.

也就是说,朱熹并不反对人类正当欲望,但应控制在合理恰当范围之内,像前者一样合乎"天理"的欲望应该得以保护,像后者那样的贪欲应该被消灭。朱熹曾言:"人欲者,此心之疾疢,循之则其心私而且邪。"①他把人的欲望看作是人内心的疾病,不加以遏制任由欲望随意扩张的话,会将人引入邪途,造成邪恶的后果。"明天理,灭人欲"本是维护封建制度的学说,而从生态伦理的视角审视之,也颇具深意。从人与自然的关系上来看,人类为了生存和繁衍,从自然界中获取所需的物质和供给是符合"天理"规范的,是被允许的。当人类生存所需得到满足之后,为了餍足自己的奢欲而无度的向自然伸手索取资源,这样的行为就必须得以遏制。朱熹虽然赞成合理的欲望,但是他也认为不合理的欲望隐藏着非常大的危险在其中,如果人类被私欲蒙蔽内心,不将自己的欲望节制在一个合理的范围内,对自然资源肆无忌惮地掠夺,超出了自然的可承受能力,最终自然将还人类以报复,人类将咽下自己种植的苦果。故人类要懂得限制自己的邪欲、约束自己行为,合理开发和利用自然资源,始终保持自然生态的平衡稳定。

朱熹所提倡的"明天理、灭人欲",主张人类不能"沉溺"于自己无度的欲望,不为物欲所昏,应对其加以克制,在自然可承受能力的范围内结合人类活动的实际需要来进行与自然的互动,对于生态道德意志的磨炼具有十分重要的借鉴意义。在生态道德实践中,人类难免会遇到各种障碍和困难,甚至要牺牲和放弃某些既得利益。此时,人类就会面临两难的境遇。若没有坚定的生态道德意志作为支撑,克制和调节人类的欲望和行为,那么就无法避免落入欲望的深渊,给自身和自然都造成难以挽回的损失和危害。例如在生产发展中,人类曾面临过当前利益和长远利益的矛盾,是以牺牲自然生态为代价来换取眼前的、短暂的经济利益,还是为了子孙后代的、长远的利益而暂时放弃眼前的利益?在过去的很长一段时间里,人类都是以"绿水青山"去换"金山银山",为追求短期的经济利益而破坏自然生态,甚至是"要钱不要命"。又如,在面对蛇、穿山甲、青蛙、娃娃鱼等野味的诱惑时,有的人就将理智抛之脑后,想方设法、不计后果和代价也要品尝它们的滋味。这些现象和行为的发展都是因为人类没有坚毅的生态道德意志,让不道德的动机和欲望成了生态道德意志的主宰。因此,在生态道德意志的培育中,要以

---

① 朱熹.延和奏答[M]//朱杰人,等编.晦庵先生朱文公文集:卷十三.上海:上海古籍出版社,合肥:安徽教育出版社,2010:639.

"明理制欲"为主要内容,引导人类在生态道德行为动机确立阶段就坚定合乎"理"的动机,努力遏制不合理、无度的欲望;在生态道德行为判断和选择阶段,在符合自然规律、不超出自然生态承载力的范围内寻求正当的、适度的欲望,作出合乎"理"的抉择;在生态道德行为的执行阶段,坚决克服内外一切阻碍和干扰,毫不动摇地专注于道德意志活动的执行,最终实现"人与自然和谐共生"的道德目标。

四、遵守"顺应自然"的生态道德规范

"道德规范是社会规范的一种形式,反映和概括了人们的道德行为和道德关系。它是从一定社会或阶级利益出发,用以调整人与人之间的利益关系的行为准则,也是判断、评价人们行为善恶的标准。"①生态道德规范是一般道德规范的重要组成部分,集中体现了人与自然之间的道德要求,是人类在与自然相处、互动的过程中应该遵守的规定和准则,它对人类的意识和行为有着指导、调节、约束和评价等作用。如前所述,在生态道德实践中,生态道德规范直接告诉人们哪些意识和行为是应当的,哪些意识和行为是必须禁止的,哪一些意识和行为是鼓励和提倡的,并且告诉人们具体该如何为之。例如"优先选择绿色产品""拒食珍稀野生动植物""分类投放垃圾"等规范,就对人们的意识和行为就进行了明确的规定。生态道德规范凭借着独特的内容和形式,为人与自然的和谐相处发挥着其应有的作用与功能。生态道德规范是一个系统、完备的有机整体,涵盖的领域和内容十分丰富,"顺应自然"是生态道德规范中最为基本也最为重要的内容之一。

在朱熹的生态伦理思想中,强调万物的发展变化皆有其"理",朱熹认为"至于天下之物,则必各有所以然之故,与其所当然之则,所谓理也"②。在此处,"所以然之故"指的是自然万物变化发展的规律。"所当然之则"指的是在"所以然"的要求的基础之上,形成的人与自然互动时应该遵循的准则。也就是说,既要通过"格物致知"明白"所以然之故",知道四季的更替、自然万物的生育,没有一样是离得开自然规律的变化发展的,这是不言而喻的实

---

① 朱贻庭.伦理学大辞典[M].上海:上海辞书出版社,2002:27.
② 朱杰人,严佐之,刘永翔,主编.朱子全书:第六册[M].上海:上海古籍出版社,合肥:安徽教育出版社,2010:512.

事,更要践行"所当然之则"。因此,在生态实践中,朱熹提出:"非其时不伐一木,不杀一兽,'不杀胎,不妖夭,不覆巢',此便是合内外之理。"①朱熹反对违背自然生长规律的行为,主张顺应自然,认为草木鸟兽等自然万物应按照各自成长的规律自然生长,确保自然的永续发展。在房舍营建方面,也可体现出朱熹"顺应自然"的理念,从其对紫阳书院、武夷精舍等的营建中皆可探知一二。在其友韩元吉的散文《武夷精舍记》中曾有这样的记载:"盖其游益数,而于其溪五折,负大石屏,规之以为精舍,取道士之庐犹半也。诛锄草茅,仅得数亩,面势清幽,奇木佳石,揖映带,若阴相而遗伐者。使弟子具畚锸,集瓦竹,相率成之。"由此可看出朱熹在搭建武夷精舍时也是遵循了"顺应自然"的准则,全面审视了精舍周遭的自然环境,并能够有效利用自然界的天然材料,搭建出与自然融为一体的房舍。②朱熹所推崇和践行的"顺应自然"的实践准则,通过把"理"论证为客观存在的自然规律,进而以"理"来约束人的行为,要求人类要以"理"为准则,自觉遵守自然变化发展的规律与自然融为一体。

"顺应自然"是人类开展生态道德实践时所必须遵守的准则,为人类更好地利用自然、改造自然提出了具体的规范,指明了方向。以土建工程为例,土建工程活动本质上就是人类开发、利用自然资源改造自然环境,实现由天然的自然向人化的自然的转变的过程。在这个过程中,土建工程活动与自然界之间是既联系又制约的关系。自然界为人类开展土建工程活动供给资源看似是无条件的,而实际上对人类的行为是有相应的约束和规范。例如地形地貌、气候水文条件等都是自然界所提出的制约因素。土建工程师们必须在自然界划定的范围内,因地制宜地去开展活动,如果一旦"越界",就会受到自然的惩罚。著名的"长城脚下的公社""流水别墅"等都是在充分尊重和考虑自然条件限制的前提下,又最大限度取材于自然,还原于自然所创作的建筑作品。这些建筑作品蕴含的设计理念、建造方式等与朱熹所主张的"顺应自然"的生态道德准则不谋而合。再如前面提及的山水林田湖草沙系统,其中每一个组成部分都有其各自的生长规律,需要我们从系统和全局的角度,在遵从它们不同生长规律和要求的基础上,统筹做好治理和

---

① 朱熹,撰.黎靖德,编.朱子语类:卷十五[M].武汉:崇文书局,2018:221.
② 陈利华.我是溪山旧主人,归来鱼鸟便相亲——论朱熹"人与自然和谐"的本真追求[J].武夷学院学报,2008(3):10.

保护。事实告诉我们,人类在接受自然恩赐的同时也会受到自然的限制,作为生态道德主体的人类在同自然相处时,应该遵循自然生发的规律,以"顺应自然"为准则,这样自然生态才能生生不息,人类才能从自然中获得源源不断的发展动力。

五、规范"取用守度"的生态道德行为

完整的生态道德系统是知、情、意、行等的有机统一,其中知是前提和基础,情和意等是动力和保障,行是最终归宿和外在表现,"知行合一"是生态道德建设的基本要求。生态道德行为是作为生态道德主体的人依据相应的生态道德规范,在一定的生态道德认知、生态道德情感、生态道德意志的影响下,所作出的相应的行为。它是对生态道德认知、生态道德情感、生态道德意志、生态道德规范等的外在表现和实践转化,同时又推动生态道德认知、情感、意志、规范等的产生和发展,它还是生态道德评价的直接依据。生态道德行为所涵盖的范围和表现形式十分的广,小到个人的"随手关灯""分类投放垃圾""参加生态保护志愿服务",大到国家的"组织全民植树造林""建立自然保护区""设立国家公园"等都是生态道德行为的具体表现形式。在人与自然的互动中,生态道德主体的行为是得当的还是失范的对人与自然的关系将造成直接的影响。

从"天人一理""仁爱万物""明理制欲""顺应自然"等理念的基础出发,当人类向自然求取资源时,朱熹提出了具体的行为方式,即"取用守度"。朱熹指出:"盖人为万物之灵,自是与物异。若迷其灵而昏之,则与禽兽何别?"[1]人作为万物的灵长,不能毫无节制地索取、占有、掠夺自然资源,否则就与禽兽无异。因此他主张"物,谓禽兽草木,爱,谓取之有时,用之有节"[2]。人类应怀着一颗仁爱之心来对待禽兽草木等世间万物,在对草木、动物等自然资源的取用上,要因其时,更要守其度。而所谓的"度"就是"中和",所谓的"守其度"也就是要"致中和"。"中和"是《中庸》的主题。在《中庸章句》中,朱熹将"中和"释义为"无所偏倚,故谓之中。……无所乖戾,故

---

①　朱熹,撰,黎靖德,编.朱子语类:卷八[M].武汉:崇文书局,2018:100.

②　朱熹.四书章句集注[M].金良年,今译.上海:上海古籍出版社,2006:457.

谓之和"①。"中和"属于个人道德修养的范畴,表现在人与自然的关系上,是人与自然相处时所要求的一种状态和境界,要求人类对待自然不偏不倚、符合情理,对自然资源的取用适量、不过分。朱熹认为:"自戒惧而约之,以至于至静之中无少偏倚,而其守不失,则极其中而天地位矣。"②自己所坚守的信念没有丧失,就是达到了"中"的极端,这样天地便各安其位了。从谨慎独处且精心修之,到处世应物时很少差谬,且无不适合的地方,就是达到了"和"的极致境界,这样自然万物的繁育便会生机勃勃。也就是《中庸》里指出的"致中和,天地位焉,万物育焉"③。换言之,人类在对待自然时只有做到"取用守度",到达"中和"的境界,我们才能永远见到"万紫千红总是春"的美丽景色。

朱熹所提倡的"取用守度"的行为方式,有助于现今人类生态道德行为的规范和养成,有助于生态道德建设目标的实现。生物多样性锐减、土地荒漠化加剧、极端气候频发等残酷的现实赤裸裸地揭露了人类无度索取和掠夺行为带来的严重后果。以生物多样性锐减为例,根据世界自然基金会发布的《地球生命力报告2020》显示,自1970年以来,在不到半个世纪的时间里,哺乳动物、鸟类、两栖动物、爬行动物和鱼类的全球种群数量平均下降了近七成。酿就这一苦果的主要原因就是人类对植物乱砍滥伐、对动物滥杀乱捕、对动植物的生存空间大肆占有等掠夺式、破坏性行为的"盛行"。现实证明,想要化解这些困难,就需要把"取用守度"作为法宝。生态环境和资源都没有替代品,用之不觉,失之难存。故在生产、生活中,我们要坚持绿色生产、绿色消费行为,避免资源浪费的行为发生,做到可持续发展。对自然资源的取用,要坚持适度、适量原则,合理开发和利用自然资源。通过垃圾分类、旧物改造等方式,将有限的自然资源尽可能多的重复利用,使得自然资源的价值尽可能大地发挥出来。如此,方可实现"天地位""万物育""人与自然和谐共生"。

---

① 朱熹.四书章句集注[M].金良年,今译.上海:上海古籍出版社,2006:24.

② 朱熹.四书章句集注[M].金良年,今译.上海:上海古籍出版社,2006:24.

③ 朱熹.四书章句集注[M].金良年,今译.上海:上海古籍出版社,2006:23.

第十一章 当代生态道德建设的理论和实践探索

第一节 当代生态道德建设理论的新发展

生态文明建设是事关中华民族生存与发展的根本大计。习近平总书记十分重视生态文明建设,在生态环境保护和生态文明建设上,提出了许多新理念、新思想、新战略,形成了习近平生态文明思想。生态治理,既是政治问题,也是伦理问题。习近平对生态问题的思考蕴含着丰富的伦理维度,在人与自然的关系上,提出要坚持人与自然和谐共生,构建和谐的生态秩序,为当前我国生态问题的根本解决提供了一种生态哲学的视野,具有重要的理论价值和实践意义。

如何正确处理经济发展与环境保护的关系,是工业文明进程中的一大困惑,生态文明思想体现着全人类在生态问题上的伦理诉求。党的十八大以来,习近平结合我国生态现状,围绕我国生态、资源、环境等问题发表了一系列重要讲话,尤其注意解决人类自身的社会、经济、文化的价值观念的转变。他表示,要"积极培育生态文化、生态道德,使生态文明成为社会主流价值观,成为社会主义核心价值观的重要内容"[①],首次在国家政策层面上提出"生态道德",并把生态文明作为社会主义核心价值观的重要内容,成为社会的主流价值观,形成了符合我国国情的生态伦理观。

---

① 中共中央国务院关于加快推进生态文明建设的意见[EB/OL].(2015-05-05)[2021-10-11].http://www.gov.cn/gongbao/content/2015/content_2864050.htm.

一、坚持人与自然和谐共生的新型生态中心主义伦理观

2018年5月,习近平出席全国生态环境保护大会并发表重要讲话,他指出:"新时代推进生态文明建设,必须坚持人与自然和谐共生,坚持节约优先、保护优先、自然恢复为主的方针,像保护眼睛一样保护生态环境,像对待生命一样对待生态环境,让自然生态美景永驻人间,还自然以宁静、和谐、美丽。"①党的十九大报告在阐述新时代中国特色社会主义基本方略中,明确提出要"坚持人与自然和谐共生",强调"我们要建设的现代化是人与自然和谐共生的现代化"②。将"和谐共生"作为国家层面的价值目标,将生态问题纳入治国理政范畴之中,是新时代对我国社会发展和环境保护、经济效益和生态效益的关系进行深刻总结与反思的结果,是人与自然关系中的道德问题在国家治理中的生动呈现。

当代社会,生态危机已经成为全人类面临的最大的共同性危机,人类已成为地球生态最大的破坏者。造成这种悲剧的一个重要原因,就是人类在价值观念上未能正确认识和处理人与自然的关系。英国著名历史学家汤因比认为,"人类将会杀死大地母亲,抑或将使她得到拯救如果滥用日益增长的技术力量,人类将置大地母亲于死地如果克服了那导致自我毁灭的放肆的贪婪,人类则能够使她重返青春。而人类的贪婪正在使伟大母亲的生命之果——包括人类在内的一切生命造物付出代价。何去何从,这就是今天人类所面临的斯芬克司之谜"③。可见,人类要解决生态危机,就必须进行观念上的变革,重建人与自然和谐共荣共生的关系。在人与自然关系上做哲学高度的探究,尤其是在自然界对人类价值问题的反省和追问上,形成了各种各样的见解,引发了一场关于人类中心主义和非人类中心主义的大争论。人类中心主义者从人的价值、利益和自身物种的其他特性出发,认为人类对自然的行为不具有伦理性,人类完全可以利用自然物来为人类的一切

---

① 习近平出席全国生态环境保护大会并发表重要讲话[EB/OL].(2018-05-19)[2021-10-11].http://www.gov.cn/xinwen/2018-05/19/content_5292116.htm.

② 习近平.决胜全面建成小康社会 夺取新时代中国特色社会主义伟大胜利——在中国共产党第十九次全国代表大会上的讲话[M].北京:人民出版社,2017:50.

③ 阿诺德·汤因比.人类与大地母亲[M].徐波,等译.上海:上海人民出版社,2001:529.

需要服务,不应受到自然的限制;非人类中心主义者则认为,人类的伦理范围已从人类共同体扩大到了自然共同体,人类不仅要对自己的同胞承担道德义务,而且也应该尊重其他生命物种,对大地共同体承担道德责任,不能伤害任何生命尤其是生态系统整体的健康、完整和稳定。由于人类中心论和非人类中心论在生态伦理原则上的对立,导致他们在现实中环境行为中有各自的片面性。与此相比,中国生态伦理传统中自然与社会相协调、人类发展与自然保护相统一的观点则要合理与深刻得多。中国古代生态伦理的基本特征之一,是人与自然和谐共生。儒家倡导人与"天地万物一体",道家秉承"天地与我并生,而万物与我为一",佛家奉行"法界缘起""依正不二",这些思想都是把人类看做与万物相互依存的整体,即所谓"天人合一"。

新时代对生态问题的伦理反思,摆脱了传统的狭隘的人类中心主义那种把人与自然、主体与客体绝对地对立起来的"人类沙文主义"立场,实现了对人类中心主义的矫正。习近平指出:"人与自然的关系是人类社会最基本的关系。自然界是人类社会产生、存在和发展的基础和前提,人类可以通过社会实践活动有目的地利用自然、改造自然,但人类归根到底是自然的一部分,人类不能盲目地凌驾于自然之上,人类的行为方式必须符合自然规律。"①在党的十九大报告中,习近平指出:"人类只有遵循自然规律才能有效防止在开发利用自然上走弯路,人类对大自然的伤害最终会伤及人类自身,这是无法抗拒的规律。"②同时,在生态自然观上对人的主体性原则的确立,则实现了对传统生态中心主义的扬弃。2014 年 3 月 7 日,在参加贵州团审议时,习近平说道:"保护生态环境就是保护生产力,绿水青山和金山银山绝不是对立的,关键在人,关键在思路。"生态环境的改善和治理关系到最广大人民的根本利益,在关注和解决生态问题上,突出了人的主体性和能动性。他强调自然价值的内在性和客观性,又强调人的参与性,即人要体验自然价值、分享自然价值、领悟自然价值。这种参与不是主观任性的,而是对自然的顺适和协调。由此,我们可以认为,新时代生态伦理观建立在马克思主义人与自然和谐的生态自然观的基础上,汲取了中国古代"天人合一"思

---

① 中共中央宣传部.习近平新时代中国特色社会主义思想三十讲[M].北京:学习出版社,2018:243.

② 习近平.决胜全面建成小康社会夺取新时代中国特色社会主义伟大胜利——在中国共产党第十九次全国代表大会上的讲话[M].北京:人民出版社,2017:50.

想的合理内核,从整体上看是一种人与自然和谐共生的新型生态中心主义
伦理观。

二、生命共同体和人类命运共同体的生态世界观

"共同体"最早是生态学领域的概念。美国学者利奥波德认为,共同体
是伦理关系存在的基本单位,一切伦理问题都是发生在共同体内部的问题,
要扩展伦理的视野首要的就是应当扩大"共同体"概念的外延。他认为要从
根本上解决生态危机,必须将人类中心主义伦理向生态中心主义伦理拓展,
他指出"我们滥用大地,因为我们把它看成是属于我们的商品,当我们将大
地看成是我们属于它的共同体时,我们开始怀着热爱和尊重去运用它"①。
美国环境伦理学家罗尔斯顿认为,环境伦理学的中心问题就是关于自然价
值的评价问题,他提出了自然价值论,期望能够从客观的自然价值中推导出
敬重大自然的道德义务,并对生命共同体概念进行了阐发,认为"作为生态
系统的自然,并非不好意义上的'荒野',也不是堕落的,更不是没有价值的。
相反,她是一个呈现着美丽、完整与稳定的生命共同体"②。

生命共同体概念的提出经历了一个过程。2013 年,在《关于〈中共中央
关于全面深化改革若干重大问题的决定〉的说明》中,习近平明确提出了生
命共同体的概念,他指出"我们要认识到,山水林田湖是一个生命共同体,人
的命脉在田,田的命脉在水,水的命脉在山,山的命脉在土,土的命脉在
树"③,这是关于生命共同体思想最早的论述。其后,习近平在不同的场合
发表了一系列蕴含生命共同体思想的讲话。2014 年,在中央财经领导小组
第五次会议上,习近平指出:"生态系统是一个有机生命躯体",要求人们"要
用系统论的思想方法看问题。"④2015 年,习近平在云南考察工作期间强调,
"要把生态环境保护放在更加突出位置,像保护眼睛一样保护生态环境,像

---

① 奥尔多·利奥波德.沙乡年鉴[M].侯文蕙,译.长春:吉林人民出版社,1997:63.

② 霍尔姆斯·罗尔斯顿.哲学走向荒野[M].刘耳,叶平,译.长春:吉林人民出版社,
2000:10.

③ 习近平.关于《中共中央关于全面深化改革若干重大问题的决定》的说明[N].光明
日报,2013-11-16(1).

④ 中共中央文献研究室,编.习近平关于社会主义生态文明建设论述摘编[Z].北京:
中央文献出版社,2017:56.

对待生命一样对待生态环境"①。2016年,他在参加第十二届全国人大三次会议江西代表团审议时,从生命共同体的高度提出"环境就是民生,青山就是美丽,蓝天也是幸福"②。同年,在省部级主要领导干部学习贯彻中共十八届五中全会精神专题研讨班上的讲话中,他又再次强调,"我们要坚持节约资源和保护环境的基本国策,像保护眼睛一样保护生态环境,像对待生命一样对待生态环境,推动形成绿色发展方式和生活方式,协同推进人民富裕、国家强盛、中国美丽"③。2017年,生命共同体概念在党的十九大报告中再次得到彰显,报告明确指出"人与自然是生命共同体",要"像对待生命一样对待生态环境,统筹山水林田湖草系统治理"。这一系列重要论述,突破了传统的社会伦理范围,把道德观念、道德规范运用于人对环境的态度和行为上,形成保护环境与生态的新观念、新规范。

生命共同体概念,从世界观上探究人与自然的关系,核心要义是对自然环境和社会环境的生态保护及生命关爱,它强调的是自然在被人改造的同时,也在改造着人。这一思想从根本上改变了我们对待自然的基本伦理态度。与西方共同体思想相比,人与自然生命共同体思想在本质上是对人类生存方式与发展方式的反思与新探索,改变了人类对自然的非道德意识,充分肯定了自然生态的内在生命价值,实现了自然与人的价值同构,是对人与自然之间特殊伦理关系的精妙概括。

生命共同体意识是从生态治理角度推动构建人类命运共同体的中国方案,从生态角度理解,人与自然之间是一个生命共同体,而人与人之间则构成了一个人类命运共同体。因此,生命共同体的生态世界观还体现在"人类命运共同体"的新理念中。改善生态环境是只扫自家门前雪,还是全球人类休戚与共、齐心协力克服危机,走出困境?当前的生态破坏和环境污染是全球性的,它不受国界、社会制度和意识形态限制。所以在生态问题上,必须建立全球一家的意识。党的十八大以来,习近平在多个重要国际场合倡导"命运共同体",如2013年,习近平在博鳌亚洲论坛年会的主旨演讲中强调,

①　中共中央文献研究室,编.习近平关于社会主义生态文明建设论述摘编[Z].北京:中央文献出版社,2017:8.

②　中共中央文献研究室,编.习近平关于社会主义生态文明建设论述摘编[Z].北京:中央文献出版社,2017:8.

③　中共中央文献研究室,编.习近平关于社会主义生态文明建设论述摘编[Z].北京:中央文献出版社,2017:12.

"我们生活在同一个地球村,应该牢固树立命运共同体意识"①。2017年,在
"共商共筑人类命运共同体"高级别会议的主旨演讲中,习近平指出:"宇宙
只有一个地球,人类共有一个家园。让和平的薪火代代相传,让发展的动力
源源不断,让文明的光芒熠熠生辉,是各国人民的期待,也是我们这一代政
治家应有的担当。中国方案是:构建人类命运共同体,实现共赢共享。"②党
的十九大报告将"坚持推动构建人类命运共同体"列入新时代坚持和发展中
国特色社会主义的基本方略。人与自然的生命共同体是构建人类命运共同
体的坚实基础,面对日益严重的地球生态危机,保护地球就是保护我们人类
自己,保护地球家园的使命把整个人类联结成"人类生态命运共同体"。习
近平在多个国际场合都提到,中国将继续承担应尽的国际义务,同世界各国
深入开展生态文明领域的交流合作,推动成果共享,携手共建生态良好的地
球美好家园。这可以看作是"人类命运共同体"这一理念所蕴含的生态伦理
思考。

三、尊重自然、顺应自然、保护自然的生态伦理规范

地球的生态危机,深刻显示出人类在认识和处理人与自然、人与人关系
上需要一种共同遵守的生态伦理原则。基于"生命共同体"和"人类命运共
同体"生态世界观,立足于"人与自然的永久和谐共生",在生态伦理规范上,
习近平确立了"尊重自然、顺应自然、保护自然"的三大支柱。

2014年,在中央财经领导小组第五次会议上,习近平指出:"建设生态
文明,首先要从改变自然、征服自然转向调整人的行为、纠正人的错误行为。
要做到人与自然和谐,天人合一,不要试图征服老天爷。"③在人与自然的关
系上,人类经历了从依附自然到利用自然、再到人与自然和谐共生的发展历
程。近代,随着工业化的到来,人类提出了征服自然的响亮口号,工业文明
迅猛发展,取得了令人眼花缭乱的巨大成就,与此同时,人类生存环境开始

---

① 习近平.习近平谈治国理政[M].北京:外文出版社,2014:330.

② 杜尚泽,任彦,王远.习近平阐述人类发展中国方案[EB/OL].(2017-01-20)[2021-
10-11].http://www.china.com.cn/news/world/2017/01/20/content_40143276.htm.

③ 张少虎.关于生态环境,习近平对这些行为说不![EB/OL].(2017-06-05)[2021-10-
11].http://www.china.com.cn/news/2017-06/05/content_40985046.htm.

受到大范围的侵害。森林资源枯竭、水资源短缺、草原退化、土地沙化、大气污染严重等环境问题频频发生,自然生态系统遭到极大破坏,并由此遭到自然的报复,生态灾难时有发生。恩格斯早有预言,"我们不要过分陶醉于我们对自然界的胜利,对于每一次这样的胜利,自然界都报复了我们"①。我们这一代人对人与自然关系作如何的反省,对以往的文明作如何的总结,对社会发展方向作如何的调整,将关系到子孙后代的幸福和长远发展。为此,在党的十九大报告中,习近平提出:"人与自然是生命共同体,人类必须尊重自然、顺应自然、保护自然。人类只有遵循自然规律才能有效防止在开发利用自然上走弯路,人类对大自然的伤害最终会伤及人类自身,这是无法抗拒的规律。"②

尊重自然,是人与自然相处时应秉持的首要态度,尊重自然要求我们要正确认识自然,敬畏自然,尊重自然界的创造和存在,尊重自然界的道德地位。恩格斯指出:"我们必须时时记住:我们统治自然界,决不像征服者统治异民族那样,决不同于站在自然界以外的某一个人,相反,我们连同肉、血和脑都是属于自然界并存在于其中的。我们对自然界的全部支配力量就是我们比其他一切生物强,能够认识和正确运用自然规律。"③要深刻认识到人类与自然是平等的,人因自然而生,自然界是人类赖以存在和发展的基本条件,自然界中的一切物种均有生命,均有其独特价值,人与自然不仅是共荣共生的生命共同体,更是休戚与共的命运共同体。诚如恩格斯所言:"人本身是自然的产物,是在他们的环境中并且和这个环境一起发展起来的,因此,人类和人类社会都是归根到底是自然界长期发展的产物,没有自然界就没有人自身。"④人不仅是自然的人、生物的人,更是社会的人、道德的人、伦理的人。伦理本身还应体现为敬畏自我和自我之外的生命意志。"人应该有一种伟大的情怀:对动物的关心,对生命的爱护,对大自然的感激之情。这种伟大的情感有助于稀释和冲淡人们对自我利益的过分关注,有助于把

①　马克思恩格斯选集:第 3 卷[M].北京:人民出版社,1972:517.

②　习近平.决胜全面建成小康社会 夺取新时代中国特色社会主义伟大胜利——在中国共产党第十九次全国代表大会上的讲话[M].北京:人民出版社,2017:50.

③　马克思恩格斯选集:第 4 卷[M].北京:人民出版社,1995:383-384.

④　马克思恩格斯全集:第 20 卷[M].北京:人民出版社,1971:38.

人们从对人际利益的永无休止的算计的纠纷中解救出来。"①

顺应自然,是人与自然相处时应遵循的基本原则。我们要顺应自然规律,按自然规律进行绿色发展,认识自然的客观规律只有进行时,没有完成时。人类的活动应符合自然界的客观规律,通过法律和制度来约束人的行为。顺应不是被动的服从,而是积极遵循、契合自然的成长规律,主动去发现和利用规律,使万物各得其所。唯如此,才能有效地保护自然和生态环境。

保护自然,是人与自然相处时应承担的重要责任。人在向自然界索取生存发展之需时,应呵护自然,回报自然,保护自然界的生态系统,使人与自然得到共同发展。经济发展与环境保护是相统一的,对此,习近平进行了深入的思考。2013 年在中央政治局第六次集体学习时,习近平指出:"要正确处理好经济发展同生态环境保护的关系,牢固树立保护生态环境就是保护生产力、改善生态环境就是发展生产力的理念,更加自觉地推动绿色发展、循环发展、低碳发展,决不以牺牲环境为代价去换取一时的经济增长。"②2014 年两会期间,习近平参加贵州代表团审议时强调,"保护生态环境就是保护生产力,绿水青山和金山银山绝不是对立的,关键在人,关键在思路"。2015 年,在云南考察工作时,习近平指出:"要把生态环境保护放在更加突出位置,像保护眼睛一样保护生态环境,像对待生命一样对待生态环境,在生态环境保护上一定要算大账、算长远账、算整体账、算综合账,不能因小失大、顾此失彼、寅吃卯粮、急功近利。"③2018 年在全国生态环境保护大会上,习近平强调:"用最严格制度最严密法治保护生态环境,加快制度创新,强化制度执行,让制度成为刚性的约束和不可触碰的高压线。"④

---

① 霍尔姆斯·罗尔斯顿.环境伦理学[M].杨通进,译.北京:中国社会科学出版社,2000:20.

② 《习近平总书记系列重要讲话读本》:八、绿水青山就是金山银山——关于大力推进生态文明建设[N].人民日报,2014-07-11(12).

③ 习近平.在省部级主要领导干部学习贯彻党的十八届五中全会精神专题研讨班上的讲话[M].北京:人民出版社,2016:19.

④ 习近平出席全国生态环境保护大会并发表重要讲话[EB/OL].(2018-05-19)[2021-10-11].http://www.gov.cn/xinwen/2018-05/19/content_5292116.htm.

四、绿水青山、民生福祉的生态价值观

生态文明,事关国家的整体发展和百姓的美好生活。建设生态文明,与人民福祉和民族未来息息相关。近年来,随着社会的发展,群众的生态权利意识不断增强,对环境的要求日益提高,在相关的调查中可以看到,环境问题已成为老百姓最关切的民生问题之一。对此,习近平指出:"环境就是民生,青山就是美丽,蓝天也是幸福,绿水青山就是金山银山;保护环境就是保护生产力,改善环境就是发展生产力。"[①]他还指出:"良好生态环境是最公平的公共产品,是最普惠的民生福祉。对人的生存来说,金山银山固然重要,但绿水青山是人民幸福生活的重要内容,是金钱不能代替的。你挣到了钱,但空气、饮用水都不合格,哪有什么幸福可言。"[②]这些重要论述是习近平对广大人民群众日益增长的优美生态环境热切期盼的回应,绿水青山、民生福祉体现了习近平生态文明思想在生态伦理价值观上的创新。由此可见,新时代的生态伦理价值观同时也是生态民生价值观。习近平把生态与民生福祉等量齐观,在处理人与自然关系问题上表现出高度清醒和深谋远虑,这在世界各国领导人中是不多见的。

"绿水青山就是金山银山"是习近平反复强调的重要理念,这一论断,从根本上更新了自然无价的传统认识,指明了发展和保护是相互促进、协调共生、内在统一的,它阐释了保护生态环境既是保护自然价值,也是增值自然资本,绿水青山可以源源不断地带来金山银山。"绿水青山"是生态,"金山银山"是生存,中国的发展既要"求生存",又要"求生态";"金山银山"是实现人民美好生活的物质保障,"青山常在、绿水长流"则是美丽中国的美好画卷。

总之,习近平生态文明思想从价值论的视角摆正了大自然的位置,凸显了人对自然的道德义务,体现了人与自然新型的伦理关系,使人们明确地认识到人对大自然的责任和义务。它是马克思主义生态观与中国生态建设实践相结合的产物,从伦理学的维度对生态问题进行了哲学反思和总结,对当

---

① 习近平.习近平谈治国理政:第二卷[M].北京:外文出版社,2017:209-210.

② 中共中央文献研究室,编.习近平关于社会主义生态文明建设论述摘编[Z].北京:中央文献出版社,2017:4.

前我国发展面临的重大理论和实践问题在生态伦理上作出的最新解答。同时,习近平生态伦理观还是对马克思主义生态自然观的继承和发展,是新时代生态文明建设的行动指南,为当前世界性生态危机的解决探索"中国方案",将漠视自然的传统文明形态转变为以尊重自然为重要特征的新文明形态,从而指明了人类文明的发展方向。

第二节　当代生态道德建设的实践探索

经过长期的努力,当代生态道德建设的成效初显,总体情况稳中向好,生态道德"大厦"的基石和框架已初具规模,需要进入到"精装修"阶段。随着生态道德建设进程的不断深入,面临的风险和挑战会更加多元,需要克服的困难和矛盾也会更加艰巨。在新的时代条件下,想要实现生态道德建设持续健康有序推进,需要我们优化生态道德教育,继续加强集学校教育、职业教育、社会教育等于一体的生态道德教育体系建设,不断完善教育内容,创新教育方法;深化生态道德约束建设,以更加严密的生态道德规范和制度,更加严格的生态道德评价与监督,为生态道德建设保驾护航;强化生态道德践行,推动政府"绿色执政"、企业"绿色发展"、个人"绿色生活"的落地与实践。

一、优化生态道德教育系统

当前我国生态道德教育各项活动都能平稳、有序展开,但是在教育的内容、方法和效果等方面仍有较大的进步空间。在生态道德建设过程中,要充分发挥生态道德教育的重要作用,巩固生态道德教育体系,完善生态道德教育内容,创新生态道德教育理念和方法,不断提高生态道德教育水平及成效。

(一)强化生态道德教育体系建设

生态道德教育是一个大的系统工程,它是学校教育、家庭教育、社会教育等共同作用的过程,不同的教育场景及主体在生态道德教育中都扮演着不同的角色,发挥着不同的作用。巩固和发展现有的生态道德教育体系,进一步细化各教育场景及主体的目标与任务,加强分工与协作,是优化生态道德教育的必然要求。

1.要夯实家庭教育的基础作用

习近平总书记曾说:"家庭是人生的第一所学校,家长是孩子的第一任老师,要给孩子讲好'人生第一课',帮助扣好人生第一粒扣子。"家庭教育是所有教育活动的起点和开端,具有早期性、持续性等特点。家庭教育以血缘、亲情关系等为天然纽带,对生态道德观的萌芽、行为习惯的养成等方面都会产生潜移默化的影响。正如苏联生态道德学者佩德里兹所说:"小时候没有养成对自然界道德态度的人,长大后成为生产者时对他进行的为时已晚的职业道德培养的诸多努力已是无济于事了。"所以,要高度重视家庭教育在生态道德教育中的地位和作用。在家庭教育中,一方面,家长要注重提升自身的生态道德修养,通过自己的一言一行,向孩子传输生态保护知识、理念和情感,带领孩子践行生态道德行为,将生态道德的种子埋入孩子的心田。另一方面,也不能忽视孩子对于家长的影响,孩子也可能将在外收获的生态保护新知识、新理念、新技术等带回家里,带领父母共同践行生态保护新风尚。

2.要重视学校教育的主阵地作用

学校教育能够凭借组织规范、内容充实、方法多样、基础设施完备等优势,通过各类教育活动,达成既定的生态道德教育目标。在学校教育中,要建设大中小幼一体化的生态道德教育体系,根据不同学段学生的特点,开展具有针对性的生态道德教育活动。无论是思想政治理论课,还是语数英等课程的学习,都要充分挖掘生态道德教育资源,将生态道德教育融入各门课程的教学之中。此外,还应重视第二课堂对于培养学生生态道德的作用,通过组织开展环保志愿服务、环保行动打卡等活动,引导学生将所学知识在实践活动中还原和体验,做到知行合一。

3.要坚持把社会教育作为重要平台,努力营造热爱自然、尊重自然、保护自然的社会氛围

同家庭教育、学校教育相比,社会教育直接面向社会大众,教育的对象、空间等都更为多元,影响辐射的范围也更加广,是对家庭教育和学校教育的有效补充。社会教育涉及基层自治组织、机关及企事业单位、公益环保组织等主体。居民委员会、村民委员会等基层自治组织应充分发挥自身的职能和作用,利用贴近群众生活的优势,结合辖区范围内的实际情况和特色,以创建"绿色社区、村居"等活动为契机,普及垃圾分类、节约水电等环保知识,宣传爱护生态环境、珍惜自然资源等生态道德规范,鼓励民众自觉践行绿色出行、杜绝浪费等生态道德行为。机关、企事业单位等应将生态道德教育纳入职工职业教育范畴,贯穿岗前培训、继续教育等职业教育全过程,引导职工在各自工作领域落实生态道德有关要求。各类公益环保组织是由热心于环境保护的志愿者组成的机构,具备与生俱来的自发性、独立性、公益性等特征,对生态道德教育的开展具有独特优势。环保教育促进会等各类公益环保组织应组织开展诸如生态道德宣讲、垃圾捡拾等各类活动,推广生态道德知识,倡导生态道德行为。

(二)完善生态道德教育内容

科学、系统、完备的生态道德教育内容是生态道德教育目标实现的关键,它包括在全社会开展生态知识、生态意识、生态规范、生态行为等方面的普及、指导和教育。当前开展的生态道德实践,还存在系统性、现实性、针对性不够等不足。在生态道德教育内容的选取上,要做到普遍适用性与科学性、系统性、针对性、现实性的有机统一,推动生态道德教育内容不断充实和完善。

1.强优势,继续保持教育内容的科学性和普遍适用性

生态道德知识教育要以生态学、环境保护学等与生态环境相关的自然科学知识教育为基础,以生态道德学说、观点、规范、标准等道德知识教育为主要内容,确保教育内容客观、科学、真实。在适用范围上,虽然不同阶层、不同群体、不同领域对生态道德教育内容的需求存在差异,但"人与自然和谐共生"是大家共同追求的目标。因此,应充分考虑和平衡各方的需求差异,找寻到最大的公约数,首先满足普遍、适用的要求。

2.补短板,努力提升教育内容的系统性、针对性和现实性

首先是提升教育内容的系统性、一致性。在家庭教育、学校教育、社会教育等各领域教育中,教育内容应相互关联、相互配合,避免各领域教育内容出现矛盾、不一致的情况。以家庭教育和学校教育为例,在家庭教育中受家长生态道德水平高低的影响,不是所有家长都能向孩子传递正确的生态道德观念和行为,这样可能就会出现孩子在学校接受到的教育内容与他们在家里的所见所闻有可能存在较大的差别,甚至是互相冲突的现象。这容

易使得孩子对所接受教育内容产生怀疑和不信任,影响教育的效果。[①] 在学校教育中,大中小幼等各学段的教育内容要做到衔接有序、前后一致、循序渐进;不同的课程之间的教育内容也要相互照应、相互承接。防止各学段、各课程间教育内容的简单交叉重复,造成学生"审美"疲劳,对学习内容感到乏味无趣,更有甚者会产生抵触心理。其次是提升教育内容的针对性。要根据少年、青年、中老年或工人、农民、学生等不同的群体的特点,分别打造具有针对性的教育内容,以更好地满足不同群体的需求。例如,对于儿童主要是以生态道德情感培育及行为习惯养成等为教育内容,对于大学生主要是以综合分析、判断和解决生态道德问题的能力培养等为教育内容,对于企业职工主要是以生态道德责任感和规范、制度教育等为教育内容。再次是提升教育内容的现实性。生态道德教育的内容一定要立足当下,从现实问题和矛盾出发,以实践需求为导向。以垃圾分类教育为例,既要讲清垃圾分类的重要意义和具体操作要求,更要阐明未进行垃圾分类带来的严重危害,帮助受教育者对垃圾分类有更为全面、客观、正确的认识,进而愿意在日常生活中自觉地进行垃圾分类。

(三)创新生态道德教育方法

生态道德教育方法是生态道德教育目标得以实现、生态道德教育内容得以落实、生态道德教育效果得以提升的重要媒介和桥梁。在生态道德教育过程中,采用何种教育方法,总要求是要让受教育者喜闻乐见、易于接受,能有效调动受教育者的学习积极性和主动性,推动实现生态道德教育目标。具体而言,就是要立足于生态道德教育的基本目标和要求,要符合教育的规律,要与解决生态道德教育的痛点相匹配,要能够满足不同群体的学习需求。正如现状部分所分析,当前生态道德教育的方法较为简单和传统,无法真正与生态道德教育的目标和要求达成一致,需要加以改进和创新。

生态道德教育本身就是一项实践活动,实践性是其根本属性,生态道德教育的开展以及教育目标的实现都无法脱离实践而存在。因此,在生态道德教育的方法选择上,首要的是实践教育。其一,教育者要通过组织开展志愿服务、考察调研等各类实践活动,引导受教育者在实践中学习生态道德知识、培育生态道德意识、养成生态道德行为习惯。例如,每年的 9 月 19 日"世界清洁日"来临之际,可以在景区、河道等地组织开展垃圾捡拾、环境清

---

① 参见陈寿朋,等.生态道德建设论[M].北京:中央文献出版社,2011:221.

理活动,让大家亲身参与其中,用实践活动达到感召和教育的目的。其二,教育者要加强生态环境主题公园等生态道德教育实践基地建设,努力打造集观光游览、科普及生态教育等于一体的实践平台。如江苏永丰林农业生态园,该生态园拥有生态广场、生态主题雕塑群、有机果树林等景点,还有黑天鹅、梅花鹿、猴等动物资源。在这个生态园里,民众既可以享受优美的自然环境,还可以接收到生态科普教育,实现了寓教于乐。其次,注重应用"融媒体"的宣传功能。"融媒体"集合了电视、广播、报纸等传统媒体和门户网站、短视频平台、社交软件等新媒体的宣传优势,是生态道德教育不可或缺的重要载体。融媒体的影响力是细微且持久的,能使公众在不知不觉中就接收到教育信息,完成受教育过程。在教育活动中,教育主体应充分利用"融媒体"的优势,将生态道德知识、规范等以新闻报道、网络推文、专题节目、短视频、影视剧、公益广告等形式在报纸、杂志、广播、电视、门户网站、短视频软件等平台上进行充分的展示和宣传。此外,还可以开发具有生态教育意义的网络游戏,让玩家在游戏中接受潜移默化的教育。例如,2011年,山西省环保厅就联合天津爱迪通智科技有限公司开发了我国首款环保网络游戏《绿色生态》,用游戏的方式向公众宣传环保知识,唤醒公众保护环境的责任感与使命感,这也为开展生态道德教育提供了一种全新的可能和选择。

二、深化生态道德建设约束机制

生态道德建设是一项复杂的系统工程,既需要通过生态道德教育将生态道德内化于人们的思想自觉和行动自觉,发挥"自律"的作用;同时,也需要依靠道德规范、制度法规、评价与监督等外部力量予以保障和约束,凭借"他律"的力量来指导、规范和制约人们的行为。生态道德约束建设是生态道德建设的重要组成部分,相较于"自律",来自"他律"的约束,对生态道德主体的行为有着更为直接的强制力和约束力。在生态道德建设的进程中,我们要继续深化和健全生态道德规范体系、生态道德制度体系、生态道德评价与监督体系等外部约束力量建设,为生态道德建设提供更加有力的保障。

(一)健全生态道德规范体系

生态道德规范集中展示了生态道德实践中,生态道德主体应该秉持的价值理念和遵守的行为准则,对生态道德主体的道德实践有着教育、指导、制约等作用。生态道德规范形成于人们社会生活的实践中,其具体内容根源于"社会物质生活条件"。生态道德规范的提出主要有三种方式,其一是人们在实践中对实践经验的总结和提升所形成的不成文的风俗习惯,是人们约定俗成的行为准则;其二是由极具影响力的思想家认识并提出,而后被人们所普遍认同、接受和遵循的原则;其三则是由各级政府、行政机关、行业组织等依据现实生态建设的需要,组织专门的力量进行研究拟定,并经过一定的程序而最终被确定下来的规则。[①] 生态道德规范是一个系统严密的体系,覆盖的领域和群体广泛,涉及的内容众多,并且会随着实践的发展、条件的变化产生新的要求。因此,我们需要发挥政府机关、行业组织、有关专家学者等不同主体的作用,加快建立健全符合不同领域、不同群体需要的生态道德规范体系。

一是完善国家层面的生态道德规范。国家层面的生态道德规范在生态道德规范体系中应起到统领全局的核心作用。内容的制定要站在全局的高度,以鼓励性、倡导性内容为主,将生态道德规范视作崇高的道德理想和追求,鼓励和倡导全民自发自觉地遵守。二是完善村居范围的生态道德规范。农村村民委员会、城市居民委员会是基层自治组织,对于所辖范围内的生态道德建设应承担起相应的责任。村居范围的生态道德规范所针对的对象是辖区范围内的民众,主要是以村规、民约等形式呈现,应将行为引导性和教育性内容作为重点,对大家日常的生产生活中的相关行为进行教育和引导。以农村的生态道德规范为例,就要对农民在农业生产活动中化肥的使用、废弃物的处理等行为和农村中屡禁不绝的盗猎野生动物、滥砍滥伐林木等错误行为进行教育引导。三是完善行业领域的生态道德规范。行业领域的生态道德规范面向的是各个具体行业和岗位,通常表现为行业公约、章程、职业守则等形式,内容应凸显约束性,加强对专业行为的约束和规范。例如在1986年,世界工程组织联合会(WFEO)颁布了全球第一部《工程师环境伦理规范》,该规范指出工程师应"努力使用尽可能少的原材料与能源,并只产生最少的废物和任何其他污染,来达到你的工作目标","增进对需要恢复环境的行动的透彻理解,如有可能,改善可能遭到干扰的环境,并将它们写入你的方案中"。行业领域的生态道德规范要更具针对性和具体性,能对不同行业、不同岗位作出明确、具体的指导和要求。四是完善家庭内部的生态道德规范。家庭内部的生态道德规范主要体现为家规、家训,内容应该更加的

---

① 参见陈寿朋,等.生态道德建设论[M].北京:中央文献出版社,2011:90.

细微,与家庭日常生活息息相关,是全体家庭成员应共同遵守的行为规范。

(二)健全生态道德法制体系

道德与法律是社会有序运转的基本规范,道德是软约束,法律是硬约束,二者互相配合、互为补充。生态道德及相应法律、规章制度的建立和发展都是基于"人与自然和谐共生"这一共同的价值目标和追求。一方面,法律是道德的底线,生态道德法律、规章制度的建立和发展应以生态道德为基础,体现生态道德的理念和要求;另一方面,生态道德的建立和完善也离不开健全的法律和规章制度作为可靠的保障。只有二者"软硬兼施",才能有效约束生态道德主体的行为。在推动生态道德建设的同时,人类需要建立健全与之对应的内容全面、程序严谨、配套齐全、运行得力的法律及规章制度体系,为生态道德建设构筑起坚强有力的后盾。

首先,要做好法律及规章制度的订立工作。王安石曾言:"立善法于天下,则天下治;立善法于一国,则一国治。"法律及规章制度的订立是建立健全生态道德法律、规章制度体系的前提和基础。党的十八大以来,我国先后制订出台了《关于加快推进生态文明建设的意见》《生态文明体制改革总体方案》,建立起生态文明制度的"四梁八柱",制订并修改了《环境保护法》《水污染防治法》《大气污染防治法》《土壤污染防治法》《海洋环境保护法》《长江保护法》等生态环境保护领域的法律法规,成为推动生态道德建设的有效保障。在新的生态道德实践中,要根据实际情况的发展变化,加强针对性和时代性,不断修订和完善相关法律及规章制度,着力固根基、扬优势、补短板、强弱项,更加注重把生态道德理念、规范等融入建章立制中,不断丰富和完善法律及规章制度体系。其次,要推动法律及规章制度的执行落地。正如明朝著名政治家、改革家张居正所说:"天下之事,不难于立法,而难于法之必行。"当前,在生态文明制度体系"四梁八柱"都已基本建立的背景下,仍然存在"秦岭违建别墅群""云南滇池违建别墅群"等恶性破坏生态环境事件,一个很重要的原因就是在实际的工作中有关部门、有关人员的不作为,对法律及规章制度的执行不严格不到位。因此,不但要抓好生态道德建章立制的工作,更要抓好法律及规章制度的执行工作,让法律及规章制度在生态文明实践中真正地发挥作用,保证各项法律及规章制度落地生根。再次,要引导全民做到尊法守法。亚里士多德认为:"我们应该注意到邦国虽有良法,要是人民不能全部遵循,仍然不能实现法治。"当前,非法捕杀、经营、食用野生动物等行为屡禁不止,部分企业和个人漠视法律及规章制度的约束和权威,不惜以身试法,知法犯法,不断踏入"雷区",根本原因在于缺乏对法律及规章制度应有的敬畏和遵守。解决这一问题的关键就要在全社会树立法律的权威,使民众认识到法律是生态道德的底线和红线,需要全体民众不折不扣的遵守,使遵章守法成为全体人民共同的追求和自觉行动。

(三)健全生态道德评价与监督体系

生态道德评价与监督是在特定的生态道德规范体系内,对生态道德现象以及行为等进行评判和监督,是规范和引导生态道德行为、维护生态道德秩序、确保生态道德建设运作顺畅的重要手段。生态道德评价与监督能够帮助生态道德主体认清善恶,明白何该为、何不该为。在评价与监督过程中,评价与监督主体要对生态道德现象和行为进行肯定或否定的评价,对正确的现象和行为进行褒奖和巩固,对失范的现象和行为进行批评和揭露,并督促予以制止和纠正,甚至是惩罚。生态道德评价与监督是一个综合、立体、多元的体系,包括了明确的主客体、正确的方式方法、可靠的标准或依据,以及有效的结论和反馈。我们要充分调动一切积极因素为生态道德评价与监督的有效开展服务。

一是要加强行政评价与监督。行政评价与监督主要是以各级环保部门为主,其他相关职能部门为辅,利用法律赋予的权利,依据相关法律、政策、标准对有关行为进行评价与监督。近年来,我国陆续修改制订了《中华人民共和国环境影响评价法》《关于强化建设项目环境影响评价事中事后监管的实施意见》等法律和规则制度,为有效保障行政评价与监督的效力提供了可靠依据。实践中,各级有关部门应切实履行各自的评价与监督职责,创新工作方法,确保行政评价与监督的"刚性"约束能有效发力。

二是要加强群众自治组织评价与监督。农村村民委员会、城市居民委员会等基层群众自治组织要利用贴近群众的优势发挥评价和监督功能。可以通过诸如设置环境问题意见箱、召开座谈会等形式,畅通民意反馈渠道,倾听群众的心声,收集群众的意见,充分调动群众的力量来开展评价与监督工作。又如建立生态道德公示栏、评选"绿色家庭"等方式,让更多的群众参与到生态道德评价与监督之中。在村居内群众互相评价和监督之下,大家能够更加注意规范自己的行为。

三是要加强行业组织评价与监督。行业组织评价与监督的实施主体主要包括两类。一类是职业社团、协会、同业工会等,例如工程师联合会、导游协会、餐饮协会、茶业同业公会。对组织内成员单位的生态行为表现进行评价与监督,遵守生态道德规范起到模范带头作用的应予以表彰和奖励,违反生态道德规范、有损行业声誉的应采取相应的批评和惩罚措施,例如设置行业警示榜、取消会员资格甚至是诉诸法律。另一类是专业伦理委员会。伦理委员会主要是从伦理道德的角度来分析某一社会难题的利害关系,从而求得合宜的、符合道德要求的解答方案的专门的实践平台。[①] 伦理委员会的主要任务之一就是对有关行为的"应当"与"不应当"进行评判。实践中,应探索建立生态伦理委员会,对生态领域的有关现象和行为进行"合道德性"审视与监督。

四是要加强媒体评价与监督。媒体评价与监督主要是利用舆论的作用,惩恶扬善、激浊扬清。要编织起强大的线上线下媒体融合的评价与监督网络,既要宣传遵守生态道德的先进典型事迹,树立生态道德践行标杆;也要对负面典型进行披露和报道,起到警示、施压和监督的作用。值得注意的是,在发挥媒体评价与监督功能时一定要做到客观、真实、合理、适度,防止出现"新闻反转再反转""网络暴力"等消极事件,削弱媒体评价与监督的公信力。各有关部门也要时刻关注舆情,对舆论反馈的违背生态道德有关问题及时采取应对措施。

五是要加强自我评价与监督。作为生态道德的践行主体,公民个人、企业经营者等行为当事人要懂得依照生态道德规范以及外部评价与监督反馈的结果进行自我评价与监督。通过自我加压的方式,对自己内心的生态道德信念、情感、意志及由此表现出的生态道德行为等进行审视和调整,符合生态道德的要继续发扬,违背生态道德要求的要加以改正,无论在什么环境下都始终做到"慎独慎微",不断提升自我的生态道德境界。

三、强化生态道德践行

生态道德践行是生态道德建设的最终落脚点,是生态道德规范形成和发展的动力来源,也是推动生态道德规范落地生根的唯一途径。生态道德的践行主体是复杂多样的,既有个体又有群体,包括了公民个人、政府机关、企事业单位等,涉及社会、职业、家庭等不同生产生活领域。强化生态道德践行要牢牢把握住政府、企业、个人这三大践行主体,推动政府践行"绿色执

---

① 甘绍平.应用伦理学前沿问题研究[M].南昌:江西人民出版社,2002:25.

政观"、企业践行"绿色发展观"、个人践行"绿色生活观",让"绿色"贯穿人类一切实践活动的始终。

（一）推动政府践行"绿色执政观"

"绿色执政观"即"绿色执政理念,"指的是中国共产党作为世界上最大的执政党遵循人类社会发展规律、中国特色社会主义建设规律、中国共产党执政规律以及人与自然和谐发展规律,从生态与政治联姻的高度,将科学执政、民主执政和依法执政置于生态基础上考量,着力解决人与自然关系紧张引发的严重生态矛盾和保障人民群众生态权益与生态安全的一种生态政治观。① 各级政府、有关部门在执政过程中,应坚持以"绿色执政观"为指引,在具体的工作中始终践行"绿色执政观"。

一是加大绿色政绩考核力度。在政绩考核体系中,打破以往以经济指标为重点的政绩考核内容,将生态环保指标、生态资源指标、节能减排指标等绿色指标纳入其中,并不断加大绿色指标在考核体系中的比重。二是加大政府对生态文明建设有关工作的政策和资金投入。对其中的重点领域和重点工作予以政策和财政的倾斜。例如在山水林田湖草沙系统治理修复、水污染治理等领域,要制定专门的政策、统筹专项资金支持有关工作的开展。又如通过税收优惠、绿色信贷、绿色价格等大力支持绿色环保产业的健康发展。四是加强政府对生态文明建设有关工作的指导、评价、监督和管理工作。确保政府在其中的职能不缺位、不错位、不越位。例如在行政服务中心或网络政务平台上设立专门的环评审批、碳排放权、排污权交易等"绿色事项"办事窗口。五是创建绿色办公环境。绿色办公环境包括了"软"环境和"硬"环境两个方面。在办公区域卫生清理、节约办公耗材、无纸化办公、减少办公区域能源浪费、精简会议、减少公务车出行等方面,各级政府、有关部门理应走在前列,起到带头模范作用。

（二）推动企业践行"绿色发展观"

"绿色发展观"是企业在开展生产活动时必须秉持的生态道德理念,具体来说就是企业在生产经营活动中不能只顾追求经济利益最大化而将生态利益置之不理,而应把可持续发展和环境保护作为重要前提和基础。企业是自然生态资源的重要开发者和使用者,也是大气污染、水污染、土壤污染、噪音污染等生态污染的主要制造者,更应该是生态道德的忠实践行者。企

---

① 方世南.以绿色执政理念推进绿色发展[J].理论视野,2014(3):22.

业要自觉承担起生态道德责任,协调处理好经济利益与生态利益的关系,将生态道德有关要求落实到生产经营各项活动之中。

一是打造"绿色发展"的企业文化。将"绿色"融入企业文化内涵,积极营造"绿色"企业文化氛围。企业要通过在厂区搭建、生产第一线、后勤服务、行政管理、职工教育等全部环节宣传、贯彻"绿色"理念,给企业文化描绘上绿色的底色。二是坚持节流和开源同时并举。一方面,企业在生产经营活动中要转变发展方式,合理开发和利用有限的自然生态资源,推动资源循环利用,避免造成资源的浪费。另一方面,企业要加强绿色材料及技术的研发,在生产中用绿色节能材料和技术代替旧的高能耗材料和技术,为企业节能降耗注入源源不断的"绿色"动能。企业还可以开发更多的绿色产品和服务,助力"绿色消费"市场发展。三是努力提升清洁生产和污染防治水平。企业要加大资金和技术的投入,开发和引进清洁生产技术和污染防治技术,最大限度地降低污染物排放、减少对生态环境的污染。在污染防治方面,企业还可以探索引进第三方专业服务,在企业污染防治整体状况评估、制定污染防治方案、污染防治设备采购、建设、运用和维护等方面提供全流程的专业性服务。

(三)推动个人践行"绿色生活观"

"绿色生活观"指的是个体在日常生活中以人与自然和谐共生为价值追求,以尊重自然、热爱自然、保护自然为核心内容,以绿色、健康生活方式和消费方式为主要手段的一种生活理念。"绿色生活观"对于增强公民内心的生态价值观、引导公民个人在日常生活中践行生态道德有关要求、促使生态价值观转变为公民的行动自觉、助推公民真正成为理性的"生态人"有着重要的意义。衣、食、住、行、游、购、娱涵盖了个人日常生活和消费的大部分领域,是个人践行"绿色生活观"的主要渠道和平台。在个人日常生活的衣、食、住、行、游、购、娱等方方面面,每个人都需要自觉、自醒、自主、自制履践生态道德的有关要求。

在穿衣打扮上,要以简约、舒适、得体为美,在衣物材质等的选择上要尽量以绿色环保材质为主,坚决抵制野生动物皮毛制品。在衣物数量上要适量为好,自觉做好旧衣的回收与循环利用。在日常饮食上,要以健康、绿色、适度为宜,努力做到决不食用野生动物,减少使用一次性塑料餐具,自觉践行"光盘行动",合理处置厨余垃圾。在日常居住上,房屋的选址、设计、施工、装修等环节都要符合生态保护有关要求,尽量选用绿色环保节能的建筑材料及家具、电器。在日常出行上,要以公交车、地铁等公共交通工具、自行车或步行为主,减少私家车的使用,在私家车的选择上要尽量选购节能环保型的新能源汽车,减少燃油汽车带来的碳排放和尾气污染。在购物消费上,应做到绿色消费、适度消费,减少塑料购物袋的使用,不要一味追求奢侈品牌以及华而不实的包装。在休闲娱乐上,要积极参加健康、绿色、正能量的娱乐活动,例如到郊外踏青赏花、参观野生动物园、参加环保志愿服务活动等,更加亲近自然、融入自然、享受自然,在旅游休闲的过程中也要保护自然、爱护自然,不能随意踩踏草地、采摘花果、乱扔垃圾。总之,在衣、食、住、行、游、购、娱等不同领域,每个人都要严格遵循绿色、健康、文明、适度、友爱的要求,继承"勤俭朴实"的传统美德,坚决禁止和预防奢侈挥霍、伤害野生动植物、损害自然环境等错误行为,真正推动"绿色生活观"在每个人的日常生活中都能落地生根、开花结果。

参考文献

一、古籍

[1]黄榦. 勉斋集:卷三六:朱先生行状[M]//文渊阁四库全书.

[2]揭暄. 璇玑遗述:卷二[M]//续四库全书:子部.

[3]李昉,等编. 文苑英华[M]//文渊阁四库全书:卷六八八.

[4]梅文鼎. 历学疑问:卷二[M]//文渊阁四库全书:子部.

[5]史伯璿. 管窥外篇:卷上:杂辑[M]//文渊阁四库全书:子部.

[6]游艺. 天经或问[M]//文渊阁四库全书:子部.

[7]俞琰. 周易参同契发挥[M]//文渊阁四库全书:子部道家类.

[8]赵友钦. 革象新书:卷三[M]//文渊阁四库全书:子部.

[9]大正藏[M/OL]. 中华电子佛典协会(CBETA),http://www.
cbeta.org.

[10]道藏[M]. 北京:文物出版社,上海:上海书店,天津:天津古籍出版
社,1988.

[11]吕氏春秋:第十三卷[M]//四部丛刊初编:子部.

[12]程颢,程颐. 二程集[M]. 北京:中华书局,1981.

[13]董仲舒. 春秋繁露[M]. 张世亮,钟肇鹏,周桂钿,译注. 北京:中华
书局,2012.

[14]黄宗羲,原著,全祖望,补修. 宋元学案[M]. 陈金生,梁运华,点
校. 北京:中华书局,1986.

[15]李侗. 李延平集:卷一[M]. 北京:中华书局,1985.

[16]李志敏,主编. 四书五经[M]. 北京:京华出版社,2003.

[17]邵雍. 皇极经世书[M]. 郑州:中州古籍出版社,2007.

[18]邵雍.邵雍集[M].北京:中华书局,2010.

[19]沈括.梦溪笔谈[M].上海:上海书店出版社,2003.

[20]坛经[M].郭朋,校释.北京:中华书局,1983.

[21]脱脱,等.宋史[M].北京:中华书局,1977.

[22]徐光启.徐光启集[M].上海:上海古籍出版社,1984.

[23]荀子[M].方勇,李波译注.北京:中华书局,2015.

[24]张载.张载集[M].章锡琛,校.北京:中华书局,1978.

[25]周敦颐.周敦颐集[M].陈克明,点校.北京:中华书局,1990.

[26]朱熹,吕祖谦,编.近思录[M].叶采,等注.上海:上海古籍出版社,2016.

[27]朱熹,注.周易本义[M].上海:上海古籍出版社,1987.

[28]朱熹,撰,黎靖德,编.朱子语类[M].武汉:崇文书局,2018.

[29]朱熹.楚辞集注[M].上海:上海古籍出版社,2001.

[30]朱熹.四书章句集注[M].金良年,今译.上海:上海古籍出版社,2006.

[31]朱熹.朱子全书[M].朱杰人,严佐之,刘永翔,主编.上海:上海古籍出版社,合肥:安徽教育出版社,2010.

[32]朱熹.四书或问[M].黄坤,校点.上海:上海古籍出版社,合肥:安徽教育出版社,2001.

[33]朱熹.朱熹集[M].郭齐,尹波,点校.成都:四川教育出版社,1996.

二、近人著作

[1]习近平.习近平谈治国理政[M].北京:外文出版社,2014.

[2]蔡方鹿.朱熹思想探讨[M].北京:新星出版社,2018.

[3]陈安琪,欧甜,周硕.传统文化下的高校生态德育研究[M].西安:世界图书出版公司,2018.

[4]陈来.中国近世思想史研究[M].北京:商务印书馆,2003.

[5]陈来.朱子哲学研究[M].上海:华东师范大学出版社,2000.

[6]陈美东.中国科学技术史:天文学卷[M].北京:科学出版社,2003.

[7]陈荣捷.朱熹[M].上海:东方出版中心,2020.

[8]陈荣捷.朱子新探索[M].上海:华东师范大学出版社,2007.

[9]陈寿朋,等.生态道德建设论[M].北京:中央文献出版社,2011.

[10]董英哲.中国科学思想史[M].西安:陕西人民出版社,1990.

[11]杜石然,等编.中国科学技术史稿[M].北京:科学出版社,1982.

[12]方立天.佛教哲学[M].北京:中国人民大学出版社,2012.

[13]冯契.中国古代哲学的逻辑发展[M].上海:上海人民出版社,1983.

[14]冯友兰.新理学[M].北京:生活·读书·新知三联书店,2007.

[15]冯友兰.中国哲学史[M].上海:华东师范大学出版社,2011.

[16]冯友兰.中国哲学史新编[M].北京:人民出版社,2007.

[17]甘绍平.应用伦理学前沿问题研究[M].南昌:江西人民出版社,2002.

[18]高令印,高秀华.朱子学通论[M].厦门:厦门大学出版社,2007.

[19]郭霭春,主编.黄帝内经素问校注[M].北京:人民卫生出版社,1992.

[20]郭庆藩.庄子集释[M].北京:中华书局,2012.

[21]何怀宏,主编.生态伦理:精神资源与哲学基础[M].保定:河北大学出版社,2002.

[22]侯外庐,等编.宋明理学史[M].北京:人民出版社,1984.

[23]胡适.胡适全集:第18卷[M].合肥:安徽教育出版社,2003.

[24]环境保护部宣传教育司,编.全国公众生态文明意识调查研究报告:2013年[M].北京:中国环境出版社,2015.

[25]金永植.朱熹的自然哲学[M].潘文国,译.上海:华东师范大学出版社,2003.

[26]雷伟红,黄艳.畲族生态伦理研究[M].杭州:浙江工商大学出版社,2021.

[27]李承贵.儒士视域中的佛教:宋代儒士佛教观研究[M].北京:宗教文化出版社,2007.

[28]李丽娜,周宇宏.生态伦理及道德建设研究[M].北京:首都经济贸易大学出版社,2021.

[29]李培超.自然的伦理尊严[M].南昌:江西人民出版社,2001.

[30]李申.中国古代哲学及自然科学[M].北京:中国社会科学出版社,1989.

[31]潘吉星,主编.李约瑟文集[M].沈阳:辽宁科学技术出版社,1986.

[32]李约瑟.中国科学技术史:第一卷:总论[M].北京:科学出版社,上海:上海古籍出版社,1990.

[33]李约瑟.中国科学技术史:第二卷:科学思想史[M].北京:科学出版社,上海:上海古籍出版社,1990.

[34]灵枢经校释:下册[M].河北医学院,校释.北京:人民卫生出版社,1982.

[35]罗光.中国哲学思想史·宋代篇:下册[M].台北:台湾学生书局,1984.

[36]罗国杰,马博宣,余进,编著.伦理学教程[M].北京:中国人民大学出版社,1986.

[37]罗顺元.中国传统生态思想史略[M].北京:中国社会科学出版社,2015.

[38]马克思恩格斯全集:第47卷[M].北京:人民出版社,1979.

[39]蒙培元.人与自然:中国哲学生态观[M].北京:人民出版社,2004.

[40]牟钟鉴.儒学价值的新探索[M].济南:齐鲁书社,2001.

[41]聂长久,韩喜平.马克思主义生态伦理学导论[M].北京:中国环境出版社,2016.

[42]钱穆.宋明理学概述[M].北京:九州出版社,2014.

[43]钱穆.朱子新学案[M].成都:巴蜀书社,1986.

[44]钱穆.朱子学提纲[M].北京:生活·读书·新知三联书店,2002.

[45]乔清举.泽及草木恩至水止:儒家生态文化[M].济南:山东教育出版社,2011.

[46]饶宗颐.老子想尔注校证[M].上海:上海古籍出版社,1991.

[47]任继愈,主编.中国哲学史[M].北京:人民出版社,2010.

[48]任俊华,刘晓华.环境伦理的文化阐释:中国古代生态智慧探考[M].长沙:湖南师范大学出版社,2004.

[49]山田庆儿.朱子的自然学[M].东京:岩波书店,1978.

[50]邵庆国,主编.宋代科技成就[M].郑州:河南科学技术出版社,2014.

[51]石峻,等编.中国佛教思想资料选编:第二卷:第一册[M].北京:中华书局,1983.

[52]石训,等.中国宋代哲学[M].郑州:河南人民出版社,1992.

[53]束景南.朱熹年谱:增订本[M].上海:华东师范大学出版社,2014.

[54]束景南.朱子大传[M].北京:商务印书馆,2003.

[55]斯蒂芬·梅森.自然科学史[M].周煦良,等译.上海:上海译文出版社,1980.

[56]唐凯麟.伦理学[M].北京:高等教育出版社,2001.

[57]涂可国,杨冬.重建天人观:生态伦理研究[M].北京:中国社会科学出版社,2020.

[58]王弼,注.老子道德经注校释[M].楼宇烈,校释.北京:中华书局,2008.

[59]王明,编.太平经合校[M].北京:中华书局,1960.

[60]王霞.朱熹自然观研究[M].合肥:合肥工业大学出版社,2019.

[61]吴国盛.科学的历程[M].北京:北京大学出版社,2002.

[62]席泽宗.科学史十论[M].上海:复旦大学出版社,2003.

[63]席泽宗.中国科学技术史:科学思想史卷[M].北京:科学出版社,2001.

[64]谢仁生.西南少数民族传统生态伦理思想研究[M].北京:中国社会科学出版社,2019.

[65]徐刚.朱熹自然哲学思想论稿[M].福州:福建教育出版社,2002.

[66]徐莹.生态道德教育实现方法研究[M].济南:山东人民出版社,2013.

[67]杨柳桥.庄子译注[M].上海:上海古籍出版社,2006.

[68]杨柱才.道学宗主:周敦颐哲学研究[M].北京:人民出版社,2004.

[69]余仕麟.伦理学概论[M].北京:民族出版社,2004.

[70]乐爱国.宋代的儒学与科学[M].北京:中国科学技术出版社,2007.

[71]乐爱国.为天地立心:张载自然观[M].深圳:海天出版社,2013.

[72]乐爱国.朱熹生态伦理思想[M].广州:广东人民出版社,2020.

[73]乐爱国.朱子格物致知论研究[M].长沙:岳麓书社,2010.

[74]乐爱国.走进大自然的宋代大儒:朱熹的自然研究[M].深圳:海天出版社,2014.

[75]曾春海.朱熹哲学论丛[M].台北:文津出版社有限公司,2001.

[76]张岱年.中国哲学大纲[M].北京:中华书局,2017.

[77]张立文.空境:佛学与中国文化[M].北京:人民出版社,2005.

[78]张立文.宋明理学研究[M].北京:人民出版社,2002.

[79]张立文.玄境:道学与中国文化[M].北京:人民出版社,1996.

[80]张立文.朱熹评传[M].南京:南京大学出版社,2011.

[81]张立文.朱熹思想研究[M].北京:中国社会科学出版社,1981.

[82]张彭松.生态伦理的现实反思与终极关切:乌托邦视角下人与自然伦理关系建构研究[M].北京:社会科学文献出版社,2020.

[83]张圆圆.韩愈生态伦理简论[M].广州:广东人民出版社,2020.

[84]赵杏根.中国古代生态思想史[M].南京:东南大学出版社,2014.

[85]中共中央文献研究室,编.习近平关于社会主义生态文明建设论述摘编[Z].北京:中央文献出版社,2017.

[86]周桂钿.董学探微[M].北京:北京师范大学出版社,2008.

[87]周建刚.周敦颐与宋明理学[M].北京:中国社会科学出版社,2018.

[88]朱谦之.老子校释[M].北京:中华书局,1984.

[89]朱贻庭.伦理学大辞典[M].上海:上海辞书出版社,2002.

[90]祖慧.沈括评传[M].南京:南京大学出版社,2004.

三、期刊论文

[1]曹树明.二程的科学思想[J].朱子学刊,2014(0):179-194.

[2]常会营.董仲舒与朱熹"天命观"的比较研究:以《论语集解》和《论语集注》为参照[J].衡水学院学报,2018(2):2-13.

[3]陈代湘.朱熹对周敦颐宇宙本体论的继承与改造[J].上饶师范学院学报(社会科学版),2002(1):24-28.

[4]陈国钧.朱熹理学与儒、佛、道的关系[J].江西师院学报,1981(4):70-75.

[5]陈红兵.佛教自然观及其生态环保意义[J].佛教文化研究,2015(2):470-495+501+515-516.

[6]陈军,李京.公民生态道德对生态文明建设的影响机理分析[J].鄱阳湖学刊,2013(5):29-33.

[7]陈利华.我是溪山旧主人,归来鱼鸟便相亲——论朱熹"人与自然和谐"的本真追求[J].武夷学院学报,2008(3):10.

[8]陈启智.朱子、退溪与佛道思想[J].西南民族学院学报(哲学社会科学版),1998(3):68-74＋147.

[9]陈岘.论朱子对先天学的改造及其影响[J].哲学动态,2020(2):38-45.

[10]陈永宝.论朱熹的"辟佛"思想[J].上饶师范学院学报,2019(1):1-8.

[11]代峰.荀子的自然观探析[J].石河子大学学报(哲学社会科学版),2002(1):49-51.

[12]戴昀.朱熹生态伦理思想探析[J].长春理工大学学报(社会科学版),2014(1):57-59.

[13]方世南.以绿色执政理念推进绿色发展[J].理论视野,2014(3):22-25.

[14]冯兵,李亚东.朱子论生死与鬼神[J].中州学刊,2020(7):107-112.

[15]高建立.从本体论看朱熹对佛学思想的吸收与融会[J].天中学刊,2015(6):50-54.

[16]何静.儒佛道交融的朱熹天理论[J].浙江社会科学,2009(12):61-66＋126.

[17]洪梅,李建华.周敦颐的生态伦理思想[J].西南民族大学学报(人文社会科学版),2011(11):66-69.

[18]黄昊.朱熹对《梦溪笔谈》中自然科学部分的研究[J].贵州社会科学,2014(4):28-32.

[19]黄世福.朱熹思想与佛禅[J].安徽农业大学学报(社会科学版),2002(0):38-40.

[20]黄熙,郑熊.略述荀子的道法自然观——兼论荀子思想以道释儒的特点[J].管子学刊,2018(3):23-28＋44.

[21]姜国柱.张载的辩证法思想研究[J].暨南学报(哲学社会科学版),1983(2):67-76.

[22]孔令宏.试论朱熹理一分殊思想的道家道教渊源[J].朱子学刊,2000(0):145-154.

[23]孔令宏.朱熹的科学思想与道家、道教[J].自然辩证法通讯,2002(2):62-67.

[24]赖功欧.朱熹哲学的自然主义思想基础[J].江西教育学院学报(社会科学版),1995(5):26-30.

[25]赖功欧.朱子之"理"的天道自然观基础及其理气二元结构[J].上饶师范学院学报,2010(2):1-6.

[26]赖永海.朱子学与佛学[J].江西社会科学,2006(2):29-31.

[27]李承贵.宋代新儒学中的佛、儒关系新论——以儒士佛教观之基本特征为视角的考察[J].中国哲学史,2008(1):59-67.

[28]李承贵.朱熹思想与佛老关系研究述论[J].福建论坛(人文社会科学版),2014(5):53-56.

[29]李红.朱熹"格物致知"说研究[J].学理论,2011(31):61-62.

[30]李会富.二程的仁学自然观及其现代诠释维度[J].天津大学学报(社会科学版),2009(6):546-550.

[31]李杰,欧阳辉纯.从"天理"自然到伦理世界——论朱熹自然观的伦理内蕴与价值审视[J].云南大学学报(社会科学版),2020(6):56-63.

[32]李秋丽.朱熹对邵雍先天象数学的继承和发展[J].周易研究,2003(1):69-74.

[33]李少波.论"理一分殊"的生态伦理意义[J].青海师范大学学报(哲学社会科学版),2017(5):64-69.

[34]李涛.爱物何以可能——朱熹的生态伦理观探析[J].伦理学研究,2016(1):86-90.

[35]李涛.朱熹的理学自然观研究[J].陕西师范大学学报(哲学社会科学版),2013(5):139-143.

[36]李宗桂.论董仲舒的天人思想及其文化史意义[J].天津社会科学,1990(5):41-47.

[37]李宗桂.朱熹对张载"民胞物与"思想的利用和改造[J].福建论坛(文史哲版),1984(5):14-17.

[38]刘晗.董仲舒"天人感应"说的"人学"特质与历史定位[J].南都学坛(人文社科版),2006(5):6-8.

[39]刘立夫.朱熹的儒佛之辨[J].哲学研究,2008(11):34-41+128.

[40]刘敏.阐释的自然——论董仲舒的儒教自然观[J].四川师范大学

学报(社会科学版),2013(4):22-26.

[41]路高学.董仲舒神学化自然观的逻辑进程[J].衡水学院学报,2013
(6):20-24.

[42]马来平.格物致知:儒学内部生长出来的科学因子[J].文史哲,
2019(3):87-97+167.

[43]马昕.朱熹的生命观论析[J].开封文化艺术职业学院学报,2021
(5):19-21.

[44]蒙培元.朱熹哲学生态观:上[J].泉州师范学院学报,2003(3):
15-22.

[45]苗圃.朱熹对周敦颐《太极图说》的继承与改造[J].九江学院学报
(社会科学版),2018(1):20-22.

[46]聂春华.试论佛教自然观的两种维度及其生态美学意义[J].鄱阳
湖学刊,2018(6):68-74+127.

[47]农春仕.公民生态道德的内涵、养成及其培育路径[J].江苏大学
学报(社会科学版),2020(6):41-49.

[48]裴士军,韩娟.新时代生态道德建设探微[J].南京林业大学学报
(人文社会科学版),2019(5):1-10.

[49]钱耕森,沈素珍.孔孟"仁者爱人"说与生态文明[J].齐鲁学刊,
2016(2):5-9.

[50]秦昌建.先秦自然观概述及其对生态文明教育的启示[J].吉林省
经济管理干部学院学报,2015(5):157-159.

[51]秦静良.朱熹"格物致知"论的自然哲学意蕴发微——兼论以马克
思主义的科学态度对待朱子[J].河南师范大学学报(哲学社会科学版),
2010(4):6-10.

[52]屈志勤,冯慧卿.论朱熹的格物穷理思想及其"科学理性精神"
[J].南华大学学报(社会科学版),2011(6):28-31.

[53]冉祥华.佛教与中国古代文人的宇宙观、人生观和自然观[J].山
东社会科学,2014(7):162-166.

[54]任冠文.朱熹与佛、道文化[J].朱子学刊,2000(0):194-205.

[55]任继愈.朱熹格物说的历史意义[J].南昌大学学报(人文社科
学版),2001(3):1-3+17.

[56]任俊华.孔子生态伦理思想发微[J].道德与文明,2003(6):62-66.

[57]任俊华.论儒道佛生态伦理思想[J].湖南社会科学,2008(6)：27-31.

[58]生态环境部环境与经济政策研究中心课题组.公民生态环境行为调查报告(2019年)[J].环境与可持续发展,2019(3)：5-12.

[59]施保国,李霞."外斥内援"：朱熹佛教观探析[J].江西社会科学,2010(7)：71-76.

[60]苏敏.从朱熹"仁"说中阐发的生态伦理思想[J].上饶师范学院学报,2007(1)：37-41.

[61]苏敏.从朱熹之"理"说中阐发的生态伦理思想[J].朱子学刊,2005(0)：92-101.

[62]苏敏.朱熹生态伦理思想探析[J].江西社会科学,2007(10)：79-82.

[63]孙涛.中国古代生态自然观阐析[J].山西师大学报(社会科学版),2013(2)：41-45.

[64]汤晓瑜.论沈括的科学思想[J].环球人文地理,2014(24)：245.

[65]王兵,张霄.儒学发展史上的两面旗帜——董仲舒、朱熹伦理思想比较研究[J].徐州教育学院学报,2005(1)：76-78,81.

[66]王国良,王霞.论朱熹的天人观及其实践[J].社会科学战线,2012(4)：24-27.

[67]王冶,赵德志.论朱熹对张载气的学说的汲取和利用[J].辽宁大学学报(哲学社会科学版),1981(5)：12-17.

[68]吴冠章,朱更生.朱熹的佛教观[J].天府新论,2007(S1)：195-197.

[69]吴震.鬼神以祭祀而言——关于朱子鬼神观的若干问题[J].哲学分析,2012(5)：73-95＋198.

[70]吴洲.朱熹"天人之学"的生态背景[J].江南大学学报(人文社会科学版),2013(2)：11-21.

[71]席泽宗.中国科学思想史的线索[J].中国科技史杂志,1982(2)：6-14.

[72]肖居孝,彭绪铭.试论朱熹的援佛入儒[J].赣南师范学院学报,2000(5)：21-23.

[73]肖平,徐万苏.羌族人的生态价值观[J].阴山学刊,2020(2)：36-41.

[74]徐刚,张丽雪.道家生态智慧与理学生态伦理的交融——从庄子走向朱子[J].朱子学刊,2016(2):147-160.

[75]徐刚.佛道与朱熹自然哲学[J].上饶师专学报,1992(1):20-26.

[76]徐刚.邵雍自然哲学思想对朱熹的影响[J].孔子研究,1997(3):68-75.

[77]徐刚.试论沈括与朱熹的自然观和方法论[J].朱子学刊,1993(0):79-95.

[78]徐刚.试论张载自然哲学对朱熹的影响[J].华东师范大学学报(哲学社会科学版),1995(4):59-64.

[79]徐刚.朱熹环境伦理思想简论[J].自然辩证法研究,1999(6):44-48.

[80]许柯.邵雍与朱熹自然哲学[J].朱子学刊,1996(0):90-102.

[81]闫春新.董仲舒的感应之"天"及其应有之意[J].山东师范大学学报(社会科学版),2021(3):146-156.

[82]颜桂珍,吕刚,韩晓华.论沈括的科学方法论思想[J].学海,2002(1):64-67.

[83]杨国荣.仁道的重建与超越——理学对天人关系的考察及其内蕴[J].江苏社会科学,1993(5):64-68.

[84]杨英伟.论周敦颐生态伦理思想的现代意义[J].中南林业科技大学学报(社会科学版),2018(3):22-26.

[85]姚进生.朱熹生态伦理思想及其对构建当代生态文明的启示[J].福建论坛(人文社会科学版),2013(11):76-80.

[86]袁礼辉.论仡佬族生态价值观及其现实意义[J].遵义师范学院学报,2020(1):40-43+57.

[87]袁名泽.朱子自然哲学的审视与纠偏[J].重庆大学学报(社会科学版),2011(2):130-135.

[88]袁运开.沈括的自然科学成就与科学思想[J].自然杂志,1996(1):42-47.

[89]乐爱国,庹永.近30年来中国古代自然哲学与科技哲学研究[J].洛阳师范学院学报,2010(6):37-47.

[90]乐爱国.儒家对生态和谐的追求——以朱熹《中庸章句》的生态观为中心[J].自然辩证法通讯,2014(3):101-106+128.

[91]乐爱国.朱熹《中庸章句》对"致中和"的注释及其蕴含的生态思想——兼与《礼记正义·中庸》比较[J].江南大学学报(人文社会科学版),2012(1):13-18.

[92]乐爱国.朱熹《中庸章句》对"致中和"的注释及其蕴含的生态思想——兼与《礼记正义·中庸》比较[J].鄱阳湖学刊,2012(1):39-45.

[93]乐爱国.朱熹的"推类"方法及其在科学研究中的运用[J].洛阳师范学院学报,2009(1):35-38.

[94]乐爱国.朱熹对《孟子》"仁民而爱物"的诠释——一种以人与自然和谐为中心的生态观[J].中国地质大学学报(社会科学版),2012(2):65-69+139.

[95]乐爱国.朱熹对张载"民胞物与"的诠释——一种以人与自然和谐为中心的生态观[J].中共宁波市委党校学报,2012(3):115-119.

[96]乐爱国.朱熹自然科学思想概述[J].洛阳师范学院学报,2013(3):14-26.

[97]曾乐山.张载的自然观剖析[J].陕西师范大学学报(哲学社会科学版),1983(4):55-62.

[98]张剑敏.周敦颐与朱熹:理学开山与集大成者的神交[J].南方文物,2013(3):183-184+189.

[99]张俊.朱熹思想与佛教关系[J].船山学刊,2007(4):111-113.

[100]张立文.朱熹哲学与自然科学[J].孔子研究,1988(3):49-60.

[101]张荣明.朱熹思想与佛教哲学[J].华东理工大学学报(文科版),1997(3):38-45.

[102]张文彦.先秦儒家与道家自然观之比较[J].学术交流,2003(5):7-10.

[103]赵广志.从董仲舒的"天人感应说"到朱熹的"天理论"[J].商丘师范学院学报,2015(4):55-57.

[104]周淑萍.论孟子自然观及其现代价值[J].兰州大学学报(社会科学版),2001(6):80-85.

[105]周旺东.朱熹生态伦理思想及其当代价值解读[J].湖南社会科学,2013(4):34-36.

[106]周欣.《太极图说解》的理学思想述略——兼论朱熹与周敦颐的思想渊源[J].湖南农业大学学报(社会科学版),2013(5):76-81.

[107]周银珍.加强领导干部生态道德建设[J].贵阳市委党校学报，2014(5):54-57.

[108]朱杰人.二程与朱子的道统说[J].华东师范大学学报(哲学社会科学版),2018(2):60-66＋170-171.

[109]朱人求.朱熹哲学的生命意识[J].东南学术,2005(2):94-98.

四、学位论文

[1]曹晓飞.沈括思想研究[D].兰州:西北师范大学,2009.

[2]陈天林.周敦颐思想探微[D].上海:复旦大学,2004.

[3]陈万球.中国传统科技伦理思想研究[D].长沙:湖南师范大学,2008.

[4]陈涌鑫.试论朱子理一分殊说[D].深圳:深圳大学,2019.

[5]陈渊.民胞物与:张载生态伦理思想研究[D].保定:河北大学,2018.

[6]陈悦.中国传统生态伦理智慧对当代生态文明建设的启示研究[D].南京:南京信息工程大学,2018.

[7]成姗姗.先秦道家生态哲学思想研究[D].咸阳:西北农林科技大学,2016.

[8]戴建平.魏晋自然观研究[D].南京:南京大学,2001.

[9]董文学.朱子理一分殊思想研究[D].兰州:西北师范大学,2008.

[10]杜宗才.汉代道家生态思想研究[D].武汉:华中师范大学,2008.

[11]傅锡洪.朱子鬼神观研究[D].上海:复旦大学,2012.

[12]耿峰.董仲舒天人思想研究[D].兰州:西北大学,2008.

[13]郭红超.理学宇宙本体论研究[D].广州:暨南大学,2012.

[14]郭悦."美丽中国"视阈下生态道德建设研究[D].沈阳:沈阳工业大学,2015.

[15]洪梅.二程生态伦理思想研究[D].长沙:中南大学,2012.

[16]黄极.朱熹生态伦理思想及其现实意义[D].武汉科技大学,2011.

[17]江琦.先秦道家思想的生态伦理意蕴研究[D].长沙:湖南师范大学,2020.

[18]荆常宝.略论朱熹排佛[D].上海:上海师范大学,2012.

[19]黎良华.朱熹的天理观研究[D].桂林:广西师范大学,2008.

[20]李浩凯.《朱子语类》鬼神思想研究[D].开封:河南大学,2020.

[21]李杰.淮南子生态伦理观研究[D].重庆:重庆师范大学,2016.

[22]李茜.农村基层干部生态道德建设研究[D].吉首:吉首大学,2012.

[23]李舟."美丽中国"建设的生态伦理路径思考[D].成都:成都理工大学,2019.

[24]李亚茹.生态危机背景下的国民生态道德教育研究[D].北京:首都经济贸易大学,2019.

[25]李艳玲.荀子伦理思想研究[D].哈尔滨:黑龙江大学,2017.

[26]梁利平.社会主义新农村生态道德建设中的困境与对策[D].北京:北京邮电大学,2014.

[27]刘畅.朱熹生态伦理思想及其当代价值[D].济南:山东师范大学,2014.

[28]刘青.生态文明建设视域下我国公民生态道德教育研究[D].南昌:江西农业大学,2020.

[29]刘夏怡.新时代大学生的生态道德实践性研究[D].兰州:兰州大学,2021.

[30]栾祖香.朱熹生态伦理思想研究[D].锦州:锦州医科大学,2019.

[31]吕变庭.北宋科技思想研究[D].保定:河北大学,2006.

[32]吕志青.先秦儒家生态哲学思想浅析[D].郑州:郑州大学,2012.

[33]马兰.宋明理学生态伦理思想研究[D].太原:山西大学,2015.

[34]邱蔚华.朱熹文学与佛禅关系研究[D].福州:福建师范大学,2017.

[35]权相佑.朱熹理一分殊思想研究[D].北京:中国社会科学院研究生院,2003.

[36]宋阳.宋代科技繁荣的社会因素探究[D].成都:成都理工大学.2019.

[37]王春健.先秦儒家自然观思想的现实研究[D].成都:成都理工大学,2008.

[38]王广."理一分殊"理念下的朱熹哲学[D].济南:山东大学,2005.

[39]王名扬.论程颢的仁学自然观[D].南京:南京师范大学,2011.

[40]王秀玮.张载的生态伦理观及其当代价值[D].石家庄:河北师范大学,2009.

[41]吴冰.朱熹生态哲学思想意蕴探究[D].沈阳:沈阳师范大学,2016.

[42]徐寒露.先秦儒家生态伦理思想及其对当代生态文明建设的启示[D].武汉:武汉理工大学,2020.

[43]原黎黎.孟子的环境哲学思想研究[D].大连:大连理工大学,2019.

[44]曾建平.自然之思[D].长沙:湖南师范大学,2002.

[45]张晗.生态文明视域下的生态道德建设研究[D].厦门:集美大学,2018.

[46]张杰.中国环境悬崖背景下生态伦理问题研究[D].沈阳:沈阳工业大学,2017.

[47]张耀南.朱熹生态伦理思想探析[D].开封:河南大学,2013.

[48]赵景晨.朱熹仁学生态性研究[D].厦门:厦门大学,2019.

[49]赵静.朱熹生命观研究[D].合肥:安徽大学,2012.

[50]赵芃.道教自然观研究[D].成都:四川大学,2006.

五、会议论文

[1]董光壁.作为科学家的朱子[C]//武夷山朱熹研究中心,编.朱子学与21世纪国际学术研讨会论文集.西安:三秦出版社,2001:332.

[2]胡道静.朱子对沈括科学学说的钻研与发展[C]//福建省闽学研究会.朱熹与中国文化:武夷山朱熹研究中心成立大会论文集.武夷山,1988:51-57.

[3]黎昕.朱熹的生态智慧与现代意义[C]//武夷山朱熹研究中心,编.朱子学与21世纪国际学术研讨会论文集.西安:三秦出版社,2001:11.

[4]余敦康.为天地立心——张载的宇宙论思想[C]//国际儒学联合会,编.国际儒学研究:第一辑.北京:人民出版社,1995:243-269+361.

[5]詹向红.朱熹生态伦理思想及其当代价值[C]//福建省闽学研究会,等.朱子学与文化建设学术研讨会论文集.福州,2012:46-51.

[6]郑婉君.《梦溪笔谈》中的科学思想和科学精神初探[C]//2017年湖

北省科学技术史学会年会论文集.武汉:湖北省科学技术史学会,2017:22-25.

六、其他

［1］《公民生态环境行为调查报告（2020 年）》发布［EB/OL］. https://www.mee.gov.cn/ywgz/xcjy/gzcy_27007/202007/t20200714_789277.shtml.

［2］公民生态环境行为规范（试行）［Z/OL］. https://www.mee.gov.cn/home/ztbd/2020/gmst/wenjian/202006/t20200602_782164.shtml.

［3］关于强化建设项目环境影响评价事中事后监管的实施意见［Z/OL］. http://www.mee.gov.cn/gkml/hbb/bwj/201801/t20180131_430627.htm.

［4］关于印发《"美丽中国,我是行动者"提升公民生态文明意识行动计划（2021—2025 年）》的通知［EB/OL］. https://www.mee.gov.cn/xxgk2018/xxgk/xxgk03/202102/t20210223_822116.html.

［5］联合国环境与发展大会.21 世纪议程［R］.里约热内卢:联合国,1992.

［6］魏云涛.朱熹哲学的生态面向［N］.中国社会科学报,2020-09-01(2).

［7］于飞.佛教自然观与佛教中国化［N］.中国民族报,2021-09-28(8).

［8］中共中央 国务院关于加快推进生态文明建设的意见［EB/OL］. http://www.gov.cn/gongbao/content/2015/content_2864050.htm.

［9］中共中央 国务院印发《生态文明体制改革总体方案》［EB/OL］. http://www.gov.cn/guowuyuan/2015-09/21/content_2936327.htm.

［10］中共中央 国务院印发《新时代公民道德建设实施纲要》［EB/OL］. http://www.gov.cn/zhengce/2019-10/27/content_5445556.htm.

［11］鼎秀古籍全文检索平台［DB/OL］. http://103.242.200.9/ancientbook/portal/index/index.do.

后　记

　　工业文明时代,由于人类过度开发和利用自然资源,生态问题日益严重,已经影响到人类自身的生存。近年来,生态文明以及与之有关领域的研究成为学界的热门话题,自然观成为研究人与自然关系的理论基础和生态道德建设的重要内容。中国人崇尚"天人合一"的自然观,先哲们关于自然和生态的思想在今天仍具有现实意义。朱熹是宋代理学的集大成者,其著述中有很多内容是对自然的描述和解释,包含了他对宇宙、生命和天人关系的哲学思考,是其本体论、心性论和认识论的重要理论基础。系统化地研究朱熹自然观及其生态伦理思想,可以为当下人们认识自然,把握自然之理,建立一种爱物惜物、善待万物、保护生灵、尊重自然规律的人与自然平等的道德观提供理论的借鉴和参考,为生态文明建设提供传统文化支持。

　　本书以朱熹的自然观和生态伦理思想为研究对象,全面、系统地梳理和归纳朱熹自然观和生态伦理思想的基本内涵和主要内容,并始终将研究对象置于当代生态文明和生态道德建设的大背景之中,厘清朱熹自然观、朱熹生态伦理思想与当代生态道德建设三者之间的内在逻辑和必然联系,古为今用,从朱熹自然观的生态意蕴中汲取当代生态道德建设的资源和动力。

　　本书是 2017 年国家社科项目"朱熹的自然观与当代生态道德建设研究"课题的主要成果,同时也是福建省社科研究基地武夷学院朱子学研究中心的成果。

　　本书在写作的过程中,得到了武夷学院朱子学研究中心张品端教授的大力支持、悉心指导和真诚帮助;武夷学院马克思主义学院郑洪辉老师协助收集整理了不少第一手研究资料;厦门大学出版社编辑对书稿做了认真细致的审读,提出了许多宝贵的修改意见。在此,一并致以诚挚谢意!

　　由于笔者学识有限,在内容取舍时难免挂一漏万,不能全然尽意,文中不足与疏漏之处在所难免,还望读者批评指正。

陈文

2023 年 6 月 5 日